처음 읽는
프랑스
현대철학

처음 읽는 프랑스 현대철학
사르트르부터 바디우까지, 우리 눈으로 그린 철학 지도

초판 1쇄 펴낸날   2013년 7월 10일
초판 10쇄 펴낸날   2024년 2월 1일

지은이   철학아카데미
펴낸이   이건복
펴낸곳   도서출판 동녘

편집   구형민 이지원 김혜윤 홍주은
디자인   김태호
마케팅   임세현
관리   서숙희 이주원

등록   제311-1980-01호 1980년 3월 25일
주소   (10881) 경기도 파주시 회동길 77-26
전화   영업 031-955-3000   편집 031-955-3005   전송 031-955-3009
홈페이지   www.dongnyok.com   전자우편   editor@dongnyok.com
페이스북·인스타그램   @dongnyokpub
인쇄·제본   영신사   라미네이팅   북웨어   종이   한서지업사

ⓒ철학아카데미, 변광배, 정지은, 김상록, 김성하, 김진영,
  최원, 김서영, 허경, 김재인, 진태원, 조광제, 서용순, 2013
ISBN 978-89-7297-691-2 (04100)
      978-89-7297-690-3 (세트)

- 이 서적 내에 사용된 일부 작품은 SACK를 통해 ADAGP와 저작권 계약을 맺은 것입니다.
  저작권법에 의하여 한국 내에서 보호를 받는 저작물이므로 무단 전재 및 복제를 금합니다.
- 잘못 만들어진 책은 바꿔 드립니다.
- 책값은 뒤표지에 쓰여 있습니다.
- 이 도서의 국립중앙도서관 출판시도서목록(CIP)은 e-CIP홈페이지(http://www.nl.go.kr/ecip)와
  국가자료공동목록시스템(http://www.nl.go.kr/kolisnet)에서 이용하실 수 있습니다.
  (CIP제어번호: CIP2013010378)

처음 읽는 프랑스 현대철학

사르트르부터 바디우까지, 우리 눈으로 그린 철학 지도

철학아카데미 지음

동녘

| 일러두기 |

1. 본문에 사용한 기호의 쓰임새는 다음과 같다.
    《 》: 단행본, 신문명, 잡지명
    〈 〉: 미술 및 영화 작품, 단편, 논문
2. 맞춤법과 띄어쓰기는 '한글 맞춤법'을 따랐다. 그러나 국내에서 통용되는 외국어는 국내 상황에 맞게 바꿨다. 특히 이 책에 등장하는 학자들의 이름은 최대한 원어를 번역하려고 노력했으나, 많이 다뤄져 관용적으로 굳어진 경우에는 기존의 표기를 따랐다.

목차

◆

들어가는 글 ◆8

장 폴 사르트르, 타자를 발견하다 ◆15
변광배

타자라는 하나의 현상 ◆17
존재의 세 번째 영역 ◆20
타자와의 공존을 위하여 ◆43

몸과 살, 그리고 세계의 철학자, 모리스 메를로-퐁티 ◆49
정지은

나는 나의 신체 ◆52
감각하는 몸, 현상적 신체 ◆57
자유와 고유한 시간성 ◆62
상호주관성의 세계 ◆67
감각적인 세계의 수수께끼 ◆73

엠마뉘엘 레비나스, 향유에서 욕망으로 ◆83
김상록

상처와 고통 ◆85
존재론적 차이와 존재론적 분리 ◆93
전쟁과 평화 그리고 죽음과 사랑 ◆101
모성애와 부성애 ◆110

모리스 블랑쇼의 중성과 글쓰기, 역동적 파노라마 ◆119
김성하

블랑쇼의 삶과 철학적 사유 ◆121
무한의 관계 ◆125
레비나스, 바타유 그리고 블랑쇼 ◆131
살아 있는 사유 ◆133
작가와 글쓰기 ◆139

기호의 모험가, 롤랑 바르트 ◆147
김진영

바르트의 생애 ◆150
바르트의 육체적 삶 ◆154
바르트의 지성적 삶 ◆165

자크 라캉의 소유할 수 없는 편지 ◆175
김서영

라캉 이야기 ◆177
〈도둑맞은 편지〉 이야기 ◆187
욕망 이야기 ◆197

루이 알튀세르, 이데올로기와 반역 ◆209
최원

알튀세르의 호명과 주체의 문제 ◆211
인셉션인가, 호명인가? ◆215
알튀세르와 라캉의 차이 및 이데올로기적 반역의 문제 ◆228
알튀세르의 저항과 반역 ◆232

미셸 푸코와 자기 변형의 기술 ◆241
허경

왜, 오늘 여기서 푸코를? ◆243
푸코에 대한 오해들 ◆245
푸코의 사유를 요약할 수 있을 두세 개의 문장 ◆252
우리 자신의 역사적·비판적 존재론 ◆260
자기의 변형, 자기 자신으로부터의 일탈 ◆269

질 들뢰즈의 존재론 새로 읽기 ◆275
김재인

왜 존재론인가: 실천 철학과 존재론의 관계 ◆277

무의식 개념의 갱신: 고아 및 자기-생산으로서의 무의식 ◆283
욕망과 기계 ◆286
생산의 세 종합: 연결, 분리, 결합 ◆295

해체, 차이, 유령론으로 읽는 **자크 데리다** ◆307
진태원

해체 또는 탈구축 ◆309
차연 또는 차이 ◆318
유령론 ◆326

줄리아 크리스테바, 혐오스러운 매력의 영역으로 ◆341
조광제

버리는 것들에 대한 관심 ◆343
크리스테바, 기호분석학의 비조 ◆347
아브젝시옹 ◆349
아브젝트 ◆354
다른 곳, 바깥 ◆358
우유, 근원적 아브젝트인 어머니의 몸 ◆367

다시, **알랭 바디우**의 진리 철학 ◆373
서용순

바디우 철학의 정치성 ◆375
철학적 혁신의 윤곽 ◆378
존재의 진리와 진리생산 절차 ◆383
정치의 변전: 68혁명의 유산들 ◆391
공포에 대항하는 용기 ◆396

이 책에 나오는 책 ◆402
찾아보기 ◆407
글쓴이 소개 ◆412

들어가는 글

1

프랑스 현대철학은 여전히 한국의 인문사회학계를 달구면서 나름의 영향력을 발휘하고 있다. 여기에서 '여전히'는 '아직도'로 바꾸어 읽을 수 있다. 그럴 경우, '아직도'로서의 '여전히'는 한국의 인문사회학계가 한국 사회의 사회역사적인 현실을 반영한 나름의 철학 사상적 기획과 그에 따른 생산물을 확보하지 못하고 있다는 의미를 지닌다. 그렇다면 우리 나름의 철학 사상적 기획과 생산이 지성계의 절실한 화두가 될 수밖에 없는 그때가 도래하기 위해서는 어떤 절박한 조건들이 필요한가? 언제까지 우리는 남들의 언어로 수행된 사유방식들을 원용해서, 지성적인 담론계를 선회할 수밖에 없는 안타까움에서 벗어날 수 있을 것인가?

이 책《처음 읽는 프랑스 현대철학》은 이러한 철학 사상적 반성의 지반 위에서 기획됐다. 철학 사상에서의 배타적 민족공동체 혹은 국가 공동체의 독선을 따라서는 안 된다는 생각이 전제되었음은 물론이다. 아직 우리 나름의 철학 사상을 꾸릴 작업이 무르익지 못했고, 그러한 역량의 부족을 실감할 수밖에 없다면 이러한 현실을 겸허하게 받아들이고 다른 이들이 형성한 철학 사상의 진의를 정확하게 해독해 그 의의와 효과를 먼저 진단하는 게 순서일 것이다. 다만, 결코 잊어서는 안 될 점은 보편적인 판면에서의 노력이 한국사회가 지닌 특수성에 어떻게 적용될 수 있는가를 탐구하는 것이다.

20여 년 전부터 전 세계가 그러하지만 한국사회에서도 프랑스 현대철학의 위력을 절감했다. 그 위력의 정체는 과연 무엇일까? 현실 사회주의 국가들이 순식간에 무너지면서, 냉전적인 양극 체제가 무너지면서 보편적 진리에 대한 불신을 내세운 이른바 '포스트주의'의 득세 때문일까? 보편적 진리를 신뢰할 수 없다는 생각이 만연해 있다면, 그 보편적 진리에 대한 추구가 현실 자본주의 체제에 대한 대안을 전혀 마련하지 못한 채 현실적으로 몰락하고 말았다는 다수의 의식적이고 무의식적인 판단에 의한 것이라면 어떠한가? 기획자로서는 프랑스 현대철학이 바로 이러한 판단을 중차대한 사실로서 받아들이고 그 대안을 새롭게 마련하고자 다방면으로 노력하는 데서 위력을 갖는다고 생각한다.

2

이 책은 불특정 다수를 위한 비제도권 평생교육기관인 '철학아카데미'에서 지난 2012년 가을 학기에 기획 개설된 '현대 프랑스 철학 특강'이라는 강좌를 바탕으로 한 것이다. 좁은 공간 탓에 이 강의를 듣고자 하는 많은 사람들이 발길을 돌려야 했고, 그래서 2012년에서 2013년에 걸친 겨울 학기에 한 번 더 같은 강좌를 개설할 수밖에 없었다. 분명히 반가운 일이다. 현대 프랑스 철학에 대해 많은 사람들이 관심을 갖고 각자 나름의 철학 사상적인 기반을 확보하려고 노력하는 모습을 확인했기 때문이다. 아울러 이 강좌를 책으로 엮어 더욱 많은 사람들에게 알리고자 도서출판 동녘에서 적극적으로 제의를 해온 것은 더욱 반가운 일이 아닐 수 없다.

교육 현장에서 이루어진 강의를 글로 재구성해내는 일은 귀찮기도 하거니와 특별한 학문적인 애정과 노력이 없이는 불가능하다. 그런데도 강의 요청에 흔쾌히 응했을 뿐만 아니라 이렇게 책으로 엮을 수 있도록 적극적으로 협조해주신 여러 선생님들께 어찌 감사 인사를 하지 않을 수 있겠는가. 함께 한 선생님들은 각자 맡은 프랑스 현대철학에 대해서는 국내에서 가장 전문적인 연구를 하신 분들이다. 예외가 있다면 크리스테바를 맡아서 강의하고 쓴 조광제를 들 수 있을 것이다. '철학아카데미'를 대표해서 선생님들의 귀한 성함과 노고를 간략하게나마 정돈해서 독자들에게

전하려고 한다.

사르트르의 철학 및 문학 주저들에서 타자 문제에 관련한 핵심 내용들을 찾아 전거로 제시하면서 사르트르의 비극적 타자론과 그 배경 및 의의를 일목요연하게 정돈해준 변광배 선생님.

타자와 자유의 문제를 '고유한 신체'로부터 풀어내는 정치철학자 메를로-퐁티를 한껏 강조하면서 결국에는 예술적 감각의 원천인 '살'을 제시해 예술의 존재론적인 기반을 드러내는 예술 철학자의 면모까지 아울러 보여준 정지은 선생님.

유일무이한 타인에 대한 무한한 모성적 사랑을 원동력 삼아 모든 자들에 대한 정의로운 정치적 이성을 발휘하는 부성적 지혜를 결합해 현실적이면서도 이상적인 윤리적·정치적 철학을 구축한 레비나스의 철학을 빈틈없이 설명해준 김상록 선생님.

'살아 있는 사유', '역동적인 중성', '무한의 관계', '심연의 세계를 여는 밤', '기대를 넘어선 망각', '무로부터의 글' 등, 결코 이해하기가 쉽지 않은 블랑쇼의 개념들을 정돈해준 김성하 선생님.

바르트의 육체적인 삶과 지적인 삶을 그의 생애를 따라가면서 충실하게 제시해준 김진영 선생님.

에드가 앨런 포의 단편 소설 〈도둑맞은 편지〉를 중심으로 라캉의 정신분석학의 주요 개념들의 의미와 그것이 우리의 삶에서 작동하는 방식을 풀어 준 김서영 선생님.

알튀세르의 '이데올로기적 호명 주체'를 둘러싼 비판과 옹호의 논쟁을 간명하면서도 설득력 있게 설명하며 이데올로기에서 피지배자들에 의한 승인을 발견하고 그 승인에 함축된 이상을 비지배적 입지에서 실현하고자 할 때 이데올로기의 붕괴가 일어난다고 주장하는 에티엔 발리바르의 이데올로기론을 정치철학적으로 잘 정돈해보인 최원 선생님.

푸코의 철학 사상을 그의 여러 저서들을 거명하면서 발전궤도에 따라 정돈하는 가운데, 특히 푸코가 철학함을 '현재의 진단학', 즉 '오늘-여기-우리의 문제를 다루는 활동'으로 본 것을 강조하고, 그것과 관련된 '진리의 정치사'와 '문제화' 개념을 설명해준 허경 선생님.

들뢰즈의 존재론을 떠받치는 핵심 개념들인 세 가지 절단들, 욕망적인 기계, 기관 없는 몸, 우주의 자기-생산 등을 특별히 비인간주의·우주론적인 구도를 바탕으로 이해함으로써 들뢰즈의 존재론을 근본적으로 조감하고 있는 김재인 선생님.

데리다의 주요 개념들, 예컨대 원기록, 해체, 차연, 유령론 등의 개념들을 데리다의 진의를 근본적으로 드러내는 방식으로 되새김으로써 데리다의 탈구축(해체)의 존재론을 깊이 있게 보이고 이것이 데리다의 정치철학에 어떻게 작동하는지를 밝힌 진태원 선생님.

현실 지배의 체계를 뒤흔들면서 벌어지는 사건, 그 사건을 통해 형성 발휘되는 주체, 주체의 활동을 통해 분출되는 진리, 진리 생산의 유적 절차들인 정치, 과학, 예술, 사랑의 네 가지 절차에서 생산된 진리를 진리로서 사유하는 철학의 책무 등을 내세워 급기야 탈정체성의 대안 정치를 강조하는 바디우의 철학을 힘 있게 제시해준 서용순 선생님.

모든 선생님들께 감사하지만, 이 특강을 기회로 '철학아카데미'에서 처음으로 강의를 맡아주신 진태원 선생님과 최원 선생님께 특별히 감사를 전한다.

3

역시 주체와 자유가 문제다. 주체를 결코 실체로 보아서는 안 된다는 것이 공통 관점이고, 자유는 구체적인 현실 상황을 벗어난 상태에서 운위해서는 안 된다는 것도 공통적이다. 문제는 자유로운 현실 주체를 어떻게 확보할 것이며, 그 자유로운 주체가 추구하는 삶의 뿌리가 무엇이며, 또한 그것이 현실에서 어떻게 왜곡되고 있느냐이다. 우주에서부터 사회역사를 거쳐 심층적 자아를 향한 사유의 궤적이 다시 순환해 우주로 나아갈 수밖에 없더라도, 그래서 때로는 형이상학이라는 이름으로 철학적 사유를 하지 않을 수 없더라도, 결국 긴급한 실천적 사유의 영역은 사회역사적인 현실 특히 정치적인 현실임을 잊어서는 안 된다.

이 책을 통해 독자들이 프랑스 현대철학에 대해 일정하게 조감할 수 있는 눈이 열리기를 바란다. 나아가 인간의 삶을 가능케 하는, 무의식적인 심층에서부터 우주 전체에 이르는 여러 근원적인 조건들을 볼 수 있기를 바라며, 그와 동시에 사회역사적·정치적 현실에 대한 다각적인 성찰의 실마리를 얻었으면 좋겠다. 한 가지 덧붙일 것이 있다. '프랑스 현대철학 특강' 강좌에 이어 '독일 현대철학'과 '영미 현대철학' 특강도 진행했고 이 강의를 바탕으로 한 책도 출간 예정이니 계속 관심을 가져주시면 감사하겠다.

　마지막으로 이 책을 기꺼이 출간하기로 작정한 도서출판 동녘과 일을 도맡아 수고를 아끼지 않은 윤현아 씨에게 특별히 감사의 말씀을 드린다.

2013년 6월
'철학아카데미'를 대표하여,
기획을 맡은 조광제 씀.

장 폴 사르트르,
타자를 발견하다

변광배

장 폴 사르트르
Jean-Paul Sartre(1905~1980)

장 폴 사르트르는 20세기 프랑스를 대표하는 철학자, 작가, 참여지식인으로 1905년에 파리에서 태어났다. 프랑스의 수재들만 모인다는 고등사범학교를 졸업하고 철학교수 자격시험에 합격해 철학을 가르치면서 무신론적 실존주의 이론을 정립했다. 그 과정에서 후설, 하이데거 등의 영향 아래에서 세계의 모든 존재들 사이의 관계를 현상학적으로 기술하는 한편, 이를 문학적으로 표현하고자 했다. 제2차 세계대전 이후에는 프로이트의 정신분석학을 매개로 실존주의와 마르크스주의를 결합시키려고 노력했으며, 사회 변혁을 위한 노력의 일환으로 '앙가주망 문학론'을 주창했다. 1964년에는 노벨문학상 수상자로 선정되었으나 수상을 거부했다.

철학서로 《존재와 무》, 《변증법적 이성비판》, 《실존주의는 휴머니즘이다》 등을, 소설로 《구토》, 《벽》, 《말》 등을 남겼다. 또한 극작품으로 《파리떼》, 《닫힌 방》, 《악마와 선한 신》뿐 아니라 문학비평서로 《문학이란 무엇인가》, 《보들레르론》, 《성자 주네: 희극배우와 순교자》, 《집안의 천치》 등이 있다. 1980년 파리에서 세상을 떠난 사르트르는 몽파르나스 묘지에 평생의 반려자였던 보부아르와 같이 묻혀 있다.

타자라는 하나의 현상

혹시 '데칸쇼'라는 말을 들어보셨나요? 이 단어는 '데카르트, 칸트, 쇼펜하우어'를 가리키는 것으로 우리나라에 소개된 서양철학을 간단하게 요약하는 말 중에 하나입니다. 이 단어는 프랑스 철학자 데카르트로 시작하지만, 우리나라의 20세기를 돌아보면 서양철학 중에서도 특히 독일 철학이 지배했다고 할 수 있습니다. 칸트와 쇼펜하우어 외에도 3H로 표현되는 헤겔, 하이데거, 후설을 필두로 니체, 프로이트, 마르크스 등이 우리나라에서 누린 영광을 그 누구도 부인할 수 없을 겁니다. 이들은 지금도 많은 영향력을 끼치고 있기도 하고요.

그러다 20세기 말부터 독일 철학의 위세에 프랑스 철학이 강력한 도전장을 내밀기 시작했습니다. 사르트르, 메를로-퐁티, 레비나스, 푸코, 라캉, 데리다, 들뢰즈, 리쾨르 등등 다양한 프랑스 철학자들의 이론을 접할 기회도 늘어났고요. 프랑스 철학과 문학을 동시에 공부하고 있는 사람의 입장에서 이는 대단히 고무적인 일이라고 할 수 있습니다.

이러한 상황에서 프랑스 현대철학자를 한 자리에 모아 그들의 철학을 살펴보는 일은 꼭 필요한 작업이라고 봅니다. 제가 전공한 사르트르가 프랑스 현대철학의 시발점이라고는 할 수는 없겠지요. 그래도 그가 20세기에 제기된 수많은 철학적 문제에 대해 관심을 가졌다는 사실을 고려하면서 '타자' 문제에 대한 그의 사유에 대한 논의로 프랑스 철학의 첫 발을 떼는 것도 나름의 의의가 있다고 생각합니다.

20세기 중, 후반부터 '타자autrui'에 대한 관심이 아주 커졌습니다. 사르트르의 타자론, 메를로-퐁티의 타자론, 레비나스의 타자론, 라캉의 타자론, 리쾨르의 타자론, 들뢰즈의 타자론 등등……. 타자는 20세기 중후반 인문학 담론을 특징짓는 하나의 '현상phénomène'이라고 할 수 있을 정도입니다.

그렇다면 이와 같은 '현상'이 발생한 이유는 뭘까요? 왜 뒤늦게 타자를 붙잡고 요란을 떨까요? 타자라는 개념이 처음으로 등장해서일까요? 그렇진 않을 겁니다. 타자는 항상 우리 곁에 있었습니다. 이 개념이 각광을 받게 된 것은 어느 정도 포스트모더니즘의 영향 때문으로 보입니다. 포스트모더니즘의 핵심이 뭐냐는 물음에 여러 가지 대답이 가능하기 때문에 조심스럽습니다만, 포스트모더니즘은 이렇게 요약할 수 있을 겁니다. 서구철학사에서 중심을 차지했던 '일자一者; l'Un'◆의 폭력으로 인해 주변부로 밀려났던 '타자l'Autre'◆가 그 중심을 향해 획책한 반란이라고 말입니다.

예를 들어보죠. '나'와 대척 지점에는 '타자'가 있습니다. 서구 철학사에서 철학자들의 관심의 대상은 항상 '나'였지요. 데카르트가 주장한 '코기토cogito'의 주체는 항상 '나'였습니다. 타자도 사유 능력을 지녔지만 데카르트는 이를 고려하지 않았습니다. 그 이후

◆ **일자**
철학에서 '일자'는 주로 이 세상의 모든 것이 나오고 들어가는 단 하나의 절대자, 이 세상 모든 것의 유일한 원천이자 제1의 원동력, 제1의 원칙 등을 의미하는 형이상학적 개념이다. 이와 같은 의미를 가진 이 개념은 다시 기독교의 신神 개념과 결합되고, 코기토를 내세운 데카르트 이후에는 사유의 주체인 인간 개념, 특히 '나'와 결합된다. 이 개념은 특히 포스트모더니즘의 등장과 더불어 이른바 '중심'-'주변부'(예컨대 영혼-신체, 이성-광기, 서양-동양, 남자-여자, 나-타인, 등) 사이의 투쟁에서 주로 타도 또는 해체déconstruction의 대상이 된다.

헤겔, 하이데거, 후설 등과 같은 철학자들 역시 타자에 대해 별로 신경을 쓰지 않았고요. 하지만 어떻습니까? 누가 뭐라 해도 '타자'는 '내' 옆에 버젓이 있습니다. 가장 풀기 어려운 수수께끼로 말입니다. 이처럼 '나'의 폭력적 권위에 짓눌려 있던 타자가 제 세상을 만난 듯 활개를 치고 있습니다. 메를로-퐁티, 레비나스, 라캉, 들뢰즈 등의 타자에 대한 논의가 그 증거입니다. 이것이 바로 중심을 차지하고 있던 '나'에 대한 '타자'의 반격, 곧 대공습의 증거가 아닐까요?

그런데 이와 같은 타자의 대공습과 관련하여 한 가지 흥미로운 점은, 이 대공습이 사르트르로부터 본격적으로 시작된다는 사실입니다. 푸코의 지적에 의하면 20세기를 자신의 세기로 만들어버린 들뢰즈는 《의미의 논리》(이정우 옮김, 한길사, 1999)에서 사르트르의 타자론을 서구철학 사상에서 타자에 대한 최초의 위대한 이론이라고 높이 평가한다고 합니다.(들뢰즈는 또한 자신의 학창 시절에 사르트르의 철학적 사유가 대학 밖에서 불어오는 신선한 바람이었다고 회상하고 있기도 합니다) 그러면서 들뢰즈는 다만 이 이론이 너무 빨리 잊혀져버렸다는 아쉬움을 토로합니다. 또한 프랑스 철학의 국내 수용의 한 축을 담당하고 있는 서동욱은 사르트르의 타자론에 대해

◆ **타자**

'타자' 개념을 사용할 때는 주의를 요한다. 일반적으로 '타자'는 인격으로서의 '타인'을 가리킨다. 하지만 이 '타자'는 은유적으로 '일자'에 의해 억압을 당한 '타자들'의 의미로 사용되기도 한다. 이와 같은 두 번째 의미는 '영혼/신체', '이성/광기', '아버지/아들', '남자/여자', '서양/동양', '이데아/이미지(시뮬라크르)', '원본/복제품', '고전소설/탐정소설', '클래식 음악/트로트' 등의 대립쌍에서 두 번째 항목에 해당한다. 서양철학사를 '일자'가 타자에게 가한 폭력의 역사라고 규정하면서 '해체'를 주창한 데리다, '광기'의 역사를 쓴 푸코, 시뮬라크르 개념을 강조한 보드리야르, 여성의 타자성을 강조한 보부아르 등을 염두에 두기 바란다.

그 뒤에 오는 타자론들을 '아류화亞流化'시켜버릴 정도로 강력한 이론이라고 지적합니다. 이와 같은 점들은 실제로 사르트르의 타자론이 서구철학사에서 어떤 위치를 점하고 있는지를 예견할 수 있게 해주는 좋은 예라고 할 수 있을 겁니다. 이제부터 사르트르의 타자론을 본격적으로 탐사해보도록 하겠습니다.

존재의 세 번째 영역

1. 존재의 세 영역: 사물, 나, 타자

사르트르의 타자론은 《존재와 무 L'Etre et le néant》의 제3부에서 전개됩니다. 타자론을 이해하기 위해서는 우선 사르트르가 제시하고 있는 '존재'의 세 영역에 주목해야 합니다. '신神'의 부재를 가정하고 사르트르는 이 세계에 우연히 있는 모든 존재를 '의식 conscience'의 유무를 기준 삼아 두 영역으로 구분합니다. 의식을 가진 '인간 존재'과 그렇지 못한 '사물 존재'가 그것입니다. 사르트르는 인간 존재를 '대자존재 l'être-pour-soi'로, 사물 존재를 '즉자존재 l'être-en-soi'로 명명합니다. 이 두 존재 사이의 존재론적 관계를 현상학적으로 기술記述하는 것, 이것이 바로 《존재와 무》의 목표입니다. 여기서 이 저서의 부제가 '현상학적 존재론 시론 essai d'ontologie phénoménologique'이라는 점을 기억해두기 바랍니다.

이렇게 해서 우리는 '나타남'에서 출발하여 점차 즉자와 대자라고 하는 두 가지 전형적인 존재를 정립하기에 이르렀다. 이 즉자와 대자에 대해서 우리는 아직 피상적이고 불완전한 지식밖에는 가지고 있지 못하다. 수많은 문제들이 아직 해답 없이 남겨져 있다. 이 두 가지 전형적인 존재들이 지닌 깊은 '의미'는 무엇인가? 무슨 이유로 그것들은 양편 모두 일반적으로 '존재'에 속하는가? 존재가 자기 속에 근본적으로 단절된 존재의 이 두 영역들을 품고 있는 한도에서 존재의 의미는 무엇인가? 만일 관념론과 실재론이 다 이론상으로는 교통이 불가능한 이 영역들을 사실상 결합해주는 여러 관계들을 설명할 수 없다면, 사람들은 이 문제에 다른 어떠한 해결책을 내놓을 수 있을 것인가? 그리고 어떻게 현상의 존재가 초현상적일 수 있을 것인가? 바로 이러한 문제들에 대답하기 위해 이 책을 쓴 것이다.(사르트르, 손우성 옮김,《존재와 무1》, 삼성출판사, 1992, 85~86쪽)

그런데 사르트르는 의식을 가진 인간 존재인 '대자존재'를 다시 '나'와 '타자'로 구분합니다. 이때의 '타자'가 바로《존재와 무》에서 제시된 '존재의 제3영역'입니다. 사르트르는 이 구분을 위해 '수치심羞恥心, honte'을 분석합니다. 인간은 혼자서도 수치심을 느낄 수 있죠. 하지만 수치심은 구조적으로 '타자'의 존재를 전제로 하는 감정입니다. 인간이 혼자 느끼는 수치심과 타자 앞에서 느끼는 수치심은 비슷하면서도 다릅니다. 짐작하시겠지만 인간이 타자 앞에서 느끼는 수치심은 되돌릴 수 없습니다. 반면, 인간이 혼자서 수치심을 느끼는 경우에는 스스로 이 감정을 쉽게 없앨 수 있습니다.

이처럼 사르트르는 인간에게는 수치심과 같이 타자를 전제로만 제대로 이해될 수 있는 요소가 있다는 사실에 주목하는 것이죠. 또한 《존재와 무》의 목표를 제대로 달성하기 위해서는 '타자'라고 하는 존재를 고려해야 한다는 필요성에도 주목합니다. 사르트르는 '타자'를 '나'의 '대타존재l'être-pour-autrui'로 규정합니다. 그리고 이 대타존재의 문제를 크게 두 부분으로 나누어 기술합니다. 우선 '타자'란 어떤 존재인가, 즉 타자의 존재 증명의 문제와 둘째로 '나'와 '타자' 사이에는 어떤 관계가 맺어지는가, 즉 '나'와 '타자' 사이의 존재론적 관계의 문제가 그것입니다.

> 이와 동시에 나는 나의 존재의 구조를 파악하기 위해서는 타자를 필요로 한다. '대자'는 '대타'를 가리킨다. 그러므로, 만약 우리가 인간과 즉자존재와의 존재 관계를 그 전체 속에서 파악하려고 한다면, 우리는 이 책의 앞의 장章들에서 소묘한 기술들로서는 만족할 수 없는 일이다. 우리는 아주 다른 의미로 놀라운 두 문제에 답을 해야 한다. 첫 번째 문제는 타자의 존재 문제이며, 두 번째 문제는 타자의 존재에 대한 나의 '존재' 관계의 문제이다.(사르트르, 《존재와 무1》, 390쪽)

2. 타자: '나를 바라보는 자'

사르트르는 대타존재의 첫 번째 문제에 대해 간단하고 명쾌한 답을 제시합니다. "타자란 나를 바라보는 자"라는 정의가 그것입니다. 이렇듯 사르트르는 타자를 '시선regard, 視線' 개념을 통해 명쾌하고도 간단하게 정의합니다. 하지만 사르트르의 타자에 대한 이 정의는 헤겔, 후설, 하이데거 등의 타자론에 대한 상세한 검토의 결과물입니다. 사르트르는 특히 이들의 타자론이 '유아론solipsisme, 唯我論'에서 벗어나지 못했다고 비판합니다. 그리고 사르트르는 타자의 존재 증명은 다음 다섯 가지 조건들을 만족시켜야 한다고 주장합니다.

    제1조건: 타자의 존재는 개연성일 수는 없다.
    제2조건: 코기토cogito를 출발점으로 삼아야 한다.
    제3조건: 타자는 먼저 객체일 수 없다. 타자는 나의 인식의 구성 요소가 될 수 없다. 나와 타자와의 관계는 인식의 관계가 아니라 존재 관계이어야 한다.
    제4조건: 나와 타자와의 관계는 내적 부정의 관계이어야 한다.
    제5조건: 타자는 신이라는 절대 관념에서 벗어나야 한다.

사르트르는 이 조건들에 대한 검토를 통해 타자는 나와는 완전히 독립된 존재라는 사실을 단언하게 됩니다. 그리고 그 다음 단계에서 사르트르는 다음 두 가지 예를 통해 이 조건들을 충족시킬 타자에 대한 정의를 도출합니다.

① 나는 지금 어느 공원에 있다. 내게서 멀지 않은 곳에 잔디밭이 있고, 이 잔디밭을 따라서 의자들이 놓여 있다. 이때 한 사람이 의자 옆을 지나간다. 나는 이 사람을 본다. 나는 그를 하나의 객체로서, 그리

◆ 유아론
실재하는 것은 오직 자아와 그의 의식뿐이며 다른 것은 자아의 관념이거나 자아에 대한 현상에 지나지 않는다고 보는 철학적 입장이다. 인간의 정신은 자신 이외에 어떤 것의 존재를 믿을 만한 타당한 근거로 가질 수 없다고 주장한다. 유아론은 외부 세계에 실재하는 모든 것에 대한 인간의 인식을 설명하는 문제의 한 해결책으로 제안되었지만, 이는 대체로 모순된 것으로 여겨진다.

고 동시에 한 명의 인간으로서 파악한다. 그것은 무엇을 말함인가? 또 내가 이 인간을 한 명의 인간이라고 말할 때, 나는 무엇을 말하고자 함인가?(《존재와 무1》, 429쪽)

② 내가 가령 질투심에 불타서, 관심을 가지고서 또는 못된 버릇 때문에 문에 귀를 대고 자물쇠 구멍으로 안을 들여다본다고 상상해보자. (…) 그런데 갑자기 나는 복도에서 발자국 소리가 나는 것을 들었다. 이것은 무엇을 의미하는가? 누군가에 의해 바라보인다는 것은 무엇을 의미하는가?(《존재와 무1》, 436~437쪽)

사르트르는 ①에서 내가 문제의 사람을 '인형-객체'로 취급할 경우, 나는 그에게 사물에게 적용하는 시공간적 범주들을 동일하게 적용한다고 주장합니다. 또한 이 '인형-객체'와 공원에 있는 다른 존재들 사이의 관계는 나와 그것들이 맺는 관계에 단순히 덧붙여지는 관계에 불과합니다. 따라서 이 '인형-객체'의 출현으로 인해 내가 공원에서 조직하고 있는 나의 세계에 새로운 관계가 나타나지 않는다고 봅니다. 요컨대 나는 쉽게 이 '인형-존재'를 나의 세계에서 소멸시킬 수 있습니다.

하지만 이와는 달리 내가 문제의 사람을 나와 같은 인간으로 여길 경우 사정은 복잡해집니다. 우선 이 사람을 중심으로 하는 새로운 세계가 나의 세계 내에서 형성됩니다. 또한 나의 세계는 그가 중심인 극점極點을 향해 유출됩니다. 사르트르는 이 유출을 나의 세계에서 발생한 '내출혈 hémorragie interne'로 규정합니다. 물론 내출혈이 계속되면 나는 점차 세계의 중심 위치를 상실하게 됩니다. 이처럼 나의 세계에 인간이 출현하는 것은 나의 세계를 훔쳐 가는 하나의 특수한 존재가 나타남을 의미합니다. 사르트르는 이런 의미에서 타자의 출현을 나의 세계 속에 생긴 '하나의 작은 균열une petite lézarde', 곧 거기를 통해 나의 모든 세계가 빠져나가는 '배수공'의 발생으로 봅니다. 다만 아직까지는 이와 같은 균열의 발생과 그것을 통한 나의 세계의 내출혈은 나에 의해 원상태로 회복이 가능하다는 게 사르트르의 주장입니다.

하지만 ②에서처럼 내가 타자에 의해 응시凝視당한 경우에 사정은 전혀 달라집니다. 우선 나의 세계의 내출혈은 끝이 없는 것으로 여겨집니다. 그렇게 되면 당연히 나의 세계는 타자에 의해 완전히 해체됩니다. 타자를 중심으로 형성된 세계가 나의 세계 위로 와서 겹치게 되고, 그 결과 나는 그 세계의 중심 자격을 상실하게 됩니다. 이제 나는 내 주위에 있는 다른 존재들과 마찬가지로 새로운 중심인 타자로부터 객체의 자격을 부여받게 됩니다. 또한 타자에 의해 '응시당한 나의 존재mon être-vu'는 결코 내가 알 수 없는 상태로 존재합니다. 이런 시각에서 보면 이 존재는 나의 '가능성'에 속하지 않으며, '카드의 안쪽'이라는 의미에서 타자의 '자유의 안쪽'임과 동시에 나의 '자유의 한계'에 해당됩니다. 이것은 나의 '즉자존재'로서의 모습이며, 또한 이것은 정체와 무게를 알지 못한 채 내가 짊어져야만 하는 '짐fardeau'이기도 합니다.

이처럼 사르트르에게서 시선은 나에 대한 타자의 직접적이고 구체적인 현전現前을 가능케 해주는 개념입니다. 하지만 시선의 의미는 거기에서 그치지 않습니다. 짐작하시겠지만 이 시선은 단순히 두 눈동자의 움직임이 아닙니다. 시선은 '힘puissance'입니다.

그것도 그 끝에 와 닿는 모든 것을 객체로 사로잡아버리는 강력한 힘입니다. 서구 신화에 등장하는 모든 것을 화석화化石化시켜버리는 메두사Méduse의 눈초리를 상상해보기 바랍니다.

> 사실 내가 보는 사람들을 나는 객체로 응고시킨다. 나의 그 자들에 대한 관계는 타자의 나에 대한 관계와 마찬가지이다. 그들을 보면서 나는 나의 힘을 계량한다. 그러나 타자가 그 사람들을 보고, 그리고 나를 본다면, 나의 시선은 그 힘을 상실한다.(《존재와 무1》, 445~446쪽)

3. 신체

나에게 직접적이고 구체적인 현전을 보여주는 개념인 타자의 시선과 관련하여 한 가지 유의해야 할 점은, 바로 이 시선하에 놓이는 게 '신체corps'라는 사실입니다. '사르트르의 신체론'에 대해서는 또 다른 글이 필요할 것입니다만, 여기서는 주마간산走馬看山 격으로 간단히 살펴보고자 합니다. 사르트르의 신체론이 갖는 의의는 상당합니다. 보통 신체론 하면 우선 《지각의 현상학》의 저자인 메를로-퐁티를 떠올리곤 합니다. 하지만 이 저서에서 전개되고 있는 메를로-퐁티의 신체론은 정확히 사르트르의 신체론이 끝나는 지점에서부터 시작되고 있다고 해도 과언이 아닐 것입니다. 많은 사람들이 이 사실을 잘 모르고 있으며, 그 결과 메를로-퐁티의 신체론에 빠졌다가 사르트르의 신체론을 보고 사르트르가 메를로-퐁티의 신체론의 많은 부분을 선취先取하고 있다는 사실에 놀라곤 합니다.

사르트르의 신체론은 꽤 난해합니다. 사르트르 자신도 신체를 다루면서 헷갈리고 있을 정도입니다. 사르트르는 신체를 세 차원에서 접근합니다. 제1차원은 '대자-신체'입니다. 이것은 '의식은 신체이다'라는 말로 규정할 수 있는 차원입니다. 제2차원은 '대타-신체'입니다. 나의 신체는 타자의 시선의 대상이 되고, 또 역으로 타자의 신체는 나의 시선의 대상이 됩니다. 다만 신체는 하나의 '심적 대상un objet psychique'으로 다른 사물과는 다르게 존재합니다. 제3차원은 '나의-타자를-위해-거기에-있는 존재mon-être-là-pour-autrui'로서의 나의 신체를 내가 반성적으로 이해하는 것입니다. 다시 말해 타자의 시선에 사로잡힌 나의 신체, 나로서는 파악 불가능한 나의 신체, 그러면서 내가 대자로서 체험하며 사는 신체입니다.

사르트르가 말하는 신체의 제1차원은 우리의 일상 경험에서도 찾아볼 수 있습니다. 가령 여러분이 원고 마감 날짜에 원고를 완성하지 못해 밤샘 작업을 한다고 합시다. 이 경우 새벽 4~5시까지 아무 생각 없이 원고를 씁니다. 그 와중에는 팔이 아픈지 눈이 아픈지도 모릅니다. 그러다가 원고를 완성했을 때 팔과 눈의 아픔이 느껴지죠. 원고를 한창 쓰고 있는 중에 있는 여러분의 의식과 신체는 구별되지 않은 상태에서 '하나'를 이루는 것입니다.

신체의 제2차원도 이해하는 데 별로 문제가 되지 않습니다. 이것은 우리가 일상생활에서 늘 경험합니다. 예를 하나 들어보겠습니다. 매년 5~6월이 되면 젊은 여성들은 분주해집니다. 7~8월 여름휴가 때 비키니를 입기 위해 몸 관리를 해야 하기 때문이죠. 물론 7~8월에 비키니를 입고 바닷가를 거니는 자기 모습에서 나르시시즘적, 이기적 만족감을 느낄 수도 있을 것입니다. 하지만 대부분의 경우 여성분들이 그렇게 하는 이유는 타자들, 특히 남성들의 시선을 의식하기 때문이 아닐까요? 이와 같은 여성들은 다름 아닌 타자들의 시선에 의해 포착되는 자신들의 신체, 곧 '대타-신체'라는 사르트르의 신체의 제2차원을 몸소 실천하고 있는 것입니다.

신체의 제3차원은 조금 어렵습니다. 예를 하나 들겠습니다. 내가 짝사랑하는 여자가 있다고 칩시다. 이 경우 나는 이 여자 앞에서 멋있게 보이려고 온갖 노력을 할 것입니다. 나의 멋진 모습에 반해 그 여자가 나를 사랑해줄 것을 기대하면서 말입니다. 그런데 문제는 여자가 나를 어떻게 보는지, 즉 그녀의 시선에 포착된 나의 모습(신체), 곧 그녀에 의해 응시당한 나의 존재가 어떤 것인지를 전혀 알 수가 없다는 것입니다. 물론 내가 다른 여자를 만나 사귀는 경우에는 짝사랑이 별 의미가 없을 수도 있습니다. 하지만 내가 짝사랑에 목을 맬 정도여서 오로지 그 여자만을 바라보고 지낸다고 합시다. 혹시라도 그녀의 눈에 띨까봐 노심초사하면서 말입니다. 이 경우 나는 사르트르에 의해 규정된 신체의 제3차원을 직접 실천하면서 살아가는 것입니다. 이 여자의 시선에 비친 나의 모습(신체), 내가 도저히 파악 불가능한 나의 모습(신체)을 내가 대자로서 체험하면서 살기 때문입니다.

4. 타자: 갈등의 주체

앞에서 시선은 '힘'이며, 그것도 그 끝에 와 닿는 모든 것을 객체로 사로잡아버리는 힘이라는 사실을 지적했습니다. 그런데 이로 인해 사르트르의 타자론에서 '나'와 '타자'는 조화롭고 평화스러운 관계 대신 항상 갈등, 투쟁의 관계를 맺습니다. 왜 그럴까요?

이 질문에 답을 하기 위해서는, 우선 사르트르에게서 모든 인간은 '주체'의 자격으로 존재한다는 점을 지적해야 할 것입니다. 사르트르에 따르면 나도 주체이고, 타자도 주체입니다. 다시 말해 나도 타자도 모두 미래를 향해 자유롭게 '자신을 기투企投, se projeter'♦하면서, 즉 '실존'하면서 각자의 '본질essence'을 만들어 갑니다. 그런데 타자는 그의 시선을 통해 출현하자마자 나의 이러한 기투를 방해합니다. 왜냐하면 그는 시선을 통해 나를 객체화시킬 수 있기 때문입니다. 물론 이것은 타자에게도 그대로 적용됩니다.

따라서 사르트르의 사유에서 나와 타자는 항상 각자의 시선을 통해 상대를 객체화시키려고 하면서 주체의 위치에 있고자 합니다. 하지만 이와 같은 시도가 성공을 거두었다고 해도 각자의 시선이 한 번 폭발하게 되면 모든 것은 다시 원상태로 되돌아갑니다. 이런 의미에서 인간은 서로에게 위험한 폭발물로 정의될 수 있습니다.

그러므로 나의 계속되는 관심은 타자를 그의 객체성 속에 담아두는 일

♦ **기투**

신의 부재를 자신의 학문적 가정으로 삼고 있는 사르트르에 의하면 인간 존재는 태어나면서 아무런 '본질'을 가지고 있지 않은 '백지 상태'로 있다. 이 상태에서 인간 존재는 미래를 향해 나아가면서, 자기 자신을 창조해나가면서, 다시 말해 '실존'해나가면서 자신의 본질을 갖게 된다. 이때 인간 존재가 자기 자신을 창조해나가는 과정을 사르트르는 '기투'로 표현한다. 기투는 프랑스어 단어 'projet'에 해당한다. 이 단어에서 'jet'는 '나아감', '분사' 등의 의미를, 'pro'는 '앞으로'의 의미를 가지고 있다.

이다. 그리고 객체-타자와 나와의 관계들은 본질적으로 타자를 객체로 머물러 있게 하기 위한 계략들로 이루어져 있다. 그러나 이러한 모든 계략들이 무너져버리고 내가 다시 타자의 변모를 체험하기 위해서는 타자의 시선이 하나 있으면 충분하다.(《존재와 무1》, 486쪽)

이처럼 객체-타자는 내가 조심스럽게 다루어야 할 폭발성이 있는 도구이다. 그 까닭은 이렇다. 즉, 나는 이 객체-타자 주위에서 '사람'들이 그것을 폭발시킬 수도 있는 끊임없는 가능성, 그리고 이 폭발과 더불어 갑자기 세계가 나의 밖으로 도피하며, 나의 존재가 소외되는 것을 체험할지도 모른다는 끊임없는 가능성을 예감하기 때문이다.(《존재와 무1》, 486쪽)

사르트르는 이와 같은 사실을 고려해 나와 타자의 관계는 근본적으로 '함께 있는 존재Mitsein'가 아닌 '갈등conflit'이라고 규정하고 있습니다. 사르트르는 또한 이 관계를 '승격昇格; transfiguration'과 '강등降等; dégradation'이라는 개념을 통해 설명합니다. 사르트르에 의하면 한 인간이 '객체'에서 '주체'로 바뀌는 것이 승격이고, 반대로 '주체'에서 '객체'로 바뀌는 것이 강등입니다. 이와 같은 변화에는 '시선'이 동반된다는 것을 잊지 말기 바랍니다. 결국 승격은 '내'가 '응시당한-존재l'être-regardé'에서 '응시하는-존재l'être-regardant'로 바뀌는 것을 의미하고, 강등은 내가 '응시하는-존재l'être-regardant'에서 '응시당한-존재l'être-regardé'로 바뀌는 것을 의미합니다. 물론 이것은 타자에게도 그대로 적용됩니다. 나와 타자는 이처럼 만나자마자 각자의 시선을 통해 이와 같은 승격과 강등의 놀이를 한

없이 하게 된다는 것이 사르트르의 주장입니다.

5. 시선에 대한 여러 반응

사르트르의 타자론에서 시선은 타자의 존재 출현의 통로이자 '나'를 객체화시키는 '힘'이기 때문에, '나'는 그의 시선에 대해 아주 다양한 반응을 보일 수 있습니다. 우선, 나는 타자가 없는 상황에서도 그의 시선을 느낄 수 있습니다. 아래의 소설 장면들을 보며 설명을 해보죠.

① 난 누가 뒤에서 만지는 게 딱 질색이야. 등이 없으면 차라리 좋겠어. 내가 보지도 못하는데 수작을 부리는 게 난 싫어. 그들은 실컷 재미를 보고 있는데, 난 그들의 손조차 볼 수가 없거든. 단지 손이 내려가고 올라가는 걸 느낄 뿐. 그 손이 어디로 갈 것인지 통 알 수가 없어. 그들은 당신을 뚫어져라 보고 있지만, 당신은 그들을 볼 수 없으니까 말이야. (사르트르, 김희영 옮김, 〈내밀〉, 《벽》, 문학과지성사, 2005, 116~117쪽)

② 한 번은 정말 처형당한다고 생각했다. 잠시 잠이 들었던 모양이다. 그들은 나를 벽 쪽으로 끌고 갔고, 나는 발버둥을 치며 용서해달라고 빌고 있었다. 소스라치게 놀라 잠이 깬 나는 벨기에 녀석을 바라보았다. 자면서 소리나 지르지 않았는지 걱정되었다. 하지만 그는 수염을 쓰다듬고 있었을 뿐, 아무것도 눈치 채지 못했던 모양이다. (〈벽〉, 26쪽)

①은 사르트르의 단편 〈내밀Intimité〉의 한 장면입니다. 이 단편의 여주인공은 누군가가 뒤에서 자기를 보는 것을 아주 싫어합니

다. 그녀가 그를 볼 수 없고, 또 그에 의해 그녀가 일방적으로 응시당해 객체화되기 때문입니다. ②는 단편 〈벽Le Mur〉의 한 장면입니다. 사형선고를 받고 얼마 남지 않은 시간에 다가올 죽음을 생각하는 대신 깨끗하게 죽음을 맞이하겠다고 생각하던 파블로Pablo는 잠깐 잠이 든 사이에 사형집행을 당하는 악몽을 꿉니다. 그러고는 꿈속에서 용서를 빌며 발버둥을 치면서 잠결에 아우성치는 자신의 모습이 다른 사람의 눈에 띄었는지를 궁금해 합니다.

그 다음으로는 타자가 나를 전혀 바라볼 수 없는 상태에서 내가 그를 일방적으로 보려고 할 수 있습니다. 보이지 않는 상태에서 내가 타자를 본다는 것은 그대로 그에게 나를 객체화시킬 반격의 기회를 주지 않으면서 그를 일방적으로 객체화시키려는 시도로 이해될 수 있습니다. 가령, 〈내밀〉에서 여주인공은 정부情婦와 함께 지내면서 항상 그의 뒤에 있으려고 합니다. 이와 같은 그녀의 태도 역시 보이지 않은 상태에서 타자를 일방적으로 객체화시키려고 하는 것으로 해석됩니다.

당신은 니스의 내 별장으로 와야 해. 별장은 대리석 층계가 있는 하얀 집으로 바다를 향해 있어, 라고 그는 말했지. 우리는 하루 종일 벌거벗고 살 거야. 벌거벗은 채로 층계를 올라간다는 건 좀 이상하겠지만. 그이가 날 쳐다보지 못하도록 꼭 내 앞에서 걷게 해야지. 그렇지 않으면, 난 단 한 발짝도 옮기지 못할 거야. 그가 장님이 되길 진심으로 바라면서 꼼짝도 하지 않을 거야.(〈내밀〉, 122쪽)

타자의 시선에 대한 반응과 관련하여 인간의 '높은 곳'에 대한 선호는 아주 흥미롭다고 하겠습니다. 사르트르의 단편 〈에로스트라트Erostrate〉의 중심인물은 높은 곳에서 '수직으로 떨어지는 시선'에 민감합니다. 이런 이유로 그는 7층에서 살고자 하죠. 아래의 인용문을 봅시다.

> 인간이란, 위에서 내려다보아야 한다. 나는 불을 끄고 창가에 몸을 기댔다. 그들은 위로부터 자신이 관찰될 수 있다고는 전혀 생각하지 않았다. 그들은 앞모습이나 때로는 뒷모습을 정성스레 치장한다. 하지만 그 모든 효과는 1미터 70센티미터짜리의 구경꾼을 위해 계산된 것이다. 도대체 누가 7층에서 내려다보이는 중절모자의 모양에 대해 곰곰이 생각해봤겠는가? 그들은 짙은 색과 화려한 천으로 그들의 어깨와 머리를 보호하는 것을 게을리 한다. 인간의 커다란 적인 굽어보는 전망과 맞서 싸울 줄도 모른다.(〈에로스트라트〉, 87쪽)

> 7층의 발코니. 바로 그곳에서 나는 평생을 보내야 했을 것이다. 정신적인 우월성을 물질적 상징으로 지탱해야 한다. 그렇지 않으면 정신적인 우월성은 무너지고 만다. 그런데 인간에 대한 나의 우월성은 정확히 무엇일까? 위치의 우월성, 바로 그뿐이다. 나는 내 내부에 있는 인간적인 것 위에 자리잡고, 그것을 바라본다. 바로 그런 이유로 나는 노트르담대성당의 탑과 에펠탑의 옥상, 사크레쾨르 성당, 들랑브르 가(街)에 있는 나의 7층 집을 좋아했다. 그것들은 모두 훌륭한 상징이다.(〈에로스트라트〉, 87~88쪽)

시선에 대한 반응과 관련해 또 한 가지 흥미로운 점은 '옷을 입는다'는 것의 의미입니다. 사르트르는 '옷'을 인간의 객체성을 보호해주는 수단으로 생각합니다. 〈에로스트라트〉에는 중심인물이 사창가에서 "목까지 옷으로 휘감고 장갑까지" 낀 채 발가벗은 창녀를 괴롭히는 장면도 나옵니다.

> 그녀는 어색한 표정으로 이리저리 걷기 시작했다. 알몸으로 걷는 것 이상으로 여자들을 더 어색하게 하는 것은 없다. 여자들은 뒤꿈치를 땅에 납작하게 대본 일이 없다. 창녀는 등을 구부리고 팔을 늘어뜨렸다. 나는 몹시 행복했다. 안락의자에 편안하게 앉아서, 목까지 오는 옷을 입고 있었으니까. 장갑도 끼고 있었다. 그 성숙한 여인은 내 명령대로 완전히 알몸이 되어 내 주위를 왔다 갔다 했다.(〈에로스트라트〉, 93쪽)

사르트르의 시선에 대한 반응과 관련해 다음과 같은 사실들을 간략하게 지적하도록 하겠습니다. 사르트르는 '신'의 존재를 부정하고 있지만, 그럼에도 이 신을 인간의 시선에 의해 '영원히 객체화되지 않는 시선'으로 규정하고 있습니다. 이는 인간이 신의 전지전능하고 편재하는 시선에 대항할 수 없다는 것을 의미한다고 볼 수 있을 것입니다. 또한 푸코의 '파놉티콘Panopticon'도 이와 같은 객체화되지 않는 시선 또는 보이지 않는 시선과 무관해 보이지 않습니다. 여기에 더해 동양의 고전인 《중용》과 《대학》에서 볼 수 있는 '신독愼獨'이라는 말도 타자의 시선과 무관하지 않을 듯합니다. 그러니까 혼자 있을 때조차도 삼가고 조심하라는 것은 당연히 혼자 있을 때조차도 다른 사람이 있는 것처럼 삼가고 조심하라는 의미일 것입니다.

6. 타자에 대한 나의 이중적 '태도'

사르트르에 의하면 시선의 주체로 등장하는 타자는 나와의 관계에서 두 가지 서로 상반된 존재론적 지위를 갖습니다. 나의 '지옥地獄, enfer'으로서의 지위와 '나와 나 자신을 연결해주는 필수불가결한 중개자médiateur indispensable entre moi et moi-même'로서의 지위가 그것입니다. 우선 타자는 나를 바라보면서 나를 객체화시킬 수 있는 존재이기 때문에 나의 지옥으로 여겨집니다. 다음은 《닫힌 방Huis clos》이라는 극작품에서 볼 수 있는 가르생Garcin의 한 대사입니다. 가르생은 지금 죽어서 다른 두 명의 여자와 함께 지옥에 있습니다. 그는 이 지옥에서 고문을 당할 것이라고 생각하는데, 실제로 지옥은 다름 아닌 자기와 같이 있는 두 여자임을 깨닫게 됩니다. 왜냐하면 가르생은 이 두 여자의 시선 사이에서 반복해서 객체화를 겪고 있기 때문이죠.

> 가르생: 나를 잡아먹을 듯한 이 시선들… 아! 당신들은 두 명뿐이었는가! 훨씬 더 많다고 생각했는데.(그는 웃는다) 이것이 지옥이지. 전에는 전혀 생각을 하지 못했었지… 당신들도 기억하겠지. 유황, 장작더미, 쇠고챙이… 아! 웃기는 얘기야. 쇠꼬챙이 같은 것은 필요 없어. 지옥 그것은 타인들이야.(Jean-Paul Sartre, *Huis clos suivi de Les Mouches*, Gallimard, coll. Folio, 1947, p. 93)

다음으로 사르트르는 타자를 내 존재의 필수불가결한 협조자로 생각합니다. 타자는 나를 바라보면서 나를 객체화시키기 때문에, 내게는 그의 시선에 포착된 내 모습이 중요합니다. 사르트르에 의하면 이 모습은 전적으로 타자의 자유의 소관사항입니다. 다시 말해 나는 결코 그 모습이 어떤 것인지 알 수가 없습니다. 사르트르는 이런 의미에서 그 모습을 '나의 외부mon dehors', '나의 본성ma nature', '나의 비밀mon secret'이라고 말합니다. 다시 《존재와 무》를 볼까요?

> 한 명의 타자가 존재한다면, 그가 누구이건 간에, 그가 어디에 있건 간에, 그의 존재의 단순한 출현에 의해서 그가 나에게 달리 작용하는 일이 있을지라도, 나는 하나의 외부를 갖게 된다.(《존재와 무1》, 441쪽)

> 타자는 하나의 비밀을 가지고 있다. 이 비밀은 내가 무엇인지에 관한 비밀이다. 타자는 나를 존재케 하며, 바로 이러한 사실로 인해 나를 소유한다. 이 소유는 그가 나를 소유한다는 의식 이외의 다른 것이 아니다. (…) 나에게 있어서 타자는 나의 존재를 훔쳐가는 자이다.(사르트르, 손우성 옮김, 《존재와 무2》, 삼성출판사, 1992, 95쪽)

그런데 사르트르는 이와 같은 '나의 외부', '나의 본성', '나의 비밀'이 나의 '존재근거le fondement d'être'와 무관하지 않다고 말합니다. 물론 '신'이 있어 나에게 존재근거를 부여해준다면, 그것이 가장 확실하고 튼튼한 근거일 것입니다. 하지만 사르트르는 신의 부재를 가정하고 있기 때문에, 나는 평생 나의 존재근거를 찾아가야만 하는 상황이죠. 이런 상황에서 타자의 시선에 포착된 나의 모습은 그대로 나의 존재근거가 될 수 있다는 것이 사르트르의 논리입니다. 따라서 내가 나에 대해서 알려면 나는 반드시 타자를 통과해야 한다는 주장이 성립됩니다.

무엇이건 나에 대한 진실을 얻으려면 나는 타자를 통과해야만 한다. 타자는 나의 존재에 필수불가결하다. 그뿐만이 아니라 내가 나에 대해 가지는 인식에서도 마찬가지이다.(사르트르, 박정태 옮김,《실존주의는 휴머니즘이다》, 이학사, 2008, 66쪽, 번역 수정)

이처럼 시선을 통해 출현하는 타자의 나에 대한 존재론적 지위가 이중적이며 상반되기 때문에, 나는 타자와의 관계 정립을 하면서 두 개의 상반된 '태도attitude'를 취하게 된다는 것이 사르트르의 지속적인 주장입니다. '동화同化, assimilation의 태도'와 '초월超越, transcendance의 태도'가 그것입니다. 동화의 태도는 '제1태도'로, 초월의 태도는 '제2태도'로 명명됩니다.

우선, 제1태도는 앞에서 살펴본 타자의 두 번째 존재론적 지위와 관련이 있습니다. 타자는 주체로서 나를 바라보면서 나에게 존재근거를 제공해주기 때문에, 나는 그의 자유, 시선 위에 그려지는 나의 객체화된 모습에 동화되어 그것을 내 안으로 흡수하려고 합니다. 이것이 바로 동화의 태도입니다. 제2태도는 제1태도와는 반대로 내가 주체로 타자를 바라보면서 그의 자유, 시선을 초월하려는 것을 말합니다. 이것이 바로 초월의 태도입니다.

다시 말해 나는 이번에는 내 편에서 타자에게 객체성을 부여하기 위해서, 타자 쪽으로 돌아서서 바라볼 수가 있다. 그 까닭은 타자의 주체성은 타자에게 있어서의 나의 객체성을 파괴하는 것이기 때문이다. 그러나 또 다른 한편으로 자유로서의 타자가 나의 즉자존재의 근거인 한도에서, 나는 타자로부터 자유라고 하는 것의 성격을 제거함이 없이 이 자유를 되찾고, 이 자유를 탈취하려고 할 수가 있다. 만약 실제로 내가 나의 즉자존재의 근거인 이 자유를 나의 것으로 할 수가 있다면, 나는 나 자신에 대해 나 자신의 근거가 될 것이다. 타자의 초월을 초월하는 것, 이와는 반대로 타자로부터 초월이라고 하는 그 특징을 제거함이 없이 이 초월을 내 속으로 삼켜버리는 것, 바로 이것이 내가 타자에 대해서 취하는 두 개의 원초적인 태도이다.(《존재와 무2》, 93~94쪽)

7. 타자와의 '구체적 관계들'

사르트르에 의하면 위와 같은 두 가지 태도를 중심으로 나와 타자 사이에 '구체적 관계들relations concrètes'이 정립됩니다. 사르트르가 나와 타자 사이에 맺어지는 관계들을 '구체적'이라고 규정한 것은, 이 관계들이 현실과 동떨어진 추상적인 관계들이 아니라 현실에서 흔히 나타나는 관계들이라는 의미에서입니다. 사르트르는 제1태도, 곧 동화의 태도를 중심으로 맺어지는 구체적 관계들로 '사랑amour', '언어langage', '매저키즘masochisme'을 기술하고 있습니다. 그리고 제2태도, 곧 초월의 태도를 중심으로 맺어지는 구체적 관계들로 '사디즘sadisme', '성적 욕망désir sexuel', '무관심indifférence', '증오haine'를 기술하고 있습니다. 이 관계들을 하나하나 간단하게 요약하면 다음과 같습니다.

우선, 제1태도를 중심으로 맺어지는 관계 중 '사랑'은 나와 타자가 공히 주체의 자격으로 맺는 관계를 말합니다. 사르트르는 이것을 인간관계의 이상理想으로 여깁니다. 다만 문제는 이 사랑이 궁극적으로 실패라는 점입니다. 그러니까 사르트르는 나와 타자가 모두 주체의 자격으로 관계를 맺는 것이 불가능하다고 생각합니다.(흔히 말하는 남녀 간의 혼전婚前의 실험적인 결혼과는 달리 사르트르와 보부아르의 '계약결혼'은 이와 같은 이상적인 인간관계의 실현을 목적으로 한 것입니다) 그 다음으로 '언어'가 있습니다. 사르트르에 위하면 언어는 사랑의 관계에 비슷합니다. 말하는 자도 주체여야 하고, 그의 말을 듣는 자도 주체여야 합니다. 하지만 언어는 반드시 소외를 겪게 마련입니다. 다시 말해 말하는 자의 의도는 반드시 듣는 자에 의해 왜곡되기 마련입니다. 이와 같은 왜곡의 가능성이 있는 한, 언어 역시 사랑과 마찬가지로 실패라는 것을 의미합니다.(사르트르는 언어의 관계를 성공과 실패의 중간 단계인 '유예猶豫, sursis' 상태에 있다고 보고 있습니다. 이것은 언어가 갈등과 투쟁으로 점철되는 인간관계의 대안이 될 수 있는 가능성에 대한 암시로 여겨집니다. 실제로 사르트르는 후일 《문학이란 무엇인가?Qu'est-ce que la littérature?》에서 작가와 독자의 주체성의 합일의 가능성 문제를 심도 있게 다루고 있습니다) '매저키즘'은 내가 나의 주체, 자유를 유지하는 것을 버거워하며 내 스스로를 타자의 주체, 자유 앞에 객체로 내던지는 것을 말합니다. 나는 그렇게 하면서 휴식을 취할 수 있을 것입니다. 하지만 이 휴식은 씁쓸한 휴식입니다. 또한 나는 언제라도 나의 시선을 통해 타자를 다시 바라보고 객체화시킬 수 있기 때문에 매저키즘 역시 실패라는 것이 사르트르의 주장입니다.

   그 다음으로 제2태도를 중심으로 맺어지는 관계 중 '사디즘'이 있습니다. 사디즘의 주체는 상대방을 굴복시키고자 합니다. 가령 고문관顧問官은 피고문자로부터 중요한 정보를 얻고자 합니다. 피고문자가 고문을 이기지 못하고 정보를 토설하는 순간 고문관은 희열을 느낍니다. 사르트르는 이 희열이 피고문자가 자유를 포기한 것과 무관하지 않다고 봅니다. 하지만 사디즘은 실패로 끝나고 맙니다. 피고문자는 언제라도 고문관을 바라보면서 그를 객체화시킬 수 있기 때문입니다. '성적 욕망'도 제2태도를 바탕으로 정립되는 관계 중 하나입니다. 나와 타자는 성행위를 하면서 '애무愛撫, caresse'를 통해 서로 상대방의 신체를 객체화시켜 '살chair'로 변화시킵니다. 사르트르는 '애무'를 타자의 신체에 나의 주체성을 이입해 그것을 '객체화시키는 의식儀式'으로 정의합니다. 따라서 성행위 중에 있는 나와 타자는 서로 반-주체, 반-객체 상태에 있는 것입니다. 하지만 이 성적 욕망 역시 실패라는 것이 사르트르의 진단입니다. 그도 그럴 것이 성행위가 끝나고 난 다음에 나와 타자는 서로 '살'로 남아 있는 신체를 확인하기 때문입니다.

제2태도를 중심으로 나와 타자 사이에 맺어지는 관계 중에는 '무관심'과 '증오'가 있습니다. 사르트르는 무관심을 '나의 타자에 대한 맹목성盲目性'으로 정의합니다. 이것은 타자에 대한 철저한 무시無視와 경멸과 같은 것입니다. 우리말에 '꿔다 놓은 보리자루'라는 말이 있지요? 이 말의 의미가 바로 무관심에 해당한다고 생각됩니다. 하지만 이 무관심 역시 실패입니다. 짐작하시겠지만, 무관심의 대상이 된 내가 타자를 바라보면서 그를 객체화시킬 수 있기 때문입니다. 그리고 사르트르는 '증오'를 '타자의 살해'로 정의합니다. 타자는 나의 비밀을 알고 있는 자입니다. 따라서 그 타자를 없애면 나에 대한 비밀이 온전히 지켜질 수 있을 수도 있습니다. 해서 그 타자를 살해하려 듭니다. 하지만 이 증오 역시 실패입니다. 왜냐하면 나의 비밀을 알고 있는 타자가 살해당해 이 세계에서 사라져도 그가 이 세계에 존재했다는 사실 자체를 없앨 수는 없기 때문입니다. 지나가면서 사르트르는 이 증오를 내가 타자에 대해 취하는 '제3태도'로 규정하고 있다는 사실을 말씀드리고자 합니다.

사르트르는 이처럼 나와 타자 사이의 구체적 관계들은 모두 실패로 끝나기에 우리들은 시선을 매개로 '응시하는-존재'에서 '응시당하는-존재'로의 '강등', 또 역으로 '응시당하는-존재'에서 '응시하는-존재'로의 '승격'의 악순환 속으로 다시 들어갈 수밖에 없다는 결론을 내립니다. 이런 의미에서 나와 타자 사이의 관계 역시 인간은 '무용한 수난passion inutile'♦이라는 사르트르의 정의에 일조一助를 하고 있다고 할 수 있습니다.

이처럼 증오의 승리는 그것의 출현 자체에 있어서 실패로 바뀐다. 증오도 이 타자와의 이 순환으로부터 탈출을 우리에게 허용해주지 않는다. 증오는 단순히 궁극적인 시도, 그리고 절망적인 시도를 보여주고 있을 뿐이다. 이 시도의 실패 후에 대자에게는 다시 이 순환 속으로 들어가는 일, 그리고 두 개의 기본적인 태도들의 한편으로부터 다른 한

♦ **무용한 수난**
'무용한 수난'은 '무용한 정열'이라고도 번역된다. 원래 이 표현은 인간의 최종 목표는 '신'이 되고자 하는 것, 즉 '즉자-대자존재l'être-en-soi-pou-̃-soi'의 융합을 실현하는 것이나, 이 목표는 달성될 수 없다는 의미로 사용된 것이다. 하지만 나와 타자 사이에 맺어지는 여러 관계들 역시 이와 같은 인간의 최종 목표 실현에 도움을 주지 못한다는 의미에서 인간은 '무용한 수난'이라는 정의에 일조를 한다고 할 수 있다.

편으로 끝없이 왔다갔다 하도록 내버려두는 일밖에는 더 이상 남아 있지 않게 된다.(《존재와 무2》, 162쪽)

8. '유희의 태도'와 '연기'

사르트르는 나와 타자 사이의 구체적 관계들을 위에서 살펴본 세 가지 태도를 중심으로 기술합니다. 그런데 이와 관련해 우리가 '제4의 태도'라고 명명할 수 있는 또 하나의 태도가 있고, 또 이 태도를 중심으로 또 다른 유형의 구체적 관계들의 정립이 가능할 것으로 보입니다. 그것이 바로 '유희遊戲, jeu의 태도'와 '연기演技'입니다. 이것은 특히 나와 타자 사이에서 존재론적 힘의 불균형이 심각한 경우에 주로 나타나는 태도와 관계라고 할 수 있습니다. 실제로 나와 타자 사이에 아주 큰 존재론적 힘의 차이가 있는 경우, 어느 한편은 당연히 다른 한편에 의해 그려지는 자신의 모습에 민감하게 반응하기 마련입니다. 어쩌면 이런 태도와 이를 바탕으로 맺어지는 연기의 관계는 우리 일상생활에서 가장 흔하고도 자연스런 것이라고도 할 수 있을 것입니다.

가령, 아래의 ①은 사르트르의 중편 〈어느 지도자의 유년 시절L'Enfance d'un chef〉의 한 대목인데, 이 중편의 중심인물인 뤼시앵Lucien은 자기의 경험을 통해 이 세계의 모든 것은 결국 유희이자 연기에 불과하다는 결론을 내립니다. 또한 ②에서 볼 수 있는 것처럼, 《닫힌 방》의 한 인물인 에스텔Estelle은 말할 때 여러 개의 '거울'을 놓고 마치 타자가 자기를 보는 상황을 가정하고 연기를 펼칩니다. 인용문을 읽어봅시다.

① 모든 사람들이 연극하는 하는 것이 재미있었다. 아빠와 엄마는 귀여운 아들이 밥을 먹지 않는다고 걱정하는 연극을 했고, 아빠는 신문을 읽으면서 가끔 뤼시앵의 얼굴 앞에 손가락을 흔들면서 "그래, 착한 애지!" 하고 말하는 연극을 했다. 그리고 뤼시앵도 역시 연극을 했지만, 더 이상 무슨 연극을 하는지 모르게 되었다. 고아 연극을 하는 걸까? 아니면 뤼시앵인 척하는 연극일까? 그는 물병을 바라보았다. 물병의 밑바닥에서 작은 붉은빛이 춤추고 있었다. 그것은 마치 아빠의 커다랗고 번쩍이는 손, 짧고 검은 털이 난 손 가락과 함께 물병 속에 있는 것 같았다. 뤼시앵은 갑자기 물병도 물병으로서의 연극을 한다는 인상을 받았다.(사르트르, 김희영 옮김, 〈어느 지도자의 유년시절〉,《벽》, 문학과지성사, 2005, 87쪽)

② 에스텔: 말할 때 나는 여섯 개 거울 가운데 한 개를 내 모습을 비추어볼 수 있도록 맞추어 놓았지요. 나는 말을 하고, 이러한 나의 모습을 마치 다른 사람들이 보는 듯이 보곤 했지요. 이렇게 하면 정신이 번쩍 들게 돼요.(*Huis clos suivi* de Les Mouches, p. 45)

타자와의 공존을 위하여

지금까지 《존재와 무》를 중심으로 사르트르의 타자론을 간략하게 살펴보았습니다. 사르트르의 타자론은 다음과 같은 두 가지 면에서 그 의의를 지적할 수 있지 않을까 합니다.

우선, 사르트르는 평화와 공존, 곧 상호주체성 intersubjectivité 의 타자론보다는 갈등, 투쟁의 타자론을 전개하는데, 이것은 철저하게 그 자신의 전쟁 경험이 반영된 결과로 보인다는 점입니다. 사르트르는 '책'과 더불어 자신의 삶이 시작되었고, 또 이 책과 더불어, 책 속에서 자신의 삶이 끝날 것이라고 말합니다. 그런데 사르트르의 삶과 '전쟁'은 밀접한 관계가 있습니다. 1905년에 태어나 1980년에 죽어 20세기를 거의 다 살았기 때문에, 사르트르는 20세기에 발발한 제1, 2차 세계대전, 한국전쟁, 알제리전쟁, 베트남전쟁 등을 위시해 수많은 전쟁을 직간접적으로 겪었습니다. 그는 그 와중에서 인간의 극단적인 비인간화를 경험하면서 다음과 같은 질문에 답을 해야 할 필요성을 느꼈던 것으로 보입니다. 왜 인간들은 자주, 그것도 처절하게 싸우는가, 라는 질문이 그것입니다. 이 질문에 대답을 하는 과정에서 사르트르는 인간들 사이의 관계가 필연적으로 갈등과 투쟁으로 귀착될 수밖에 없는 논리를 정당화하고 있는 것으로 보입니다.(그럼에도 사르트르는 《존재와 무》에서 인간의 위대성을 지적하고 있습니다. 다시 말해 인간은 다른 인간들과의 관계에서 극단적인 비인간화를 경험하지만, 또한 인간은 자신의 의식을 통해 이 세계의 모든 존재들에 대해 의미를 부여하면서 다시 만물의 영장으로서의 위상, 이 세계의 중심으로서의 위상을 가지고 있다는 점을 강조하고 있다고 할 수 있습니다)

또한 사르트르의 타자론이 미친 영향과 관련된 의의도 볼 필요가 있습니다. 사르트르의 타자론은 나중에 등장하는 프랑스 인문학의 타자 담론을 선도하는 입장에 있다는 점은 서두에서 말씀드린 바 있습니다. 실제로 사르트르의 타자론에서 핵심 요소로 등장하는 시선 개념, 신체에 대한 논의, 나와 타자 사이의 관계 등은 후일 다른 철학자들의 타자론에 커다란 영향을 미쳤다고 할 수 있습니다. 여성의 남성과의 관계에서 타자로서의 지위를 문제시 삼고 있는 보부아르, 타자에 대한 윤리학을 자신의 제1철학으로 삼고 있는 레비나스, 상호주체성에 입각한 타자론과 신체에 대한 논의를 심층적으로 전개하고 있는 메를로-퐁티, 타자 개념에 대한 질적 확대와 '응시' 개념을 독특하게 해석하고 있는 라캉, 의학적 시선과 판옵티콘의 의미를 권력과 연관해 해석하고 있는 푸코, 타자를 동일자의 반복과 차이의 시각에서 이해하고 있는 들뢰즈, 나의 정체성 확립에 타자의 침투 현상을 중요시하는 리쾨르 등이 그 예입니다. 이와 같은 점은 그대로 사르트르의 타자론의 직간접적인 영향을 보여준다고 할 수 있을 겁니다.

    사르트르의 타자론에 대해 다음과 같은 질문을 던지면서 마치도록 하겠습니다. 과연 인간들 사이의 관계는 갈등과 투쟁밖에 없는 것인가, 라는 질문이 그것입니다. 이 질문은 이렇게 제기될 수도 있을 것입니다. 사르트르는 과연 인간들 사이의 평화와 공존의 가능성에 대해서는 전혀 생각을 하지 않았는가, 라고 말입니다. 실제로 이 문제는 사르트르의 도덕 문제와 밀접하게 관련이 있습니다. 사르트르는 이 문제를 평생 심각하게 고민했고, 거기에 대한 대답으로 폭력을 통한, 그리고 폭력을 통하지 않은 '융화 집단groupe en fusion'의 형성을 생각했습니다. 폭력을 통한 융화 집단의 형성은 《변증법적 이성비판》(박정자·윤정임·변광배·장근상 옮김, 나남출판, 2009)의 주요 주제이고, 폭력을 통하지 않은 융화집단의 형성은 《도덕을 위한 노트Cahiers pour une morale》의 주요 주제입니다. 따라서 사르트르의 타자론은 이 두 저서에 의해 보충될 때만 그 총체적인 윤곽을 그릴 수 있을 것으로 생각됩니다. 이를 위해서는 또 다른 연구와 글이 필요할 것입니다.

더 읽어보면
좋은 책

장 폴 사르트르, 손우성 옮김, 《존재와 무1·2》, 삼성출판사, 세계사상전집 49~50, 1992.

사르트르의 전기 사상을 집대성하고 있는 저서로, 신의 부재라는 가정 위에서 이 세계의 모든 존재들 사이의 관계가 인간의 의식을 중심으로 현상학적으로 기술되어 있다. 제1, 2차 세계대전으로 인해 바닥을 친 인간성의 회복과 인간의 다른 인간에 대한 투쟁과 갈등의 주체로의 변신에 대한 이해를 시도하고 있는 무신론적 실존주의의 경전이다. 타자론은 이 저서의 제3부에 해당한다. 이 부분에서 타자의 존재 증명과 타자와의 존재 관계가 집중적으로 다루어지고 있다.

베르나르 앙리 레비, 변광배 옮김, 《사르트르 평전》, 을유문화사, 2009.

사르트르에 대한 철학적 탐구가 많이 가미된 평전이다. 특히 사르트르가 철학과 문학 분야에서 각각 헤겔, 베르그송 등을, 프루스트와 지드 등을 어떻게 극복하려 했는지 추적하고 있다. 이 저서에서 특히 주목할 점은 저자가 사르트르를 관념론자가 아닌 실재론자로 규정하고 있다는 것이다. 흔히 사르트르는 인간 존재를 이 세계의 중심에 놓고 그 특징을 의식의 지향성에서 찾고 있기에, 그를 관념론자로 규정하기가 쉽다. 실제로 인간 존재의 가장 두드러진 특징인 '의식'을 나타내는 '무無'가 없다면 이 세계에 있는 존

◆◆◆

재들은 아무런 의미 없이 무정형의 형태로 잠들어 있을 것이다. '무'가 존재들에 의미를 부여하면서 그것들을 깨우는 것은 분명하다. 하지만 사르트르는 이 존재들의 '무'에 대한 존재론적 우월성을 강하게 주장하고 있다는 것이 저자의 생각이다.

장 폴 사르트르, 박정태 옮김, 《실존주의는 휴머니즘이다》, 이학사, 2008.

프랑스가 독일의 점령으로부터 해방되었던 직후인 1945년 10월에 사르트르가 했던 강연을 묶은 책으로, 그의 철학에 대한 가장 알기 쉬운 안내서이다. 이 저서의 출간을 계기로 '실존주의'가 대대적으로 유행했고, 사르트르는 전 세계적인 명성을 얻으며 일약 '실존주의의 교황'이라는 칭호까지 얻었다. 사르트르는 이 저서에서 실존주의를 유신론적 실존주의와 무신론적 실존주의로 나누고, 자신을 두 번째 부류에 포함시키고 있다. 그 다음 사르트르는 이 무신론적 실존주의를 관통하는 대원칙을 주장하고 있다. "신이 존재하지 않는다면 모든 것은 허용될 것이다", "실존은 본질에 앞선다", "인간은 스스로를 만들어가는 존재 이외의 다른 존재가 아니다" 등이 그것이다.

몸과 살, 그리고 세계의 철학자, 모리스 메를로-퐁티

―

정지은

모리스 메를로-퐁티
Maurice Merleau-Ponty(1908~1961)

모리스 메를로-퐁티는 '신체와 지각의 현상학자'이자 '살의 철학자'로 알려져 있으며 사르트르와 동시대를 살았다. 대중적으로 보자면 그는 사르트르에 비해 그늘에 가려 있었다. 메를로-퐁티에 대한 연구는 기이하게도 프랑스에서보다는 일본과 이탈리아에서 먼저 활발히 진행됐으며, 프랑스에서 그를 주목하기 시작했던 것은 1980년대 말 무렵이다. 이는 포스트모더니즘적 경향이 활발해지는 시기와 일치하는데, 이러한 사실은 신체와 감각을 중요하게 생각했던 그의 사상이 포스트모더니즘적 사상의 씨앗을 이미 품고 있었다는 점을 간접적으로 보여준다. 그렇지만 그는 주체를 소멸시키고 세계를 해체하기보다는 감각적 세계 안에서 타자와 세계와 공존하는 주체의 윤리학을 보여주려고 노력했다. 전통적인 의식 철학을 반대했지만 그것은 새로운 이성, 감각적인 세계의 로고스를 체현하는 표현적 이성을 새롭게 도입하기 위해서였다고 볼 수 있다.

주요 저서로 《행동의 구조》, 《지각의 현상학》, 《기호들》, 《의미와 무의미》, 《눈과 마음》 등이 있다.

메를로-퐁티는 국내에서 사르트르와 친한 친구였다가 한국 전쟁을 계기로 갈라진 철학자로 흔히 알려져 있습니다. 마치 한국과도 어떤 인연이 있는 것처럼 보이는데요.《프랑스 지식인들과 한국전쟁》(정명환 외, 민음사, 2004)이라는 책에 두 사람이 어떻게 갈라졌는지 자세히 나와 있으니 관심이 있으신 분은 읽어보세요.

메를로-퐁티는 우선 현상학자라고 할 수 있습니다. 현상학자이면서 동시에 실존주의 철학자이고요. 사르트르가 실존주의와 좀 더 가까이에서 정치적인 참여를 하고 삶의 태도 방식을 강조했다면, 메를로-퐁티는 학문적으로 현상학◆에 더 가까웠다고 할 수 있습니다. 또한 메를로-퐁티는 흔히 몸의 철학자, 살의 철학자라고 불립니다. 저는 여기에 세계의 철학자라는 말을 덧붙이고 싶어요. 퐁티 앞에 붙는 이러한 수식들은 모두 체험과 관련이 있다고 할 수 있습니다. 신체적인 체험을 최초의 체험이라고 보는 것이죠. 머리로 사유하기 이전에 신체적인 체험이 가장 먼저의 체험이고, 그것을 체험하는 '나'가 근원에 있는 나, 세계에 접촉해 있는 나라는 뜻입니다.

메를로-퐁티는 많은 것에 관심이 있었는데 특히 정치에 그리고 후기에는 예술에 집중했어요. 그의 관심사가 무엇이든 그가

◆ **현상학**
현상학은 후설이 독일에서 창시한 학문으로 기본적으로 철학의 전통인 관념적, 반성적인 것에 반기를 든다고 할 수 있다. 가령 철학하면 본질을 떠올리는데, 그것을 왜 체험에서 분리된 것으로 생각하게 되었는지 질문을 던지는 것이다. 우리가 커피 잔을 들었을 때 커피에서 풍기는 향기, 따뜻함 등과 같은 다양한 것을 지각, 감각하는데 이것들에서 철학의 본질을 찾아내야 한다고 주장하는 것이다. 즉 현상학은 체험을 선입관이나 편견 없이 그대로 순수하게 기술하고 그 속에서 본질을 찾자는 것이라고 할 수 있다. 선입견이나 편견은 사유가 우리가 지각하는 것에 대해 미리 만들어 놓은 개념적, 관념적 선입관이라는 것이다.

'나의 신체'와 '세계'라는 기본적인 개념에서 시작한다는 게 중요합니다. 그래서 먼저 '고유한 신체'와 '세계'에 대해 살펴보려고 해요. 두 개는 분리될 수 없이 같이 경험되는 것이라는 점을 기억해두세요. 그리고 두 번째로 세계 안에서의 나의 실존적인 방식을 이야기할 때 '자유'가 어떻게 정의될 수 있는지 살펴보려고 합니다. 메를로-퐁티는 자유와 세계를 '시간성'과 관련해서 이야기하는데요. 그에 따르면 우리가 체험하는 시간은 인격적인 시간이라고 합니다. 즉 '나의 시간'이라는 것이죠. 그가 시간성을 생각할 때 자유라는 개념이 도출된다고 보는 것도 이 때문입니다. 그러나 세계에는 나만 있는 게 아니라 타인도 있잖아요. '나'에 대해서만 이야기하면 유아론에 빠지게 되겠죠. 그래서 나와 타인이 공존하는 세계 안에서의 자유를 이야기할 거예요. 마지막으로 메를로-퐁티의 책에서 가장 중요하다고 보는 《눈과 정신》(국역본은 《눈과 마음》, 김정아 옮김, 마음산책, 2008)을 바탕으로 예술가들이 우리가 모르는 체험을 어떻게 작품 속에서 다루는지 살펴보겠습니다.

나는 나의 신체

'고유한 신체'라고 했을 때, 여기서 '고유함'은 proper 즉, '나의'라는 형용사를 의미합니다. 신체를 생각하는 여러 가지 방식이 있을 때, 체험하는 신체는 나의 고유한 경험이라고 할 수 있습니다. 우선 이러한 고유한 경험으로서의 몸을 이야기해볼게요. 여러분들은 자신의 몸에 대해 잘 알고 있나요? 대부분 잘 모르고 계실 것 같아요. 메를로-퐁티는 자신의 몸 그리고 세계는 체험을 통해서 알게 된다고 말합니다. 그는 데카르트가 '사유하는 나cogito('나는 사유한다'는 의미가 들어가 있는 라틴어)'를 확립한 이후, 서양철학의 전통이 사유를 우위에 놓고, 신체를 아래에 놨다고 봤죠. 그러면서 상대적으로 신체나 신체의 경험을 덜 확실한 것, 알 수 없는 것으로 간주하게 되었다고 생각했습니다. 내 정신은 명석하지만 몸이 아프면 정신이 흐려지기에 신체를 잘 알고 다뤄야 한다는 것이죠. 그렇다면 이때의 신체는 시계공이 시계를 정비해서 시계를 잘 가게 단련시키는 것과 같은 의미로 볼 수 있습니다. 하지만 나의 사유가 확립되면서 동시에 신체도 주제화되었습니다. 나의 사유가 문제가 되면 동시에 나의 몸도 문제가 될 수밖에 없었던 것이죠. 다시 말해 사유하는 '나'는 그 '나'의 신체를 문제 삼기 시작했던 것입니다. 메를로-퐁티는 비록 신체의 감각을 덜 확실한 것이자 일종의 기계로 취급한 데카르트를 비판했지만, 데카르트는 마지막 순간까지 메를로-퐁티가 대화를 멈추지 않은 철학자였습니다. (메를로-퐁티는 데카르트 외에도 말브랑슈Nicholas De Malbranche(1638~1715)와 멘느 드 비랑Maine de Biran(1766~1824)의 철학에도 관심을 가졌습니다. 데카르트와 거의 동시대이거나 조금 늦은 이 두 근대철학자들은 데카르트를 비판했습니다) 이런 일화가 있습니다. 메를로-퐁티가 여름휴가 중 친구가 빌려준 남불의 별장에서 《눈과 정신》을 집필하다가 심장마비로 사망했거든요. 서재에서 혼자 수그리고 죽어 있는 모습으로 발견됐는데 그의 밑에 있던 게 데카르트의 시각에 관한 책인 《굴절광학La Dioptrique》이었다고 해요. 데카르트를 비판했지만 똑같은 문제의식을 갖고 있었다고 할 수 있어요.

그렇다면 메를로-퐁티가 데카르트와 나눈 대화는 무엇일까요? 두 가지로 살펴볼 수 있습니다. 하나는 주체, 즉 '나'의 문제이고, 또 하나는 '시각'의 문제입니다. 우선 주체 문제를 살펴볼까요? 간단하게 말해서 데카르트의 주체가 '나는 사유한다je pense'로 정의된다면 메를로-퐁티의 주체는 '나는 할 수 있다je peux(I can)'로 표현된다고 할 수 있습니다.(메를로-퐁티는 '나는 할 수 있다'를 후설의 《순수현상학과 현상학적 철학의 이념들 2》를 참조해서 빌려온 것입니다) '나는 생각한다'는 내 머릿속에서 내부적으로 일어나는 것이고요. '나는 할 수 있다'는 '나는 잡을 수 있다', '나는 뛸 수 있다', '나는 움직일 수 있다'와 같이 직접 행동하는 것을 말합니다. 두 번째로 시각의 문제는 첫 번째 문제와 관련이 있습니다. 시각을 신체의 행동처럼, 나의 두 눈의 운동처럼 이해하는 것은 데카르트적 전통에서 정신의 눈으로 시각을 생각하는 것과 전혀 다르기 때문입니다. 시각의 문제는 마지막 예술 문제에서 좀 더 살펴보겠습니다.

데카르트가 본다고 했을 때 그것은 신체에서 눈이 떨어져 나가서 정신의 눈으로 보는 것을 의미했습니다. 그래서 데카르트의 정신의 눈은 자신의 신체마저도 바깥 세상의 사물들처럼 볼 수 있다고 생각하는 것이죠. 반면 메를로-퐁티는 내 눈은 내 신체에 붙어 있는 상태로 나의 손, 나의 다리를 본다고 말하면서 어떻게 내 신체에 붙어 있는 눈이 내 신체 전부를 볼 수 있냐고 반문합니다. 가령 내 몸으로부터 떨어져 나와서 모두 다 만질 수 있는데 나 자신만 만지지 못한다고 생각해보자는 거예요. 이것은 세계 속에 있는 게 아니라 유령처럼 떠돌아다니는 것이죠. 따라서 퐁티에 따르면 정신의 눈으로는 실제로 우리가 보는 것을 설명할 수 없습니다.

'나는 할 수 있다'는 퐁티의 육화된 주체는, 나의 고유한 신체의 활동이 사유보다 앞서는 주체입니다. 하지만 그러한 신체의 활동이 반사나 기계 활동이 아닌 바로 이 '나'의 고유한 활동이라는 것이죠. 바로 이 활동성, 대상과 세계가 마주하는 나의 신체의 자발적 운동에 의해 규정되는 그 주체가 '나는 할 수 있다'의 주체인 것입니다. 사유하는 주체에게 의지와 결정(결심)이 문제가 된다면, 메를로-퐁티의 할 수 있는 주체에게는 동기와 행동이 문제가 됩니다. 동기는 내 안에 있는 게 아니라 바깥에 있는 것이죠. 가령 저기 산이 있어요. 저 산을 보는 순간 내가 올라가야지, 라고 생각한다면 이때의 산은 동기가 된다는 거예요. 그리고 산은 내 행동의 의미를 이미 담고 있는 것이죠. 정신이 아니라 나의 신체가 세계 속에 나를 던지는 바로 그 순간 대상이 내게 동기를 불러일으킨다는 거예요. 의지나 결정이 오래 걸리는 반면 동기와 행동은 즉시 일어납니다.

메를로-퐁티는 사유하는 주체가 자기 바깥으로 나오지 못하고, 심지어는 거울 안에 비친 자기 자신을 마네킹처럼 바라보는 것에 대해 그런 주체는 자기 자신에 대해 모두 다 알고 있는 게 아니라고 이야기합니다. 나의 정신이 포섭할 수 없는 내가 있으며 즉, 내가 생각해서 아는 내가 아니라 나의 행동으로만 알게 되는 내가 있다는 것입니다. 따라서 데카르트적 주체와 달리 메를로-퐁티의 육화된 주체는 '여기' 있으면서, '저기' 사물 위에 거주합니다. 앞에서 산에 대해 말씀드렸잖아요. 내가 산을 보고만 있으면 산에 대해 생각만 하는 것이지만, 산을 보면서 그 체험된 의미를 곧바로 떠올린다면 이것은 이미 내가 저기 저 산에 거주한 다는 것을 뜻한다고요. 생생한 체험이라는 것은 내가 그 대상에 있어야만, 그 대상을 '살고' 있어야만 나올 수 있겠죠. 나의 신체가 이미 내 안이 아니라 저기 사물 위나 세계 가운데 머물러 있다는 것입니다. 그리고 여기서 저기로 이행한다는 것은 고유한 몸이 갖는 본래의 운동성을 통해서만 가능하며, 저기 있는 사물은 지각의 대상이 되면서 나의 신체가 투사하는 지각적 의미의 옷을 입는 것이죠. 바로 여기에 위에서 말한 '나는 할 수 있다'로서의 내가 정의됩니다. 나의 시선은 나의 정신이 표상하기 이전에 이미 움직이고 있죠. 메를로-퐁티의 《지각의 현상학》에 이런 예가 나와요. 어떤 사람이 상을 당한 친구를 조문하러 가서 끌어안아줬는데요. 끌어안는 순간 어깨 너머에서 어느 아름다운 여인, 잘 차려진 음식이 보이는데 거기로 가는 시선을 막을 수 없었다는 거예요. 그렇다면 이때 나의 의지에 의하지 않은 이 무심한 시선을 내가 아니라고 할 수 있을까요? 그러한 시선의 운동을 하는 것 역시 나라고 말하면서요, 메를로-퐁티는 주지주의나 경험주의가 신체의 운동을 '나'로부터 분리시킴으로써 지각이나 감각을 잘못 해석했다고 주장하는 것이죠. 주지주의는 앎, 知를 우선적으로 생각합니다. 플라톤이 바로 주지주의 철학자인데요. 가령 배를 만드는 사람은 배에 대해 가장 잘 알고 있는 사람이 만들어야 한다고 보는 거예요. 지각된 대상은 나의 생각에 의해 규정된 대상이라고 보는 것이죠. 반면에 경험주의는 '나'를 다 빼버리고, 지각을 설명합니다. 내가 빛이나 색을 경험하는 것은 빛 입자들의 우연적인 조합에 의해서라고 보고요. 즉 주지주의는 오로지 머릿속에만 있는 것이고, 경험주의는 '나'가 빠진 상태에서 물질주의 효과만 보는 것이라고 할 수 있어요. 주지주의는 메를로-퐁티가 말하는 상황의 중심으로서의 여기가 아닌 절대적인 내부만을 고려하기 때문에 실제로 지각된 광경 그 자체를 볼 수 없었습니다. 반대로 경험주의는 여기에 있는 주체는 허구일 뿐이고 저기에 있는 외부의 객관적 실재만을 고려하기 때문에 광경을 만들어낼 수 있는 이 고유한 몸의 역할을 간과했던 것입니다.

감각하는 몸, 현상적 신체

다시 고유한 신체로 돌아와 정리해보면 다음과 같습니다. 우선 신체는 항구적인 현존입니다. 나를 영원히 떠나지 않는 어떤 것이지요. 나에게 나의 신체가 현존한다는 것은 내가 곧 나의 신체라는 말입니다. 데카르트 이후에 내 신체는 내 소유물이 됐어요. 내가 내 신체를 얼마나 잘 다루느냐에 따라서 내 정신도 더 명석해질 수 있다는 것이죠. 그런데 내 몸이 내 소유니까 내 마음대로 하게 되면 성형, 장기기증 등에 거리낌이 없어지는 비극이 초래되지요. 이에 메를로-퐁티는, 신체는 내가 마음대로 할 수 있는 게 아니라 오히려 내 신체를 통해서 나를 볼 수 있다며 반기를 듭니다.

　신체는 소유하는 게 아니라 늘 나와 같이 있는 것이죠. 따라서 이러한 항구적인 현존으로서의 몸의 지각은 외적 지각♦과 동시에 일어나지만 구분될 수 있으며, 오히려 외적 지각을 가능하게 하는 조건이 됩니다.

지각은 객관적 사물을 관찰하듯이 지각할 수 없으며, 나의 실존을 통해서 혹은 내가 체험하는 것을 통해서만 알려집니다. 만약 내가 내 몸의 지각을 외적 지각을 대하듯이 대한다면 이것은 내가 나로부터 빠져나와서 내 몸을 바라본다는 것인데 그것은 관념 속에서만 가능할 뿐이겠죠. 거울의 경험은 거울에 반사된 나를 바라보면서 내가 보는 나이면서 동시에 보이는 몸이라는 것, 내가 여기에 있으면서 동시에 저기에 있을 수 있다는 것을 경험하기에 낯선 것입니다. 예컨대 한 시인이 파이프 담배를 물고, 거울을 바라보면서 자기 손에서 느껴지는 따끈함을 거울 속의 자신도 동시에 느끼는 것 같다고 말한 것도 이와 같은 맥락입니다.

거울 속에 있는 나는 내가 알 수 없는 나를 '타인'을 통해서 알 수 있다는 가능성을 보여주기도 합니다. 나에 대해서 다 알고 있는 것 같지만 타인이 보는 나를 통해서 내가 더 잘 알려질 수 있죠. 이것은 내가 세계 속에 있기 때문에 가능한 것입니다. 메를로-퐁티는 세계를 대하는 '나'의 제스처, 태도를 더 본질적인 '나'라고 보는 것이죠.

둘째도 앞에 것과 연결되는데요. 나의 고유한 신체는 감각하는 몸으로서 감각 세계 속에 뿌리를 내린 몸이며 이것을 통해 세계

◆ **외적 지각**

외적 지각은 내 눈앞에 있는 저 세계를 지각하는 것을 말한다. 이것은 나의 몸의 지각과 내 바깥의 지각에 동시에 일어나는 것이다. 가령 뜨거운 불을 만졌을 때 외적 지각은 뜨거운 것이 불이라고 믿게 하지만 뜨거움의 감각은 내적 지각으로서 느끼는 것이라고 할 수 있다. 이것 외에 운동 지각도 있다. 이것은 내 신체의 운동을 말하는 것으로 내가 저 컵을 지각하는 것과 내 몸의 운동이 동시에 일어난다는 것이다. 무언가를 보기 위해 내 두 눈이 수렴을 하는 것도 이러한 사례라고 할 수 있다.

를 향하고, 세계가 나의 몸에 대해 열리기 시작합니다. 메를로-퐁티는 주체와 세계가 유기적인 방식으로 연결되어 있다고 말해요. 내가 세계를 체험하는 순간, 세계가 감각적인 모습을 보여준다는 것이죠. 이 감각하는 몸을 '현상적 신체Corps phénoménal'라고도 부르는데 이는 감각하고 지각하는 몸이 또한 스스로 움직이는 살아 있는 몸이기 때문입니다. 세계가 나에 대해 열리는 여러 방식에 따라 나의 몸은 어떤 독특한 스타일의 몸짓을 만들어냅니다. 요컨대 나의 움직이는 신체는 세계의 나타남, 세계의 현상과 동시에 일어나죠. 혹은 나의 실존existence♦이란 이렇게 현상적 세계, 세계의 나타남을 통해서 나의 감각하고 지각하는 살아 있는 신체를 파악하는 고유한 방식이라고도 할 수 있습니다. 나의 신체와 세계는 지속을 공유합니다. 그래서 메를로-퐁티는 세계에 대한 최초의 앎connaissance♦은 이러한 나의 신체와 세계의 동시적 탄생에서 나온다고 말합니다.

셋째, 나와 세계의 관계는 언제나 장場, champ에 의해 드러나는 것으로 이 관계는 공간성을 이야기합니다. 나의 신체는 세계 안 어딘가에 있어요. 따라서 실존의 방식으로 바깥에 세계의 의미를 부여하게 되죠. 저 산은 내가 올라가야 하는 산, 내 앞에 지나가

♦ **실존**
실존이란 하이데거가 '현존재의 존재 성격들'을 나타내기 위해 채택한 술어이다. 실존은 현실 존재, 실현 존재를 표현하며 '일어서고, 나서고, 나타나는' 활동과 그 결과를 나타낸다.

♦ **최초의 앎**
최초의 앎의 원어인 'connaissance'에서 'naissance'는 '태어남'을 뜻하고 'co'는 '함께'라는 뜻이다. 내가 나의 살아 있는 신체로 태어나는 순간, 세계도 태어난다는 것으로 세계와 내가 동시에 태어난다는 의미라고 할 수 있다. 이것이 곧 앎이라는 것이다.

는 남자가 사랑해야 할 남자 등과 같이 대상이 의미를 띄게 되는 순간 세계는 하나의 새로운 장으로 바뀝니다. 중립적인 세계가 아닌 의미를 지닌 세계로 바뀌는 것이죠. 이 관계는 언제나 공간에서, 특히 상황적 공간, 어떤 고유한 의미를 지닌 공간을 통해서 드러납니다. 여기서 메를로-퐁티는 다시 데카르트의 공간 개념을 비판합니다. 데카르트가 말하는 균질적인 공간partes extra partes은 중립적인 대상이 나란히 있는 곳입니다. 그곳에서 사물들은 나와 무관하게 존재할 뿐만 아니라 사물들 사이에도 아무런 교차나 얽힘이 없어요. 그러나 메를로-퐁티의 공간은 의미를 지닌 상황적 공간이에요. 그는 형태심리학◆에서 '상황은 장이다'이라는 개념을 빌려오지요. 데카르트의 균질적 공간에서는 신비가 존재하지 않으며 모든 것이 투명하게 드러나는데, 이는 그 공간이 정신이 구성한 공간이기 때문이에요. 반면에 체험의 장으로서의 공간은 신비를 간직해요. 메를로-퐁티는 이것을 '깊이'라고 부르는데요. 이 깊이는 원근법적인 의미의 깊이가 아니에요. 현재의 세계가 고정된 의미로서 체험되지 않는다는 데서 오는 깊이를 의미해요. 내가 체험하는 공간이 공간 전부가 아니라는 것, 이 체험적 공간이 곧 새로운 모습으로서 다시금 내 앞에 나타날 것이라는 뜻을 함

◆ **형태심리학**

형태심리학은 쾰러Wolfgang Köhler(1887~1967), 코프카Kurt Koffka(1886~1941) 등 독일의 심리학자들에 의해 정초된 학문으로 장 전체가 한꺼번에 지각된다고 보는 것이다. 가령 내가 강의실 앞에 서 있을 때 강의실에 있는 한 사람, 한 사람을 보는 게 아니라 '아, 강의실이 꽉 찼구나'라고 느끼는 순간 전체의 느낌으로 온다는 것이다. 사물, 대상을 하나하나 인식하는 게 아니라 전체, 통째로 오는 지각을 의미한다. 또한 너무나도 익숙한 내 방에 누가 와서 무언가를 바꿨을 때 그게 무엇인지는 모르지만 그 작은 변화 때문에 무언가 다르게 느껴진다면 전체 지각이 바뀐 것이다. 이것은 부분 부분을 지각하는 게 아니라 전체 광경을 보는 것이다.

축한다고 할 수 있죠.

우리가 어떤 장면을 보면 첫 번째 느낌이 오고, 그리고 그것을 분석합니다. 앞에 것을 나의 몸이 첫 번째로 알게 되는 느낌인 실천지praktognosis라고 하고, 그것을 분석하는 것을 추리하고 해요.《지각의 현상학》에 나오는 예인데요. 내가 콘서트홀에 갔다고 해보죠. 음악이 들리기 전까지는 그 홀이 크게 느껴지다가 음악이 들리는 순간, 홀이 작아지는 듯한 느낌이 들죠. 이것은 나의 감각, 신체가 내게 상기시키는 지각이자 나의 신체가 수행하는 공감각적synesthésie 조합인 것이죠. 메를로-퐁티는 이것을 몸에 의한 앎이라고 이야기합니다.

실천지는 '신체 도식schème corporel'를 수반합니다. 신체 도식은 어떤 대상이 나에 대해 갖는 의미에 따라 나의 신체가 그 대상에 대해 취하는 몸 전체의 포지션을 말해요. 가령 모기가 내 코를 물었을 때 내 손은 망설이지 않고 바로 코를 향합니다. 이것은 내가 자발적, 즉각적으로 만드는 구체적 운동이죠. 반면에 누군가가 그에게 모기가 물렸던 자리를 다시 짚어보라고 한다면 그는 자신의 코가 어디에 위치해 있는지를 아주 잠시 동안이라도 생각하면서 짚을 것입니다. 이것이 추상적 운동이에요. 전자의 운동을 만들어내는 것이 신체 도식이며, 이 신체 도식에는 각 개인의 몸짓, 스타일이 반영됩니다. 가령 커피잔을 잡는 몸짓, 누군가를 부르는 몸짓은 사람마다 다양할 뿐만 아니라 이 몸짓에 이미 그 몸짓이 지향하는 대상이 지시되고 있는 것이죠.

메를로-퐁티는 나의 신체가 살아 있고 움직이기 때문에 세계도 늘 다양한 모습을 갖고 나의 신체에 화답하는 형식으로 있다고 했죠. 나의 고유한 몸이 얼마나 중요한가, 그것을 통해 세계를 경험하는 게 이전에 알던 것과 다를 수 있다고 이야기한 것입니다.

자유와 고유한 시간성

메를로-퐁티는 사르트르와 정반대로 자유의 토대를 세계의 선先실존에서 발견합니다. 사르트르의 주체는 계속 무화하는 주체예요. 세계 속에 있는 나의 지점을 무화하는 것이 사르트르의 주체이고, 자유입니다. 메를로-퐁티는 세계 안에 토대를 두고 있는 나를 부인할 수 없다고 봐요. 세계는 나의 자유, 주체의 전개의 개시점입니다. 그런 점에서 사르트르의 자유는 벗어나려는 자유예요. 근데 우리는 다른 방식의 자유를 경험하기도 합니다. 제 경우에는 프랑스에서 공부를 했지만, 프랑스에서 자유롭지는 못했어요. 말이 잘 안 통하니까요. 대신 저는 한국에서 자유롭고, 낯선 곳보다는 집에서 자유로워요. 메를로-퐁티도 이런 방식으로 내 집, 내가 속한 사회, 내가 자라온 곳 즉, 세계 안에서 자유롭다고 생각한 거예요. 반면 사르트르는 세계에서 벗어나는 게 자유롭다고 생각한 거고요. 세계는 그렇게 나의 실존의 바탕이나 대지처럼 이미 존재하면서도 내가 그 의미를 소유하자마자 가시적이 되는 곳입니다.

보통 우리는 소유를 나의 소외와 연관시키죠. 내가 소유하는 무엇이 나를 대표하면서 정작 나 자신은 잃어버린다는 건데요. 이것이 자본주의에서의 물신적 사고입니다. 그런데 위에서 말한 소유는 상호적인 소유입니다. 내가 '나의' 세계로서 이 세계를 소유할 때 동시에 나는 세계에 포함되지요. 저는 여기서 나와 세계가 분리되지 않은 상태에서 자유롭다는 것을 말하고 싶어요. 그렇다면 이 관계, 혹은 이 독특한 방식의 소유는 어떻게 이루어질까요? 자유를 시간성과 연관시켜서 살펴보죠. 메를로-퐁티는 선적인 시간성과는 다른 시간성, 과거가 변형되어 침전되고 미래가 비非존재의 형식으로서 앞당겨지는 그런 현재의 장이 중심이 되는 현상학적 시간성을 다룹니다. 이것을 그림으로 설명해보려고 합니다.

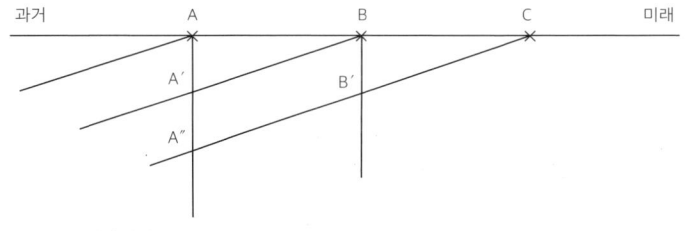

A, B, C: 각각의 현재
A′, A″: A 현재의 침전물들
수평선: 지금의 연속
사선: 후속하는 지금에서 보여진 동일한 지금의 음영들
수직선: 동일한 지금의 연속적 음영들

(후설, 《시간 의식Zeitbewußtsein》, p. 22 참고)

현재는 두께를 갖고 있죠(B-A′, C-B′-A″). 이 현재의 두께 안에서 과거의 현재는 변형되어 침전되고(A′→A″), 다가올 미래의 현재가 예상됩니다(A→B). 이것을 현상학에서는 시간의식에서의 과거 지향과 미래 지향이라고 부릅니다. 그런데 만약 과거의 현재를 그대로 유지한다면 시간을 살 수 없게 돼요. 과거의 현재를 변형시키지 않은 채 현재 살고 있다면 그 사람은 정신적으로 문제가 있겠죠. 그래서 현재는 세계 전부를 드러내지 못합니다. 왜냐하면 현재 내가 경험하는 세계는 즉시 미래에 의해 침투되고 그리하여 과거로 떨어지니까요. 이것을 현재의 장場이라고 합니다. 내가 현재 갖는 세계는 내가 태어나기 전부터 존재하는 세계이지만 시간을 사는 나는 그 의미의 충만성을 단번에 갖지 못합니다. 내가 사는 세계는 시간성으로 말미암아 변형되어 침전되고 곧 새로운 의미를 띠게 되는 운명에 처해 있는 것이죠.

게다가 메를로-퐁티는 주체성은 곧 시간성이며, 주체의 관념에서 출발해서 시간성을 파악하는 것이 아니라 정반대로 시간성을 경유해서 주체성을 밝혀야 한다고 말합니다. 이러한 시간성에 근거해 '상황'은 사르트르와 다른 정의를 낳습니다. 요컨대 상황은 주체의 애매성의 표현입니다. 시간성은 뒤에 '순간'이라고 하는 부분에서 좀 더 설명을 할게요.

다시 사르트르와 메를로-퐁티의 자유 개념을 비교해봐요. 간단히 말해서 사르트르의 자유는 의지와 결정이에요. 반면 메를로-퐁티에게 자유는 동기와 행동이지요. 이것은 의식이 아니라 육화된 주체, 나의 고유한 신체로서의 주체인 것입니다. 사르트르는 동기에 대해서 내 앞에 산이 있을 때 나의 의지가 있어야지만 산을 오르려는 동기가 소용이 있다고 봅니다. 메를로-퐁티는 거꾸로 보죠. 저 산이 올라야 하는 산이라는 것은 이미 그 산이 내 행동 속에 각인이 되어 있다는 거죠. 산은 이미 나의 행동의 동기인 것입니다. 버트런드 러셀Bertrand Russell(1872~1970)의 에피소드가 있는데요. 러셀처럼 분석적인 철학자가 자기 앞에 있는 여성을 보는 순간 자기도 모르게 '사랑해'라고 말했다는 거예요. 메를로-퐁티에 따르면 말하는 순간, 그 여성이 사랑이라는 의미를 지니고 있다는 것이죠. 만약 사르트르가 동기는 의지가 있어야지만 가치를 갖게 된다고 본다면 그건 잘못된 거죠. 동기는 의지를 갖기 이전에 내 앞의 대상이 갖는 의미, 나의 행동을 촉발하는 의미입니다.

동기는 동기화motivation를 유발하는 근본적인 요인이며, 직접적인 행동을 이끌어냅니다. 의지는 오히려 이러한 자발적 행동의 중지, 유예를 가져올 때가 있습니다. 이 점만 보더라도 의지가 행위와 반드시 직접적으로 결합하는 것이 아니라, 오로지 대자적 의식의 차원에서만 행위와 관계한다는 것을 알 수 있습니다. 의지를 자유의 행위에 선행하는 것으로 전제한다면, 내가 저 산을 오르겠다는 것은 자유에 의한 것이겠지만, 내가 계속해서 노예의 상태로 산다는 것도 자유에 의한 것이라고 말할 수 있죠.

그런데 나의 행동의 측면에서의 이러한 즉각적인 동기부여나 대상의 측면에서의 즉각적인 실존적 의미의 획득은 언제나 현재의 장에서 일어납니다. 현재는 이미 존재했던 대상의 의미가 변화되는데, 나의 살아 있는 신체가 계속해서 새로운 의미를 거기에 투사하기 때문이죠. 순간이라는 것은 임박한 미래, 곧 다가올 미래에 의해 나의 행동이 그 대상에 대한 의미를 앞당겨 가져오는 시간의 두께로서 경험됩니다.

그런데 실상 이러한 시간성에 의한 상황은 애매합니다. 나의 자유로운 자발성에 의해 세계 안에 나를 던지는 순간 나는 세계 안에 한정된 존재로서 있게 되지요. 나의 실존적 행동에 의해 획득된 세계의 의미는 곧 한정된 현재 안에서의 의미로 그치고 맙니다. 이것을 순간이라고 할 수도 있고요. 세계 속에 있는 나로 보자면 시점이죠. 시점은 이 시간 속에서의 순간이라고 할 수 있으며 시간 속에서 순간을 구성합니다. 그리고 시점은 변화 속에서 어느 한 지점에 자리 잡는 것이기 때문에 유한하며, 순간은 방금 지나간 순간을 변형시켜 침전시키지만 또한 다가올 순간에 의해 침식당하며 곧 해체되고 변형될 것이기 때문에 충만하지 않습니다. 따라서 현재는 충만하지 않으며, 곧 사라질 운명인 비-존재 non-être를 포함하고 있습니다. 그리하여 메를로-퐁티는 주체성과 시간성을 동일하게 놓으면서 "무無가(세계의 비-존재가) 세계 속에 나타나는 것이 주관성에 의해서라면 우리는 또한 무가 존재하게 되는 것이 세계에 의해서라고 말할 수 있다"(메를로-퐁티, 류의근 옮김, 《지각의 현상학》, 문학과지성사, 2002, 674쪽, 번역 수정)고 말합니다. 이 세계가 완결되지 않기 때문에 다른 모습으로 나타날 것이라는 점을 함축한다는 것이죠.

우리는 여기서 메를로-퐁티가 사르트르와 정반대되는 자리에 주체성을 놓는다는 것을 알 수 있습니다. 사르트르의 주체는 무화하는 주체입니다. 메를로-퐁티의 주체는 무를 출현시킵니다. 이것은 세계를 계속 생성하게 한다는 것이죠. 반면 사르트르는 세계를 계속 없앱니다. 사르트르의 주체는 자신과 자신을 결정했던 세계를 무화시키면서, 자신의 존재를 '존재했었음'이라는 과거 속에 밀어 넣으면서 그 자신이 사건이 됩니다. 즉 세계가 변하는 게 아니라, 자기 자신이 새롭게 변합니다. 메를로-퐁티는 사르트르의 주체가 우연적인 사건을 경험할 수 없다고 비판합니다. 반면에 메를로-퐁티의 주체에게 사건은 그 자신의 출현으로서가 아니라 세계의 출현으로서 경험됩니다. 왜냐하면 세계는 늘 임박한 imminent 식으로, 다시 말해 출현하자마자 사라지는 식으로 나타나기 때문입니다. 그러나 메를로-퐁티의 현재의 장에서 체험되는 임박함이 세계를 산산조각 내기 위해 있는 것이라고 생각해서는 안 됩니다. 비-존재, 무의 출현은 이미 존재하는 세계라는 바탕 위에서 일어나는 기투와 기투 사이의 균열, 혹은 빈공간입니다.

상호주관성의 세계

이제 주체적인 자유가 드러나는 장으로서 상호주관적인 세계에 대해 이야기해보려고 합니다. 앞에서 '나'의 자유에 대해 이야기를 했는데요. 자유가 표면적으로 더 잘 보이는 것은 상호주관적인 세계에서의 자유라고 할 수 있어요. 러시아혁명에 대해서 메를로-퐁티가 굉장히 독특한 주장을 하는데요, 우선 이것을 살펴보고 'on'이라고 하는 흔히 '(나도 포함되어 있는) 사람들'로 번역되는 부정칭 대명사에 대해서도 보겠습니다. 메를로-퐁티는 이것을 활용하면서 잘 설명을 합니다.

　우선 '에고 ego'에 대해 생각해볼까요. 데카르트의 에고는 사유하는 나입니다. 의식하고 사유하는 나죠. 그리고 타인을 '알터 에고 alter ego' 즉 '다른 나'라고 봅니다. 문제는 에고가 의식이기 때문에 내가 의식이 되는 순간, 타인은 대상이 된다는 것입니다. 둘은 공존이 불가능해요. 대상과 의식의 관계 속에서 에고와 알터 에고는 죽이는 관계가 될 수밖에 없어요. 타인을 의식으로 놓는 순간 나 자신의 의식은 소멸해야 된다는 거죠. 메를로-퐁티는 이것으로는 타인과의 관계를 설명하기에 부족하다고 봐요. 왜냐면 공존이 불가능하니까요. 대신 메를로-퐁티는 이 의식 안에는 내가 알 수 없는 다른 것이 있다고 말합니다. 상호주관적인, 공존이 가능한 어떤 게 있다고 보는 것이죠. 가령 이것은 몸짓의 흔적이라고 이야기합니다. 우리가 고대 유물을 보고서 이것이 어디에 쓰였다고 짐작할 수 있다면 그것을 사용한 나의 방식이 있기 때문에 거기서 가능하다는 거예요. 몸짓, 행동, 신체의 흔적은 의식 안에 포함되어 있지 않지만 한 사람의 독특한 영역인데요. 이것 속에서 나와 타인의 공존이 가능하다고 봅니다.

부연하자면 메를로-퐁티는 이 '나' 안에 나의 의식이 파악할 수 없는 무언가가 있으며, 이것은 나한테만 그런 것이 아니라 타인에 대해서도 그렇다고 말합니다. 가령 나는 타인의 행동을 보면서, 혹은 타인이 내 앞에 있는 대상들을 다루는 방식을 보면서 비록 그것이 나의 것은 아니지만 이해할 수 있는 것입니다.

사르트르에게는 나의 세계 안에 타인이 의식적 존재로 출현하는 순간, 나는 물론이고 나의 세계가 마치 수챗구멍으로 빠져 달아나버리죠. 그런데 메를로-퐁티는 타인이 있더라도 나의 세계가 사라지는 게 아니라고 봐요. 왜냐하면 그 세계는 나의 신체와 타인의 신체가 관계하는 공동의 세계, 지각의 세계이기 때문이죠. 인간이 개와 같은 동물의 몸짓이나 울부짖음은 이해하지 못하지만, 다른 인간의 행동이나 말은 이해하는 게 가능하죠. 그러한 이해 가능성의 나가 'on'이라는 거예요. 메를로-퐁티는 on을 형성하는 다수의 '나'에 부정관사를 붙여서 'un je'라고 표현합니다. 나라고 하는 어떤 것들이 모여서 on이 된다고 보는 것이죠. 이것이 마치 요즘에 많이 쓰는 '다중multitude'처럼 들릴 수도 있겠지만 다릅니다. 다중은 원자와 같은 주체들이 갑자기 모여서 큰 힘을 발휘했다가 다시 흩어지곤 하죠. 그런데 메를로-퐁티의 on을 이루는 '나'들은 원자들이 아닙니다. 이들 사이에는 관계맺음이 있어요. 단적으로 말해 관계를 맺어서 무엇인가가 출현한다는 것이죠. 그는 왜 두 사람 이상이 있어야 언어가 되는가? 종교가 되는가? 와 같은 질문을 해요. 언어나 종교는 on의 차원에서 등장하는 것이지 누가 발명한 게 아니잖아요. 서로 모르는 사이에 관계맺음을 통해서 출현한 것이죠. 그것을 가능하게 하는 on에 대해 이야기하는 것입니다. 그는 또 이렇게 말합니다.

> 지각하는 주체가 익명인이라면 그가 지각하는 타자 또한 익명인이다. (…) 나는 행동으로서의 타인을 지각한다. 가령 나는 타인의 행동에서, 그의 얼굴, 그의 손에서, 그리고 고통이나 분노의 '내적인' 경험에 아무런 것을 빌리지 않고도 애도나 분노를 지각한다. (…) 즉 나와 타인은 신체와 의식 사이에 나뉘어지지 않은, 세계에의 존재의 변양들이기 때문이다. 그러한 변양들은 나에게 제공되는 바로서 나의 고유한 태도 속에 자리 잡을 뿐만 아니라, 타인의 현상적 신체에서 가시적인, 그의 태도 속에서 매우 잘 자리 잡는다.(《지각의 현상학》, 533쪽, 번역 수정)

위의 내용은 공감sympathie을 의미하지 않습니다. 공감은 동일시잖아요. 내가 저 사람의 고통을 똑같이 경험한다고 이야기하는 게 아니라 내가 경험한 애도라는 나의 실존의 방식을 열어놓는다는 것이죠. 왜냐하면 타인의 고통을 나의 고통으로 느낄 수는 없기 때문입니다. 다만 나는 고통에 의한 나의 실존적 방식을 열고 타인의 고통의 방식에 접근하는 것이죠.

메를로-퐁티는 《지각의 현상학》의 3부에 있는 〈자유〉 절에서 러시아 혁명을 길게 다룹니다. 이 부분이 좀 흥미로워요. 개인적으로 저는 정치에 관심이 없었는데 이 부분을 보고 정치에 관심을 갖게 됐어요. 러시아 혁명은 계급 혁명이었을까요? 그의 대답은 부정적입니다. 맑스주의 이론가들은 계급을 실재론적으로 설명하거나 관념론적으로 설명합니다. 실재론은 계급의식을 프롤레타리아의 물질적 조건에서 끌어내고, 관념론은 프롤레타리아의 조건을 노동자가 자기 자신에 대해 노동자로서 갖는 의식에서 끌어냅니다. 하지만 메를로-퐁티는 혁명은 상황과 자유의 행동이 연동해 일어난다고 봅니다. 만약 혁명의 참여자들이 혁명을 이미 머릿속에 그리고 있었다면, 가령 혁명의 공포를 표상하고 있었다면 혁명은 일어나지 않았을 것입니다. 대신 메를로-퐁티는 혁명의 집단적 움직임을 타인을 지각함으로써 즉 on의 차원에서 각 개인이 갖게 되는 실존의 장에서의 변화이자, 새로운 미래의 기투의 작용에서 유래한다고 보는 것이죠.

그러니까 이 과정을 좀 더 자세히 보면요. 도시 노동자 일부가 임금 인상을 주장해서 임금이 올라가요. 이것을 본 농민들은 도시 노동자들의 임금이 올라서 생활비도 올랐으니 내 생활도 어렵구나, 하고 생각했겠죠. 농민이 이미 만들어진 세계 안에서 살다가 생활의 변화가 생긴 것입니다. 생활비가 올랐구나 하고, 밖을 봤는데 무슨 일이 벌어진 것이죠. 그것을 보고 자기가 살아왔던 세계가 자신을 구속하고 있었다는 것을 깨닫게 됩니다. 새로운 의미를 향해 눈을 돌리는 것이죠. 이렇게 처음에는 타인에 대한 지각이 일어나고, 그 후에 내 삶에 대한 반성이 일어나며 새로운 것을 찾게 된다는 거예요. 그리하여 러시아의 도시 노동자, 농민, 계절 노동자들이 합류할 수 있게 되었던 게 혁명의 시작이라고 봅니다. 그리고 여기에는 실존적 삶에 대한 자유의 요청이 있었습니다. 이들은 자신이 꾸려왔던 삶이 닫힌 삶이었음을 깨닫고 자발적인 방식으로, 그것이 무엇일지 모르더라도 미래로 자신의 삶을 기투했던 겁니다. 이것은 세계의 바탕에서 삶의 어떤 의미를 다시 붙잡는 일입니다.

자신의 삶을 미래로 가져다 놓는 결정은 자유에 의해 행해지는 것이며, 자유가 발견되는 곳은 외부 세계라는 것을 잊지 않는 게 중요합니다. 그런데 만약 각 개인의 실존에서 자유의 행위가 없다면, 각 개인이 오로지 자신이 의식적으로 결정한 존재로서 살아가는 데 만족한다면 역사란 없을 것입니다. 문제는 어떻게 개인적 실존에서 자유에 의한 결단이 집단적 움직임으로 이어지는지, 또한 어떻게 역사가 구성되는지를 밝히는 것입니다. 메를로-퐁티는 '사회적인social'을 각 개인들의 실존에서의 가능성의 영역, 내가 중심이 되는 유아론적 세계 너머의 영역에 놓습니다. 외양상으로 이 영역은 사건처럼 출현합니다. 그렇지만 사건은 "모든 개인적인 결정 이전에 사회적인 公共실존과 on 안에서 세공되는 미래의 구체적인 계획[기투]입니다."(《지각의 현상학》, 670쪽, 번역 수정)

메를로-퐁티는 타자들과의 공실존 가능성, 성공일지 실패일지 알 수 없는 가능성의 환경이 나와 타인이 함께 참여하는 세계의 살 때문이라고 생각하며, 이러한 타자와의 관계가 역사의 살을 구성한다고 봅니다. 나의 의식의 저변에 있는 나, 나와 타인이 모두 열려 있는 영역을 'on'의 영역으로 보고 거기에 나와 타인의 관계맺음인 살이 펼쳐져 있다고 여기는 것이죠. 살이 굉장히 구체적이듯이 지각적인 것도 굉장히 구체적인 효과를 갖고 온다고 보는 것입니다. 제가 어느 곳에서 '미와 에로스'라는 이름으로 수업을 한 적이 있어요. 그때 수업명에 맞게 뺨을 맞대는 식의 프랑스식 인사로 수업을 시작했거든요. 재미있는 건 그 다음에 수업 분위기가 엄청 좋아졌다는 거예요. 각자 자신의 동료인 타인에 대해 좀 더 예민해지고 세심해진 것이죠. 이런 게 바로 살이에요. 세계의 살, 사회적 살이라고 하는 게 혁명도 만들고, 제도도 만들고, 우연적인 사건도 만들어내죠.

메를로-퐁티에게 자유는 타인들과 공존한다는 조건에서만 가능해요. 이것은 타인을 압제하고 타인을 나의 세계에 포함시키기 때문이 아니라, 동일한 지각적 세계 속에서 나의 실존의 형식이 타인의 실존의 형식에 의해 촉발되어 나를 넘어섬으로써 공통의 세계로 수렴되기 때문입니다. "각 의식은 다른 의식과의 관계 속에서 자신을 재발견하거나 자신을 상실하며", "사회적인 것의 완성은 상호주체성, 개인들 간의 생생한 관계와 긴장"(Merleau-Ponty, *Sens et non-sens*, Gallimard, 1996, p. 110) 속에서 발생합니다. "우리는 우리의 특수성을 포기함으로써 보편적인 것에 도달하는 것이 아니라, 특수성을 타자들에 도달하는 수단으로 만들면서, 상황들이 생생한 긴장 상태 속에서 서로 이해되게 하는 저 신비한 친화성 덕분에 보편적인 것에 도달합니다."(*Sens et non-sens*, p. 113) 메를로-퐁티는 이전의 저서인《의미와 무의미》에서는 이것을 일종의 형이상학이라고 말하기도 했어요. 인간 안에서 무엇인가가 발생하는데 그것을 설명할 수 없는 것을 두고 형이상학이라고 했던 것이죠.

감각적인 세계의 수수께끼

메를로-퐁티가 자신의 저서인《눈과 정신》에서 제일 먼저 비판하는 것은 과학주의입니다. 감각적인 세계의 신비는 동시에 세계에 대한 신앙을 만들어내요. 신비가 있는 곳에 신앙이 있죠. 내가 다 파헤쳐도 사실은 못 파헤친다는 어떤 수수께끼가 있는 거예요. 그렇다면 과학주의를 왜 비판하는 것일까요? 과학주의는 세계에 대한 신비를 없애버렸다는 거예요. 예를 들어 우리의 감각조차 과학은 조작할 수 있죠. 가만히 보면 요즘에는 종교가 사라지고, 과학이 종교를 대체하고 있는 것 같아요. 이슬람 사람들 중에 종교의 근본주의자들이 많은데요. 지젝Slavoj Zizek(1949~)이 이런 이야기를 했어요. 왜 이슬람교도들은 카톨릭이 아닌 미국을 공격하느냐, 가장 과학주의에 찌들어 있는 나라를 공격하냐고요. 바로 과학이 종교를 대체하고 있기 때문이라는 거예요. 종교의 적은 가장 종교적으로 변해버린 과학인 것이죠. 메를로-퐁티도 이런 맥락에서 과학은 세계의 신비를 없애고, 종교를 대신한 것처럼 보인다고 말합니다.

또한《눈과 정신》에서는 주로 세잔Paul Cezanne(1839~1906)도 다루고 있어요. 여기서 주제는 '보이는 것(가시적인 것)'과 '보이지 않는 것(비가시적인 것)'이에요. 우리가 보이는 것은 대개 다 안다고 생각하고 쉽게 믿잖아요. 근데 메를로-퐁티는 보이는 것은 굉장히 많은 신비를 감추고 있으며, 그것들을 화가들만 알고 있다고 봐요. 우리가 흔히 비가시적인 것을 머릿속에 있는 관념이라고 이야기하는데요. 사실 이것은 굉장히 좁은 비가시적인 것이고요. 메를로-퐁티는 보이는 것 안에 숨겨져 있는 비가시적인 것에 대해 이야기를 해요. 보이는데 보이지 않는 것에 어떤 게 있을까요? 우선 '빛', '그림자(음영)'가 있어요. 이것들은 다른 것에 의존해서 자신을 보이기 때문이에요. 또 '색깔'이 있어요. 색깔은 못 보죠. 물질 안에 있는 것으로 보는 것뿐이죠. 여기에 하나 추가하면 '나의 몸의 운동성'이 있어요. 이것은 자발적인 표현성을 말하죠. 내가 움직여야지만 보일 수 있는 것입니다. 이것들이 비가시적인 것들인데 화가들은 이러한 수수께끼들을 어떻게 배치해서 마치 여기에 어떤 로고스가 있는 것처럼 보여줄 수 있을지 고민해요. 《눈과 정신》의 제사題詞는 세잔의 말로 시작합니다.

> 내가 여러분에게 번역해내려고 하는 것은 가장 신비한 것이다. (그것은) 존재의 뿌리 자체와, 감각들의 만져질 수 없는 원천과 뒤엉켜 있다. (J. 가스께, 《세잔Cézanne》, Ed. Bernheimjeune, 1926)

세잔의 이 말이 의미하는 것은 무엇일까요? 세계는 눈앞에 보이는 게 전부가 아니라는 것입니다. '신비'하고 '존재의 뿌리'라고 보는 것이죠. 세계는 그것을 제대로 바라볼 수 있는 자에게는 언

세잔, 〈생트 빅투와르 산Sainte-Victoire〉

제나 수수께끼이며, 그 수수께끼 속에는 나와 세계의 존재의 뿌리가 함께 공존하기 때문에 세계의 수수께끼를 푼다는 것은 곧 나의 존재의 뿌리를 표현한다는 말과 동일합니다. 그 뿌리는 바로 감각적인 것의 깊이이며, 나의 몸은 그 무엇보다도 먼저 그 깊이를 간파하고 그것을 표현과 몸짓으로 풀어냅니다. 저 산이 내게 현상하고 출현한다고 보는 것으로 시작합니다. 그런데 화가들은 그런 현상들을 그냥 보고 넘어가는 게 아니라 고민하기 시작하죠. 세잔의 일화를 볼까요? 그가 늘 즐겨 그렸던 산이 생트 빅투와르 산La Montagne Sainte Victoire인데요. 그 산을 아침부터 저녁까지 앉아서 관조했다고 해요. 관조했다는 것은 산이 내게 보이는데 어떻게 보이는 거지?라고 질문을 던지고 가시성의 수수께끼를 풀려고 했다는 것입니다. 시간이 지나면서 빛과 그림자가 변하는 양상들을 관조했던 거죠. 이것이 바로 세계의 깊이라는 거예요. 이것은 나의 신체를 통해서 아는 것이지, 정신을 통해서가 아니죠. 정신으로 안다면 영원하고 불변적인 하나의 공식으로 세계를 모든 모습을 표현할 수 있었겠지요. 화가에게 세계는 경이驚異였고, 그러한 경이를 표현하는 것이 시대를 초월할 뿐만 아니라 화가에게는 가장 다급한 과제이기도 했습니다.

발레리Ambroise-Paul-Toussaint-Jules Valéry(1871~1945)는 화가가 "자신의 몸을 가져온다"라고 말합니다. 이것을 어떻게 이해해야 할까요? 그것은 화가의 몸이 세계를 향해 열리고, 그럼으로써 세계는 자신의 비밀을 내보인다는 것을 의미합니다. 나의 몸은 세계를 관조할 때 사물에 거주하고, 사물에 붙잡히고, 세계에 붙잡히고, 세계에 거주하죠. 화가의 몸짓, 화가의 표현이 보여주는 것은 화가라는 주체 내부에서 오는 게 아니라, 감각적 세계를 표현한 것입니다. 메를로-퐁티는 가시적인 것의 어떤 역능puissance, [힘]이 나의 몸짓을 불러낸다고 봅니다. 보이는 것이 어떤 힘을 갖고 있어서 나의 몸짓을 불러내면 내가 저절로 표현하기 시작한다는 것이죠.

첫 번째 역능이 가시적인 것에서 나온다면 가시적인 것의 두 번째 역능은 그림이에요. 표현된 가시적인 것은 관객의 눈을 불러서 끌어당기고 관객이 그림 안에 머물게 합니다. 실제로 세잔이나 피카소 등의 화가들이 같은 장면이나 광경을 반복해서 그리는 이유가 뭘까요? 마치 그것들이 충동질을 하듯이 말이죠. 그게 바로 가시적인 것이 갖는 역능이라는 겁니다. 우리도 그림을 보면서 가까이 가게 되잖아요. 우리의 몸을 움직이게 하는 가시적인 힘이 있다는 것이죠. 나의 눈과 가시적인 세계가 끈처럼 연결되어 있다는 것이고요. 이렇게 그림은 우리를 불러내고, 우리가 다시 그림 속으로 들어가 화가들이 그려낸 가시적인 것의 수수께끼를 우리의 몸의 느낌과 함께 감상하게 합니다.

    화가의 눈은 감각적인 것의 뼈대, 가시성의 원리를 발견하도록 유도됩니다. 그렇게 어떤 원리에 의해 만들어진 작품은 처음에는 낯설게 보이지만 이내 우리에게 친숙한 모습으로 바뀝니다. 메를로-퐁티는 자코메티Alberto Giacometti(1901~1966)의 말을 인용하는데, 그는 이렇게 말합니다. "모든 회화에서 내가 관심을 가지는 것은 유사성ressemblance 즉, 나에 대해 유사한 것이다: 그것이 내가 외부 세계를 약간은 발견하도록 만든다." 자코메티에 대해 잠깐 설명을 할게요. 그는 인간만한 조각상을 만든 사람이에요. 그는 자신이 실제 모습과 유사하게 보이는 것을 표현했다고 말하지요. 자코메티에게는 그렇게 보였던 거겠죠. 자코메티의 조각상을 보고 관객들은 처음에 저것이 사람이야? 라고 묻죠. 근데 재미난 것은 얼마 지나지 않아 그것을 사람으로 볼 뿐만 아니라 사람을 바라보던 시각의 방식이 달라지게 된다는 거예요. 이것은 바로 화가가 비밀을 알고, 우리가 못 봤던 것을 알려줬기 때문에 가능한 것이죠. 모딜리아니Amedeo Modigliani(1884~1920)의 여자도 같아요. 우리는 한 번도 그런 식으로 여자를 보지 않았죠. 모딜리아니 이후에 여자를 그렇게 보는 방식을 수용할 수 있게 된 거예요. 이것이 바로 화가들이 세계를 확장시켜 준 것이라고 할 수 있어요. 그리고 이것은 유사성이 있기 때문에 가능한 것이고요. 앞에서 시선을 일종의 광기라고 이야기하는데요. 보이는 것에 집착하는 것도 일종의 광기죠. 가시적인 것 속에 매혹당해서 그 속에서 수수께끼를 탐문하는 화가의 시선을 광기라고 표현해요. 내가 숲을 그리려고 하는데 거꾸로 숲이 나를 보면서 '나를 그려봐'라고 느낀다는 상태가 바로 사로잡힘과도 같은 광기의 경험인 것이죠.

이러한 세계의 경험은 화가에게 다른 한편으로 거울의 경험을 통해 확인됩니다. 화가들은 거울을 바라보면서 자신의 반영된 모습을 통해서 자신의 봄sight이 완성된다고 생각합니다. 특히 회화사에서 보면 거울이 중요한 위치를 차지해요. 화가 렘브란트 Rembrandt Harmensz(1606~1669)는 거울을 이용하여 그림을 그리거나 그림을 그리고 있는 자신을 그리기를 즐겨했죠. 네덜란드 화가들은 거울만이 아니라 양동이나 철판 등과 같이 반사되는 물건들을 그림 안에 넣어서 반사된 영상을 동시에 보여줍니다. 거울의 심리는 무엇일까요? 거울은 세계를 광경으로 바꾸는 하나의 도구인 거예요. 세계는 아직 하나로 통합이 돼서 내게 보이지 않지만요. 거울은 갖다 대면 그 안에 세계가 다 들어가잖아요. 또한 거울은 내가 타인이 되고, 타인이 내가 되는 방식이에요. 거울은 한마디로 옛날 화가들에게는 시각의 비밀을 간직하고 있는 것 같은 느낌을 줬죠. 화가들은 내가 그림을 그리는데 정작 내가 광경 속에 포함이 안 된다는 것에 찜찜한 것이 있었나봐요. 그래서 나를 그림 속에 포함시키기고 싶었던 거죠. 세계가 광경이 되고, 광경이 세계가 되고, 내가 타인이 되고 타인이 내가 되는 시각의 수수께끼를 간직한 거울이라는 것을 바탕으로 메를로-퐁티는 나와 세계 사이에서도 일종의 거울 관계가 있다고 봤어요. 세계가 내게 비춰지면서 나는 가시적인 세계를 만들죠. 서로 교차하는 거예요. 나와 세계가, 즉 거울 두 개가 나란히 있으면 계속 비춰지면서 계속 중첩이 되기 때문에 세계가 나를 비추고, 세계가 나를 비추는 관계가 계속되죠. 메를로-퐁티는 이것에 대해 이야기를 합니다.

《눈과 정신》 3장에서는 색깔을 굉장히 중요하게 이야기합니다. 그림을 우리는 흔히 두 가지로 구분을 합니다. '색깔'이냐, '선(데생)'이냐로요. 메를로-퐁티는 이 두 가지 중에서 색깔이 조금 더 우리 체험에 가까운 것이라고 봐요. 데카르트의 데생은 기하학적인 방식에서의 데생을 말해요. 가령 저기 있는 원을 이차원적으로 표현하려면 타원형으로 그려야 한다고요. 정신의 사유에 의해서 왜곡을 시켜야 원이 원으로, 사각형이 마름모로 보인다는 거예요. 데생의 중요성을 강조하며 정신의 눈으로 본 거죠.

색깔은요, 아까 비가시적인 중에 하나라고 했잖아요. 따라서 색깔은 사물을 표현한다기보다는 감각적인 것들의 요소를 표현하는 거라고 할 수 있어요. 가령 세잔이 그린 〈발리에의 초상Portrait de Vallier〉을 보면요. 색깔들이 원래 알고 있는 대상들의 성질을 보여주기 위해 쓰인 것이 아니라, 갑자기 사물에서 다른 느낌들이 솟아나오도록 표현한다고 해요. 사람 얼굴에 녹색도 들어가고, 흰색도 들어가고 다양한 색이 겹쳐지는데, 이 사소한 색깔들이 얼굴을 표정을 만들어내요. 색깔은 원자와 같은 결정체가 아니라 중첩과 겹침에 의해서 무궁무진하게 다양한 감각적 느낌들을 불러일으킵니다. 따라서 색깔은 관념이라는 사물의 껍데기로부터 사물을 해방시켜 줍니다. 다층적인 다양성을 보여줄 수 있는 것이 색깔이며, 이것을 가장 잘 활용한 화가가 세잔이라고 말하고 있어요.

데이비드 호크니, 〈수영장〉

다시 가시적인 것의 비가시적인 것, 가시적인 것의 로고스로 돌아와 봐요. 그것은 한마디로 얽힘, 교차입니다. 감각적인 요소들은 서로 얽히는 가운데 무언가를 생성해냅니다. 마지막으로 호크니David Hockney(1937~)의 그림 〈수영장Portrait of an Artist(Pool with two figures)〉을 감상하면서 이 글을 마치도록 하겠습니다. 수영장 물의 물질성은 물에 있는 것이 아니라 물에 의해 흔들리는 수영장 바닥의 타일의 형상들, 물 위에 비친 빛줄기가 사이프러스 나무의 커다란 잎에 비쳐 만들어낸 영상들 모두에 깃들여 있습니다.

◆◆◆
더 읽어보면 좋은 책

페이르 테브나즈, 김동규 옮김, 《현상학이란 무엇인가》, 그린비, 2011.

스위스 철학자인 테브나즈의 책이다. 현상학의 창시자인 후설에서 시작해서 실존주의 철학자 사르트르와 신체와 지각의 현상학자 메를로-퐁티, 실존주의적 존재론자 하이데거까지, 대표적인 현상학자들을 다룬다. 이 네 명의 현상학자들을 살펴보는 것은 곧 현상학이 어떻게 변화하고 어떤 흐름을 따랐는지를 알 수 있게 만든다는 점에서 이 책은 대표적인 현상학자들의 사상을 소개할 뿐만 아니라 현상학의 변천사를 간접적으로 알려주는 장점이 있다. 또한 난해한 현상학을 비교적 명쾌하고 이해하기 쉽게 설명하고 있어 현상학 입문서로서 추천할 만하다.

르노 바르바라, 공정아 옮김, 《지각》, 동문선, 2003.

현재 파리 1대학의 철학과 교수로 있는 르노 바르바라Renaud Barbaras는 메를로-퐁티의 최고의 연구자이면서, 메를로-퐁티 이외에 장 파토슈카와 같은 잘 알려지지 않은 현상학자들을 본격적으로 프랑스에 소개한 철학자이다. 그의 박사논문이자 첫 저서인 《현상의 존재에 관하여De l'être du phénomène》는 논문이 발표될 당시까지도 프랑스에서 잘 연구되지 않았던 메를로-퐁티에 대해 철학적 관심을 불러일으키는 저작이었다. 이후 그는 '나타남' 자체를, 그리고 이러한 '나타남'이 삶의 현상과 어떤 밀접한 관련이 있는지를 현상

◆◆◆

학의 틀 안에서 탐구한다. 또한 이 작은 책에서는 메를로-퐁티와 베르그손의 지각 이론을 소개하고 있다.

기다 겐 외 지음, 이신철 옮김, 《현상학 사전》, 도서출판b, 2011.

현상학에 대한 철저하고도 포괄적인 이해를 위해 탐독하면 좋은 사전이다. 일본의 과감한 기획에 의해 출판된 철학 사전 시리즈 가운데 다섯 번째 책으로서 이 사전만을 위해 130여 명의 학자들이 참여했으며, 집필진에는 한국의 철학자인 조가경도 포함되어 있다. 1,300여 개에 달하는 항목들은 현상학의 근본개념들 및 현상학 연구와 관련된 기본 사항들을 설명해준다. 또한 이 사전의 장점은 후설 이후 다양한 방향으로 갈라진 현상학자들, 그리고 그들의 기본 개념과 사상들을 분류하여 현상학을 더 폭넓게 이해할 수 있게 해준다는 점이다. 게다가 철학적으로 중요한 현상학의 개념들과 연구사의 중요 쟁점들의 경우에는 거의 한 편의 논문 분량으로 해설하고 있다.

엠마뉘엘 레비나스,
향유에서 욕망으로

김상록

엠마뉘엘 레비나스
Emmanuel Levinas(1906~1995)

엠마뉘엘 레비나스는 1906년 리투아니아의 유대인 가정에서 태어났다. 18세에 가족을 떠나 프랑스에 정착한 후 1930년 스트라스부르 대학에서 《후설 현상학에 나타난 직관 이론》이라는 논문으로 박사학위를 받는다. 단행본으로 출간된 이 논문을 통해 레비나스는 프랑스에 처음으로 현상학을 소개하는 역할을 하게 된다.

이후 후설과 하이데거를 해설하고 비평하는 글들을 주로 쓰면서 레비나스는 이 성과들을 단행본 《후설과 하이데거와 더불어 실존을 발견하면서》(1949)로 묶어내는 한편, 자신의 독자적인 사상을 담아내는 작업도 병행한다. 그 첫 주요 저작이 《도피에 관하여》(1935)이다. 제2차 세계대전 참전 중 포로 수용소에서 쓴 《존재에서 존재자로》(1947)와, 장 발이 주관하던 철학학교에서 행한 일련의 강연들을 한 권으로 묶은 《시간과 타자》(1947)가 그 뒤를 잇는 저작들이다. 헬레니즘에 대한 철저한 비판과 헤브라이즘의 철학적 번역을 통해 양자의 새로운 종합을 꾀하는 이 장대한 사유의 흐름들은 훗날 하나의 완결된 책의 형태로 집대성되기에 이른다. 레비나스가 국가 박사학위 논문으로 제출한 《전체성과 무한》(1961)이 그것인데 이 책으로 레비나스는 독창적인 철학자로서 세계적인 명성을 얻게 된다. 노년에 접어들면서 《존재와 다르게 또는 본질을 넘어서》(1974)와 《착상으로 떠오르는 신神에 대하여》(1982)이라는 책을 통하여 한층 더 심화된 사상을 완숙한 경지의 언어로 펼친다. 레비나스는 1995년 파리에서 사망했다.

상처와 고통

레비나스가 남긴 대담들 중 아마도 가장 빼어난 것일 필립 네모와의 대담은 이런 질문으로 시작됩니다. 사유는 어떻게 시작됩니까? 레비나스는 이렇게 대답합니다. 이별을 겪었을 때, 폭력적 장면을 목격했을 때, 시간의 단조로움을 갑작스럽게 의식하게 되었을 때 시작된다고 말입니다. 그런데 그럴 때 받은 상처나 그때부터 헤매는 암중모색은 도무지 형언할 길이 없는 것들이라고 덧붙이면서, 이 말할 수 없는 충격들이 하나의 문제가 되고 사유거리가 되는 것은 바로 독서를 통해서라고 밝힙니다. 여기서 레비나스가 추천하는 책들은 셰익스피어를 비롯한 여러 국민문학들과 무엇보다 성경입니다. 이런 책들은 인간다운 삶이 무엇인지 증언함으로써 현실 속에 참된 삶이 부재함을 고발합니다. 그러나 동시에 이 증언을 두툼한 글로 물질화함으로써 참된 삶이 유토피아에나 있을 법한 환상으로 전락하는 것을 막습니다. 독서는 삶의 우환憂患에서 벗어날 수 있도록 해주는 형이상학적 도약이며 현실을 굽어보게 해주는 초월적 비상이기 때문입니다. 욕망은 현실의 염려라는 벌레에 갉아 먹히기 십상이죠. 하지만 인간의 삶이 의미를 갖기 위해 필요한 것이 무엇인지를 말해주는 책들을 읽으면서 욕망은 그 생명력을 계속 공급받을 수 있고 구체화될 길을 찾아나갈 수 있습니다.

　대략 이런 것이 레비나스가 우리를 철학으로 이끌기 위해 사용한 안내도입니다. 이 안내도를 이번에는 우리가 이어받아 레비나스에게 되돌려 적용해 보면 어떨까요? 아니나 다를까, 레비나스의 철학적 사유 역시 말로 형용할 길 없는 상처를 남긴 큰 충격을 받아 시작됩니다. 홀로코스트라는 극한 체험이 집약하는 유대인 박해가 그것입니다. 히틀러의 집권과 더불어 반유대주의가 극단을 향해 치달아 가던 유럽의 상황은 레비나스에게 자신이 유대인이라는 사실을 어떤 식으로든 감내해야만 하는 것으로 육박해 옵니다. 유대 민족의 피와 살을 가졌다는 사실, 유대인이라는 자기 존재◆에 매여 있다는 사실, 자신의 그런 존재에 옴짝달싹 할 수 없이 말려든 붙박이라는 사실은 유대인 당자로서는 결코 돌이킬 수 없는 처지인 것입니다. 운명처럼 존재에 낙인찍힌 이 사실로 인해 유대인은 모두 나치의 동원령에 따라 이리저리 내몰리는 부초와 같습니다. 전체주의라는 역사의 풍랑에 사방팔방 흔들리며 떠내려가는, 그리고 결국에는 침몰할 돛단배 신세를 면치 못하

◆ **존재와 존재자**

존재자는 시공간상에 개별적으로 있는 것들을 뜻한다. 무생물이든 생물이든 존재하는 모든 사물들을 가리키는 말이다. 이에 대해 존재는 이 모든 사물들의 본질이자 근거를 뜻한다. 서양에서 형이상학은 이런 의미의 존재를 탐구하는 학문, 즉 존재론으로 규정되어 왔다. 이것은 아리스토텔레스로부터 시작된 전통인데, 그가 사용한 존재라는 용어는 플라톤의 이데아 개념을 거쳐 파르메니데스의 존재 개념까지 거슬러 올라간다. 파르메니데스가 등장하기 전까지 그리스인들은 만물의 궁극 원리를 물(탈레스), 공기(아낙시메네스), 무한 공간(아낙시만드로스) 등 어떤 근원적인 활력을 상정하는 다소 자의적인 주장을 내놓았었는데, 파르메니데스와 더불어 그리스의 철학적 사변능력이 진일보하면서 존재라는 완전히 추상적인 개념으로 만물의 본질과 원리를 표현하기에 이른다. 이런 고대 그리스의 존재론 전통을 현대에 와서 부활시킨 인물이 하이데거다. 하이데거에서 존재는 만물이 생장하고 소멸하는 운동인 자연의 운행, 민족들의 흥망성쇠에 따른 역사의 흐름, 그리고 자연과 역사의 상호작용 등 삼라만상 전체를 주재하는 것의 이름이다. 인간은 이런 존재에 대하여 이해를 갖고 있는 유일한 존재자이다. 언제나 이미 자연과 역사의 무한 연관 속에 내던져져 있는 인간은 좌표 위한 한 사물처럼 놓여 있는 것이 아니라, 무한한 존재의 운동에 휘말린 실존자로서 자신의 유한성을 고뇌하며 살아간다. 하이데거는 우리 각자에게 자신이 처해 있는 이런 존재론적 상황을 자기 운명으로 직시하고 긍정하는 삶을 택할 것을 호소한다. 존재와 존재자를 각각 동사적인 것과 명사적인 것으로 구별하는 존재론적 차이는 이를 위한 중요한 이론적 장치이다.

는 것입니다.

그런데 여러분들에게 이런 생각이 드실지도 모르겠습니다. 유대인들의 상처는 충분히 이해가 간다, 하지만 그들만의 특수한 역사적 상황에 고착되어 있는 사유를 가지고 철학이라고 말할 수 있을까? 그것은 특수성에 매몰된 사유이고, 그래서 보편성을 주장하기 힘든 사유 아닌가? 당연한 의구심입니다. 그런데 외려 레비나스의 철학적 힘이 발휘되는 곳이 바로 여기입니다. 왜냐하면 이와 같은 특수한 조건 속에서 레비나스는 인간 존재의 보편적 조건을 간파하기 때문입니다. 그것은 소설가 최인훈(1936~)이 보여준 철학적 사유의 힘에 비견될 만 합니다. 최인훈은 남북분단과 6·25 전쟁 때 겪은 피란민 생활을 당대 이북 거주민의 특수한 처지로 보는 데 그치지 않았습니다. 최인훈은 거기서 인간의 보편적 조건을 봤고, 그것을 소설로 형상화했죠. 레비나스도 이와 같은 깊이의 통찰력을 보여줍니다. 자기 '존재에 매인 붙박이'는 유대인만이 아닙니다. 우리 모두는 각자 자기 존재에 숙명적으로 얽매여 있습니다. 자기 존재에 얽매여 있다 함은, 지금의 자기가 서 있는 삶의 터전을 그렇게 만들어 온 역사 속에 갇혀 있다, 그런 역사적 터전에 옴치고 뛸 수 없이 휘말려 있다는 뜻입니다.

여기서 우리는 자연히 하이데거가 《존재와 시간Sein und zeit》에서 '사실성'과 '피투성'이라 부른 사태를 떠올리게 됩니다. '사실성'이란 내가 다름 아닌 여기라는 터에 존재한다는 사실을 뜻합니다. 그것은 컵이나 의자가 여기에 있다는 경험적 사실과는 다릅니다. 지금 여기에 터한 나에게 부과된 존재는 매 순간 내가 책임져야 할 과제로 압박해 오기 때문입니다. 내가 지닌 것은, 존재위를 훨훨 날아다니며 존재를 관조할 수 있는 절대적 자유가 아니라, 나의 처지(에 의해 제약된 가능성)에 숙명적으로 묶여 있는 유한한 자유인 것이죠. 나는 존재의 수인囚人입니다. 이런 처지를 부득불 내 운명으로 받아들여야 하는 책임의 부담으로 인해 나는 우선 대개 이 존재라는 짐에서 벗어나려는 도피의 유혹에 빠집니다. 존재에 내던져져 있다는 뜻의 '피투성'이란 말은 이처럼 내게 부과된 과제인 존재를 책임져야 한다는 사실이 나를 짓누르는 무게를 강조하고 있습니다.

그러니까 하이데거와 레비나스는 모두 존재라는 벽에 갇혀 있다는 존재론적 사실에서 비롯되는 존재의 고통에서 출발합니다. 그리고 존재와의 이런 감응을 통해 제기되는 존재 물음(존재 또는 삶의 의미에 대한 물음)을 철학의 원原사태로 본다는 점에서도 서로 다르지 않습니다. 하지만 이 피상적 공통점 이면에는 어떤 본질적인 차이가 숨어 있어요. 하이데거는 존재가 내 자유를 제한한다는 사실 때문에 고통스러워하는 반면, 레비나스는 내 자유가 설령 무한정 증대된다 할지라도 결코 존재에서 벗어날 수 없다는 사실로 인해 고통스러워하는 것이지요. 이 차이를 명확히 이해하는 것이 중요합니다.

하이데거가 한탄스러워 하는 것은, 절대적으로 자유롭고자 하는 내가 역사에 의해 제약되어 있다는 사실입니다. 내 삶은 내가 선택한 것이 아닐 뿐만 아니라, 이것을 선택하면 저것을 포기해야 하는 제한을 피할 수 없습니다. 내 존재의 토대는 내 자신이 놓은 것이 아닐 뿐더러, 즉 선택권 없이 태어난 삶일 뿐더러, 탄생 이후에 주어지는 선택도 하나를 선택함과 동시에 배제되는 다른 가능성들을 희생시키는 대가를 통해서만 실현될 수 있습니다. 이러한 사실에 대한 원통함에서 출발하는 하이데거는, 내 삶에 가해진 한계를 넘어서기를 갈구합니다. 하이데거에 따르면 인간의 근본 바람(욕망)은 자기 존재의 한계를 무한히 초월하려는 데 있습니다.

그런데 이처럼 무제한의 자유를 갈망하는 하이데거의 존재론에는 어떤 숨은 전제가 깔려 있습니다. 레비나스는 청년 시절부터 바로 이 전제가 서양 존재론 전통 자체의 밑바탕을 이룬다는 사실을 간파하고 이 점을 비판적으로 드러내는 데 심혈을 기울였습니다. 그 전제란, 존재한다는 사실은 그 자체로 완벽하다, 존재는 덜 것도 더할 것도 없다는 생각입니다. 존재라는 사실 자체를 있는 그대로 긍정하는 태도인 것이죠. 하이데거의 한(恨)과 불안은 내 존재가 제한되는 것에 대한 공포에서 나오는 것이지, 레비나스처럼 존재 자체에 대한 공포에서 비롯되는 것이 아닙니다. 세상이 이렇게 굴러가고 있다는 사실 자체는 전혀 개의치 않고, 다만 그런 세상 속에서 내가 무제한의 자유를 누리지 못하는 사정이 한탄스러운 것입니다.

당시의 국제 정세를 염두에 두면 이 점을 보다 명쾌히 이해하실 수 있으리라 생각됩니다. 게르만 민족은 20세기 초 세계 지배를 목표로 서로 사투를 벌이던 서구 열강들 중 하나였습니다. 범세계적 패권을 둘러싼 제국주의적 투쟁에서 상대적 열세에 놓여 있던 독일은 자신의 제약된 처지가 한스러웠고 이 한계를 극복하고자 의지를 불태우고 있었죠. 1927년에 출간된 하이데거의 《존재와 시간》은 바로 이런 독일의 민족정신을 담고 있다고 볼 수 있습니다.

반면 레비나스는 이렇게 움직이는 존재(열강들의 전체주의적 패권 투쟁으로 점철된 국제정세) 앞에서 끔찍한 공포를 느낍니다. 이는 레비나스가 하이데거처럼 자유의 관점에 서는 것이 아니라 정의의 관점에 서기 때문입니다. 각 존재자들(이 경우, 각 민족들)이 자기를 강화하기 위해 서로를 불러내는 투쟁의 방식으로 존재가 운동할 때, 레비나스는 하이데거처럼 그 속에서 최대한의 자유를 쟁취하려는 의지를 품기는커녕 오히려 그런 영웅적 투쟁의 부질없음을 설파합니다. 하이데거가 세계의 패권을 다투는 열강의 입장에 선다면, 레비나스는 그런 열강들이 휘두르는 전체주의적 폭력에 희생되는 개인의 편에 선다고 할 수 있습니다. 사실, 나치에게 박해받는 유대인만큼 전체에 의해 소외되는 개별자를 극단적으로 보여주는 경우가 또 있을까요? 나치의 집권 아래 있는 한, 내가 기존의 한계를 넘어서 더 나은 능력과 더 큰 자유를 누리게 된다 할지라도 아무런 의미가 없습니다. 그렇게 된다고 해서 내가 유대인이라는 사실이 에누리되는 것은 아니니까요. 제 아무리 잘났다 한들 유대인인 이상 박해의 고통을 피할 길은 없는 것이죠.

이처럼 레비나스가 유대인이라는 자기 존재를 벗어날 길이 없다는 국제정치적 상황을 추상한 표현이 '존재에 매인 붙박이'입니다. 하지만 이 말은 앞서 말씀드린 대로 유대민족의 특수 상황을 넘어서 보편적인 인간조건이라는 철학적 의미를 지닙니다. 어떻게 유대인의 수난이 인생의 보편적 조건으로 이해될 수 있다는 걸까요?

타자를 공략하여 동일자로 흡수하는 전체주의 운동인 나치 체제 속에 있는 한, 내가 보다 더 유능하다는 장점이 내가 유대인이라는 사실의 불안과 고통을 전혀 덜어주지 못한다는 사실은, 다음과 같이 보편적 의미를 띤 사태로 번역될 수 있습니다. 동일자의 자기 회귀라는 방식으로 운동하는 존재의 지평 속에 있는 한, 내가 더 많은 가능성을 지녔다는 우월성이 내가 나로 존재한다는 사실의 고통을 조금도 누그러뜨리지 못한다는 것입니다. 이런 처지에서 존재의 고통은 하이데거가 생각하듯 내가 가진 자유의 능력이 제한되어 있다는 사실에서 비롯되는 것이 아닙니다. 그것은 아예 내가 나 자신으로 존재한다는 사실에서 비롯됩니다. 인생에 대한 불만의 궁극적 뿌리는 불우不遇한 가정환경, 포기할 수밖에 없었던 직업, 가난함 등 잡다한 제약들(존재자 차원의 제약)에 놓여 있는 것이 아니라는 뜻입니다. 레비나스에 따르면 존재의 근본 고통은 오히려 내가 나라는 존재로 있다는 사실(존재 차원의 제약)에서 오는 것입니다.

존재의 고통은 하이데거가 생각하듯 내 존재에 가해진 한계로부터 오는 것이 아니라, 거꾸로 존재에 한계가 없다는 사실로부터 온다는 레비나스의 말을 이제 이해하실 줄로 압니다. 도무지 나라는 존재에서 벗어날 출구가 없다는 사실, 바로 거기에 생로병사 인생고의 가장 깊은 뿌리가 있다는 말이죠. 이에 상응해서 인간의 근본 바람이 무엇이냐에 대해서도 레비나스는 하이데거와 다르게 봅니다. 그것은 더 나은 자기가 되고자 하는 초월의 욕구가 아닙니다. 아예 자기 자신에서 벗어나고자 하는 초탈의 욕구, 그것이 인간의 가장 깊은 갈망입니다. 자기를 초탈하여 전혀 다른 곳으로 가려는 욕구, 절대 타자에 대한 갈망이 인간의 근본 욕망인 것입니다.

겉보기에 인간을 추동하는 근본 에너지는 내 존재에 가해진 여러 가지 한계들을 극복하려는 운동처럼 보입니다. 가난하니 부자가 되고 싶고, 하고 있는 일이 불만스러워 지금과 다른 직업을 가지고 싶고, 단조로운 일상의 우울을 벗어나 이국 풍경을 만끽하고 싶고, 못난 외모를 고쳐 더 예뻐지고 싶고……. 이런 욕망들에 의해 우리 모두가 내몰리고 있다는 걸 생각하면, 인생의 불만은 우리의 여러 한계들로 비롯되는 것처럼 보이고, 이런 세계 안의 한계들을 극복하려는 세속적 초월의 욕구(보다 친숙한 표현으로 바꾸면, 출세욕)를 충족시키면 인생의 행복이 얻어질 것처럼 보입니다. 그런데 문제는 인간의 근본 욕구가 세속적 초월의 욕구가 아니라 자기 초탈의 욕구라는 데 있습니다. 자기 존재와 단절을 이루고 절대 타자를 향하는 탈속의 욕구가 세속적 초월의 욕구의 밑바닥에 흐르고 있는 것이죠. 출세욕은 사실 타자의 욕망이 쓰고 있는 가면에 불과합니다. 다만 스스로 이 사실을 알지 못하고 있을 뿐이죠. 그렇지만 타자의 욕망이 출세욕의 감춰진 실체이기 때문에, 출세욕(의 가면을 쓴 타자 욕망)은 어디로 가는지 모르면서 끝없이 자기를 벗어나려는 도피의 운동으로 나타나게 됩니다. 출세욕은 분명 자기를 떠나 타자를 찾아 나서는 운동이지만, 결국 자기 자신으로 되돌아오는 운동, 동일자의 자기 회귀 운동입니다. 따라서 그것이 무한 타자의 욕망과 혼동되면 다람쥐 쳇바퀴마냥 무한정 반복되는 충동의 운동이 될 수밖에 없습니다. 부자가 가난한 자보다 더 돈을 탐하고, 고관대작이 필부보다 더 권력에 목말라 하고, 한 번 시작한 성형수술이 끝 간 데를 모르고 반복되는 일이 벌어지는 까닭이 거기에 있습니다. 무한 타자를 향한 자기 초탈의 욕망이 자기 강화를 위한 초월의 충동으로 변질되는 것이죠.

세계 내 한계들을 극복하려는 세속적 초월의 욕구를 인간의 근본 욕망으로 혼동해서는 안 됩니다. 인생의 관건은 자기 존재의 감옥으로부터 해방되는 것입니다. 자기 존재에 묶여 있다는 존재론적 제약은 세계-내-역량(세속적 능력)이 더 커지면 극복할 수 있는 장애물 같은 것이 아닙니다. 자기 존재로부터 해방되려는 욕망 앞에서 세속적 성공의 많고 적음은 아무런 의미가 없습니다. 존재론적 차원의 욕망은 무한한 것입니다. 이 무한에 대하여 존재자 차원의 한계를 얼마만큼 극복했느냐가 아무런 의미를 가지지 못하는 것은, 무한에 대하여 유한한 크기가 영이나 다름없는 것과 같은 이치입니다.

존재론적 차이와 존재론적 분리

자기 존재의 고통이 엄습하는 상황은 존재의 물음이 제기되(고 그에 대한 대답이 이루어지)는 시험 또는 시련이라는 형이상학적 의미를 갖습니다. 앞서 보신 대로 그것은 박해 받는 유대민족의 처지로부터 철학적으로 추상화된 것이지만, 한 집단의 특유한 경험을 넘어서 인간의 보편적 조건으로 이해될 수 있는 상황입니다. 그렇다면 홀로코스트와 같은 극단적 트라우마를 겪은 적이 없는 사람에게도 존재의 고통은 낯선 것이 아니겠죠. 가령 단조로운 일상이 존재 고통을 통해 존재 물음이 제기되는 철학적 시련의 역할을 할 수 있을 것입니다. 과연, 나치의 집권에서부터 제2차 세계대전에 이르는 기간 동안 레비나스가 썼던 초기 저작들은 하나같이 삶의 단조로움과 부질없음을 첫 주제이자 핵심 주제로 삼아 시작됩니다. 《도피에 관하여》(국역본은 《탈출에 관해서》, 김동규 옮김, 지만지, 2012)는 구토, 벌거벗음, 부끄러움 등을, 《존재에서 존재자로》(서동욱 옮김, 민음사, 2003)는 게으름, 권태, 피로, 노력, 불면 등을 다루고 있습니다. 레비나스의 현상 취급 방법은 하이데거의 영향을 받아 존재론적입니다. 하이데거가 철학에 기여한 공적들 중 최고의 것으로 레비나스가 격찬하는 것은 존재론적 차이입니다. 불안, 권태 등을 가령 생리 현상이나 심리 현상, 또는 사회 현상으로 보지 않고 존재 방식으로 본 하이데거는 이 현상들의 분석을 통해 인간이 존재와 맺는 관계를 드러냅니다. 이런 하이데거를 이어받아 레비나스 역시 비슷한 부류의 보다 다양한 현상들에 주목합니다.

이런 것들은 사실 너무나도 일상적이어서 전통철학에서는 주목할 만한 가치가 있는 현상들로 여겨지지 않았습니다. 그런데도 왜 하이데거와 레비나스에 와서 이 현상들이 각광을 받게 된 것일까요? 구토, 게으름, 권태 등의 현상들은 모두 존재와 존재자 사이의 간극이 벌어지는 순간들이기 때문입니다. 존재는 내가 주변 존재자들과의 교섭에 몰입해 있는 동안에는 망각되고 억압되어 있지만, 예의 현상들에서는 존재가 갑자기 부상하여 나라는 존재자를 압박하면서 존재와 존재자 사이에서 긴장과 갈등이 고조되는 장면들이 연출됩니다.

이들에 대한 분석을 통해 레비나스가 보여주려고 하는 것은 구토, 부끄러움, 게으름, 권태 등의 존재론적 현상들 모두가 위에서 살펴본 도피 욕구의 발로라는 것입니다. 가령 존재론적 현상으로

본 구토는 궁극적으로 자기 자신으로 존재한다는 사실에 대한 구역질이고, 존재론적 권태란 무한정 반복되는 존재의 자기 동일성 운동에 대한 지겨움과 갑갑함으로 귀착됩니다. 이 모두 나를 숨막히게 옭죄는 존재에 감금되어 있다는 고통이 발현되는 현상들입니다.

존재의 고통이 존재 물음을 제기하는 형이상학적 시련이라면, 하이데거와 레비나스 모두 이 시련을 권태와 같은 일상의 현상들 속에서 체험토록 하려고 합니다. 하지만 두 철학자 모두에게서 존재 물음의 궁극적 차원은 인류의 역사 전체와 관련됩니다. 이 때 물음으로서 제기되는 존재란 민족들의 흥망성쇠를 통해 전개되는 역사의 운동을 뜻하게 됩니다. 다만, 이런 의미의 존재에 대해서 두 철학자는 서로 상반된 입장에 서 있습니다. 레비나스는 존재(즉, 역사)의 자기 동일화 운동이 개별 존재자들을 노리개 삼아 희생시키는 전체주의적 성격을 띤다고 보고 이에 대하여 개별자를 지켜 내려고 하는 반면, 하이데거는 개별자들에게 민족의 일원으로서 그러한 존재의 운동에 영웅적으로 동참할 것을 호소합니다. 달리 말하면, 하이데거는 존재에 내던져진 존재자에게 이 존재의 운명을 적극 인수할 것을 주장하는 반면, 레비나스는 그런 운명을 강제하는 존재에 대해 존재자가 근본적으로 단절할 것을 요구합니다. 주체성의 이념을 거부하고, 존재자를 존재에 예속시키는 존재론적 차이를 역설하는 하이데거에 맞서, 레비나스는 존재로부터 존재자를 독립시키고 개별 존재자의 주체성과 내면성을 옹호하는 존재론적 분리를 내세우는 것입니다.

레비나스의 문제는 이제 존재론적 분리의 관점에 서서 존재의 고통에서 벗어나는 해방의 길을 모색하는 것입니다. 진정한 해방은 자기를 초탈하는 방식으로 무한 타자와 관계하는 데 있습니다. 뒤에서 자세히 살피겠지만, 레비나스에게는 타인에 대한 사랑과 무한한 책임이 그런 해방의 길입니다. 무한 타자와 관계하는 자기를 거부하는 탓에 자기로 존재한다는 사실이 고통스럽기만 하던 상태에서, 무한 타자와의 관계를 긍정하고 그 속에 자기를 재정립하여 자기로 존재한다는 사실을 감수甘受하는 상태로 전환이 일어나는 것입니다. 이 또한 레비나스 자신의 특수한 역사적 경험을 추상화하여 거기에 보편적인 철학적 의미를 부여한 데서 나오는 논리예요. 자기가 유대인이라는 사실로 인해 전체주의로부터 박해받는 불운을 탓하며 이 같은 사실을 자기가 유대인이라는 사실을 저주의 낙인처럼 괴로워하던 입장에서, 오히려 전체주의에 맞서 정의의 실현을 책임질 주체로 선택 받았다는 징표로 달게 받는 입장으로 돌아서는 상황이 원原경험에 해당하는 것이죠.

그러나 유한한 주체는 단번에 이 길을 택하지 않습니다. 유한 주체에게 무한 타자와의 감응은 트라우마로 다가올 정도로 힘겨운 시련이기 때문입니다. 유한한 인간은 일단 무한 타자와의 관계를 거부하고 무한 타자와 감응하는 자기를 억압하는 길을 택합니다.

참된 자기에 대한 이런 망각이 존재 물음의 시련에 대한 인간 주체의 첫 번째 대답입니다. 이는 하이데거가 '비본래적 실존'이라 부르는 것과 형식적으로는 같습니다. '비본래적 실존'이란 인간이 우선 대개 세계 내부적 존재자들과의 교류에 몰입함으로써 자기 존재를 망각하는 방식으로 존재 책임을 방기하는 것을 말합니다. 이런 존재 도피의 방식을 하이데거는 퇴락의 행태라 비판하고 거기에 어떤 긍정성도 인정하지 않습니다. 레비나스에게도 이런 도피적 삶은 결국 지양되어야 하는 것임은 물론입니다. 그러나 레비나스는 문제의 존재 도피 방식을 '향유'라고 이름 붙이면서 이 자기 망각에 적극적이고 긍정적인 의미를 부여합니다. 무슨 까닭에서일까요?

하이데거의 비본래적 실존이 누구나 우선 대개 택하는 길이듯이, 레비나스가 말하는 향유도 우리가 일단 선호하는, 아니 선호할 수밖에 없는 길입니다. 계통 발생적으로나 개체 발생적으로나 인간은 우선 자기를 괴롭히는 존재의 짐을 벗어던지고 존재의 위협에 맞서 존재를 정복하고자 하는 길을 택합니다. 존재의 벽적인 물질성에 갇혀 존재에 예속되어 있는 붙박이 존재자는 이 감옥을 탈출하여 자유로운 주체로서 자기 삶의 주인이고자 하는 것입니다. 이런 존재 정복의 태도와 길을 통틀어 일컫기 위해 레비나스는 향유라는 말을 사용합니다. 이때 향유는 세계를 먹을거리, 볼거리 등으로 즐긴다는 좁은 의미를 넘어서, 인식 등 동일자의 지배를 강화하는 모든 활동들을 포함하는 넓은 의미의 존재론적 명칭이라고 할 수 있습니다.

존재 정복이란 의미를 가진 향유(존재의 향유)를 확고히 하기 위한 출발점을 레비나스는 존재로부터 피난한 존재자의 자기 정립에서 찾습니다. 이것은 존재자의 탄생, 주체의 도래를 뜻하는 사건입니다. 이 사건이 벌어지는 장소는 존재입니다. 구토, 권태, 게으름 등의 현상들에서는 존재가 존재자를 그림자처럼 붙어 다니는 상황이 연출되었다면, 이제 주체의 탄생 장소가 되는 존재는 존재자에 대한 밀착도가 극대화되어 존재의 압박이 존재자를 해체시킬 만큼 위협적이 된 상황이라고 할 수 있습니다. 이런 존재를 레비나스는 익명적anonyme 또는 중성적neutre 또는 무차별적indifférent이라고 특징짓습니다. 사람이든 사물이든 개별 존재자(명사적 형태)들을 덮쳐 그 개별성을 요소적 물질성 속으로 침몰시켜 버리는 존재의 해체적 파괴성(동사적 성격)을 가리키기 위함입니다. 이 위협 상황은 여러 장면들에서 연출될 수 있습니다. 광포한 자연력에 그대로 노출된 상황, 불면의 밤에 존재에 완전히 휩싸인 상황, 전체주의의 폭력(가령, 전쟁)에 휘둘리는 상황 등이 그러합니다. 그런데 이 실존 단계에서 우리가 염두에 두어야 할 것은 무엇보다 자연력과의 대결 상황입니다. 왜냐하면 직접 주어진 자연에 매몰된 본능적 삶과의 단절, 자연과의 분리가 가장 기초적인 실존 단계이기 때문입니다. 이런 상황에서 존재자는 어떻게든 존재로부터 자기를 분리시켜 독립하고자 합니다. 이 자기 정립이 존재로부터의 자유이고 존재자의 도래입니다.

존재론적 분리를 통해 존재자가 도래하는 사건을 통하여 이제 존재와의 관계가 전복됩니다. 존재자가 존재에 예속된 상태에서 존재를 지배하는 상태로 바뀐 것입니다. 동사動詞였던 존재가 이제는 명사名詞인 존재자의 속성이 되어 그 소유물이 되는 것과 같습니다. 존재자는 존재를 지배함으로써 자신의 자유를 확고히 하고자 합니다. 이로부터 존재 정복이라 부를 만한 사업이 출범합니다.

존재 정복 사업의 기초를 놓는 것은 거주(집)입니다. 존재로부터의 피난처를 제공하는 거주는 존재론적 분리를 가능하게 하여 안/밖의 구조를 구축합니다. 집안을 밀실로 삼으면 존재를 차단하는 것이 가능해집니다. 요새와 같은 집을 본거지로 해서 주체는 안팎으로 드나들면서 존재라는 바깥을 공략할 수 있기 때문이죠. 존재 정복은 향유하는 존재자의 가계家計를 유지하고 강화할 목적으로 벌이는 넓은 의미의 경제적 사업, 존재-경제적 사업입니다.

존재 공략의 드라마는 노동, 소유, 재현(적 사고와 인식) 등의 주요 계기들을 통해 펼쳐집니다. 노동은 무정형의 질료인 존재(자연 및 인간)에 형식을 각인함으로써 존재를 가공합니다. 그렇게 가공된 존재는 질료를 한계 짓는 형식을 매개로 하여 주체가 마음대로 좌지우지할 수 있는 대상으로 바뀝니다. 이제 존재는 조작 가능한 대상이 됩니다. 소유는 이렇게 대상화된 존재의 자본을 인간에게 적합한 형식(잡다한 형태의 동산動産)으로 축적하는 활동입니다.

존재 정복 사업은 이론적 관조, 객관적 인식에서 완성됩니다. 존재의 지배는 존재로부터 퇴각함으로써 멀리서 존재를 관조하며 대상처럼 조작하는 태도를 요구합니다. 존재자에 온통 밀착해 있던 존재는 이런 태도 변경에 의하여 (촉각적 공간에서) 시각적 공간으로 변한다고 할 수 있습니다. 존재는 질서 잡힌 세계가 됩니다. 그것을 관조하는 나에게 주어지는 대상들로 이루어진 세계로 바뀌는 것이죠. 안/밖의 구조로 변형되었던 존재와의 관계가 주/객 관계로 낙착되는 것입니다. 이런 의미에서 세계는 빛의 공간이며, 세계-내-존재인 주체는 시각에 입각해서 세계와 관계합니다. 향유가 필요로 하는 대상들을 물색하고 획득하고 축적하기 위해서는 그런 대상들을 자유로이 포착하고 조작할 수 있는 인식 작용이 주체의 가장 중요한 능력이 됩니다. 좁은 의미의 향유는 어떤 의미에서 이미 대상 인식 기능을 지니고 있다고 할 수 있지만, 그 기능이 최고도로 발전된 것은 앎, 객관적 인식입니다. 앎이 왜 존재 지배의 정점을 이루는 단계인지 이제 이해하시리라 믿습니다.

집에 들어앉아 이성의 빛으로 세계를 관조하는 행위, 그리하여 세계를 필요(욕구)에 따라 원격 조종하는 행위인 앎을 통해 의식 주체는 실낙원을 되찾은 듯 주권적 자유를 누릴 수 있습니다. 레비나스가 앎의 특성을 재현/표상 작용représentation에서 찾는 것도 이런 맥락에서 이해해야 합니다. 앎이란 과거와 미래를 잘라낸 채 오로지 현재의 즐거움에 탐닉하는 향유의 자유를 복원하는 능력이라는 시간적 의미를 강조하는 것이죠. 플라톤(이데아 관조)에서 출발해서 데카르트(자기 의식)를 거쳐 후설(초월적 주관)에 이르기까지 서양 전통철학을 레비나스는 바로 이 단계에 속하는 사유로 자리매김합니다.

이제 우리는 레비나스가 왜 향유에 긍정적 의미를 부여하는지 헤아릴 수 있는 지점에 도달했습니다. 그 이유는 우선, 향유의 행복이 존재의 익명적인 횡포에 맞서 존재자가 자신의 개체성, 단독성, 독립성, 자율성을 지킬 수 있도록 해주기 때문입니다. 뿐만 아니라, 레비나스는 향유하는 감성이 없다면 타인의 고통을 함께 아파하는 감수성도 가능하지 않다고 봅니다. 더 나아가서 개별자를 희생시키는 국가와 역사의 부정의함에 대해 죽음까지도 무릅쓰고 저항할 수 있는 광기는 향유하는 감성과 동일한 실존 구조입니다. 이런 이유들로 해서 레비나스는 일상적 삶을 존재 망각이자 퇴락이라고 비판하는 하이데거와 생각을 달리하는 것입니다. 물질적 투쟁을 포함한 물질적 향유의 삶 전체를 이미 구원을 위한 투쟁으로 여기는 것이죠.

전쟁과 평화 그리고 죽음과 사랑

존재를 정복한다는 것은 나의 동일성을 위협하는 존재(자연)의 타자성을 중화시키는 것입니다. 이성의 빛을 통해 주체의 시각에 주어지는 존재는 위협적인 타자성을 잃고 대상으로 분절됨으로써 주체에 의해 원격 조작이 가능한 객체성(대상성 또는 객관성)의 틀 속에 갇힙니다. 이를 통해 동일자(주체)는 존재를 자기에게 복속시켜 자신의 소유물로 만들게 됩니다.

이처럼 존재(자연)의 위협을 무력화시키고 건설한 세계는 자기 밀실(집)에서 누리는 향유의 행복을 보다 굳건히 지키기 위해 이 밀실을 끝없이 확장해 온 결과였습니다. 그 속에서 주체는 자신의 자유의지를 거침없이 발휘할 수 있는 주권적 위치를 확보했습니다. 그러나 확장된 밀실을 목표로 구축된 세계의 안전은 다름 아닌 이 세계 자체의 논리에 의해 결정적 위협에 노출되어 있습니다. 이 세계 속의 개인들은 모두 자유의지를 가진 존재들이고 자기 밀실의 행복을 강화하기 위해 노동하는 존재들입니다. 따라서 이 세계-내-존재로서 육체를 가진 나는 언제나 이미 그 속에서 상호작용하는 타인들 사이의 관계망에 사로 잡혀 있습니다. 이 때문에 나의 자유의지는 언제나 이미 타인들에 의해 소외되지 않을 수 없고, 그런 의미에서 나는 운명의 노예가 되는 것을 피하지 못합니다. 타자성(이번에는 자연의 타자성이 아니라 타인의 타자성)은 각 개인을 자기 존재의 벽적인 물질성 속에 다시 한 번 가두는 것입니다.

이런 소외와 예속 상태가 극에 달하는 상황이 무엇일까요? 전쟁입니다. 전쟁은 이미 극복된 것처럼 보였던 '존재에 매인 붙박이'라는 비극이 다시 한 번 연출되는 드라마입니다. 전란 속에서 자기 의지와 무관하게 동원되어 타인들과 사투를 벌이지 않을 수 없다는 사실은 익명적 존재 속으로 소멸되어 흡수되는 운명을 피하지 못한다는 것을 뜻합니다. 출구 없는 자기 존재 속에 갇혀 있다는 비극이 앞에서는 존재론적 차원에서 조명되었다면, 여기서는 같은 비극이 역사라는 거대한 기계의 톱니바퀴에 물려 있다는 사회적·역사적 형식으로 재현되고 있습니다.

각자 자신만의 비밀을 가지고 영유하는 개인적 삶이 그 의지에 반하여 익명적 존재에 희생되는 것은 비단 전시에 국한된 문제가 아닙니다. 경제적 교환과 정치적 과정은 모두 그런 익명적 존재의 표현입니다. 전쟁은 다만 이런 익명성이 극대화된 한계 상황일 뿐이지요. 이미 맑스는 《자본론》에서 상품 물신에 의한 사물화 현상을 분석하면서 자본주의 교환 경제에 내재된 소외 현상을 비판한 바 있습니다. 레비나스는 이 같은 경제 현상을 포괄하는 보다 일반적인 관점에서 소외에 접근합니다. 반면 헤겔 같은 철학자는 외려 이런 익명적 존재의 운동을 이성의 간지奸智라 부르면서 찬양했습니다. 이런 헤겔의 전체성 철학에 맞서 맑스는 '자유로운 개인들의 결사체'를 가로막는 자본주의적 상품 교환을 비판했던 것이죠. 마찬가지로 키르케고르가 신 앞에 선 단독자를 외

쳤던 것도 헤겔을 반박하기 위함이었습니다. 레비나스 역시 개인을 희생시키는 전체에 맞서 개인의 가치와 주체성을 옹호합니다. 이처럼 레비나스는 맑스와 키르케고르 편에 서 있지만, 그의 옹호는 이들과는 다른 방식으로 이루어집니다.

전쟁과 (상대적) 평화가 갈마드는 박자에 따라 진행되어 온 인류의 역사 속에서 개인의 독자성과 자율성은 존재의 익명적 운동에 희생되어 왔습니다. 남북분단과 한국전쟁을 전후로 한 한반도의 역사는 이런 세계사적 존재 운동의 한 마디에 속하죠. 이와 같은 존재 운동의 리듬을 두고 최인훈은 이렇게 갈파한 바 있습니다. "전쟁―전리품의 향락―전쟁―전리품의 향락, 이것이 삶의 가락입니다."(《총독의 소리》, 문학과 지성사, 1994, 124쪽) 평화시 이루어지는 경제와 정치적 교류는 전리품의 향유에 불과하고 따라서 또 다른 전리품을 찾아 나서는 전쟁으로 다시 이어지기 마련인 잠재적 전쟁이라는 통찰입니다. 레비나스도 같은 생각입니다. 여기서 강조할 필요가 있는 것은 익명적 존재의 위협을 극복하고자 출범한 존재 정복 사업이 결국 익명적 존재 속으로 되삼켜지는 소외 상태로 귀착하고 만다는 사실입니다.

그렇다면 이런 역사의 운동 방식을 바꿀 수 있는 길이 없을까요? 헤겔을 본받아 역사란 개인들의 희생을 대가로 자유가 증진되는 합목적적 운동이라고 정당화하면 그만일까요? 아도르노나 레비나스처럼 홀로코스트에서 절대적 야만을 목격했던 사람들은 그런 정당화가 더 이상 불가능하다고 생각합니다. 그리고 이런 존재의 운동을 변혁할 수 있는 길을 찾습니다. 어떤 혁명이 가능할까요?

기존의 존재 운동에 대해 혁명을 꾀하려면 기존의 운동 원리에 대한 분명한 통찰이 필요할 것입니다. 레비나스는 이 운동의 정체를 '존재의 향유fruitio essendi'라 규정하고, 그 운동 원리를 자기 존재의 안위를 가장 염려하는 존재자의 존재 방식에서 찾습니다. 그것은 스피노자가 '코나투스 에센디conatus essendi'라 부른 자기 보존 욕구, 자기 존재에 대한 집착에 사로잡힌 삶을 말합니다. 이런 존재 방식은 다름 아니라 우리가 앞서 살펴 본 존재 지배의 사건 속에서 형성된 것입니다. 물론 레비나스가 보기에 인간에게 이런 존재 집착보다 더 근원적인 차원에 자리하고 있는 것은 타자에 대한 욕망입니다. 따라서 인간은 자기 존재에 집착할지라도 타자를 찾아 나서기 마련입니다. 그러나 이 경우에 타자와의 관계는 오로지 타자를 더 잘 흡수하고 자신에게 더 잘 동화하기 위한 목적으로 맺어집니다. 타자를 이용하여 자기 동일성을 더욱 공고히 하고 더욱 확장하는 방식으로, 그래서 자연이든 인간이든 타자를 자기 뜻대로 향유할 수 있는 방식으로 타자와 관계하는 운동이 일어나는 것입니다.

이런 에고이즘◆의 존재 방식은 존재 지배의 사건 속에 그 근원이 있다고 말씀드렸습니다. 레비나스는 이 존재 지배의 사건을

◆ **에고이즘**
자신에게 이익이 되는 한에서만 남들과 관계하는 태도를 일컫는 말인 이기주의의 통상적 의미에 따라 이해하면 무리가 없다. 다만, 레비나스는 이런 이기주의의 뿌리가 어디까지 뻗어 있는지 철학적으로 끝까지 파헤친다. 그에 따르면 에고이즘의 핵심은 향유에 있다. 향유는 분명 타자를 향해 나가는 운동이지만, 결국 자기를 갬도는 소용돌이 운동이다. 자기를 초탈하여 무한 타자를 향해 뻗어 나가는 것이 아니라, 자신의 욕구를 충족시키기 위해 타자를 이용하여 자기로 회귀하기 때문이다. 자기 안위의 확보와 강화를 궁극목적으로 삼는 에고이즘은 오직 자신의 필요 때문에 타자와 관계하는 태도이기에, 이에 걸림돌이 되는 모든 타자를 적대시한다. 에고이즘에 사로잡힌 개체들 사이의 충돌은, 가령 전쟁처럼, 익명적 존재의 지배로 귀결된다.

통해 도래한 존재자가 남성적이고 영웅적임을 누누이 강조합니다. 존재 정복 사업을 벌여 객체화된 세계를 건축한 주체가 남성적이라는 것입니다. 이런 주권적 영웅성을 휘두르는 주체에게 타인은 자유롭기에 자신을 방해하는 존재로 적대시될 수밖에 없습니다. 그래서 남성적 주체는 우선 이 낯선 자유(타인)를 제압, 정복하려는 충동에 휩싸이게 됩니다. 만인에 대한 만인의 투쟁, 전쟁을 낳는 충동입니다. 그런데 이런 충동의 직접적 표출이 자기 자신에게도 해가 될 경우가 있습니다. 이럴 때에는 충동을 억누르고 정치, 경제적 교류를 통하는 간접적인 방식으로 자기 이익을 도모하는 것이 '보다 합리적'이라는 '계산'이 나올 것입니다. 자연 상태에서 어떻게 국가의 성립에 이르게 되는지를 설명하기 위해 홉스의 정치철학이 연출한 드라마와 같은 상황입니다.

전쟁—불안정한 평화(전리품의 향유)—전쟁—불안정한 평화……의 리듬에 따라 전개되어온 역사가 존재의 향유 운동이라면 그 향유의 주체는 누구일까요? 그것은 특정 개인도 아니고 특정 민족도 아닙니다. 그것은 익명적 존재 자체입니다. 각 개인과 각 민족은 향유의 행복을 위한 자기 확장 투쟁을 벌이지만 그 속에서 늘 승리를 거두는 것은 익명적 존재뿐입니다. 레비나스가 말하는 '존재의 향유'는 익명적 존재가 개별자들을 노리개 삼아 자기 자신을 즐기는 운동을 가리킵니다. 가령 자본주의에서 향유의 주체는 노동자도 자본가도 아닌 자본 그 자신이라고 할 수 있습니다. 자본주의적 향유는 존재 향유의 한 특수한 형태인 것이죠. 존재의 향유 속에서 개별자의 삶은 아무런 의미도 가지지 못합니다.

이러고 보면 홉스 식의 철학이 역사 운동을 완벽하게 설명해주는 논리처럼 보입니다. 그러나 레비나스는 결코 그렇지 않다는 것을 보여주고자 합니다. 존재 향유로서의 역사는 전쟁―(진정한 평화가 아닌) 평화―전쟁―평화의 리듬에 따르는 운동임이 분명하지만, 그럼에도 불구하고 우리는 전쟁보다 평화를 선호합니다. 왜 전쟁을 우회하고자 할까요? 전쟁과 평화를 가르는 차이는 어디서 생기는 걸까요?

홉스라면 그것은 직접적 충돌(전쟁 상태)이 야기할 위험을 피하고자 충동을 연기하는 계산적 합리성에서 나온다고 말할 것입니다. 레비나스는 다르게 봅니다. 전쟁과 평화의 차이는 단순히 자신의 안위를 염려하는 합리적 계산의 문제가 아니라 타자에 대한 욕망의 문제이기 때문입니다. 즉, 인간에게 근원적인 욕망은 자기 보존 충동이 아니라 자기를 초탈하여 타자로 나아가려는 충동이기 때문입니다. 그런데 이 자기 초탈과 타자 지향의 욕망은 일단 주체에 의해 거부됩니다. 평온한 균형 상태에 우선 대개 머물고자 하는 주체에게 타자를 향한 욕망은 일단 놓여나고만 싶은 불쾌감으로 체험되는 까닭입니다. 우리가 앞서 살핀 존재의 고통이 바로 여기서 연원하는 것이죠. 이런 주체는 자신의 평온한 균형 상태를 교란하는 타자의 출현에 대해 즉각 파괴적 생명력을 방출하거나(전쟁), 이를 참고 평화적 교류를 하더라도 작용-반작용이라는 상호성의 법칙을 벗어나지 못합니다(등가교환에 입각한 불안정한 평화). 이런 개인들 사이의 관계에서는 사물의 법칙이 고스란히 적용됩니다. 이 사물화 현상의 존재론적 근원은 그러므로 절대적 휴식, 절대적 비활성의 상태로 회귀하려는 관성적 충동에 있습니다. 이 충동이 따르는 법칙을 레비나스는 '존재의 법(칙)'이라 부릅니다. 전쟁과 평화 사이의 차이와 반복을 만드는 존재 향유의 리듬은 이 관성적 충동과 욕망의 생명력 사이의 길항 작용에서 발생한다는 것이 레비나스의 생각입니다. 프로이트가 인간 문명의 역사를 인류라는 무대 위에서 타나토스(죽음 충동 Thanatos/Todestrieb)와 에로스(생명 충동 Eros/Lebenstrieb)가 벌이는 싸움이라 보았을 때, 그가 염두에 둔 것도 다른 것이 아닙니다.

그렇다면 관건은 타자를 지향하는 욕망의 생명력이 왜곡되지 않고 있는 그대로 발현될 수 있도록 그 조건을 조성하는 것이 됩니다. 이는 존재 정복을 벌여왔던 존재자가 삶의 중심을 자기 존재로부터 타자로 옮기도록 만들어야 한다는 것을 뜻합니다. 그러니까 실존이라는 우주에서 코페르니쿠스적 혁명에 비견될 만한 것을 이루어야 하는 엄청난 과제가 제기됩니다. 애당초 향유의 운동 속에서 자기를 키워 온 존재자가 이 거대한 전복을 이룰 수 있을까요? 도대체 어떤 체험들이 그런 혁명적 변화를 낳을 수 있을까요?

그런 체험은 무엇보다 자기 존재 물음이 다시 제기되는 시련의 상황이어야 합니다. 존재 물음은 타자의 욕망이 화두로 걸린 시험이기 때문입니다. 앞서 자세히 살핀 첫 번째 시련에서는 욕망이 자기 동일화의 논리에 갇혀있었던 까닭에 무한 타자에게 자기를 여는 대신 존재 정복 사업을 통하여 자기망각을 꾀했다는 것을 기억하실 겁니다. 이와는 달리 이번 시련은 무한 타자의 타자성을 그대로 긍정하는 자기 정립(동일성)을 낳는 것이어야 합니다. 레비나스에게 이런 시련으로 체험되는 것은 죽음과 사랑입니다.

우선 죽음과의 대면은 존재 물음이 가장 극한 불안 속에서 제기되는 상황입니다. 그중에서도 자기 '존재에 매인 붙박이' 비극과 그에 따른 수난 상태가 극대화되는 대면 상황이어야 할 것입니다. 레비나스가 죽음의 불안이 제대로 연출되는 장면을 가령 고문에서처럼 육체적 고통이 극심한 상태에서 포착하는 이유가 바로 여기에 있습니다. 철학사적으로 볼 때, 레비나스의 이러한 죽음 연출법은 헤겔과 하이데거의 유명한 죽음 분석을 한낱 관념적인 사고실험으로 만들어 버립니다. 진정 죽음과의 대면다운 대면에서 벌어지는 장면은 극한적 고통을 인내하는 가운데 자기 존재와의 거리가 극소화되어 자신의 개체성이 존재의 익명성에 삼켜지기 일보 직전의 숨 막히는 상황, 피난처 없는 수난 상황인 것입니다. 다시 말하면, 자기 존재의 밀폐성이 가장 극심하게 압박하는 수난의 시련이 펼쳐지는 것이죠.

이 집요한 자기 존재 물음은 그 시련을 끝까지 인내할 때에만 풀립니다. 기존의 자기 동일성의 근저에 있던 자기(존재론적 자기)보다 더 깊은 차원에 있던 자기(윤리적 자기)가 드러나면서 폐색되어 있던 자기 공간에 타자로 향하는 숨통이 트이는 것입니다. 메시아♦적 자기의 탄생 순간입니다. 그것은 존재의 중심을 더 이상 자아에 두지 않고 타자에 두는 자기입니다. 자기가 죽는 것보다

♦ **메시아**
원래는 기름 부음 받은 자라는 뜻의 히브리어로 주유注油는 주권자가 신하를 임명할 때 행하는 예식 절차다. 그리스어에서 같은 뜻을 지닌 낱말이 '그리스도'다. 메시아는 신의 뜻을 지상에 실현할 자로 가림 받아 불의의 세상에 종말을 고하고 사랑과 정의의 세계 질서를 구현할 구세주라는 의미로 통상 이해된다. 유대교 전통에 충실한 레비나스는 예수를 메시아라고 여기지 않지만, 모든 자아의 본질을 자기희생을 무릅쓰면서까지 타인에 대한 사랑과 책임을 실천하는 메시아가 되는데 있다고 보았다. 레비나스에 따르면, 우리들 모두는 잠재적으로 메시아이며, 메시아가 될 것을 부름 받고 있다. 유대교에 특수한 관념을 철학적 개념으로 보편화시켰기에 가능한 논리다.

타인을 죽이는 것을 더욱 두려워하는 자기인 것이죠. 죽음을 아랑곳하지 않는 강철의 의지가 부정의로 고통 받는 타인들을(이런 타인을 레비나스는 얼굴이라 부릅니다) 위해 자기를 온전히 희생하는 데까지 이를 수 있는 자기입니다. 마찬가지로 죽음의 시련을 통과한 헤겔의 노예나 하이데거의 현존재보다 더 강한 의지로 단련된 자기가 탄생하는 것입니다.

그러나 레비나스가 우리에게 천거하는 삶의 궁극적 형태는 이런 메시아적 자기희생에 있지 않습니다. 내가 이 세상의 모든 고통을 짊어지리라, 오직 나만이 그런 책임을 맡을 수 있으리라, 이런 불굴의 메시아적 의지를 가진 사람이라 할지라도 죽음이 닥치면 결국 거기에 삼켜지고 말 운명입니다. 따라서 메시아적 의지는 자기를 포기할 필요가 있습니다. 자신의 유한성을 인정해야 하는 것이죠. 유한자가 무한 타자의 현전을 홀로 감당할 수는 없는 법입니다. 그러나 메시아적 희생을 불사하려는 의지는 자기에 대한 남성적 고집으로 응집되어 있는 까닭에 스스로는 자기 포기에 이를 수 없습니다. 거기에는 여성의 은혜가 필요합니다. 이미 유한성을 인수한 여성의 인도 아래 에로스의 밤을 보내면서 메시아적 주체는 자기를 버리게 됩니다. 강철같이 단련된 남성적 의지가 풀어지는 것입니다. 사랑 속에서 자기는 죽는 것입니다. 그러나 동시에 나와 다른 자기 속에서 부활합니다. 에로스의 밤을 통해 도래할 새로운 타자(아이)를 통한 부활입니다. 출산을 통한 부성父性, 아버지 되기가 그것입니다. 미래의 아이는 내가 성적 사랑에 빠져 무한 책임을 방기한 것을 용서해 줄 존재입니다. 내가 세계에 선사한 아이는 그 자체가 또 선사인 까닭입니다.

이로써 나는 본질적인 유한성을 성性이라는 형태로 회한 없이 인수하게 됩니다. 남성적 주체는 여성의 육체에 탐닉함으로써 여성의 얼굴을 지우고 성적 물질성으로 환원하지만, 이렇게 인수된 유한성인 성性은 도래하는 아이의 축복과도 같은 용서 아래 인간 본성에 속하는 것으로 기꺼이 받아들여지는 것입니다. 이제 나는 고통 받는 타인에 대한 무한 책임을 일단 접어 둘 수 있습니다. 즉, 타인의 얼굴에 더 이상 시달리지 않고 내 얼굴에 씌워진 가면을 받아들이는 것입니다. 이에 따라 정의를 위한 사업도 동지들과 함께 하는 공동 사업의 형태로 착수됩니다. 우리가 못 다한 정치 사업은 우리 아이들이 이어갈 것입니다. 이제부터 존재의 향유가 아니라 타자의 욕망이 중심이 되는 운동이 세계 안에서 펼쳐질 수 있습니다. 종교-윤리적 차원에서 정치적 차원으로 이행하는 것이죠.

여기서 레비나스가 말하는 남성성과 여성성, 그리고 부성은, 뒤에서 얘기할 모성과 더불어, 생물학적 개념이 아니라 존재론적인 범주라는 사실을 염두에 두셔야 합니다. 아이를 낳는 아버지가 되지 못한다는 것은, 생물학적 불임을 말하는 것이 아닙니다. 그것은 나만의 가능성을 고집하여 죽음이 거기에 부과하는 넘어설 수 없는 한계 속에 갇혀있다는 뜻입니다. 출산적 부성은 이러한 나의 가능성에 고착되지 않고 타인의 가능성을 나의 것으로 받아들이는 데 핵심이 있습니다. 부성이란 후속 세대를 나의 미래처럼 생각하는 마음인 것이죠.

모성애와 부성애

실존의 코페르니쿠스적 혁명은 그러니까 죽음과 사랑, 출산과 부성을 계기로 해서 이루어지는 사건입니다. 《전체성과 무한Totalité et infini》에 따르면 그렇습니다. 그런데 레비나스의 후기 철학을 대표하는 《존재와 다르게》(김연숙 옮김, 인간사랑, 2010)에서는 다른 구도가 들어섭니다. 이것이 레비나스의 궁극적 견해라 보아야 할 것입니다.

물론 관건은 여전히 자기 존재 물음의 시련입니다. 기존의 자기 동일성과 단절을 이루는 동시에 무한 타자를 맞이할 수 있는 새로운 자기 동일성의 정립을 낳는 불안의 시련, 이 시련을 통과하는 것이 실존 혁명의 관건입니다. 저는 이 시련의 요체가 부모와 그들의 사랑 속에서 태어난 아이 사이의 삼각관계를 재통과하는 데 있다고 봐요. 그런데 이상한 일이지만 레비나스는 어디서도 이런 식으로 밝혀 놓고 있지 않아요. 의아한 일이죠. 하지만 저는 그것이 그의 숨겨진 구도라고 생각합니다. 말하자면 정신분석의 원초적 장면과도 같은 것이 문제되면서도 정신분석과 달리 성性이 전적으로 배제된 방식으로 연출하는 것입니다.

《전체성과 무한》에서처럼 악의를 가진 타인에 의해 고문 받는 죽음의 불안이 또다시 자아를 엄습합니다. 자기 존재를 더 이상 회피할 수 없는 궁지에서 자기 존재에 대해 생사가 걸린 물음이 제기됩니다. 그것은 가장 탁월한 형이상학적 물음입니다. 그러나 레비나스가 그런 물음으로 간주하는 것은, 라이프니츠에서 셸링을 거쳐 하이데거에 이르기까지 전통 형이상학의 물음이었던 '존재는 있고 왜 무는 없는가?'가 아닙니다. 그것은 '내 존재는 정당한가?'라는 물음입니다. 나를 고문하는 타인은 내게 제기되는 형이상학적 물음 자체인 것입니다. 이 물음의 시련을 끝까지 인내할 때, 자아의 자기중심적 폐색이 무너지면서 무한 타자를 지향하는 자기로의 전향이 이루어집니다. 여태껏 고통스럽기만 했던 사실, 자기 자신으로 존재한다는 사실을 기꺼이 감수하면서도 자기 자신으로 회귀하지 않고 무한 타자를 향해 가는 초탈의 경지에 들어서는 순간이죠. 기존의 자기가 익명적이거나 성적인 물질성과 통하는 감성을 지녔고 남성적 로고스의 부름에 응답하여 존재를 정복·향유하는 이성을 갖춘 자기라면, 그 아래 억눌려 있다가 이제야 드러나는 새로운 자기는 모성적인 물질성과 부성적인 영성에 각각 감응하는 감성과 이성을 겸비한 자기입니다. 이런 자기가 무한 타자에 대한 욕망을 그대로 분출할 수 있는 참된 자기입니다. 마치 내가 받고 자란 부모의 사랑을 고스란히 타인에게 되돌릴 수 있는 능력이 내 안에서 죽은 듯 있다가 되살아난 듯이 말입니다.

먼저 무한 타자와 감응하는 자기의 감성적 차원을 살펴봅시다. 이런 감성이 평시에는 억눌려 있고 자기 존재의 궁지에 몰린 경우에나 분출되는 것이라면, 이는 무의식적 사태라고 말하지 않을 수 없을 것입니다. 레비나스가 보기에, 전체로서 조직되는 사회는, 따라서 모든 사회는 불가불 개별자들을 희생시키는 체제입니다. 이런 부정의한 세계를 영속시키는 것은 존재의 향유를 명하는 '존재의 법'이고 의식은 이런 존재와 공모관계에 있습니다. 부정의한 세계에서 고통을 겪고 있는 한 명의 타인(레비나스가 말하는 얼굴)

이 정의를 외치는 부름은 따라서 의식과 존재의 공모관계를 돌파해야 합니다. 레비나스가 얼굴의 부름이 들리는 장소로서, 뜻밖에 맞닥뜨린 얼굴을 도무지 벗어날 길이 없는 궁지의 장면을 연출하는 것은 바로 이런 이유에서입니다. 의식적으로 내게는 아무런 책임이 없기에 외면하고 싶지만 타인의 얼굴은 자기를 죽이지 말라는 신의 법을 따를 것을 종용하며 나를 강박적으로 괴롭히는 상황인 것이죠. 의식은 얼굴을 외면해도 좋다고 나를 정당화해 줌에도 불구하고, 그 이유(근거)를 알 수 없이 얼굴의 요구에 시달리는 불가해한 상황, 그것은 신의 법과 교감하는 무의식의 발로입니다. 보다 정확히 말하면, 그중에서도 신경증의 상태입니다. 나의 감성이 지닌 무의식의 차원에는, 세상이 무어라 하든지 지금 내 앞에서 고통 받고 있는 단 한 명의 타인을 유일무이한 내 아이처럼 품어주는 능력, 이 유일무이한 타인의 고통을 내 고통처럼 아파하고 더 나아가 그 고통을 내 책임으로 느낄 수 있는 모성적 감상感傷 능력이 잠재해 있습니다. 이 모성적 감수성이 타인을 품을 때, 그것은 심지어 자기를 괴롭히고 고문하는 자의 잘못마저 자기 책임으로 감내하는 데까지 이를 수 있다고 레비나스는 주장합니다. 타인의 잘못을 대신하여 짊어지는 대속적 희생의 경지가 모성적 감성의 무의식을 이룬다는 것이죠. 이 광기어린 모성애의 순간, 타인을 세상에 둘도 없는 자기 아이처럼 품은 주체에게 그 밖의 세계 일체는 무의미 속으로 침몰합니다. 이런 모성애의 광기는 단순한 병리 상태로 치부할 수 없습니다. 그것은 세계를 지배하는 '존재의 법'을 일순간 폐지해 버리는 극단적 부정인 동시에 진정한 법을 다시 세우라는 엄정한 요구인 것입니다. 메시아적 자아에게는 이처럼 광기어린 모성적 감성이 내재해 있습니다. 레비나스에 따르면 우리 각자는 잠재적으로 이런 메시아적 자아입니다.

여기서 불쑥 이런 의구심이 솟는 분들이 많으시리라 생각합니다. 나를 고문하는 자의 잘못마저 내가 책임지고 대속하는 데까지 갈 수 있다니, 그게 될 법이나 한 소린가? 성경에야 그런 사례가 기록되어 있다지만 그건 믿는 사람들 얘기고 더구나 신적인 경지 아닌가, 우리 인간 모두가 그런 부름을 받고 있다니, 이런 터무니없는 과장이 어디 있는가?

네, 맞는 말씀입니다. 대속적 희생이라니, 정말 터무니가 없다는 생각이 드실 겁니다. 제정신인 사람이라면, 제대로 된 '의식'을 가진 사람이라면 도무지 이해할 수 없는 경지입니다. 그런데 레비나스 자신도 여러분들과 다르게 생각하지 않습니다. 레비나스가 대속적 희생에까지 이르는 무한 책임의 부름을 두고 그것이 '무의식'적인 사태라고 꼭 집어 말하는 까닭이 거기에 있습니다.

아주 오랫동안 레비나스는 '무의식'이라는 말을 꺼렸고 긍정적 의미로는 절대 쓰지 않았습니다. 프로이트에 의해 결정된 뉘앙스를 지닌 무의식이란 말이 의식 너머의 사태를 부정적이고 소극적인 현상으로 취급하고 있다는 이유에서였습니다. '무'의식이란 용어는 애당초 의식에 준거점을 두고 만들어진 것이어서 '아직 의식되지 못하고 있다'는 의미밖에 담고 있지 못하다는 것이죠. 《존재와 다르게》에 이르러서야 레비나스는 자신의 무의식 이론을 개진하게 됩니다. 이때 무의식은 부정적이고 소극적인 의미가 아니라, 매우 적극적인 의미를 갖습니다. 그것은 의식되지 않는 것이기에 가능한 한 빨리 의식으로 떠올려서 제거해야 할 사태가 아닙니다. 레비나스의 무의식은 의식의 잣대로는 도무지 불가능한 것마저 감당할 수 있게 만드는 생명력의 약동입니다. 의식에게 가능한 한계를 뛰어넘는 의식 초월적 에너지의 분출인 것입니다. 이 무의식적 생명력의 구조를 레비나스는 '타자를-위한-일자'라고 규정합니다. 무한 타자에 대한 욕망, 타인의 잘못까지도 내 책임으로 껴안을 수 있는 사랑이 바로 무의식의 구조인(동시에 언어의 가장 근본적인 차원이자 구조인) 것입니다. 무한 책임의 대속적 희생은 존재와 의식의 공모 아래 제정된 법과 규칙을 위반하고 초과하는 사태인 것입니다.

따라서 정상적인 의식을 가진 사람이 이런 무한 책임을 거부하는 것은 오히려 레비나스가 당연한 것으로 인정하는 바입니다. 다만 그런 사람도 극단적 수난의 궁지에 몰려 숨 막히는 자기 불안의 시련에 처하게 되면, 자신이 그때까지 짐작조차 못했던 모성적 생명력이 샘솟을 수 있는 무의식적 잠재성을 지니고 있다는 것입니다.

그런데,《전체성과 무한》에서와 마찬가지로, 무한 책임을 유한한 주체가 자기 두 어깨 위에 짊어지는 존재 방식은《존재와 다르게》가 최종적으로 권면하는 삶이 아닙니다. 대속적 희생이라는 광기로 전환되는 신경증은 반드시 거쳐야 할 실존 단계이지만 결국 과도기에 해당합니다. 왜 그럴까요? 레비나스가 이런 식으로 말하고 있지는 않지만, 저는 이렇게 해석할 수 있다고 생각합니다. 즉, 내가 보는 앞에서 고통스러워하는 단 하나의 타인을 위해 나 자신을 온전히 바치는 모성애야말로 정의의 기초임은 분명하지만, 그러나 이 신경증적 감성만으로는, 기존의 세계 질서에 대해 사랑의 광기로 맞설 수 있을지언정, 이 질서를 바꾸어 정의로운 세상이 도래하도록 현실적인 변화를 꾀할 수는 없기 때문입니다. 정의를 '창출'할 수 있는 실질적 혁명을 위해서는 '모성'적 사랑에 '부성'적 지혜가 '짝'을 이루어야 합니다. 진정으로 메시아적인 자아는 모성적 감성과 부성적 이성의 조화 속에서 탄생하는 것입니다. 이 조화를 이루는 단계가 레비나스가 천거하는 궁극의 실존 단계로서, 정신분석에서 말하는 승화에 상응하는 것으로 볼 수 있습니다.

신경증 단계에서 승화 단계로 이행하는 것은, 유일무이한 타인을 위한 무한 사랑과 무한 책임을 일단 접는다는 것을 뜻합니다. 그 대신 그 밖의 모든 사람들을 동시에 고려해서 그 무한 사랑에 형평성 있는 제한을 가한다는 것을 뜻합니다. 무한한 모성애를 일단 접는다 함은 그 사랑을 그만둔다는 뜻이 아닙니다. 모성애가 가장 예민한 감성적 바탕으로서 늘 깨어있으면서도 더 이상 거기에 휩쓸리지 않는다는 뜻입니다. 왜냐하면 이제는 부성애가 개입하여 객관성을 요구하기 때문입니다. 부성애의 개입은, 비유적으로 말하자면, 엄마와 아이의 2자 관계에 틈입하여 거기서 배제된 다른 모든 아이들을 공평하게 고려할 것을 요구하는 중재자의 출현이자 판관의 등장입니다. 달리 말하면, 유일한 타인에 대한 모성적 사랑에서 제외된 다른 모든 사람들을(이들을 레비나스는 '제삼자 tiers'라 부릅니다) 고려해서 경중을 재고 형평을 따지라는 객관적 이성의 요구가 부성애의 발로인 것입니다. 어머니의 부름에 무한 희생으로 치닫던 무의식적 자기에게서 이제 아버지의 명령으로 의식이 깨어나는 순간입니다. 이로써 자아는 얼굴에 대한 무한 책임이라는 무의식의 요구를 접어 두고 제삼자와의 형평성을 따지고 셈하는 의식의 상태로 이행하는 것입니다. 이로써 윤리에서 정치로 넘어가게 됩니다. 그러나 이 정치적 이성은 윤리-종교적 사랑으로부터 그 에너지를 받는 동시에 늘 그 감독 하에 놓여 있어야 합니다. 모성적 정초와 부성적 교정이 무한히 순환적으로 맞물려 돌아가는 운동, 그것이 레비나스에 따른 실존 혁명의 동력입니다.

요컨대 레비나스는 인류 전체를 하나의 어머니와 하나의 아버지 아래 살아가는 형제자매들의 공동체로 보고 있습니다. 이는 홉스 이래의 서양 근대 사회철학과 대척점에 위치한 생각입니다. 정의로운 국가는 개인의 이기적 충동(향유의 감성)을 역시 이기적인 계산(에고이즘의 도구인 이성)을 통해 제한하여 그런 개인들 사이의 갈등을 조절하는 데서 탄생한다는 생각에 근본적으로 반대하는 것이죠. 정의로운 국가는 거꾸로 유일무이한 타인에 대한 무한 사랑(모성적 감상感傷 능력)을 제삼자를 고려한 이성(부성적 지혜)을 통해 제한하여 실질적 정의를 향해 무한히 나아가는 삶의 운동으로부터 탄생한다는 생각입니다.

레비나스가 쓴 책들은 모두 독자들에게 이런 삶을 증언하기 위한 기록들입니다. 거기에는 우리들 각자에게 잠재되어 있지만 삶의 우환이 까맣게 잊도록 만드는 저 형이상학적 생명력이 문자의 형태로 물질화되어 있습니다. 이 생명력이 존재향유의 거센 폭풍을 이기고 그 불씨를 키워갈 수 있을까요? 거기서 역사의 흐름을 바꿀 운동이 생겨날 수 있을까요? 아니면 다른 곳으로 옮겨 붙어 새로운 모습의 생명으로 펼쳐질까요? 이 물음들에 답하는 일은 레비나스를 읽는 독자들에게 남겨진 몫일 것입니다.

더 읽어보면
좋은 책

엠마뉘엘 레비나스 지음, 서동욱 옮김, 《존재에서 존재자로》, 민음사, 2001.

제2차 세계대전 참전 중 포로수용소에 수감되었을 때 레비나스가 구상하고 집필한 책이다. 그가 자신의 사상을 체계적으로 구축해 보여 주려고 했던 책 중에 한 권이기도 하다. 또한 레비나스는 후설과 하이데거에 대한 깊은 이해를 바탕으로 자신이 어떻게 이 두 스승과 다른 방식의 사유를 구축해 가는지 그 과정을 흥미진진하게 보여준다.

엠마뉘엘 레비나스 지음, 양명수 옮김, 《윤리와 무한》, 다산글방, 2000.

레비나스가 남긴 많은 대담들 중에 가장 빼어난 대담이라고 할 수 있다. 1981년 프랑스 꿜뜨르 방송에서 필립 네모와 레비나스의 대담을 엮은 것이다. 대담자인 필립 네모는 레비나스 철학 전체에 대한 깊은 이해를 바탕으로 정곡을 찌르는 질문을 부드럽게 던진다. 그의 인도 아래 펼쳐지는 레비나스의 답변 역시 간결, 명료하면서도 심금을 울린다.

강영안 지음, 《타인의 얼굴》, 문학과 지성사, 2005.

국내 학자에 의해 저술된 대표적인 레비나스 연구서이다. 레비나스의 저서인 《존재에서 존재자로》, 《시간과 타자》, 《전체성과 무한》, 《존재와 다르게 또는 존재 사건 저편에》를 차례대로 살펴보면서 레비나스 사상의 초기부터 후기까지 전모를 보여준다. 레비나스 철학에 대한 포괄적이고 균형 잡힌 이해를 기반으로 전개되는 명료한 서술을 통해 그의 철학사적 의의를 보여주는 점도 강점이다.

모리스 블랑쇼의
중성과 글쓰기,
역동적 파노라마

―

김성하

모리스 블랑쇼
Maurice Blanchot(1907~2003)

모리스 블랑쇼는 1907년 9월 22일 프랑스의 상제르망뒤브와 Saint-Germain-du-Bois의 드브루즈Devrouze라는 작은 마을에서 엄격한 가톨릭 집안의 3남 1녀 중 막내로 태어나 2003년 2월 20일 세상을 떠났다. 블랑쇼의 글은 주로 소설, 이야기le récit, 단편 글l'ecriture du fragment, 그리고 연구 혹은 비평서로 나눌 수 있다. 그가 남긴 대표적인 소설로는 《또마 어둠Thomas l'Obscur》, 《하느님Le Très-Haut》이 있다. 그리고 이야기로 《아미나답Aminadab》(소설로 분류되기도 한다), 《죽음의 선고》, 단편 글로 《기다림 망각》, 《저 너머로의 발걸음Le Pas au-delà》, 대표적인 비평서와 연구서로 《문학의 공간》, 《도래할 책》, 《무한한 대화L'Entretien infini》 등이 있다. 특히 블랑쇼는 발작, 보들레르, 카프카, 로트레아몽, 말라르메, 니체 등과 같은 작가, 철학자들에 대한 해석, 연구, 비평을 시도했다. 레비나스, 바타유와 함께 사상적 교류를 했던 블랑쇼는 이후 '중성le neutre'이라는 대표적인 사유를 발전시키며 데리다, 들뢰즈, 푸코, 낭시, 바르트 등에게 많은 영향을 줬다.

블랑쇼의 삶과 철학적 사유

모리스 블랑쇼, 그는 과연 철학자일까요? 혹은 문학가인가요? 아니면 사상가 혹은 비평가일까요? 그를 설명하는 데 이 많은 수식어가 사용되는 이유는 또 무엇일까요? 무엇보다 그가 철학, 문학, 정치 등 다양한 분야에 걸쳐 다양한 글을 남기고 있기 때문일 것입니다. 블랑쇼는 평생을 두문불출, 독신으로 살며 방대한 양의 글을 남겨 신비스런 존재로 여겨지기도 합니다.

   그의 이런 다소 소극적이며 유약해 보이는 것 같은 삶은 비단 사람들의 입에 회자되는 선입견만은 아닙니다. 왜냐면 실제로 그는 병과 함께 일생을 지내다시피 했으니까요. 1922년 바깔로레아Baccalaureat(중등학교(우리나라 고등학교에 해당) 수료와 고등교육(대학교)을 받을 수 있는 자격 시험)를 취득한 후, 십이지장 외과수술을 받던 중 발생한 의료사고의 후유증이 평생 그를 따라 다녔어요. 이와 관련하여 크리스토프 비덩Christophe Bident(1962~)은 《모리스 블랑쇼: 보이지 않는 동반자Maurice Blanchot: partenaire invisible》에서 블랑쇼의 저서 중 《죽음의 선고》(고재정 옮김, 그린비, 2011), 《낮의 광기La Folie du jour》 등에 블랑쇼 자신이 병으로 겪은 고통을 묘사하고 있다는 것을 밝히고 있습니다. 블랑쇼의 또 다른 저서 《도래할 책》(심세광 옮김, 그린비, 2011) 중에는 블랑쇼의 친구이자 동반자였던 조르쥬 바타유Georges Bataille(1897~1962)의 《마담 에드바르다Madame Edwarda》에 대하여 블랑쇼가 쓴 〈이야기와 스캔들Le récit et le scandale〉이라는 짧은 글이 있는데, 여기서 블랑쇼는 인간이 겪는 고통에 대하여 "몸은 회복되지만, 아픔에 대한 경험은 남아 있다.

상처를 치료할 수 있지만, 그 상처의 본질은 치료할 수 없다"라고 말합니다. 비덩은《모리스 블랑쇼》에서 블랑쇼의 이런 언급을 인용하면서, 블랑쇼가 세상을 이해하고 다가가는 데 있어 '병'이 차지하고 있는 부분을 간과할 수 없음을 상기시켜 주고 있지요. 실제로 블랑쇼는 고질적인 천식, 만성 유행성 감기, 늑막염, 결핵, 어지럼증과 호흡곤란 등으로 고생을 했으며, 거의 잘 먹지도 않았고 큰 키에 마른 체격으로 창백한 얼굴을 하고는 항상 피곤과 기운 없음으로 죽음에 직면하는 상황을 맞닥뜨리곤 했습니다.

이런 삶의 고통과 피곤이 블랑쇼의 사상에 특히, 그의 글에 영향을 미쳤음을 상기하는 것은 그의 글을 보다 가깝게 읽고, 또 그의 사상을 보다 가까이서 살펴볼 수 있는 기회를 제공하는 것이 분명합니다. 또한 이것은 블랑쇼를 연약하고 기운 없는 소극적인 사상을 보여주는 사람으로 잘못 이해할 수 있는 위험으로부터도 벗어날 수 있게 해주지요. 여기서 철학과 삶에 대한 관계를 다시 한번 되짚어 볼 필요가 있지 않나 싶네요. 삶과 동떨어진, 다시 말해 실제 삶과는 무관한 채 머릿속에서 이성의 힘에 의지하여 구성되고 논리적 틀에 따라 형성되는 개념으로서 철학이 있다고 한다면, 또 한편에는 실제 삶에서 겪는 일상으로부터 고민하고 사유하며 이것을 단지 논리적 언어와 개념만으로 포장하기보다는 있는 그대로 드러내 보여주고자 하는 글이 있을 것입니다. 그렇다면 블랑쇼는 과연 철학의 틀 속에서 개념을 찾았을까요? 아니면 일상의 경험을 글을 통하여 있는 그대로 드러내 보여주려고 했을까요? 사실 블랑쇼는 체계적이고 논리적인 학문으로서 철학에 다가가기보다는 일상의 경험을 있는 그대로 느끼고 말하고 생각하고 글로 옮기는 과정을 끊임없이 반복하는 것에 머물고 있다고 해도 과언이 아닐 것입니다. 블랑쇼 자신의 삶, 즉 강인하고 희망으로 가득한 삶이라기보다는 오히려 병으로 힘들고 피곤하며 지친 삶으로부터 블랑쇼 자신의 사유와 글을 드러내 보여주고 있습니다. 따라서 블랑쇼의 글과 사유가 다소 유약하고 소극적이며 수동적이라는 부정적인 인상을 줄 수 있음을 부인할 수는 없지요. 강인하고 활기차며 희망에 부푼 삶을 살아가는 사람의 사유와 글과는 다를 수밖에 없으니까요. 하지만, 블랑쇼의 글과 사유가 정말 유약하고 소극적이며 부정적일까요? 그렇지 않습니다. 연약함 속에서 솟아나는 그 어떤 움직임, 희망은 아니지만 그렇다고 절망도 아닌 뭐라고 분명하게 말할 수 없는 역동성이 있습니다.

예를 들어, 고칠 수 없는 병으로 고통 받고 아픔을 안고 살아가는 사람이 있다고 합시다. 그 사람은 삶 전체를 통하여 그 고통과 아픔으로부터 좌절과 낙담을 겪으며 한없이 나약해질 수 있지요. 하지만 또 한편으로는 그런 절망의 상황에서 고통과 아픔을 있는 그대로 받아들이며, 즉 병을 극복하고 건강을 되찾을 수 있다는 희망도 아니며 그렇다고 병으로 인한 끝없는 절망도 아닌 그저 있는 그대로의 상태를 받아들이며 살아갈지도 모릅니다. 그렇게 살아가는 사람을 나약하다고 쉽게 평가하기도 어렵지만, 그렇다고 좌절을 딛고 일어서는, 다시 말해서 절망 속에서 그 절망을 뒤로하고 강한 의지로 희망을 안고 살아가는 철인으로 볼 수도 없지요. 블랑쇼가 자신의 병으로부터 기인하는 고통과 아픔을 있는 그대로, 즉 자신의 삶에서 떼어낼 수 없는 것으로 받아들이며 살았다면, 이런 삶이 그의 사유와 글에 영향을 미쳤음을 부인할 수는 없을 것입니다. 결국 블랑쇼의 글은 삶과 죽음, 죽음과 사유, 사유와 삶을 통하여 그 사이에 놓인 모든 가능하고 가능하지 않은 경계를 자유로이 넘나들고 있다고 볼 수 있는 것이지요.

나약하면서 나약하지 않은, 강인하지 않으면서도 강인한 이런 상태가 바로 블랑쇼가 언급하는 철학적 주제 혹은 사상적 주제 중 하나인 '중성 le neutre'을 의미합니다. 이 중성은 "이것도 저것도 아닌 우유부단한, 애매모호한"것을 상징하는 게 아닙니다. 그렇다고 "이것이며 동시에 저것인" 공통분모를 의미하지도 않지요. 즉, 블랑쇼가 말하는 중성은 검은색과 흰색을 놓고, 그 둘의 경계에 있는 회색만을 의미하는 것이 아닙니다. 오히려 검은색 물감과 흰색 물감을 섞을 때, 팔레트 위에 나타나는 검은색, 흰색, 회색의 다양한 파노라마에 가깝다고 볼 수 있지요. 있으면서 없고, 없으면서 있는, 있다고도 할 수 없고, 없다고도 할 수 없는 그런 것입니다. 하지만 이것을 결코 무기력한 것으로 받아들여서는 안 됩니다. 반대로 역설적이며 모순되고, 불분명한 상태에서 솟아나는 역동성으로 이해해야 하는 것이지요. 부정적이고 수동적인 의미에서 불분명한 것이 아니라, 불분명한 상태를 그대로 받아들이는 긍정 속에서 솟아나는 역동적인 중성을 상상해야 합니다. 블랑쇼를 읽으며 자주 만나게 되는 '죽음 la mort', '고독 la solitude', '낯섦 l'étrangeté', '바깥 le dehors', '불가능 l'impossible', '밤 la nuit', '불안 l'angoisse', '부재 혹은 결여 l'absence', '재난 le désastre', '우회 le détour', '중단 l'interruption', '어둠 l'obscur', '타자 l'autre', '부분 혹은 단편 le fragmentaire' 등도 이런 역동성 속에서 이해해야 하며, 결코 부정적, 소극적 혹은 수동적으로 해석해서는 안 됩니다.

무한의 관계

블랑쇼는 '사유하다 혹은 생각하다penser'라는 것을 '철학하다 philosopher'라는 것과 구별하면서, 이런 사유의 주제들이 갖는 역동성을 조심스럽게 드러냅니다. 하지만 그는 이런 주제들을 개념화하는 작업을 하지는 않았습니다. 그에게 있어 개념화라는 것은 폐쇄와 정체를 의미하기 때문이지요. 그래서 이런 주제들과 관련하여 개념화라는 철학적 작업이 아닌, 글쓰기라는 작업을 통하여 사유의 과정을, 즉 어떻게 생각하고 있는지를 보여주고 있을 뿐입니다. 그래서 블랑쇼를 논리 정연한 언어에 기반을 두고 분명하고 명확한 개념을 제시하는 철학자라고 명명하기보다는 경험을 사유하고 혹은 생각하며, 또 사유와 생각을 경험하며, 그 과정을 글로 보여주는 저자, 즉 글쓴이라고 부르는 게 더 적절한지도 모릅니다.

그렇다면 블랑쇼는 '생각하다'라는 것을 '철학하다'와 어떻게 구별하고 있는 것일까요? 우선 그의 저서 《무한한 대화 L'entretien infini》 중 〈사유와 불연속에 대한 요구La pensée et l'exigence de discontinuité〉에서 "생각하다 혹은 사유하다라는 것은 어떤 언어를 사용하며, 무슨 이야기를 하는지를 의식하고 있지 않으면서 말을 하는 것과 같다"(Maurice Blanchot, *L'entretien infini*, Gallimard, p. 1)라고 설명합니다. 여기서 블랑쇼가 이야기하려는 것은 무지 혹은 무식의 상태에서 나오는 두서없고 혼란스러우며 불분명한, 다시 말해 학식 없는 자들의 배우지 못한 구어체로서의 '말'이 아닙니다. 그렇다고 배운 자들이 학식과 지식으로 무장하여 논리 정연한 언어를 사용하며 의사전달을 분명하고 명확하게 하는 것을 의미하지도 않지요. 그러면 "무슨 말을 하는지 의식하지 않으면서 하는 말"은 도대체 어떤 것일까요? 학창 시절 수업과제로 다른 사람들 앞에서 발표했던 경우를 상상해봅시다. 대개 어떤 말을 해야겠다고 생각하며 자료를 모으고 발표문을 완벽하다 싶을 만큼 고치고 또 고치며 철저히 준비하지요. 그리고 그 발표문을 열심히 외우고 또 외워서, 사전에 준비한 발표가 잘 끝나기를 기대합니다. 그리고 발표의 순간이 되면, 미리 준비한 발표문과 함께 '머리' 즉 '의식'은 준비된 시나리오를 거듭 되뇌면서 멋진 출발을 합니다. 그리고 사전에 암기한 대로 준비한 자료와 발표문에 따라 발표를 마치는 경우가 있습니다. 반면 불행인지 다행인지, 발표가 진행되면서 자신도 의식하지 못한 채 발표문을 멀리하고는, 준비한 자료와 발표문을 모두 잊어버리고 자신도 알 수 없는 말을 계속하며 사전에 준비했던 발표문의 순서와는 상관없이 자신의 입을 통하여 제시되고, 그런 중에 아주 짧은 순간 그렇게 자신이 전날 열심히 준비한 것과 달리 발표를 하고 있다는 사실을 깨닫지만, 이내 잊어버리고 다시 발표의 삼매경에 빠져 마침내 발표를 멋지게 끝내고 박수를 받는 경우가 있습니다. 그러면 이 두 사례 중, 어느 경우가 "무슨 이야기를 하는지를 의식하고 있지 않으면서 말을 하는 것", 즉 블랑쇼가 말하는 '사유하다'에 해당할까요? 네, 전자가 아니라 후자의 경우라는 것을 누구든 쉽게 알 수 있습니다.

블랑쇼는 '사유하다 혹은 생각하다'라는 것을 '철학하다'와 구별을 하는데, 여기서 중요한 것은 '사유'와 '철학'이라는 단어에 대한 개념적 정의라기보다는 "의식하지 않으면서 말을 하는 상태"를 이해하는 것입니다. 따라서 앞서 언급한 발표의 두 사례 중 후자의 경우와 같은 상태에서 철학이 행해진다고 한다면 '사유하다'와 구별되는 의미에서의 '철학'과는 다른 '철학'이라고 볼 수도 있겠지요. 이렇듯 블랑쇼는 철학 자체를 배제하거나 부정하기보다는, "복잡하고 학문적인 단어, 특별한 지식으로 형성된 개념"(*L'entretien infini*, p.1)을 사용하는 논리적 언어 행위로 이루어진 것이 전통적인 서양철학의 특징이라고 보는 것입니다. 블랑쇼는 이런 전통적 철학이 '교육'과 밀접한 관계를 맺고 있다는 사실에 주목합니다. 그리고 철학 혹은 교육의 과정과 방법은 연구자를 연구 결과와 목적으로 이끄는 것이라는 점을 지적합니다. 그는 소크라테스, 플라톤, 아리스토텔레스에게 '교육은 철학l'enseignement est la philosophie'(*L'entretien infini*, p. 2)이었고 지적인 대화였으며, 이런 철학과 교육의 접목은 칸트 이후로 철학과 대학의 만남으로 이어지고, 이때부터 철학자는 곧 대학교수였음을 지적하고 있습니다. 철학과 교육, 철학자와 대학교수라는 연결은 결국 논리적 언어 행위에 따른 개념 분석과 형성에 기여하는 체제로서 블랑쇼가 말하는 '생각 혹은 사유'하는 행위와는 다른 것이지요. 블랑쇼가 이런 구분을 하고자 한 것은, 철학자이며 대학교수라는 지위가 권위와 위엄 속에 학생들에게 일방적으로 지식을 전달하는 역할에 머물러서는 안 된다는 점을 이야기하고 싶어서가 아닐까요.

　블랑쇼에 따르면, 철학과 교육 사이에 설정된 끊을 수 없는 연결고리는 스승과 제자라는 원초적 구조에서 기인합니다. 하지만, 블랑쇼는 스승과 제자의 관계를 직선적이고 대칭적인 안정된 구조로만 해석하지는 않지요. 그에 따르면 먼저 '가르치다enseigner'라는 것은 '말을 하는parler'것과 같다고 합니다. 블랑쇼는 가르치다라는 것을 단순히 일방적으로 지식을 전달하거나 설명하는 것으로 보기보다는 대화를 통한 상호관계로 보면서 이를 말을 하는 것과 같다고 봅니다. 말을 한다는 것은 지식 전달과는 다른 것이지요. 이렇게 형성되는 대화는 스승과 제자라는 "상호관계에 의해 설정되는 공간l'espace interrelationnel"(L'entretien infini, p. 4)에서 이루어진다고 합니다. 그리고 이것을 교수가 자신이 알고 있는 지식을 일방적으로 학생들에게 던져주는 것과 구별하지요. 강의실에서 선생과 학생 사이에 발생하는 이런 일방적 구조는 서양의 전통적 철학 행위에서 찾아 볼 수 있다는 것입니다. 이와 반대로 생각하는 행위를 통해 선생이 말을 하면, 이 말은 학생을 더욱 혼란스럽게 하며, 이 속에서 형성되는 대화는 스승과 제자 사이에 가능했던 직선적이고 안정된 구조를 깨뜨리고 불균형과 불일치로 이끈다고 합니다. 이것은 선생과 학생 사이에 오가는 대화, 즉 말이 "학문적이거나 특별한 지식의 개념"이 아니며, "무슨 이야기를 하는지를 의식하고 있지 않으면서 하는 말"이기 때문이라는 것입니다. 즉, 선생과 학생은 이 '말'을 통하여, '무한의 관계rapport d'infinité'로 들어가 '생각'하거나 할 수 있으며 또 해야 하는 것이지, 결코 뚜렷한 개념과 의미만을 학습하며 암기 반복하는 행위로서의 '철학'만을 해서는 안 된다는 암시를 던져 줍니다. 그렇다고 논리적 언어 행위 자체를 근본적으로 부정하는 것은 아닙니다. 또한 학문적이고 특별한 지식의 개념에 대한 학습 자체를 부정하는 것도 아니지요. 다만 그런 암기와 일방적 전달 방식에 따른 학습으로서 철학에 머무르지 말고 더 나아가 생각하고 또 생각하며 끊임없는 질문과 질문 속에서 선생과 학생의 관계가 형성되고 또 되어야 한다는 것입니다. 이와 더불어 오늘날 우리나라의 대학 강의실에서 이뤄지고 있는 '교수-학생'의 관계에 대해 한 번 다시 생각해볼 필요가 있지 않을까요? 학생과 선생이 무한의 관계로 들어가는지 아니면 지식 전달과 학습이라는 일방적 구조에 머물고 있는지, 또 이런 두 관계 혹은 구조가 서로 필요에 의해 적절하게 형성되고 있는지 등 다양한 검토와 논의가 필요하다고 봅니다.

블랑쇼가 말하는 일방적 구조와 무한의 관계에 대해서 좀 더 살펴보도록 하지요. 먼저 일방적 구조에서는 철학자로서의 대학 교수가 학생들에게 지식을 일방적으로 전달하면서 분명하고 명확한 정답 혹은 개념을 도출하게 됩니다. 반면 무한의 관계를 형성하는 학생과 선생은 서로 말을 하며, 즉 생각하며, "미지 즉 알 수 없음 혹은 알려지지 않은 것 l'inconnu"(*L'entretien infini*, p. 5)으로 빠져들게 되고, 그로부터 다시 무언가를 알게 된다고 합니다. 이 알 수 없는 것으로부터 알게 되는 것은 "낯섦 속에서 사물들에 익숙"해지는 것과 같다고 블랑쇼는 말합니다. 그리고 이런 둘 사이의 무한의 관계는 더 이상 직선이 아닌 "곡선"으로 그려지고, "서로 대칭하지도, 동시적이지도 않으며, 측정 불가능하고, 공통분모가 부재하며, 공통의 척도가 없다"고 합니다.

결국 블랑쇼는 '철학하다'를 '생각하다'와 구별하면서, 선생과 학생 사이에 가능한 대칭적이며 직선적이고 안정된 관계를 끊어 버리고, 이로부터 발생하는 비대칭, 곡선, 불균형 등의 차이와 긴장으로 풍만하고 꽉 찬 무한의 관계를 새롭게 설정하고 있습니다. 그리고 이 무한의 관계에서 선생과 학생, 앎과 미지, 익숙함과 낯섦 등에서 드러나는 역동적인 중성의 운동, 즉 선생도 아니고 학생도 아닌, 하지만 선생이고 학생인, 알면서도 모르는 것, 모르면서도 아는 것, 익숙하지만 왠지 낯설고 또 낯설지만 왠지 익숙한 그런 역동적인 중성의 운동이 일어나게 되는 것이지요.

이렇듯 블랑쇼는 이미 확립된 지식, 혹은 개념을 중심으로 '교육l'enseignement'과 '제도l'institution'로 이해되는 기존의 철학을 거부합니다. 다시 말해 블랑쇼가 '생각하다'라고 하는 것은 정답을 지니고 있는 물음의 형태로서 전통철학이 아닙니다. 철학이란 무엇인가라는 원초적인 질문부터 다시 시작하면서, 블랑쇼는 철학보다는 문학과 예술이 '생각하다'는 행위에 더 가깝다고 여기는 것이지요. 따라서 블랑쇼를 철학자로 보고, 철학 개념으로 그의 사유와 글을 이해하려고 한다면, 블랑쇼를 다소 왜곡하는 위험을 감수해야 할지도 모릅니다. 그럼에도 블랑쇼를 이해하면서 철학이라는 단어를 굳이 사용해야 한다면, 그것은 정답이 없는 물음의 연속으로 이해해야 할 것이며, 그 물음의 연속은 생각하는 것일 뿐이지, 그 생각의 결과와 목적과 정답을 찾는 게 아닙니다. 설령 그 결과, 목적, 정답이 있다면, 그 결과는 끝이 아닌 무한한 시작으로서의 결과일 것이며, 목적은 이 무한한 시작의 여정이 그 목적이며, 정답은 그 무한한 여정을 통하여 생각하는 그 자체가 정답일 것입니다.

레비나스, 바타유 그리고 블랑쇼

'철학하다'를 거부했다는 것이, 블랑쇼 자신이 철학 공부를 거부했다는 것을 의미하지는 않습니다. 그는 1923년 스트라스부르크 대학에서 철학과 독일어 공부를 시작했습니다. 그리고 그곳에서 레비나스를 만나게 됩니다. 데리다는 훗날 이 둘의 만남에 대해서 '시대의 은총'이라고 표현하기도 했지요. 이런 블랑쇼와 레비나스의 만남은 주목할 일임에 틀림없습니다. 1927년 레비나스는 박사논문으로 《후설 현상학의 직관에 대한 이론》을 준비하면서, 후설, 하이데거 등 독일 현상학을 접하고 있었지요. 따라서 레비나스와의 만남은 블랑쇼에게 독일 현상학과의 만남을 의미하기도 했습니다. 1987년 블랑쇼는 다비드Catherine David에게 쓴 한 편지에서, "1927년 혹은 1928년, 레비나스 덕분에 [하이데거의] 《시간과 존재Sein und Zeit》를 이해하기 시작했다. 이것은 진정 지적인 충격이었다"(Lettre de Maurice Blanchot à Catherine David, 〈Penser l'apocalypse〉, 10 novembre 1987, publiée in *Le Nouvel Observateur*, 22 janvier 1988, p. 79)라고 적고 있습니다. 또한 다른 글에서 "레비나스와의 만남을 통해, 나는 철학이 거대한 열정 속에서 그러나 합리적이고 완전히 새로우면서도 수수께끼 같은 사유의 표출에 의해 끊임없이 새로이 변화하는 삶 혹은 젊음 그 자체라는 것을 알게 되었다"(Maurice Blanchot, 〈Notre compagne clandestine〉, *Textes pour Emmanuel Levinas*, Jean-Michel Place, 1980, p. 80; Christophe Bident, *Maurice Blanchot: partenaire invisible*, Champ Vallon, 2008, p. 44)고 말합니다. 즉 독일 현상학, 특히, 헤겔, 후설, 그리고 하이데거의 영향 하에 블랑쇼가 자신의 사유를 발전시킬 수 있었음을 알 수 있게 해주는 대목이지요. 이와 관련하여 자라더Marlène Zarader(1949~)는 그의 저서《존재와 중성: 모리스 블랑쇼L'être et le neutre: à partir de Maurice Blanchot》에서 블랑쇼가 헤겔, 후설, 하이데거를 통하여 '중성le neutre'이라는 것을 어떻게 발전시키고 있는가를 보여주고 있습니다. 블랑쇼가 '존재'를 이해하는 데 있어서 그들의 역할은 중요했으며, 특히 하이데거의 영향이 컸다는 것을 레비나스도 자신의 저서《모리스 블랑쇼에 대하여》(박규현 옮김, 동문선, 2003)에서 밝히고 있지요.

블랑쇼에게 레비나스 외에 또 다른 가장 가까웠던 친구가 있었는데 바로 바타유였습니다. 블랑쇼는 프레보스트Pierre Prévost를 통하여 1940년 말 바타유를 만나게 되며, 1987년 프레보스트에게 보낸 편지에 "레비나스와 함께 바타유는 나와 가장 가까운 친구였다"고 쓰기도 했습니다. 그런데 이렇게 가장 가깝다고 하는 친구인 바타유와 블랑쇼는 대비되는 삶의 모습을 보여준다는 점이 흥미롭지요. 블랑쇼가 집 밖을 거의 나오지 않고 글쓰기만 한 반면, 바타유는 사창가를 떠돌고 술과 러시아 룰렛 게임을 즐기는 과격하고 파격적인 삶을 살았지요. 이렇게 서로 다른 모습을 보인 두 사람이 어떻게 친한 친구로 교류할 수 있었을까요? 이것은 어쩌면, 극도로 절제된 삶과 모든 제약과 금기를 완전히 파괴하는 과격한 삶의 양극단이 일치하는, 서로 통하는 부분이 있다는 것을 반증하는 것은 아닐까요? 마치 헤르만 헤세Hermann Hesse(1877~1962)의《나르치스와 골트문트》에서 나르치스와 골트문트가 성직자와 방랑자라는 상반된 삶을 살면서 결국에 서로의 삶을 동경했다는 심경 고백처럼 바타유와 블랑쇼에게도 그런 서로에 대한 동경이 있었던 것은 아닐까라는 상상을 해봄직도 합니다. 죽음, 신, 자아, 공동체 등의 다양한 주제를 통하여 블랑쇼는 바타유와 사상적 교류를 한 것이지요. 결국 레비나스와 바타유, 이 두 사람과의 사상적 교류가 블랑쇼의 사유와 글에 지대한 영향을 미쳤음을 짐작해볼 수 있습니다.

이러한 다양한 사상적 교류를 바탕으로 블랑쇼는 인간이 삶에서 만나는 사유의 주제들을, 마치 과학자가 실험과 분석의 대상으로 객관화하는 것처럼 자신의 삶으로부터 분리시켜 분석과 관찰의 대상으로 일반화하지는 않았습니다. 그래서 그는 '의식la conscience'과 '반성la réflexion'에 의해 구성되고 추상화되는 '철학la philosophie'을 거부했고, 또 '개념le concept'을 거부했던 것입니다.

살아 있는 사유

블랑쇼에게 있어 중요한 것은 삶 속에서, 다시 말해 삶의 경험 속에서 직접 부딪히는 살아 있는 사유la pensée, 즉 경험된 사유 혹은 사유의 경험이지 철학적 개념이 아니었습니다. 그렇다면 살아 있는 사유란 어떤 것이며, 삶 속에서 직접 부딪히는 경험은 무엇을 의미할까요? 그리고 그것이 어떻게 '의식la conscience'과 '반성la réflexion', 특히 의식의 주체인 '나le Je'에 의해 구성되고 추상화되는 철학적 개념과 구별되는 것일까요? 우선 블랑쇼가 '살아 있는 사유'라는 표현 혹은 개념을 정의하거나 강조하지는 않았다는 점에

유의해야 합니다. 그리고 의식 혹은 반성이라는 철학적 명제와 구별하면서 "사유하다 혹은 생각하다penser"라는 단어를 사용하고 있음을 잊지 말아야 합니다. 이것은 데카르트의 코기토cogito와도 구별되며, 그 이후의 철학, 특히 칸트, 헤겔을 거쳐 체계화되는 생각하는 주체 혹은 사유하는 자아와도 구별되는 것이지요. 즉 블랑쇼는 의식과 반성이 아닌 경험된 사유 혹은 사유의 경험을 통하여 철학, 문학 등에서 인정되고 거론되었던 기존의 모든 (혹은 가능한 모든, 혹은 몇몇이라고 해야 할지도 모르지만) 개념과 가치를 출발점으로 되돌려 놓음으로써, 또 그 개념과 가치들이 담보하고 있었던 모든 (가능한 모든 혹은 몇몇) 명확한 대답과 확신들에 물음표를 찍으며 의문을 제기하는 것입니다. 그래서 블랑쇼에게 있어서 '사유하다'가 어떤 의미인지를 파악하는 게 중요하며, 그가 '사유'라는 개념을 정의했다고 이해해서는 안 되는 것이지요. 결국 블랑쇼는 철학, 문학 등에서 얘기되고 있는 주제들을 끊임없이 묻고 또 물을 뿐입니다. 그리고 그 물음에 대해 명확하고 유일한 해답을 제시하거나 찾지 않을 뿐 아니라, 불변의 해답이 있다고 생각하지도 않습니다. 끊임없는 물음을 통하여 해답 자체가 없다고 부정적 결론을 내리는 것이 아니라 하나의 물음에 따른 해답은 또 다른 물음을 가져올 수 있는 가능성으로 남아 있게 되며, 다시 말해 끝으로서의 답이 아닌 또 다른 시작으로서의 답으로 이해해야 하는 것입니다. 하지만 이런 과정을 통하여 블랑쇼의 독자들은 혼란과 어둠의 세계로 이끌려 갈 수밖에 없습니다. 바로 이런 점에서 블랑쇼의 '살아 있는 사유'는 명확하고 분명한 지침으로서 철학적 개념과 구별되는 것이지요.

이 시점에서 혼란과 어둠의 세계에서 과연 독자들은 무엇을 찾을 수 있으며, 찾아야 하는 것일까라는 의문이 생기지 않을 수 없습니다. 왜냐하면 혼란과 어둠의 세계는 명확한 것도 없고, 확실한 것도 없는 세계이며, 있었던 것도 사라지고 확실했던 것들이 불확실해지는 심연의 세계이기 때문이지요. 블랑쇼는 이런 심연의 어두운 세계를 '밤la nuit'으로 대변합니다. 하지만 그는 이분법적인 대립관계에서 이해되는 의미로서 '밤'을 얘기하지는 않습니다. 블랑쇼가 말하는 밤은 헤겔의 변증법을 통해서 이해할 수 있는 부정적 의미를 갖는 '밤'이 아닙니다.

헤겔에 따르면, 명확하고 분명한 세계, 즉 '낮'에 대한 부정으로서 '밤'이 존재합니다. 다시 말해 낮은 밝음을 의미하며, 시간이 흐름에 따라 낮은 사라지고 밤이 나타나 낮의 밝음을 지워버리고 어둠으로 뒤덮습니다. 하지만 이런 부정적 의미의 '밤'은 최초의 '낮'을 더욱 밝고 명확하게 해주기 위해 존재하게 되지요. 왜냐면 시간은 계속 흐르고 낮은 다시 나타나기 때문입니다. 이것이 바로 헤겔이 바라보는 부정의 변증법을 통한 발전의 관점입니다. '낮과 밤'이 '정thèse - 반antithèse'이라는 이분법적인 대립관계로부터 발전하여 변증법의 세 번째 단계인 '합synthèse, 즉 최상의 긍정으로 나아가는 데 헤겔의 변증법은 중심을 두고 있는 것이지요. 그리고 이런 궁극점 혹은 종국을 향하여 필요한 것이 '행위l'action', 특히 완성과 결말을 향한 확신에 찬 행위입니다. 따라서 자연스럽게 결말에 대한 만족이 뒤따를 수밖에 없습니다. 또한 결말을 향한 기대가 우선시 됩니다. 결국 과거와 현재 그리고 미래의 시간은 단선적으로 연결되며 현재는 과거에 대한 부정으로서, 그리고 더 밝은 미래를 향한 발판으로서 의미를 갖게 되는 것이지요. 그리고 발전과 향상이라는 희망의 깃발 아래 다가올 미래에 대한 확신과 확신에 찬 기대가 깔려 있는 것입니다.

하지만, 블랑쇼가 말하는 '밤'은 헤겔이 바라보는 '밤'과는 '다른 밤l'autre nuit'입니다. 낮과 밤의 대립관계는 더 이상 없습니다. 헤겔의 논리에 직선적이고 발전적인 시간 개념이 깔려 있다면, 블랑쇼에게는 이러한 시간의 흐름이 단절되어 있다고 보면 됩니다. 하지만 시간의 흐름이 어떻게 단절될 수 있을까요? 시계 바늘을 잠시 멈추면 되는 단순한 일이 아닙니다. 블랑쇼가 말하는 단절은 이러한 물리적인 의미의 단절이 아니라, 헤겔과는 다른 방식으로 접근하기를 시도하는 의미에서의 단절입니다. 즉 헤겔과 달리 낮과 밤이 직선적이고 발전적인 의미에서 이해되는 것이 아니라면 당연히 직선적인 시간 흐름은 단절되어야 하는 것이겠지요. 그러니 밤은 단순히 낮에 대한 부정도 아니며, 또한 더 밝은 내일의 낮을 위해 있는 것도 아닙니다. 밤은 과거와 현재의 단절을 통해, 또 현재와 미래의 단절을 통해 드러난다고 봐야 합니다.

그리고 이런 단절에 기여하는 것이 바로 '망각l'oubli'이라고 볼 수 있습니다. 과거를 망각했기에 현재는 과거와 단절되어 있다고 말할 수 있습니다. 하지만 이 망각은 기억의 완전한 지움도 아니며, 과거의 일이 없었던 것으로 완전히 부정되는 것도 아닙니다. 따라서 과거와 단절되었지만 과거가 지워지거나 사라지는 것을 의미하지 않습니다. 오히려 망각을 통하여 과거는 현재와 단절되어 있으면서도 현재에 살아 있게 되는 것이지요. 이것이 바로 블랑쇼의 '중성'입니다. 그는 《기다림 망각》(박준상 옮김, 그린비, 2009)에서 "망각은 잊어버림 속에서도 잊어버려지지 않는 것을 드러내 보인다."(Maurice Blanchot, *L'attente l'oubli*, Gallimard, p. 78)라고 말합니다. 있으면서 없고 없으면서 있는 것이지요. 결국 과거와 현재는 서로의 구속에서 벗어나 그 자체로 남아 있을 수 있는 것입니다.

같은 논리로, 밤을 생각해봅시다. 낮을 망각했기에 밤은 그저 밤인 것이지, 낮을 기억하며 그 낮의 밝음이 사라진 부정적 의미에서 밤이 아닙니다. 그리고 낮을 망각했다고 해서 낮이 사라지거나 없는 게 아닙니다. 이렇게 망각의 도움으로 과거와 단절된 현재로서 밤은 과거의 낮과 비교해 더 나은 미래, 즉 내일의 더 밝은 낮과도 단절할 수 있는 것이지요. 최초의 낮에 대한 기억을 망각하고 있기 때문에 미래를 향한 더 밝은 낮에 대한 '기대l'attente'도 없는 것입니다. 그래서 밤이 지나고 도래할 더 밝은 낮을 기다리지 않는 것입니다. 마치 평생을 잦은 병으로 고생하고, 그 그늘에서 벗어날 수 없었던 블랑쇼 자신의 실제 삶처럼 말이지요!

하지만 블랑쇼는 여기서 멈추지 않습니다. 낮을 망각한 밤은 망각한 낮을 이미 품고 있다고 봅니다. 다시 말해, 망각은 완전한 지움이 아닌 것이지요. "모든 것이 사라졌을 때, 그 사라진 것이 드러난다"고 블랑쇼는 말합니다. 낮을 망각하고 낮이 사라짐으로써, 낮은 다시 밤에 드러나게 된다는 것이지요. 이것은 무엇을 의미하는 것일까요? 낮과 밤이 대립관계도 아니고, 그렇다고 완전하게 단절된 관계에 있지도 않다는 의미에서 '중성'이 아닐까요? 대립관계를 벗어나, 무한의 관계에 놓인 낮과 밤이 보여주는 역동적 중성운동이라고 볼 수 있을 것입니다. 그리고 이것은 헤겔 변증법이 가져오는 '종합적인 타협la conciliation synthétique'◆과는 거리가 멉니다. 오히려 이원론의 두 대립요소가 고유한 대립관계를 상실하고 서로 긴장과 차이 속에서 역동적인 관계에 놓여 있는 것을 의미할 뿐이지요. 이렇게 역동적인 관계에 있는 중성은 철학적 개념으로서가 아니라, 삶이라는 일상의 공간 속에서 현실적으로 어떤 의미를 갖는 것일까요? 또 왜 블랑쇼는 철학보다는 문학 혹은 예술에서 이러한 관계를 더 잘 찾아볼 수 있다고 했을까요? 철학보다는 문학, 예술이 실제 삶을 더 잘 보여주며 동시에 삶 속에서 더 잘 드러나는 것이기 때문일까요? 이런 물음을 통해 삶과 철학의 새로운 자리매김에 대해 생각해볼 수 있지 않을까 싶습니다. 그렇다면 역동적인 관계로서 중성이 현실의 삶에 개입을 하게 되면 어떤 변화가 있을까요? 이해관계가 다른 두 사람 혹은 집단이 충돌할 때, 서로가 상대의 입장을 부정하는 것도 아니며, 그렇다고 합의점을 위해 누군가가 자신의 입장을 포기해야 하는 것도 아닙니다. 다만 '내가 아니면 안 된다'는 생각을 버리는 것입니다. 그렇다고 '나'를 포기하는 것은 아니지요. '내가 아니어도 된다'라는 것을 받아들일 수 있는 가능성과 여유를 말하는 것입니다. 이것이 바로 중성이 보여주는 역동적 관계입니다. 중성

◆ **종합적인 타협**

헤겔의 변증법을 요약하면 '정-반-합'의 세 단계로 이해할 수 있다. '종합적인 타협'이란 여기서 세 번째 단계인 '합'을 의미한다. 이것은 최초의 시작으로서 '정'이 모든 것의 가능성을 보여준다고 한다면, 두 번째 단계인 '반'은 '정'에 대한 1차 부정으로서 혼란, 모순, 대립의 국면을 보여준다. 그리고 최종적으로 '합'의 단계에서는 '반'에 대한 2차 부정으로서 모순과 대립을 극복하여 '정'이 지녔던 가능성이 완성되고 실현된다. 이는 '정'으로의 환원을 의미하지만 후퇴의 의미로서가 아닌, 진화, 발전, 완성의 의미로서 환원이다. 즉 '낮'이 '정'의 단계라면, '밤'은 '낮'이 사라진 혹은 부정된 '반'의 단계이다. 그리고 '다시 올 낮'은 '합'의 단계로, 앞선 두 단계에 대한 모순과 대립을 극복하고 해결 점을 찾아내는 종합적인 타협을 가져온다. 그래서 '다시 올 낮'은 '더 나은 미래' 혹은 '내일의 더 밝은 낮'으로 긍정적 합의를 가져온다.

은 일상에서 부딪히는 사소한 일부터 사회 전체의 중요한 일까지 모두 적용 가능할 것입니다. 한국 정치사에서 몇 번에 걸쳐 제기되었던 대선 후보단일화와 관련하여 생각해봅시다. 두 후보 진영이 '내가 아니면 안 된다'라는 입장보다 '내가 아니어도 된다'라는 입장이었다면, 그리고 '종합적인 타협'을 위해 누군가가 포기해야 한다는 입장보다 '내가 해야 한다. 그러나 내가 아니어도 된다'라는 입장에서 최대한 합의 가능하고, 가능하지 않은 모든 것을 받아들였다면 단일화라는 과제를 이루는 데 있어 또 다른 양상을 보여줄 수도 있지 않았을까요?

작가와 글쓰기

중성이 보여주는 역동적 관계는 앞서 언급했던 선생과 학생 사이에 존재하는 무한의 관계와도 같은 의미로 이해할 수 있습니다. 대립관계가 사라진 두 요소 사이에 발생하는 긴장과 차이는 결국 무한의 관계를 도출하게 되며, 이 무한의 관계를 통하여 블랑쇼는 삶과 예술, 예술과 사유, 삶과 사유를 넘나드는 경험의 장을 문학이라는 공간에 펼쳐 보이는 것입니다. 이렇게 펼쳐진 문학의 공간에서 블랑쇼가 말하는 작가, 글쓰기, 작가와 독자의 관계 등이 드러납니다. 우선 블랑쇼는 자신의 글 〈문학과 죽음에 대한 권리 la littérature et le droit à la mort〉에서 헤겔의 입장에 반문하며 작가와 글쓰기에 대한 사유를 시작합니다.

먼저 블랑쇼는 헤겔과 달리 작가는 작품 이전에 재능을 소유하고 있는 작가로서 훌륭하고 '아름다운 영혼sa belle âme'을 지닌 '이상주의적인 몽상가un rêveur idéaliste'가 아니라고 말합니다. 블랑쇼에 따르면, 작가는 자신의 작품에 의해서 드러나고 실현될 뿐이며, 그의 재능 역시 작품을 통해 드러난다는 것이지요. 그리고 개인은 행위가 실현되고 완성되기 전까지는 그 목적을 알 수 없음에도 불구하고 행위 시작 전에 그 목적에 도달할 수 있는 행위를 지녀야 한다고 보는 헤겔의 입장에 대하여 반문을 던집니다. 즉, 행위 시작 전에 그 목적에 도달할 수 있는 행위를 지녀야 한다는 것은 그 행위가 이미 사전에 잘 준비된 계획에 따라야 한다는 것을 의미하며, 만약 그렇지 않다면 그 사전의 행위는 목적에 도달할 수 있는 행위가 아니라는 것입니다. 결국, 블랑쇼는 헤겔의 입장에서 보면 작가는 작품 행위 전에 작품의 완성을 위한 완벽한 계획을 준비해야 한다는 것이지요. 하지만 블랑쇼는 완벽한 계획에 따라 "작가의 의식 속에 사전에 작품이 뚜렷하게 그려져 있다면, 그리고 이런 현존이 작품의 본질이라고 한다면, 왜 구태여 작가는 그 작품을 실제화하려고 하는 것일까?"라고 되묻습니다.

다시 말해 작품이 사전에 잘 준비된 하나의 내적인 계획 그 자체라고 한다면, 작가는 작품을 글과 단어로 옮기지 않아도 이미 작가 자신은 모든 것을 알고 있으며, 즉 작품을 통해 찾고자 하는 답을 자신이 이미 알고 있기 때문에 굳이 글을 쓰지 않아도 되며 따라서 글을 쓰겠다는 욕망도 없다는 것이지요. 결국 작가는 글을 쓰지 않으며, 따라서 그는 작가가 아닌 것입니다. 하지만 작가 내면에 이미 완성되어 있는 작품이 바깥에 그대로 투사되는 것이 아니라, 작가 내면에 있는 그 무언가가 작품으로 실현되는 것이라고 가정한다면, 다시 말해 시공간을 통하여 작가 내면의 그 무언가를 드러나게 하는 것이 단어들이며, 작품의 가치, 진리, 현실성이 그 단어들에 의해서만 나타난다면, 바로 그 시점에서 작가는 글을 쓰기 시작한다고 블랑쇼는 말합니다. 그리고 작가 내면의 그 무언가가 이렇게 단어들에 의해 다시 드러나는 시점에 글을 쓰기 시작한다는 것은 마치 아무것도 없는 "무rien의 상태에서 시작"(Maurice Blanchot, 〈La littérature et le droit à la mort〉, *De Kafka à Kafka*, Gallimard, p. 15)하는 것과 같다는 것이지요.

'무rien'로부터 시작하는 글은 '내'가 '알고' 있는 '모든' 것이 '누군'가는 '알지도' 모를 그 '어떤' 것이라는 가능의 세계, 혹은 '누구'도 '알 수' 없는 그 '어떤' 것이라는 불가능의 세계로 탈바꿈하는 시간이며 장소입니다. 이것은 교수가 명확한 철학적 개념을 학생들에게 던져주는 것이 아니라, 생각하고 사유하며 선생과 학생이 낯설지만 익숙한, 익숙하면서도 낯선 그런 역동적인 무한의 관계로 빠져드는 것과 같지요. 이런 가능의 세계와 불가능의 세계가 서로 충돌하고 그래서 산산이 부서져 또 다른 가능과 불가능의 계산되지 않는 예측 불가능한 함수로 채워지는 세계가 바로 블랑쇼가 말하는 글쓰기입니다.

이 예측 불가능한 세계를 통하여 보여주고자 하는 것은 바로 의식이라는 감옥에 갇혀있는 자아, 즉 주체Le sujet로부터 벗어나려는 시도입니다. 인간 특히 주체가 보여주는 세상에 대한 확신과 자신의 완벽한 계획, 그 행위의 실천, 그리고 그런 주체로서 자신에 대해 만족하는 인간상에서 벗어나고자 하는 것이지요. 의식적 주체인 자아로부터 벗어난다는 것은 '나le Je'가 더 이상 확신에 찬

'나 자신le Moi'에 머무르지 않음을 의미합니다. 다시 말해 인간 존재에 대한 확신과 신념에 의문을 던지며 알 수 없는 불안 속에서 자신의 존재를 바라보는 것과 같습니다. 그리고 작가는 이런 불확실하고 불안한 그 무엇인가로부터 글을 쓰는 사람이지요. 블랑쇼는 이런 불확실하고 불안한 상태를 '무無, rien'라고 이야기 하며, 작가가 아무것도 없는 이 '무無, rien'의 상태로 부터 글을 쓴다고 했을 때, 이 작가는 바로 의식 주체로서의 '나我'로부터 벗어난 '무아無我, le neant'의 상태에 있는 것입니다.

블랑쇼는 〈불안에서 언어로De l'angoisse au langage〉라는 글에서 "작가는 더 이상 쓸 것도 없고 글을 쓸 그 어떤 방법도 없으면서 항상 글을 써야 한다는 극도의 필요성에 강요받고 있다는 우스운 조건에 점점 처해지고 있다"(Maurice Blanchot, 〈De l'angoisse à langage〉, *Faux pas*, Gallimard, 1983, p.11)고 적고 있습니다. 여기서 작가가 처하고 있는 우스꽝스런 조건이 어쩌면 '무아'로서의 작가를 의미하는 것인지도 모릅니다. 결국, 작가는 세상으로부터 완전히 분리된 천상천하 유아독존의 존재인 '나'로서 글을 쓰는 것이 아니라 바타유가 말했듯이 "두려움 속에 계속la continuité en horreur"(Georges Bataille, 〈L'expérience intérieure〉, *Oeuvres complètes V*, Gallimardm 2002, p.23: "시간이 흐를수록, 내가 글을 쓰고 있고, 또 계속 써야 한다는 생각이 나를 기운 빠지게 한다. 그 어떤 보장과 확신도 없이, 그저 두려움 속에서 계속 쓰고 있을 뿐이다.") 글을 쓰고 있는 그런 '무le néant' 인지도 모르지요.

본 글에서 보여준 블랑쇼에 대한 비교적 간단하고 기본적인 이해는 블랑쇼를 모두 설명한 것이 아닙니다. 그럼에도 블랑쇼에 어떻게 접근할 것인가라는 최소한의 지침이 될 수 있다고 한다면, 무엇보다 기억해야 할 것은 바로 헤겔 변증법을 거부하고, 부정의 논리를 거부하면서 블랑쇼의 사유와 글이 시작되고 있다는 점입니다. 그리고 블랑쇼에 더 가까이 다가갈수록 레비나스, 하이데거, 사르트르, 바타유, 푸코, 데리다, 바르트, 들뢰즈 등 여타의 현대 프랑스 철학자들과 있었던 사상적 교류에 대한 비교 검토 가능성에 대한 흥미로운 사실을 발견하게 될 것입니다.

블랑쇼를 읽으면 읽을수록 더욱 난해하고 어려운 상황에 직면하는 것은 그의 글이 어렵기 때문만은 아닙니다. 또한 그가 이야기하고자 하는 바가 명확하지 않아서도, 그의 철학적 사유가 미숙해서도 아니지요. 그의 글과 사유가 답을 찾기보다는 사유와 삶, 삶과 글, 글과 사유의 경계를 허물고, 물음에 물음을 던지며 끊임없이 생각할 것을 요구하기 때문입니다. 철학이 삶과 분리되어 있지 않다는 것은 누구나 이해하는 바이지요. 하지만, 철학과 삶이 어떻게 서로 연결되어 있으며, 또 연결되어야 하는가는 그리 쉬운 문제가 아닐 것입니다. 도서관에서 책을 통하거나, 혹은 강의실에서 강좌를 통하여 접하는 철학이 삶에 직접 개입할 가능성은 항상 열려 있습니다. 하지만, 개입이 실제로 어떻게 일어날 것인가는 또 다른 문제이지요. 블랑쇼를 읽으며 철학적 개념이나 사유의 주제들을 분석하고, 이해하는 것 못지않게, 이런 개입의 열려 있는 가능성과 발생 가능성을 생각해보는 것 또한 유익한 일일 것입니다. 예를 들어, 역동적 중성 운동이 삶에 개입하게 된다면 지금 이 순간의 삶이 어제의 삶과 어떤 다른 모습으로 변할지 상상해보는 것 자체가 이미 의미 있는 일이 아닐까요?

더 읽어보면 좋은 책

모리스 블랑쇼, 이달승 옮김, 《문학의 공간》, 그린비, 2010.

블랑쇼의 대표적인 문학비평서라고 할 수 있는 책이다. 블랑쇼에게 있어 작가, 글쓰기, 작품 등은 어떤 의미가 있을까? 헤겔과는 달리 그 어떠한 사전의 계획도 없이 '무'에서 글을 쓰는 사람이 작가라고 한다면, 이 '무'는 무엇을 의미하는 것인지, 그리고 '무'로부터 글을 쓰는 작가는 또 어떤 사람인지, 그렇게 쓰인 작품은 무엇인지 등에 대해 보다 깊이 있는 접근을 시도하는 책이다. 특히 말라르메, 카프카, 릴케, 횔덜린 등의 작품을 분석하며, 또한 죽음, 고독, 바깥, 밤 등에 대한 사유를 문학의 공간에서 어떻게 경험할지 그 단초를 제공한다.

모리스 블랑쇼, 《내 죽음의 순간》L'instant de ma mort》, Gallimard, 2002와 자크 데리다, 《머무름Demeure》, Galilée, 1996.

두 저서는 아직 국내에 번역 소개되지 않았지만, 블랑쇼의 문학과 철학, 문학적 글과 삶, 삶과 죽음, 글과 사유 사이에서 발생하는 흥미진진한 줄다리기를 경험할 수 있는 글이라 여겨서 소개한다. 먼저 《내 죽음의 순간》은 블랑쇼가 1944년 까엥Quain에서 직접 겪었던 죽음의 경험을, 더 정확히 말하자면 죽을 ―독일군 장교에게 총살당할― 뻔 했던 경험을 회상하며 쓴 8쪽 정도의 짧은 글이다. 글 속에서 화자인 '나'는 1994년 글을 쓰는 블랑쇼이며, '젊은이'로 불리는 글 속의 주인공은 1944년의 블랑쇼이다. 이를 두고 데리다

❖❖❖

는 그의 글《머무름》에서 '주체의 분리la division du sujet'가 일어나고 있음을 지적한다. 그리고 이러한 분리는 둘(화자와 주인공 젊은이), 더 정확히 말하자면 저자인 블랑쇼까지 포함하여 셋에게 1944년에 '죽음의 사건l'événement de la mort'이 일어나면서 비롯된다고 본다. 화자, 주인공 젊은이 그리고 저자의 분리로부터 시작되는 블랑쇼의 문학적 글에서 데리다는 주체, 특히 '자아, 즉 나le moi'에 대한 철학적 접근을 시도한다. 데리다의《머무름》은 1995년 루방가톨릭대학교에서 있었던 '문학의 열정: 자크 데리다와 함께Passions de la litterature: Avec Jacques Derrida'라는 제목의 학회에서 블랑쇼의《내 죽음의 순간》에 대한 철학적 접근을 시도한 데리다의 강연(1995년 7월 24일)제목이다.

기호의 모험가,
롤랑 바르트

—

김진영

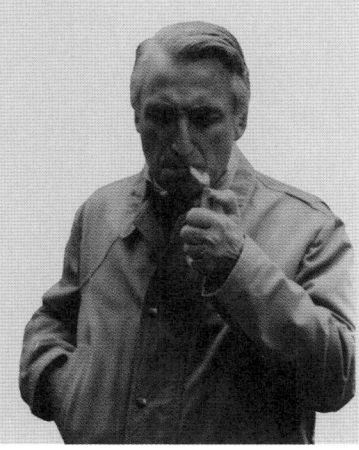

롤랑 바르트
Roland Barthes(1915~1980)

롤랑 바르트는 1915년 해군 장교였던 아버지 루이 바르트와 어머니 앙리에트 벵제 사이에서 태어났다. 한 살이 되기 전 아버지가 전사한 뒤 평생을 어머니와 함께 살았다. 전 생애를 관통하는 어머니와의 내밀한 관계 맺음은 바르트의 정신 세계에 지대한 영향을 줬다. 일찍이 지식인을 꿈꿨지만 17살 때 폐결핵이 발병해서 일반적인 엘리트 과정을 밟을 수 없었다. 이후 재발한 폐결핵으로 긴 요양 기간을 거쳤으며 그 사이 만나게 된 소쉬르의 기호론을 심화 확장시켜 현대 사회의 신화 구조를 분석 해체하는 이론적 방법론으로 삼았다. 학위가 없어 아카데미로의 진입이 좌절됐지만, 문화 영역 전반을 대상으로 삼아 독창적이고 도발적인 이론 작업을 전개하면서 학계의 관심과 대중적 인기를 동시에 얻는 스타 지식인의 자리를 누릴 수 있었다. 1976년에는 동성애 파트너이기도 했던 미셸 푸코의 추천으로 학위 없이 콜레주 드 프랑스의 기호학 교수로 임명되는 영예도 얻었다. 그러나 1977년 평생의 지주였던 어머니의 사망 이후 극심한 애도작업을 치루며 신체적 정신적 위기를 겪었다. 1980년 작은 교통사고를 당했지만 그 후유증보다는 심리적인 치료 거부가 더 치명적인 원인이 되어 사망했다.

초기의 문화 비평서인 《일상의 신화》을 위시해서 《모드의 시스템》, 《글쓰기의 영도》, 《텍스트의 즐거움》, 《기호의 천국》, 《S/Z》, 《롤랑 바르트가 쓴 롤랑 바르트》, 《사랑의 단상》, 《밝은 방》 등이 대표작으로 꼽힌다. 사망 이후에는 콜레즈 드 프랑스에서 행했던 강의록들과 사적으로 남긴 일기 등의 유작들이 정리되어 출판되고 있다.

이 글의 목적은 롤랑 바르트라는 한 지식인을 개괄적으로 이해해 보고자 하는 것입니다. 하지만 사실 이러한 입문용 글은 매우 곤혹스러운 점이 있습니다. 짧은 지면 안에 한 지식인의 지적 세계를 집약한다는 것은 우선 양적으로 매우 어려운 일이며 더불어 그 지식인의 사유 세계를 지나치게 단순화할 위험성이 있기 때문입니다. 그래서 저는 나름대로 고민을 하다가 다음과 같은 방식을 취하기로 했습니다. 즉 바르트의 사적인 삶, 한 개인으로서의 삶과, 공적인 삶, 그가 지식인으로 살아 온 지적인 삶을 개략적으로 더듬어 가면서 그 상호관계를 살펴보고, 그를 통해 바르트 특유의 사유 세계를 이해해보는 방식이 그것입니다. 물론 사적인 삶과 공적인 삶은, 특히 지식인의 경우, 엄중히 변별되어야 한다는 요청도 있을 수 있을 것입니다. 왜냐하면 한 지식인이 공적으로 수행한 지적 삶을 지나치게 그 사람의 개인적이며 사적인 삶과 근접시키면, 이론적 객관성이 유지될 수 없거나 훼손될 것이기 때문입니다. 그런데 바르트의 경우는 좀 다르다고 할 수 있습니다. 왜냐하면 바르트적 사유의 특별함이 있다면, 그 특별함은 다름 아닌 삶과 이론, 즉 사적인 삶과 공적인 삶의 변별을 받아들이지 않으려는 데 있기도 하기 때문입니다. 다시 말해서, 바르트에게 지적 이론이란 삶의 영역과 구분될 수 없는 특성, 구체적인 삶의 영역으로부터 나와서 또 거기로 돌아가는 육체성을 지니고 있기 때문입니다. 따라서 저는 앞으로, 물론 객관성을 유지하려고 애를 쓰면서, 바르트의 육체적인 삶과 지적이며 공적인 삶을 상호 관련해서 바르트라는 한 지식인을 개괄하는 방식을 취하기로 하겠습니다. 그래서 저는 우선 바르트의 생애를 살펴보고, 다음으로 그 생애 안에서 사적으로 살아 온, 다시 말해 육체적으로 살아 온 삶을 살펴볼 것이며, 마지막으로 그의 공적인 삶, 그의 지적 발전 과정을 추적해보면서 말씀드린 바와 같이, 바르트라는 한 지식인의 특별함을 나름대로 개괄해보고자 합니다.

바르트의 생애

그럼 먼저 바르트의 생애를 간단히 더듬어보기로 하겠습니다. 롤랑 바르트는 1915년에서 1980까지, 그러니까 65년을 살았습니다. 유복자는 아니지만 첫돌이 되기 전에 해군 중위였던 아버지가 전사해서 거의 유복자나 마찬가지로 유년을 어머니와 할머니, 이모, 그러니까 세 명의 여자들 품에서 자라게 됩니다. 바르트가 유년을 보낸 마을은 지중해로부터 좀 떨어진 프랑스 남서부의 바욘Bayonne이라는 작은 시골인데, 바르트는 자신의 유년시절을 언급할 때마다 지극한 사랑의 시선으로 바욘을 기억하곤 합니다. 바르트가 말년에 매우 사적인 삶, 동성애적인 삶마저도 드러내고 있는 《작은 사건들》(김주경 옮김, 동문선, 2003)에는 특별히 바욘에 대한 짧고 아름다운 에세이가 들어 있습니다. 그 에세이에 대해서는 차후 따로 언급하도록 하겠습니다.

어쨌든 거기서 살다가 우리도 애들 공부시키려면 한양으로 보낸다고, 어머니는 바르트의 교육을 위해 파리로 이주합니다. 바르트는 매우 총명해서 고등학교까지 공부를 잘했다고 합니다. 그래서 제대로 엘리트 과정을 잘 통과했다면 동시대의 프랑스 지식인들처럼, 그러니까 푸코나 데리다 등등의 지식인들처럼 아카데미에 자리를 얻어 문제없이 지성계의 중심으로 진입했을 겁니다. 그렇지만 운명은 바르트를 주변부로 몰아냈는데 그게 바로 병 때문입니다. 1934년이니까 19살, 한창 대학교에 들어가려 했던 시기에 폐결핵이 발병하고, 공부를 중단한 채 2년 동안 피레네 산맥에 있는 요양소에서 요양 생활을 하게 됩니다. 그 이후로 공부를 다시 시작하고 소르본대학에 들어가긴 했지만 한창 경력을 쌓아가던 시기인 1941년에 두 번째로 폐결핵이 재발합니다. 이번에는 치료 기간이 길어서 1948년까지 여기저기 다니면서 병을 치료합니다. 하지만 위기가 기회라는 말이 있듯이, 다름 아닌 이 시기가 독창적 지식인 바르트를 형성시킵니다. 6~7년에 걸친 요양 기간 동안 바르트의 지적 배경이 되는 중요한 독서가 거의 다 이루어지게 되고, 무엇보다 평생의 이론적 무기가 될 기호론과 만나게 됩니다. 즉 소쉬르를 만나게 되고, 이 소쉬르를 기반으로 삼아서 우리가 알고 있는 기호학자, 기호론자로서의 바르트가 태어나게 되는 것이죠. 하지만 이후 바르트는 학위가 없었던 관계로 대학으로 진입하지 못한 채 다양한 영역에서 사강사 생활을 합니다. 이집트의 프랑스 문화원에서 불어를 가르치기도 하고 엘리트 고등학교에서 교사로 재직하기도 합니다. 물론 그 사이에 문학비평을 비롯한 다양한 지적 영역에서 매우 독창적이고 도발적인 이론들로 프랑스 지성계에서 주목을 받기는 했지만, 정식으로 아카데미에서 교수 자리를 얻지는 못했죠. 그러다 1976년, 그러니까 62살의 나이로, 꿈에도 그렸던 콜레주 드 프랑스에 교수로 취임을 하게 됩니다. 지적인 입장의 차이도 있었지만 동성애 파트너이기도 했던 푸코가 적극적으로 추천했다고 하는데요. 푸코의 후원이 없었다면 바르트가 콜레주 드 프랑스에 교수 자리를 획득할 수 없었을 거라는 점은 정설이죠.

어쨌든 62살이라는 만년의 나이로 바르트는 정식 교수가 되는데, 거기에는 또 다른 유명한 일화가 있습니다. 프랑스에서는 교수직을 얻게 되면 반드시 취임 강연을 하게 돼 있습니다. 아주 오래된 전통인 이 취임 강연은 단순히 요식 절차가 아니라 일종의 시험대, 자신이 왜 교수직에 취임해도 되는가에 대한 이유와 자격을 스스로 입증하는 검증 절차입니다. 어쨌든 바르트의 취임 강연이 인상적인 에피소드로 남게 된 것은 그의 어머니 때문입니다. 그때 이미 굉장히 깊은 병에 들어 있었던 어머니를 초청해서 맨 앞자리에 앉혀 놓고 취임 강연을 했던 것, 이것이 굉장히 유명한 일화로 남아 있습니다. 하지만 그 이후 곧 바르트의 생애에서 가장 치명적인 재난이 일어나는데, 그것이 바로 1977년 어머니의 사망입니다. 바르트는 이후 어머니를 잃어버린 슬픔을 사진론과 연결시켜 한 권의 빼어난 책을 쓰는데, 그것이 《밝은 방(카메라 루시다)Camera Lucida》(김웅권 옮김, 동문선, 2006)이죠. 이 책은 많은 사람들이 얘기하는 것처럼 어머니를 잃은 상실에 대한 애도 작업의 에세이이기도 하지만, 어떤 의미에서는 바르트 자신의 유서로도 읽을 수 있습니다. 왜냐하면 《밝은 방》이 출간되고 2년 뒤에 바르트 자신이 거의 어머니를 뒤따라가듯 사망하기 때문입니다.

말씀드린 것처럼 《밝은 방》은 어머니를 잃은 애도의 슬픔을 극복하기 위해서 쓰인 에세이입니다. 이 사진 에세이는 프루스트 Marcel Proust(1871~1922)의 무의적 기억에 비견되는 환희의 체험,

즉 사진적 푼크툼Punctum◆을 통해서 죽은 어머니와 재회한다는 마술적 엑스타지의 체험을 내포하고 있습니다. 하지만 에세이와는 달리 실제의 삶에서 바르트는 어머니 상실의 상처를 끝내 극복하지 못합니다. 그러다 1980년 2월에 작은 트럭에 치이는 교통사고를 당하고, 한 달 뒤인 3월에 세상을 떠납니다. 바르트의 사망 이후 그의 죽음이 사고사이냐 자살이냐를 두고 논란이 있었습니다. 사망 원인은 질식사였지만, 사고 자체는 사소한 것이었음에도 불구하고 바르트에게는 회복의 의지, 살고자 하는 의지가 없었으며, 그런 경우 경미한 사고도 치명적 결과를 초래할 수도 있다는 의사의 말을 근거로 바르트의 죽음을 자살로 보아야한다는 의견도 많았습니다. 비록《밝은 방》텍스트 안에서는 사진적 엑스타지 체험을 통해 죽은 어머니와의 재회가 성사되지만, 실생활에서 바르트는 어머니 상실의 슬픔을 극복하는 애도 작업에 실패했던 것으로 여겨집니다.

◆ **푼크툼**
바르트는 사진 이미지에 대한 시각적 경험을 '스투디움Studium'과 '푼크툼'으로 양분한다. 스투디움은 호감과 관심의 영역에 속하지만 여전히 사진 이미지를 '읽는' 경험, 즉 지적 경험이다. 반면 푼크툼은 사진 이미지를 '보는' 경험, 즉 일체의 의미 코드를 벗어나서 사진 이미지와 만나는 육체적 체험이다. 중요한 건 스투디움과 푼크툼이 별개의 시각적 경험이지만 상호관련적이라는 사실이다. 푼크툼은 우연 발생적 경험이 아니라 스투디움을 해체 전복시키면서 생성되는 탈코드적인 시각 체험이기 때문이다. 바르트는 푼크툼 체험을 개인적인 이미지 체험이 아니라 존재론적 체험으로 이해한다.《밝은 방》이 죽음과 사랑의 테마를 다루는 두 담론의 장으로 구분되어 있는 것도 사진 이미지의 존재론적 입장 때문이다.

바르트의 육체적 삶

이제 앞에서 개괄해본 바르트의 사적인 삶 속에서 발견되는 몇 개의 주목할 만한 사건들을 키워드로 삼아 바르트의 개인적 삶과 사유의 특성을 살펴보도록 하겠습니다. 먼저 언급해야 하는 사실은 아버지 문제입니다. 앞서 바르트는 유복자는 아니어도 유복자와 다름없는 아버지 부재 속에서 성장했다고 말씀드렸습니다. 그런데 이 사실은 단순히 바르트의 가족관계뿐 아니라 그의 사상적 특성과 밀접한 관계를 지니는 사안으로 보입니다. 서구 정신사 안에서 아버지 문제는 언제나 시끄럽습니다. 왜냐하면 아버지라는 화두는 사유 안에서 중심 개념과 일치하기 때문입니다. 이 중심 개념은 근본적으로 사유를 중심과 주변부라는 권력적 형식을 갖게 하는데, 이 권력관계의 뿌리는 서구 정신의 뿌리가 되고 있는 유대교에서 비롯하는 것으로 추론할 수 있습니다. 유일신 종교인 유대교에서 신과 인간의 관계는 아버지와 아들의 관계로 대변됩니다. 하지만 구약성서를 읽어보면, 이 아버지와 아들의 관계는 철저한 권력관계로 나옵니다. 거기에는 순종의 절대성만이 있으며 이 순종이 곧 믿음을 대신하고 있고요. 그리고 이 믿음의 관계는 또한 철저한 법적 계약관계, 즉 신에게 순종하면 축복을 받지만, 불순종으로 법적 계약을 위반하면 그에 상응하는 형벌로 처형을 당하도록 되어 있습니다. 물론 구약의 원칙인 신과 인간 사이의 권력관계, 법적 계약관계는, 이후 예수가 메시아로 자리 잡게 되는 신약에서 용서의 관계, 사랑의 관계로 바뀌게 되죠. 하지만 다 아시겠지만 예수를 메시아로 인정하지 않는 유대교에서는 신과 인간 사이의 권력관계가 믿음의 원칙으로 여전히 뿌리박혀 있습니다.

어쨌든 이 신과 인간 사이의 권력관계가 세속화 과정을 거쳐 가족관계로 자리 잡으면 그것이 가부장 체제입니다. 프로이트는 이 유대교적 가부장 체제의 숨은 권력관계를 아버지와 아들 사이의 권력투쟁, 나아가 아들에게 내재하는 아버지 살해 강박으로 설명한 바도 있습니다. 아들이 권력의 중심을 차지하려면 아버지를 제거해야 하니까요. 소위 오이디푸스콤플렉스 또한 성적 콤플렉스가 아니라 어머니를 가운데 두고 벌어지는 아버지와 아들 사이의 권력투쟁 콤플렉스로도 읽을 수 있을 것입니다. 어쨌든 이러한 유대교적 신과 인간, 아버지와 아들 사이의 권력관계가 근대적 사유 영역으로 들어오게 되면 다름 아닌 중심주의적 사유 체제로 자리 잡게 됩니다. 때문에 근대성을 비판하는 다양한 사유들이 가장 중요한 해체 대상으로 여기는 것이 다름 아닌 근대성 안에 자리 잡은 '중심'이라는 개념인 것은 당연한 일입니다.

말씀드린 바와 같이 근대적 사유는 이성이라는 중심이 권력으로 작동하는 것으로, 포스트모더니즘이든 후기구조주의이든 근대성 비판의 사유들은 이 중심을 해체하려고 합니다. 바르트도 다르지 않지요. 바르트의 사유 또한 근대성 비판의 사유이며 아버지로 대변되는 이성의 권력을 해체하려는 것입니다. 하지만 바르트의 경우는 여타의 이론가들과 달리 아버지 혹은 중심에 대해서 매우 특이한 입장을 취하고 있습니다. 어떤 면에서 바르트는 중심으로 대변되는 아버지를 완전히 부정하지 않습니다. 이 점에서 바르트는 모더니스트의 면모를 지닌다고 볼 수도 있겠죠. 바르트는 이런 식으로 말합니다. 사람들은 아버지를 시끄러운 존재라고 말하지만 나에게 아버지는 그렇게 시끄러운 존재가 아니었다고요. 그러면서 그 이유를 어머니의 역할 때문이라고 덧붙입니다. 다시 말해 아버지는 부재했지만, 늘 어머니의 매개를 통해서 실재했었다는 것, 그리고 그 아버지는 어머니의 사랑의 담론을 통해 매개된 것이므로 결코 권력적인 중심이 아니라 부드러운 중심이었다는 것이죠. 말하자면 아버지는 바르트에게 언제나 어머니로 변형된 중심이었으므로 그로부터 억압을 받는 것이 아니라, 오히려 탈권력적인 사유를 가능하게 만드는 부드러운 중심이었다는 것입니다.

우리는 여기서 '부드러움'이라는, 바르트가 매우 즐겨 사용하는 표현에 주목할 필요가 있습니다. 왜냐하면 그 부드러움은 바르트 사유의 특성이면서 동시에 바르트가 규정하는 어머니의 본질이기 때문입니다.《밝은 방》에서 바르트는 여러 번 반복해서 어머니의 본질을 '부드러움', '선함', '착함'이라는 단어들로 설명하지만, 또 다른 곳에서는, 예컨대《애도 일기》(김진영 옮김, 이순, 2012)에서는 그것들과는 전혀 다른 성격, 즉 '얀세니트janse'niste적인 엄격함'이 어머니의 또 다른 본질이었다고 말하고 있습니다. 바르트가 보는 어머니의 인격이 이 양가성, 즉 선함과 엄격함이 화해를 이룬 그 무엇이라면, 우리는 그것을 다름 아닌 바르트 사유의 가장 본질적인 특성인 '자유'라는 개념으로 이해할 수 있을 것입니다. 다시 말해 사유의 본질이 바르트에게 '자유'라면, 이 자유는 근대적 이성주의도 아니고 포스트모더니즘의 이성부정적인 자유주의도 아닌 어떤 사유, 중심주의적인 것도 중심 해체적인 것도 아닌 어떤 사유, 바르트 식으로 말하자면, 경계를 부정하는 것이 아니라 그 경계를 넘나드는 부드러운 사유라고 할 수 있습니다. 바르트가 자신을 '부유하는 주체', '유동하는 주체'라고 말할 때, 그 주체 또한 이 부드러움을 주체성으로 지니는 자유의 주체이기도 합니다. 어쨌든 이러한 바르트의 지적 특성을 아버지 부재와의 관계 안에서 추론해 볼 때, 그것은 시끄러운 아버지가 처음부터 없었기 때문이라기보다는, 오히려 그 아버지가 늘 어머니의 부드러움에 의해서 중심으로 매개됐으므로 형성될 수 있었던 특성이라고 볼 수 있을 것입니다. 이 점에서 바르트를 모던과 포스트모던 사이를 넘나드는 경계적 지식인으로 보고자 하는 일부 이론가들의 평가는 타당성이 있다고 여겨집니다.

가족관계와 더불어 바르트의 유년에서 또 하나 주목해야 하는 것은 그가 유년을 보냈던 장소, 즉 '바욘'이라는 프랑스 남서부의 작은 시골 마을입니다. 바르트는 《작은 사건들》에서 이 바욘을 매우 감각적인 언어로 추억하는데, 그 안에서 파리와 바욘을 비교하기도 합니다. 파리는 바르트에게 시끄러운 도시, 바르트가 좋아하는 비판적 용어를 사용하자면, 프티부르주아들의 이기적인 일상과 그 문화적 히스테리로 가득한 '지루한' 곳입니다. 그러면서 자신이 유년을 보냈던 바욘을 파리라는 메트로폴리스가 잃어버린 것들, 그 안에서는 찾을 수 없는 것들이 온전히 남아 있는 장소로 기억합니다. 바욘은 무엇보다 바르트에게 '냄새'가 있는 곳입니다. 바르트는 바욘을 추억하는 에세이에서 다음과 같이 말합니다: "나는 할머니가 살아계셨을 때, 매년 한 번씩, 바욘을 찾았는데, 바욘에 가까웠다는 걸 냄새를 통해서 확인하곤 했었다."(《작은 사건들》) 눈에 보이는 풍경의 익숙함 같은 시각적인 매개가 아니라 후각을 통해서 바욘과의 만남은 이루어진다는 것이죠. 말하자면 파리는 냄새가 없는 도시로, 바욘은 냄새가 있는 마을로 변별되고 있습니다. 그런데 냄새는 무엇의 증거일까요? 그건 다름 아닌 살아 있는 육체의 증거입니다. 그렇다면 냄새를 통해서 파리와 바욘을 구분할 때, 바르트는 파리를 감각이 부재하는 죽은 도시로, 바욘을 감각이 살아 있는 마을로 정의한다고 이해해야 할 것입니다.

또 하나 바욘의 특성으로 바르트가 언급하는 것은 지리적 특성입니다. 바욘은 프랑스 남서부의 아주 작은 마을, 고독한 마을, 바르트의 용어를 빌리자면 '단자적인' 마을입니다. 다시 말해 다른 어느 장소와도 비교될 수 없는, 그 자체로서 고유성을 지니는, 다시 바르트 식으로 표현하자면, '그 무엇으로도 대체할 수 없는', '그 어떤 카테고리에도 속하지 않는' 독자적인 마을이죠. 하지만 바르트는 바욘을 특별하게 만드는 또 하나의 지리적 특성을 언급합니다. 즉 바욘은 고독한 장소이면서도 동시에 사방으로 길이 이어지는 '열린 장소'라고요. 그런데 바르트가 닫혀 있으면서 열려 있는 장소, 독자적이면서 주변과 소통하는 장소인 바욘의 지리적 정체성을 통해서 말하고자 하는 것은 사실상 바르트 자신의 주체성이기도 합니다. 왜냐하면, 앞서 언급했듯이, 바르트는 자신을 어디에도 속하지 않으면서 모든 곳에 속하는 경계선상에서 부유하는 주체로 늘 여겨왔기 때문입니다.

끝으로 바르트는 바욘의 길들에 대해 언급합니다. 바욘에서 외부로 통하는 길들에는 세 가지가 있다고요. 하나는 '고속도로'이고, 다른 하나는 '지하로 연결되는 도로'이고, 마지막은 '산을 너머 가는 산길'인데, 유년시절 자신이 제일 싫어하는 길은 고속도로였고 가장 좋아하던 길은 산길이라고 말합니다. 바르트의 설명을 따르자면, 이 산길의 매력은 마치 그 길이 교통을 위해서가 아니라 경험을 위해서 존재하는 것 같은 특성을 지니기 때문입니다. 물론 길은 외부와의 교통을 위해서 만든 것입니다. 하지만 고속도로가 오로지 교통의 기능만을 효과적으로 수행하는 길이라면, 산길은 교통의 기능만이 아니라 길 가는 사람과의 감각적 교류를 갖게 합니다. 말하자면 산길을 가면서 길을 가는 사람은 목적지를 향해 가는 것만이 아니라 걸으면서 그 길을 사이에 두고 존재하는 모든 것들과 감각적 교류를 하게 됩니다. 나무, 꽃, 바위, 물, 소리, 냄새, 빛깔 등등, 주변 풍경 안에 들어 있는 다양한 감각적 대상들과 소통과 교류의 경험을 하는 것이죠. 그리고 그러한 감각적 교류를 통해서 발견되는 가장 중요한 것은 감각의 총체인 자기 자신의 육체입니다. 바르트에게 산길이 매력적이라면, 그 이유는 다름 아닌 자기 자신의 육체와의 만남 때문이었던 것이지요. 바르트는 유년시절 산길을 걸으며 경험했던 육체의 발견을 '대상들과의 감각적 유희'라고 부릅니다. 하지만 주목해야 하는 것은, 이 유희가 다만 감각적 교류 경험만이 아니라 한발 더 나아가 그러한 교류를 통한 어떤 것의 생성을 의미한다는 점입니다. 그래서 《밝은 방》에서 바르트는 유희라는 개념 대신 '모험adventur'이라는 단어를 사용합니다. 회화와는 다른 사진 이미지의 특별한 경험, 즉 의미 생성의 경험을 설명하기 위해서 바르트가 사용하는 이 모험이라는 단어는, 예컨대 지도 없이 떠나는 여행으로 비유할 수 있습니다. 여행에는 두 가지가 있습니다. 지도를 가지고 떠나는 여행과 지도 없이 떠나는 여행이 그것입니다. 전자의 여행은 이미 모든 것들이 지도 안에 들어 있으므로 새로운 경험의 가능성이 없는 여행, 가고자 하는 곳에 도착하는 것만이 중요한 목적주의적 여행입니다. 하지만 지도 없이 떠나는 여행은 목적지가 아니라 과정이 중요한 여행, 여행의 과정 안에서 예기치 않게 해후하게 되는 새로운 것들과의 만남이 중요합니다. 바르트는 이처럼 지도 없는 여행의 도중에서 예기치 않게 만나게 되는 새로운 감각 경험과 그 경험이 불러일으키는 탈코드적인 의미 생성들과의 만남을 '모험의 즐거움'이라고 부릅니다.

그런데 모험의 즐거움을 맛보게 하는 산길의 매력은 동시에 독서의 매력이기도 합니다. 말하자면 독서에도 두 형식이 있는데, '목적을 지닌 독서'와 '욕망을 위한 독서'가 그것이죠. 목적을 지닌 독서가 연구나 교양을 위한 지적 축적의 독서, 시험이나 직업 수행을 위해 이루어지는 독서라면, 욕망의 독서는 무목적인적인 독서, 즐거움과 유희를 위한 독서입니다. 욕망의 독서를 즐거움과 유희로 만드는 것은 그 욕망의 대상이 '무의미한 것'이기 때문입니다. 여기서 무의미는 아무런 의미가 없는, 의미 공백을 뜻하지 않습니다. 욕망의 독서를 즐거움과 관능으로 바꾸는 이 무의미는 오히려 탈코드적 의미, 즉 사회적으로 문화적으로 구축된 코드 체제가 강요하는 일체의 의미들을 해체하고 이탈할 때 비로소 발견되고 생성되는 의미의 경험을 뜻합니다. 바르트가 다양한 텍스트 안에서, 특히 《사랑의 단상》(김희영 옮김, 동문선, 2004) 안에서 '육체적인 것', '상상적인 것'이라는 용어로 지칭하는 대상은 다름 아닌 무의미한 것, 그야말로 시장에 내다 놓아도 아무도 소비하려 하지 않는 것, 코드화된 소통 체제로는 소통이 되지 않는 것, 다만 나와 대상 사이에서만 생성되고 경험되는 감각적 소통, 그 어떤 코드로도 의미화될 수 없는 독자적인 것입니다. 바욘의 산길에서 유년시절 바르트가 사로잡혔던 매력은 풍경의 요소들과 바르트의 육체 사이에서 이루어진 감각적 소통의 즐거움이며, 그 즐거움은 동시에 이후 바르트가 욕망의 독서를 통해서 육체와 문자 사이에서 관능적으로 체험하는 의미 생성 체험의 즐거움이기도 한 것입니다.

바르트의 삶에서 다음으로 주목해야 하는 큰 매듭이 되는 사건은 병입니다. 앞서 말씀드렸듯이 병은, 더 정확히 폐결핵은 특히 그의 지식인으로서의 출세 과정에서 치명적인 장애요인이었을 뿐만 아니라 마침내는 그의 생명을 빼앗아간 공식적인 사망 원인이기도 합니다. 하지만 우리가 관심을 갖고 살펴보아야 하는 것은 육체적 사건인 폐결핵과 바르트적이라고 할 수 있는 그의 지적 특성들 사이에서 도출될 수 있는 내밀한 관계성입니다. 예컨대 츠베탕 토도로프Tzvetan Todorov(1939~)는 바르트라는 지식인의 특별함을 '카멜레온과 같다'라고 말한 바 있습니다. 카멜레온은 자기 보존을 위해서 상황에 따라 몸의 색깔을 바꾸는 파충류입니다. 그런데 바르트의 지적 활동이 카멜레온으로 비유될 때, 거기에는 나름대로 충분한 이유가 있어 보입니다. 왜냐하면 바르트가 수행한 지적 활동을 돌아보면, 거기에는 다른 지식인들에게서는 쉽게 찾아볼 수 없는 기민한 변신력이 작동하고 있기 때문입니다. 나중에 좀 더 자세히 살펴보겠지만, 바르트는 평생 매우 다양한 지적 패러다임의 영역들을 넘나들었습니다. 그가 활동했던 지적 영역은 기호론, 일상문화 비평, 문학비평, 회화와 사진, 영화와 음악에 이르는 전방위적 예술비평, 모드 분석을 통한 대중문화 비평 등등 그야말로 자본주의 문화의 모든 영역들을 섭렵하고 있습니다. 물론 그러한 지적 활동의 다양성은 바르트 특유의 지적 취향들 때문이기도 하겠지만 그보다는 자본주의적 문화시장에 대한 적극적인 대응 전략, 즉 비판적 지식과 이론마저도 상품으로 바꾸어 유행시키는, 그야말로 모든 것을 상품으로 소화시키는 자본주의의 거대한 입으로부터 자신을 보호하기 위한 기민성의 전략이기도 합니다. 다시 말해 바르트는 자기만의 새로운 이론으로 자본주의 문화를 공격해도, 시장은 그 이론을 곧 상품으로 유행시킨다는 것을 알았으므로, 하나의 이론이 시장에서 상품과 유행으로 자리 잡기 전에 또 다시 새로운 이론의 패러다임으로 신속하고 기민하게 이동했던 것입니다. 따라서 바르트의 카멜레온적 변신력과 기민한 지적 이동성은 단순히 지적취향의 다양성이 아니라 자본주의 문화비판적 성격을 지니는 것으로 받아들이는 게 더 적절한 이해일 것입니다.

하지만 다른 한편 정신분석학적 시선으로 응시할 때 카멜레온적 지적 활동은 바르트 자신의 욕망 운동과도 밀접한 관련성이 있는 것으로 여겨집니다. 말씀드렸듯 바르트는 일찍부터 프랑스 지성계의 중심으로 진입하려는 욕망이 있었지만, 병으로 인해 그 욕망을 좌절당했습니다. 우리는 여기서 꿈을 좌절당한 욕망 주체로서의 바르트를 이후 그가 보여주는 카멜레온적 지적 활동과의 연결선상에서 이해해볼 필요가 있습니다. 능력은 있었지만 이런저런 불행으로 욕망 실현에 실패한 주체에게는 콤플렉스가 있습니다. 그 콤플렉스는 출세한 자신의 경쟁자들에 대한 바르트의 이중적인 태도에서 드러나기도 합니다. 즉 그는 한편으로 성공한 경쟁자들이 주도하는 담론의 중심 영역으로부터 늘 거리를 두려고 했습니다. 바르트가 자기만의 독특한 지적 영역이나 지적 방법론 그리고 글쓰기 스타일을 구축했던 것은 다름 아닌 경쟁자들로부터 자신을 변별 짓기 위한 자존심의 결과로도 읽을 수 있지요. 하지만 다른 한편 바르트는 지성계의 중심에 대해서 끊임없이 자신의 존재를 입증할 필요가 있었습니다. 그래서 그는 늘 새로운 이론의 구축과 신속한 지적 이동성을 통해서 그들로부터 관심의 대상이 되려고 했습니다. 좀 과장된 해석일 수도 있지만, 제가 보기에 바르트의 지적인 변신력과 기민성은 지적 주변부에서 오랫동안 머물러야 했던, 그럼에도 엘리트적 욕망을 포기하지 않았던 욕망 주체 바르트의 콤플렉스와 깊이 관련이 있는 것으로 여겨집니다. 물론 이 욕망이 무척 늦기는 했지만 62세의 나이로 콜레즈 드 프랑스의 기호학 교수에 취임함으로서 마침내 실현되는 것은 앞서 언급한 바와 같습니다.

다음으로 우리는 바르트의 성정체성에 주목할 필요가 있습니다. 바르트는 잘 알려진 바와 같이 호모섹슈얼리티를 성정체성으로 가지고 있는 사람입니다. 이 성정체성과 바르트의 지적 세계 사이에 연관성이 도출될 수 있다면 그건 무엇보다 부드러운 사유, 비폭력적 사유로 볼 수 있을 것입니다. 바르트는 늘 자기 사유를 '부드러움의 사유'라고 직간접적으로 정의했다는 것은 앞서 말씀드린 바 있습니다. 그렇다면 이 부드러운 사유와 동성애 사이에는 구체적으로 어떤 연관성이 있을까요. 사실 이 문제는 매우 조심스럽게 접근하지 않으면 안 되는 어려움이 있습니다. 왜냐하면 성적 영역은 지극히 내밀해서 일반적 담론의 대상으로 객관화하는 일이 불가능하기 때문입니다. 이 담론의 본질적 불가능성을 무시할 때 흔히 보듯이 이성애를 정상적 성애로, 동성애를 비정상적 성애로 규정하는 이분법적 담론 폭력이 행사될 수 있으니까요. 때문에 바르트의 부드러운 사유와 성적 정체성의 관련성을 말하고자 할 때, 우리는 내재적 담론, 즉 동성애를 부드러운 성애로 규정하는 것이 아니라, 이성애가 본질적으로 폭력성과 연계될 수밖에 없음을 드러내는 일이 필요합니다. 예컨대 프루스트에 따르면 인간은 누구나 양성애적 성정체성을 지닌다고 합니다. 즉 인간은 때와 상황에 따라 이성애자가 되기도 하고 동성애자가 되기도 한다는 것이죠. 하지만 성의 문제는 언제나 공동체를 유지하기 위한 생산력과 연계될 수밖에 없습니다. 때문에 생산력을 갖지 못하는 동성애는 공동체의 목적과 어긋나는 것으로 억압될 수밖에 없는 반면, 이성애는 결혼과 가족 시스템으로 제도화되어 정상적 성애로 자리 잡게 되는 것이죠. 만일 이러한 성애의 역사성과 정치성을 인정한다면, 성애의 부드러움은 성애와는 무관한 목적이 개입되어 있는 이성애 영역이 아니라, 무목적인 성애가 제도화되지 않은 채 남아 있을 수 있는 동성애 영역에 더 내재하고 있다는 추론이 가능해집니다. 바르트가 다양한 방식으로 강조하는 부드러운 사유, 사유의 비폭력성은 이런 가정 하에서 다름 아닌 자신의 동성애적 성정체성과 내밀한 관련을 맺는다고 추론할 수도 있을 것입니다.

　더불어 바르트가 프티부르주아적인 문화 전체를 코드◆ 시스템이라고 이름 짓고, 그것으로부터 이탈하는 경험이나 이탈하고자 하는 행위를 탈코드적이라고 얘기했다면, 탈코드적인 것에 대한 바르트의 이론적 경도는 호모섹슈얼리티를 비정상적인 성정체성으로 규정하는 성적 문화에 대한 저항으로 받아들이는 것도 가능합니다. 왜냐하면 탈코드적 경험이란 독자적 경험, 일반적으로 담론화될 수 없는 고유한 경험, 무엇보다 내밀한 성적 영역의 경험을 지칭하는 것이라면, 부르주아 문화의 도덕적 폭력은 다름 아닌 이 내밀한 영역을 정상/비정상의 도덕적 이분법으로 폭력화하고 있고, 이 폭력성에 맞서 바르트는 동성애적 부드러움의 담론으로 저항하고자 했기 때문입니다.

바르트의 지성적 삶

지금까지는 바르트의 사적인 삶 속에서 중요한 매듭이 되는 사건들을 통해서 바르트적 사유의 특성들을 살펴보는 과정을 밟았습니다. 그럼 이제는 그러한 특성들을 지니는 바르트의 사유들이 어떤 과정을 밟아가면서 지적 패러다임의 이동을 하는지 단계 별로

> ◆ 코드
> 바르트에게 인간은 '기호적 인간', 즉 대상과 자신 사이에 기호를 생산해서 그 의미를 상호 소통하는 존재다. 이 경우 기호와 의미가 생산되는 과정에는 고정된 코드, 즉 정해진 규범이 없다. 기호와 의미는 대상과 인간 사이에서 직접적으로 발생하는 욕망관계를 따라 생성될 뿐이다. 그러나 근대 사회와 문화는 그러한 기호와 의미의 생성적 소통을 동일한 의미들이 확대 재생산되는 코드 시스템으로 만들어 새로운 의미들의 생성을 차단한다. 이 경우 기호를 통한 의미의 소통은 더 이상 욕망과 자유의 표현이 아니라 지배와 권력의 위장일 뿐이다. 바르트는 이 코드 시스템을 해체 전복시키면서 기호의 자유, 즉 기호 행위의 본래적 의미 생성의 자유를 회복하려고 하는데, 이를 '탈코드적 행위'라고 부른다. 사랑의 담론, 텍스트 이론, 사진 에세이 등등 바르트의 다양한 글쓰기는 탈코드 작업을 직접적으로 수행하는 이론적 실천 행위이기도 하다.

간략하게 살펴보도록 하겠습니다. 말하자면 바르트의 공적 영역의 활동, 혹은 지적 경력들을 개괄적으로 살펴보는 일입니다. 바르트는 〈구조주의적 행위란 무엇인가?〉라는 짧은 논문에서 스스로 자신이 걸어 온 지적 과정을 크게 세 단계로 나누고 있습니다. 그 첫 단계를 바르트는 '테러리스트의 시기'였다고 명명합니다. 바르트가 소쉬르의 기호론을 언어소통의 범주로부터 프랑스 소시민의 일상 문화 전반의 영역으로 확대시켜 그 신화성을 드러내려고 했던 비평의 시기이지요. 다시 말해 음식, 의상, 광고, 종교, 모드 등등 부르주아 일상 문화를 구성하는 모든 영역들이 문화현상임에도 불구하고 마치 자연현상처럼 위장되면서 변화 자체가 불가능한 영역으로 고착되는 문화 이데올로기의 허위 구조를 기호론이라는 과학적 분석 도구를 통해 비판 해체하려고 합니다. 이 단계의 대표적인 책은 바르트가 《레트르 누벨르》지에 연재했던 문화비평 칼럼들을 모아서 출판한 《신화학》이 있습니다. 우리는 이 책 안에서 문화비평가와 이데올로기 비판가로서의 바르트의 탁월한 역량과 글쓰기 스타일을 유감없이 맛볼 수 있습니다.

두 번째 단계는 '기호 시스템에의 도취 시기'입니다. 테러리스트의 시기가 신화를 구축하는 코드 체제를 폭파하려는 때였다면, 이 두 번째 단계는 역설적으로 코드 체제에 스스로 도취되는 작업이 수행됐던 시기입니다. 말하자면 기호 체제가 더 이상 비판적 대상이 아니라 즐거움의 대상으로 전환된다고나 할까요. 바르트는 예컨대 '분류의 즐거움'에 대해서 말합니다. 하나의 완벽한 체제를 구축하기 위해서 수행되는 세밀하고도 조직적인 분류작업은 이론가에게 특별한 즐거움과 쾌락을 느끼게 한다는 것이죠. 때문에 자신은 더 이상 코드 체제에 대한 수동적이고 일방적인 비판 작업을 그만두고, 일상 문화의 코드 체제를 해체하는 비평 행위를 스스로 이론적 코드 체제를 구축하는 즐거움의 행위와 동시적인 작업으로 수행한다는 것이죠. 이 시기에 나온 대표적인 저작은, 어쩌면 바르트의 책들 중에서 전통적 의미에서의 학문적 역량이 가장 탁월하게 발휘되고 있는 《모드의 체계》(이화여대 기호학연구소 옮김, 동문선, 1998)입니다.

마지막 단계는 '기호와의 유희 시기'입니다. 어쩌면 자유사상가로서의 바르트의 글쓰기 스타일이 가장 독특하게 드러나고 있는 이 시기를 바르트는 '에고이스트의 단계'라고 명명하고 있습니다. 《밝은 방》에서 바르트는 이렇게 고백한 적이 있습니다. 즉 자신은 글쓰기를 하면서 늘 딜레마에 빠져 있었는데, 그것은 다름 아닌 이론적 언어와 표현적 언어 사이의 갈등에서 비롯한다는 것입니다. 말하자면 자신은 늘 자신만의 고유한 언어, 자신의 육체성이 드러나는 표현의 언어를 구사하고 싶었지만, 이론 작업을 수행하는 과정에서 늘 그 육체 언어에 대한 욕망이 마음껏 실현될 수 없었다는 것이죠. 하지만 바르트가 에고이스트의 단계, 유희의 단계라고 지칭하는 후기 바르트의 글쓰기 단계에서는 그가 딜레마에서 벗어나 자신만의 고유한 육체 언어를 글쓰기의 언어로 구사해 바르트적 표현 언어의 텍스트들이 태어납니다. 사실상 가장 바르트적인 글쓰기의 스타일, 또 바르트만이 쓸 수 있는 즐거움과 욕망의 텍스트들이 태어나는 시기라고 할 수 있지요. 더듬어보자면, 일본 여행기를 즐거움의 기호학으로 변형시켜, 일본 문화에 내재하는 의미의 텅 빔과 그 텅 빔이 생성시키는 관능적 의미들의 사건들을 추적한 《기호의 제국》(김주환·한은경 옮김, 산책자, 2008), 사랑에 빠진 사람만이 구사하는 파편적 언술 행위를 분석하면서 욕망과 언어 그리고 상상적인 것 사이를 배회하는 사랑의 주체론을 펼치는 《사랑의 단상》, 자신에 대해 스스로 글쓰기를 하면서 탈자서전인 자서전의 모델을 제시하는 《롤랑 바르트가 쓴 롤랑 바르트》(이상빈 옮김, 동녘, 2013), 무엇보다 욕망의 독서가 실천적으로 수행되면서 바르트 특유의 텍스트론이 펼쳐지는 《텍스트의 즐거움》(김희영 옮김, 동문선, 1997) 등이 이 시기를 대표하는 에세이들입니다.

살펴본 바와 같이 〈구조주의적 행위란 무엇인가?〉라는 소논문에서 바르트가 그 시기까지 스스로 추적하는 자신의 지적 경력은 이 세 단계로 구성됩니다. 하지만 이후의 작업들을 포함시킬 때 우리는 바르트의 지적 경력 안에는 앞의 세 단계들에 이어서 두 단계가 더 발견될 수 있음을 주목해야 합니다. 더구나 이 두 단계는 앞의 세 단계와는 뚜렷이 변별되지 않으면 안 되는 고유의 성격을 지닙니다. 앞의 세 단계와 뒤의 두 단계의 관계를 연속적이 아니라 불연속적으로 만드는 것은 다름 아닌 바르트가 말년에 겪게 되는 치명적인 사건, 즉 어머니 앙리에트 벵제의 죽음입니다. 다시 말해 바르트의 지적 경력은 어머니의 죽음을 분기점으로 크게 두 패러다임, 즉 어머니 생전이었던 앞의 세 단계와 어머니의 사망 이후인 두 단계로 구획된다고 보아야 합니다. 사유의 중심이 되고 있는 테마들도 확연히 구분됩니다. 어머니가 살아 있던 시기 바르트의 지적 테마가 '욕망'과 '즐거움'이었다면, 어머니 사망 이후 사유의 중심에는 '죽음', '연민', '애도' 등의 테마들이 자리 잡게 됩니다.

  어머니 사망 이후의 시기, 그러니까 어머니 부재의 시기에 태어난 가장 대표적인 에세이는 《밝은 방》입니다. '사진에 대한 성찰'이라는 부제가 달려 있는 이 사진 에세이는 당연히 바르트 특유의 존재론적 사진론이지만, 동시에 사진 이미지의 인데스indenx(흔적 이미지)적 특별함을 바탕으로 삼아 죽은 어머니와의 재회를 성사시키려는 애도 작업의 기록입니다. 또 하나 이 시기에 남긴 기록은 역시 애도 작업의 치열함을 보여주는 《애도 일기》입니다. 어머니의 사망 다음 날부터 이후 2년간의 애도 작업이 일기 형식 안에 담긴 이 짧은 기록들은 사실 일기라기보다 사진적 글쓰기 혹은 푼크툼적 글쓰기의 결과물이라고 보는 것이 더 타당합니다. 바르트는 《밝은 방》에서 푼크툼의 경험을 무엇보다 주객전도의 경험으로 특징짓고 있습니다. 다시 말해 나는 언제나 보는 주체이고 사진은 보여지는 객체라는 사진 보기의 권력적 시선관계가 푼크툼적 사진 체험의 순간에는 전복되어 탈주체적 사진 체험으로 일어난다는 것입니다. 그 경우 나는 보여지는 객체가 되고 사진 이미지는 응시하는 주체가 되는데, 이 순간 사진 이미지 속의 사소한 디테일이 '화살처럼 날아와서 내 안에 있는 침묵의 장소'에 통렬한 아픔으로 적중한다고 말합니다. 《애도 일기》의 기록들도 마찬가지입니다. 이 기록들은 바르트가 글쓰기의 주체로서 만나고 경험하는 애도의 기록들이 아닙니다. 《애도 일기》의 짧은 기록들은 푼크툼의 순간처럼 돌연히 내습하면서 바르트의 주체성을 붕괴시키는 순간의 문장들이며, 때문에 이 문장들은, 마치 필름 위에 찍히는 영상처럼, 바르트의 육체 위에 각인되어 남겨진 문장들입니다. 말하자면 이 문장들은 바르트가 종이 위에 기록한 것이 아니라 그 문장들이 바르트의 육체 위에 기록되어 남겨진 단상들인 것이죠. 때문에 우리가 이 일기의 기록들을 따라가보면, 주체성을 점점 잃어가면서 애도의 슬픔 속으로 침강하는 지극히 멜랑콜리적인 바르트의 안타까운 모습을 발견하게 됩니다. 물론 이 과정은 존재론적 각성으로 접근하는 과정이기도 하지만 그보다는 애도의 슬픔을 극복하지 못하는 바르트의 개인적인 모습이 더 많이 나타난다고 할 수 있습니다.

살펴본 것처럼 어머니 상실 이후의 두 단계, 즉 《밝은 방》과 《애도 일기》의 단계는 모두 애도 작업의 단계라고 볼 수 있습니다. 하지만 이 애도의 단계가 굳이 변별되어야 하는 건 두 단계의 성격이 전혀 다른 양상을 지니기 때문입니다. 《밝은 방》에서 바르트는 사진 이미지의 인덱스적 시간성, 즉 사진 안에 보존되어 있는 과거의 살아 있음 안에서 죽은 어머니와 재회하는 엑스터시 체험을 말하고 있습니다. 말하자면 이 단계에서 바르트는 애도 작업을 성공적으로 끝내는 것처럼 보입니다. 하지만 그 이후로 이어지는 《애도 일기》의 기록들은 바르트의 애도 작업이 삶 속에서 끝내 성공하지 못했음을 적나라하게 보여줍니다. 그런 점에서 이 기록을 중단하고 반년 뒤에 우연히 작은 교통사고를 당한 바르트가 심리적인 치료 거부 끝에 사망하고 마는 것은 애도 작업의 실패와 더불어 시사하는 바가 많은 것 같습니다. "두려움, 하지만 지금 나는 무엇을 두려워하는 걸까? 나 자신의 죽음을? (…) 죽는다는 것, 그건 다름 아닌 마망이 치렀던 일이 아닌가."(《애도 일기》, 213쪽) "우리가 그토록 사랑했던 사람을 잃고 그 사람 없이도 잘 살아간다면, 그건 우리가 그 사람을, 자기가 믿었던 것과는 달리, 그렇게 많이 사랑하지 않았다는 걸까……?"(《애도 일기》, 78쪽) 등등 거의 죽음 충동의 징후를 보여주는 기록들은 유일한 사랑인 어머니를 잃어버린 상실의 고통으로 나날이 무너져가는 말년의 바르트를 여실히 보여주고 있어 읽는 이의 마음을 아프게 합니다.

지금까지 우리는 바르트가 살았던 삶의 두 영역, 그의 육체가 살았던 사적인 영역과 그의 지성이 살았던 공적인 영역을 관찰하면서 롤랑 바르트라는 한 시대를 풍미했던 지식인의 면모를 살펴보았습니다. 개괄적이나마 바르트라는 인물과 그의 지적 특별함에 대해서 밑그림을 그려보고자 했는데 과연 얼마나 도움이 되었는지 모르겠군요. 하지만 부족한대로 바르트에 대한 이해를 구하는 데 도움이 되어서 나아가 보다 심층적으로 그를 알아보고 싶은 지적 욕망의 단초가 되었다면 제게는 큰 만족일 것입니다.

…

더 읽어보면 좋은 책

롤랑 바르트, 김웅권 옮김, 《목소리의 결정》, 동문선, 2005.

1962년부터 1980년까지의 지적 활동 기간에 바르트가 행했던 인터뷰들의 모음집이다. 이 책에서 바르트는 자신의 거의 모든 저작들에 대한 집필 동기와 주요한 테마들을 밝히고, 외부 비판들에 대한 방어만이 아니라 스스로 자신에게 행하는 비판의 목소리도 진솔하게 들려주고 있다. 바르트의 텍스트를 직접 읽기 전에 각 텍스트에 대한 항목들을 미리 읽어두면 사전에 많은 도움을 받을 수 있는 정보들이 실려 있다. 자신의 저작들만이 아니라 비평, 폭력, 욕망, 문화 등등 다양한 테마들에 대한 인터뷰도 수록되어 있어 그 주제들에 대한 바르트의 의견도 함께 들을 수 있다.

롤랑 바르트, 김주경 옮김, 《작은 사건들》, 동문선, 2003.

바르트가 자신의 숨겨진 일상들을 과감하게 드러내고 있는 에세이와 일기 모음집이다. 사적 영역에 은폐되어 있었던 자신의 동성애적 행각들, 내밀한 사랑관계의 아픔들, 어머니 상실 이후 고독하게 치루는 애도의 아픔들, 유년의 도시인 프랑스 남서부 바욘에 대한 그리움 등등을 기록하고 있는 이 책은 바르트의 육체적 삶을 모습을 충분히 엿볼 수 있는 일종의 고백서이다. 더불어 이 책은 어느 정도 객관적 담론의 경계를 지키고자 했던 이전의 글쓰기와 달리 사적 담론과 공적 담론의 경계를 해소하는 말년의 바르트의 과감한 글쓰기를 볼 수 있다.

◆◆◆

벵상 주브, 하태완 옮김, 《롤랑 바르트》, 민음사, 1994.
전방위적 이론가인 바르트의 다양한 얼굴들 중에서 특히 문학비평가로서의 바르트를 상세하게 이해하고자 할 때 많은 도움을 받을 수 있는 책이다. '글쓰기의 영도', '텍스트의 즐거움', '저자의 죽음'과 '독자의 탄생' 등 기존의 문학비평의 보수성을 해체하는 새로운 이슈들로 대변되는 바르트의 아방가르드적 비평 활동을 주제별로 탐색하는 가운데 그 새로움과 내적 통일성을 치밀하게 추적해 구성하고 있다. 한때의 유행이었던 바르트의 문학 이론을 저자가 말하듯, 여전히 유효한 것으로 받아들이려면 면밀한 독서를 통해 숙독되어야 하는 바르트의 문학비평에 대한 연구서이다.

자크 라캉의
소유할 수 없는 편지

―

김서영

자크 라캉
Jacques Lacan(1901~1981)

자크 라캉은 프로이트의 정신분석학을 새롭게 풀어주는 정신분석가다. 라캉이 없었다면 아직도 우리는 프로이트를 음탕한 노인으로 기억하고 있을 것이다. 라캉의 새로운 해석이 있었기에 대학에서 정신분석 과목을 가르칠 수 있는 세상이 온 것이라 해도 과언이 아닐 것이다. 영화잡지에도, 신춘문예 당선작에도 상징계, 상상계, 실재라는 라캉의 개념들은 모두 단골손님이다. 이와 같이 라캉은 문화 영역에도 깊이 침투해 있다.

라캉은 '자아의 강화'라는 말을 싫어한다. 자아를 강화한다는 것은 무의식의 진실을 더욱 철저히 가려 덮는다는 뜻이기 때문이다. 그는 우리가 프로이트로 돌아가야 한다고 주장했다. 다시 말하면 그것은 무의식으로의 복귀를 뜻한다. 많은 사람들이 라캉의 글을 어렵게 느끼지만, 사실 라캉이 하는 말은 그리 어렵지 않다. 라캉은 프로이트를 어떻게 읽어야 하는지, 프로이트의 정신분석학을 어떻게 이해해야 하는지를 알려주는 좋은 해설자이다. 그가 안내하는 정신분석의 여정 속에서 우리는 자신의 삶을 온전히 실현하는 개별적 주체의 이야기를 듣게 된다.

라캉 이야기

전 스물네 살에 처음 라캉을 만났어요. 어떻게 살아야 하는지, 내가 뭘 좋아하는지, 내가 누구인지 알지 못했던 그 시절, 라캉의 이야기들은 제게 큰 충격이었답니다. 라캉은 말했죠: "너희 엄마도 모른단다." '타자의 타자가 없다'는 라캉의 말은 어떻게 살아야 하는가에 대한 정답을 가지고 있는 듯한 그 사람도 사실은 나처럼 세상을 두려워하고 있다는 뜻입니다. 그도 새로운 것이 무섭고 낯설며, 자신이 누구인지, 어떻게 살아야 하는지 몰라요. "방 치워라", "그 여자는 안 된다", "어쩌려고 그렇게 사니"라는 말에서는 확신이 느껴지지만, 그 나이가 되어보면 여전히 불안하고 불완전하죠. 우리 부모님들도 실제로는 그 말들을 하는 순간 분명 나처럼 불안하고 막막하셨을 거예요. 우리는 어쩌면 인생의 대부분을, 기다리는 편지가 오지 않는 느낌으로 살아가야 하는지도 모르겠어요. 뭘 기다려야 하는지, 뭘 기대해야 하는지도 모르면서 무작정 뭔가를 기다리고 기대하고, 그러다 그 순간이 찾아와주지 않으면 실망하고 좌절하죠. 가끔씩 삶을 환희와 기쁨으로 채우는 일들이 선물처럼 찾아오기도 하지만, 그 폭풍 같은 순간이 지나고 나면 다시 허무한 느낌이 밀려옵니다. 김기덕 감독의 영화 중에 한 여자가 평생, 자신이 보낸 편지의 답장을 기다리는 〈수취인불명〉(2000)이라는 작품이 있는데요, 제목처럼 그녀는 결코 기다리던 편지를 받지 못하죠. 라캉은 〈도둑맞은 편지〉라는 애드거 앨런 포Edgar Allan Poe(1809~1849)의 단편소설을 분석하며 우리 모두 결코 편지를 받을 수 없는 운명을 타고 태어났다고 말합니다. 라캉의 말로 바꾸자면 편지는 결코 우리가 설정한 목적지로 배달되지 않았습니다. 편지는 언제나 우리와 상관없이 설정된 엉뚱한 목적지에 도달할 뿐이죠.

　라캉은 바로 이 편지 이야기가 정신분석의 핵심을 전달한다고 생각했어요. 그래서 자신의 책,《에크리》의 제일 첫 장을 편지 이야기로 시작하죠. 전 라캉 이론의 구조 전체를 편지 이야기를 중심으로 펼쳐낼 수 있다고 생각해요. 아직까지 그렇게 라캉을 풀어주는 개론서는 없답니다. 저는 그 동안 라캉 개론서를 두 권 번역했는데요, 제 지도 교수님인 숀 호머 Sean Homer 선생님이 쓰신《라캉 읽기》(김서영 옮김, 은행나무, 2006)도, 라캉의《에크리》라는 책을 처음으로 영역한 브루스 핑크의《에크리 읽기》(김서영 옮김, 도서출판b, 2007)도 모두 편지를 중심에 배치하지는 않아요. 두 선생님들 모두 편지를 둘러싼 라캉과 데리다의 설전을 설명하지 않으셨고, 어떻게 라캉의 다른 개념들이 편지 이야기에 맞닿아 있는지 말씀하지 않으셨어요. 물론 가장 중요한 라캉의 후기 세미나에 대해 설명하지도 않으셨죠. 전 그게 늘 불만이었어요. 그래서 언젠가 내 생각대로 라캉을 풀어보리라 생각했었죠. 이 책에서는 그렇게 한 번 해볼 작정이에요. 편지/문자 letter는 상상계◆, 상징계◆, 실재◆라는 라캉의 주요 개념을 설명하기 위한 필수적인 중심축이며, 이를 바탕으로 욕망, 환상, 대상 a◆, 주이상스 jouissance, 생톰 sinthome과 같은 개념들을 설명할 수 있습니다. 본격적으로 편지를 통해 라캉의 구조를 파헤치기 전에 먼저 라캉에 대한 이야기를 조금 해볼까요.

　라캉은 1901년에 태어나서 1981년에 사망한 프랑스의 정신분석가입니다. 그는 자신이 프로이트Sigmund Freud(1856~1939)의 딸인 안나 프로이트보다 프로이트를 더 잘 안다고 주장하며 '프로이트로 돌아가자'는 구호를 외치기도 했고, 미국의 자아심리학◆자들의 이론은 프로이트에 대한 배반이라고 흥분하기도 했는데요, 정작 프로이트는 라캉에게 별 관심이 없었어요. 프로이트가 나치 때문에 영국으로 망명할 때 잠깐 프랑스에 들르게 됐는데, 지인들과 함께 하는 저녁 식사에 라캉을 초대하지 않았답니다. 프로이트

◆ **상상계**
의미를 만드는 순간을 뜻한다. 상상계는 상징계 내부의 어긋남을 가려 덮으려는 경향이 있는데, 이러한 억지스러운 방향성은 두 가지 전략을 탄생시킨다. 그중 하나는 히스테리적 전략이고 다른 하나는 강박적 전략이다. 전자는 다른 사람 내부에 있는 어긋남을 가려 덮는 전략이고 후자는 내 안의 어긋남을 숨기는 전략으로서 두 가지는 모두 완벽함에 대한 허상을 추구한다. 물론 이 전략들은 쉽게 무너진다. 그럼에도 불구하고 상상계적 전략을 계속 사용한다면, 우리는 남 안에 갇히거나 내 안에 묻혀 결국 주체적인 인생을 살 수 없게 된다.

◆ **상징계**
어긋남이 있는 세상을 말한다. 언어를 배워야 하고, 규칙을 따라야 하는 불편한 곳이며, 어쩔 수 없이 남과 함께 살아야 하므로 타인들의 욕망을 대면해야 하는 곳이기도 하다. 중심이 비어 있으므로 결코 안정될 수 없는 구조이다. 인간은 상징계를 주조하는 언어의 틀 속에서 태어나 언어를 배우고 언어를 통해 사유하게 되므로, 상징계의 언어를 분석함으로써 우리는 무의식의 작동 방식을 배울 수 있다. 라캉은 무의식이 언어와 같이 구조화되어 있다고 말했다. 라캉의 정신분석학에서 정신병은 상징계로의 진입이 실패한 경우로 정의된다.

◆ **실재**
상징계 내부의 빈 곳 자체를 말한다. 상징계를 촉발시키는 출발점이기도 하다. 라캉은 일련의 규칙들을 만들기 위해 배제된 규칙으로 실재라는 영역을 설명하기도 한다. 중심 즉 내부에 있지만 동시에 내부에는 속할 수 없는 외부라는 점에서 내부와 외부가 이어진 뫼비우스의 띠로 표현된다. 라캉이 후기 세미나들에서 더욱 강조한 영역으로서, 상상계, 상징계, 실재를 모두 흩어놓은 후 다시 이 세 원을 하나로 모으는 실재의 개별적 층위를 라캉은 생톰sinthome이라고 불렀다.

◆ **대상***a*
대상 *a*는 프랑스어로 'l'objet petit *a*'라고 쓴다. 우리말로는 '오브제 쁘띠 *a*', '대상 소타자' 혹은 '대상 *a*'라고 옮긴다. 이 책에서는 '대상 *a*'로 번역했다.

에게 라캉은 다소 불편한 프랑스 사람, 뭔가 열심히 하지만 가까이 하기에는 부담스러운 젊은 의사였던 것 같아요. 예전에 융Carl Gustav Jung(1875~1961)과의 관계에서와 같이, 자신의 영혼을 내줬다가 배신당한 경험 때문에 몸을 사린 것일 수도 있고요. 어쨌든 라캉은 프로이트가 프로이트 자신을 이해하는 것보다 라캉 자신이 프로이트를 더 잘 안다는 이상한 생각을 했고, 프로이트 전집을 한 권씩 읽어가며 정신분석의 체계를 자신만의 방식으로 해설합니다. 그 확신은 어디에서 나온 것일까요? 라캉은 우리가 불확실할 때 찾게 되는 엄마도 정답을 가지고 있지 않다고 말했는데, 그 자신은 마치 정답을 가지고 있었던 것처럼 보여요. 그러니 프로이트의 딸인 안나 프로이트에게는 얼마나 우스운 사람으로 보였겠어요? 그래도 라캉은 여전히 자신의 생각을 믿었죠. 바로 이것이 욕망을 따르는 행위입니다. 라캉은 어느 누구도 욕망의 수수께끼 앞에서 정답을 제시할 수는 없다고 말하면서도, 동시에 결코 우리가 자신의 욕망을 포기해서는 안 된다고 말합니다. 그는 정말 자신의 욕망을 포기하지 않았어요. 어떤 경우는 그게 문제가 되기도 했죠. 조르주 바타유Georges Bataille(1897~1962)라는 철학자의 아내와 살림을 차렸거든요. 그 여자가 임신했을 때 아직 이혼하지

◆ **자아심리학**

프로이트의 딸인 안나 프로이트는 아버지가 말년에 지대한 관심을 기울였던 '자아'라는 개념을 중심으로 정신분석 이론을 재구축했다. 그 후 1939년, 하르트만이 《자아심리학과 적응의 문제》라는 책을 출간하며 자아심리학이 태동한다. 자아심리학자들은 적응, 조절, 매개의 중심인 자아를 강화해야 한다고 주장했으며, 1950년대가 되면 정신분석의 주류로 등극한다. 바로 이때 라캉은 분석 시간을 멋대로 바꾸다가 결국 국제정신분석협회에서 파문당하게 되며 이와 동시에 그는 자아심리학에 대해 노골적으로 비판할 수 있게 된다.

도 않은 본처에게 달려와 기쁜 얼굴로 "실비아가 임신을 했대"라고 호들갑까지 떨었다고 하네요. 본처는 이 풍경에 털썩 주저앉고 말았죠. 본처가 낳은 시빌 라캉Sibylle Lacan은 《아버지Un père》라는 책에서 라캉과 바타유의 부인 사이에서 태어난 주디스라는 여자아이를 자신이 얼마나 부러워했는지 고백합니다. 현재 라캉이 쓴 저서와 세미나의 판권은 모두 주디스 라캉의 남편인 자크 알랭 밀레가 가지고 있죠. 라캉은 나쁜 남자였어요. 생각해보니 프로이트도 처제와 스위스 여행에서 같은 방에 묵은 기록이 남아 있고, 융은 아내조차 인정한 이상한 삼각관계를 평생 유지했었네요. 이런 이야기들을 떠올리면 한숨이 나옵니다. 다시 한 번, 나는 이론과 실천이 같은 학자가 되어야겠다고 다짐해봅니다.

　　라캉은 책을 한 권밖에 쓰지 않았어요. 1966년에 《에크리》라는 두꺼운 책을 한 권 출간했고, 그 이외에 남아 있는 건 모두 세미나의 녹취록이에요. 세미나에서 라캉은 프로이트 전집에 소개된 정신분석의 중심 개념이나 《쾌락원칙을 넘어서》와 같은 프로이트의 중심 저서에 대해 설명했는데, 1951년부터 1980년까지 모두 27번의 공개 세미나를 했고, 그중 몇 권이 현재 출간되어 있어요. 하지만 여러 녹취록을 비교분석하지 않은 채 밀레가 단독으로 책을 내는 바람에 문제가 많다고 합니다. 프랑스에서는 세미나 1, 2, 3, 4, 5, 6, 7, 8, 10, 11, 16, 17, 18, 19, 20, 23이 나와 있고, 그중 1, 2, 3, 7, 11, 17, 20은 영어로 번역되어 있어요. 우리말로 번역된 것은 세미나 11권(자크 라캉, 맹정현, 이수련 옮김, 《자크 라캉 세미나11》, 새물결, 2008) 뿐이고, 《에크리》도 2006년이 되어서야 영어로 완역되었죠. 이것은 라캉을 아는 사람은 아무도 없다는 뜻이랍니다.

《에크리》를 열면 제일 처음에 〈〈도둑맞은 편지〉에 대한 세미나〉가 나와요. 라캉은 서문에서 이것이 자신의 책 전체를 요약하는 가장 중심적인 글이므로 연대순에 어긋나지만 맨 처음에 넣었고, 따라서 이 글을 읽음으로써 독자가 자신의 스타일 속으로 들어올 수 있게 된다고 말합니다. 실제로 〈〈도둑맞은 편지〉 세미나〉는 《에크리》의 내용이 고스란히 집약되어 있는 마술 같은 글이랍니다. 그런데 이 글을 읽으면서 감동보다는 분노를 느꼈던 사람이 한 명 있었어요. 바로 자크 데리다였습니다. 데리다는 라캉의 편지 이야기가 말이 안 된다고 생각했어요. 그래서 이 글에 대한 혹독한 비판을 하게 되죠. 그 비평이 사람들 사이에서 화제가 되자 이번에는 바바라 존슨Barbara Johnson(1947~2009)이라는 사람이 라캉의 비평에 관한 데리다의 비판에 대한 분석을 하게 되죠. 이렇게 편지 이야기가 점점 불어나더니 어느새 책 한 권을 채울 수 있는 분량으로 늘어납니다. 현재 이 논쟁들은 《도둑맞은 포: 라캉, 데리다 그리고 정신분석적 독해The Purloined Poe: Lacan, Derrida, and Psychoanalytic Reading》라는 책으로 출간되어 있는데, 그들의 싸움은 추리소설만큼 재미있습니다. 데리다의 비판도 아주 재미있어요.

〈도둑맞은 편지〉의 저자인 포는 미국 작가로서 〈검은 고양이〉, 〈모르그가의 살인〉, 〈마리로제 수수께끼〉, 〈어셔 가의 몰락〉 등의 추리소설을 썼어요. 사실 포는 정신분석과 뗄 수 없는 사람이에요. 프로이트 생전에 900페이지에 달하는, 포 전집의 정신분석적 비평이 나왔거든요. 프로이트가 서문을 썼죠. 저자는 마리 보나파르트Marie Bonaparte라는 프로이트의 후원자였는데, 그녀가 나치를 피해 유태인인 프로이트와 안나 프로이트를 영국으로 피신시켜

췄어요. 보나파르트는 《포의 작품과 인생》이라는 책에서 포의 삶이 어떻게 그의 작품에 반영되어 있는가를 정신분석적으로 분석했죠. 그녀는 포가 어린 시절 매우 불행했으며 어머니에 대한 그리움이 작품 곳곳에 나타나 있다고 말합니다. 가령 〈도둑맞은 편지〉에 나오는 한 장면을 생각해볼까요. 포는 화로의 중앙에 편지꽂이가 매달려 있다고 썼어요. 이 부분을 읽는 독자는 그냥 그런가보다 하죠. 그런데 보들레르Charles Baudelaire(1821~1867)가 이 작품을 영어에서 프랑스어로 옮기면서 그만 화로 '위'에 편지꽂이가 있다고 잘못 번역했어요. 보나파르트는 이것이 핵심을 간과한 번역이라고 비판합니다. 포가 썼다면 반드시 편지꽂이가 '매달려' 있을 수밖에 없다는 거예요. 왜일까요? 바로 그것이 어머니의 남근이니까요. 물론 이건 보나파르트의 해석이에요. 《모르그가의 살인》을 보면 굴뚝에 시신이 끼어 있는 장면이 나와요. 보나파르트에 의하면 여기서 굴뚝은 어머니의 생식기이고, 거기에 끼어 있는 것은 어머니를 수태시키고 있는 남근입니다. 포가 어머니의 남근을 보려 한다고 해석할 수도 있다네요. 정신분석학적 비평에는 이와 같은 성적 분석이 상당히 많습니다. 아직도 아버지, 어머니, 아이가 이루는 오이디푸스 삼각형이나 남근선망과 같은 이야기들이 많이 나오죠. 사실 프로이트 전집에도 그런 사례가 가득해요. 특히 《늑대 인간》에는 성적인 이야기들이 매우 많이 나옵니다. 프로이트는 그가 늑대 인간이라고 부르는 환자가 어릴 적에 부모의 성교 장면을 봤을 거라고 추측하고요. 이 분석에서는 성행위의 체위도 중요하게 다루어집니다.

 라캉을 읽을 때는 이런 당혹감이 적습니다. 라캉이 프로이트의

메튜 파리스Matthew Paris의 그림

'구조'를 강조하기 때문이죠. 라캉은 프로이트가 뭐라고 하는지보다는 그가 무엇을 하는지 설명합니다. 라캉은 보나파르트를 무시하며 정신분석을 전혀 다른 방식으로 설명하죠. 그런데 데리다는 보나파르트나 라캉이 사실은 그리 다르지 않으며 둘 다 같은 한계에 갇혀 있다고 생각해요. 과연 그럴까요? 데리다는 두 사람이 모두 동일한 기원을 전제한다고 말합니다. 사실 정신분석은 참 많은 것들을 전제하고 있는 이론이에요. 오이디푸스만 해도 그렇고, 충동이니 리비도니, 모두 현미경으로 볼 수 있는 게 아니거든요. 데리다가 문제 삼는 기원에 대한 이야기를 잠시 해볼게요. 위의 그림을 한 번 볼까요?

이 그림은 데리다가 《우편엽서La carte postale》라는 자신의 책에서 언급하는 엽서입니다. 《우편엽서》는 라캉의 〈〈도둑맞은 편지〉에 대한 세미나〉에 대한 데리다의 응답이에요. 데리다는 자신이 옥스퍼드에서 발견한 이 한 장의 엽서를 보며 질문합니다: "대체 왜 소크라테스가 앞에 있고, 플라톤이 뒤에 서 있을까?" 자세히 보면 플라톤Plato(BC 427~BC 347)은 손가락으로 뭔가를 가리키고 있어요. 그의 앞에는 소크라테스Socrates(BC 470~BC 399)가 뭔가를 열심히 받아 적고 있네요. 소크라테스가 플라톤보다 먼저 죽었고, 그 다음에 플라톤이 소크라테스를 그리며 대화편들을 썼잖아요.

스승을 애도하면서 소크라테스가 이러이러한 말을 했다고 적었는데, 여기서 데리다는 과연 그게 정말 소크라테스의 말이냐고 묻는답니다. 기원을 문제 삼고 있는 거예요. 소크라테스의 말을 썼다기보다는 플라톤이 소크라테스에게 "이것 말해라, 저것 말해라, 이것 써라, 저것 써라"하고 시키는 게 아니냐는 거죠. 소크라테스가 이룬 업적의 진실을 전달하는 게 아니라, 플라톤 자신이 생각한 이야기를 하고 있는 게 아니냐는 질문입니다. 데리다는 정신분석도 마찬가지라고 말해요. 정신분석의 기원이 정말 믿을 만한 것이냐고 묻는 거죠. 라캉이 손가락으로 가리키는 대로 그냥 프로이트가 "예, 예" 하면서 받아 적은 게 아니냐는 거예요.

저는 라캉의 정신분석을 변호하고 싶네요. 라캉이 강조하는 프로이트, 우리가 돌아가야 한다고 호소하는 프로이트는 언어를 치밀하게 분석해 무의식을 이해하고, 궁극적으로 개별적인 주체의 탄생을 지향하는 프로이트지 애매한 기원을 붙잡고 우기는 프로이트는 아니거든요. 라캉이 언어유희를 강조하는 것도, 자신의 글을 수많은 언어유희로 채우는 것도 모두 정신분석에서 언어라는 도구가 맡은 역할을 강조하기 위함입니다. 라캉은 두 가지 방식의 말이 있다고 합니다. 텅 빈 상태로 공허하게 하는 말이 있고, 무의식이 나를 통해 하는 말이 있다는군요. 그는 전자를 '빈 말'이라고 부르고 후자를 '찬 말'이라고 불러요. 무의식이 나를 통해 하는 이야기는 나를 당황하게 만들기도 하죠. 그걸 받아들이지 못하거나, 전혀 분석하지 못하면 우리의 태도는 점점 더 경직됩니다. 결국 의식은 계속 나에 대한 거짓말만 쏟아내게 되겠죠. 라캉은, 말을 분석하는 게 정신분석의 시작임을 강조합니다. 물론 프로이트도 마찬가지였고요. 라캉의 말로 바꾸면 "모든 것은 기표♦에 의해 결정"됩니다. 기표는 내용을 잠시 실어 나르는 운송수단이에요. 이 말만 들으면 마치 내용이 운송수단보다 더 중요할 것 같지만, 사실은 그렇지 않답니다. 예를 들어 네 발이 달려 있고 멍멍 짖는 동물이라는 내용을 '개'라는 운송수단이 담고 있는 경우에도, 우리는 개라는 동물 이외에 수많은 다른 내용들로 '개'라는 기표를 채울 수 있습니다. '개'가 어제 만났던 그 남자를 의미하는 것일 수도 있죠. 다양한 내용으로 채워지고 변경되기 위해서는 기표 속에 텅 빈 곳이 있어야만 합니다. 라캉은 기표의 중심을 비우는 특정 구조를 '문자letter'라고 불렀는데, 문자는 편지letter와 철자가 같답니다. 라캉이 편지를 강조하는 이유는 바로 문자라는, 기표 속의 구조 때문입니다. 그러니까 한마디로 말하면 문자는 기표의 보편성이 개별화되는 지점이에요. 바로 문자를 통해 나만의 말이 탄생하는 거죠. 라캉은 세미나 23에서 개별적 주체의 탄생을 '자아의 글쓰기'라고 불렀어요. 갑자기 어려워졌죠? 걱정하지 마세요. 우리는 라캉의 〈〈도둑맞은 편지〉 세미나〉를 통해 이에 대해 자세히 살펴보게 될 겁니다. 라캉이 일차적으로 기표를 강조한 이유는 기표를 잘 분석하면 그것이 실어 나르는 다양한 내용들을 볼 수 있게 되고, 그 속에서 무의식이 하는 말을 들을 수 있

♦ **기표**
스위스의 언어학자인 소쉬르의 개념으로서 그는 기호의 표현인 '기표'와 기호의 의미인 '기의'가 분리될 수 없는 한 쌍이라고 생각했다. 그러나 라캉은 기표와 기의가 결코 그러한 안정된 구조를 이루지 못한다고 설명하며 기표에 대한 기의의 우위를 역전시켜 기표를 더욱 중요하게 간주한다. 하나의 기표는 결코 기의에 맞닿아 정박하지 않으며, 그보다는 다른 기표로 이어지고, 다시 또 다른 기표로 미끄러지게 된다. 바로 이것이 상징계를 이루는 기표의 연쇄이다.

기 때문입니다. 그가 말하는 프로이트로의 복귀는 무의식으로의 복귀랍니다. 우리는 무의식이 하는 말을 들을 수 있어야 합니다. 가령 누군가 "나는 너무나 행복하고, 지극히 안정되어 있다"라고 말하는 경우, 기표의 내용을 비우고 하나의 기표를 다른 기표와 연결해 더욱 큰 언어의 지도를 만들 때 그 속에서 "나는 너무나 불행해, 그리고 몹시 불안해"라는 말을 듣게 될 수도 있습니다.

정신분석은 말로 하는 치료예요. 말을 많이 하게 해서 실수를 하게 하는 것이죠. 말이 많은 사람은 꼭 실수를 하잖아요. 그 사람이 가능한 말실수를 많이 하게 만들어서 무의식의 이야기를 들을 수 있게 돕는 게 바로 정신분석 치료예요. 물론 그렇게 진실을 대면한 후에는 그 진실을 바탕으로 나만의 세상을 지을 수 있어야겠죠. 우리가 말실수를 많이 하면 할수록 무의식의 진실이 더 많이 드러납니다. 그런데 다시 처음으로 돌아가면, 과연 진실 또는 정답이라는 게 있을까요? 나만의 글쓰기라는 게 가능한가요? 라캉은 주체도 타자도 정답을 가지고 있지 않다고 말하지 않았던가요? 다른 말로 바꾸면 '어느 누구도 편지를 소유하지 못한다'입니다. 자, 이제 라캉의 〈도둑맞은 편지〉 분석을 통해 라캉의 정신분석학을 정리해봅시다.

〈도둑맞은 편지〉 이야기

라캉은 〈도둑맞은 편지〉를 분석하며 두 개의 반복되는 구조를 발견합니다. 그 구조를 설명하는 과정에서 라캉의 중심 개념들인 상상계, 상징계, 실재가 모두 언급될 거예요. 우선 이 소설의 줄거리를 설명해 드릴게요. 무대는 19세기 프랑스에요. 어느 날 왕비가 굉장히 중요한 편지 한 통을 받게 됩니다. 절대로 왕이 보아서는 안 되는 편지였죠. 그런데 막 숨기려는 찰나에 왕이 들어와 왕비는 편지를 그냥 탁자에 놓아둡니다. 그때 D. 장관이 들어오는데, 그는 바로 분위기를 파악하고 왕비의 시선이 편지를 향한다는 걸 눈치 채죠. 그는 슬며시 주머니에 있던 자기 편지 한 장을 탁자에 내려놓은 후, 업무 보고를 마치고 나가며 왕비의 편지를 집어 듭니다. 왕비는 결코 이 시점에서 그를 붙잡지 못해요. 그렇게 되면 그 편지가 중요하다는 것을 왕이 눈치 채잖아요. 그래서 모든 것을 보면서도 왕비는 말 한마디 못하고 D. 장관에게 당하고 맙니다. D. 장관이 편지를 가지고 사라진 후에야 왕비는 경찰들을 시켜 D. 장관의 집무실을 뒤지라고 명령합니다. 그러나 석 달 동안 집무실 곳곳을 아무리 뒤져도 편지의 행방은 묘연합니다. 결국 경찰국장은 뒤팽에게 사건을 의뢰하게 되고, 우리의 뒤팽은 경찰들이 몇 달 동안 찾지 못한 문제의 편지를 찾아내게 되죠. 뒤팽이 D. 장관의 집무실에 들렀을 때 그는 편지가 어이없게도 화로 중앙에 매달린 편지꽂이에 들어있는 걸 보게 되죠. 그는 편지를 꺼내고 대신 자기가 가지고 간 편지를 그 자리에 넣어 둡니다. 사실 뒤팽과 D. 장관은 서로의 글씨체를 알 정도로 잘 아는 사이에요. 그리고 뒤팽은 예전에 비엔나에서 D. 장관에게 호되게 당한 적이 있죠. 그 악연 때문에 뒤팽은 자기가 가지고 간 편지에 '이토록 사악한 계략은 아트레우스에게는 적합하지 않아도 티에스테스에게는 합당하다'라는 구절을 써 놓아요. 이 대사는 비극

작가 크레비옹-Claude Prosper Jolyot de Crébillon(1707~1777)이 쓴 《아트레우스와 티에스테스》의 한 부분입니다. 이 유명한 형제들은 목숨을 걸고 정말 유치하게 싸우는 한 쌍이죠. 우리는 이 대사를 통해 뒤팽과 D. 장관 역시 그렇게 유치한 싸움을 벌이고 있다는 걸 직감할 수 있어요.

라캉은 〈도둑맞은 편지〉의 인물들을 세 종류로 구분할 수 있다고 말합니다. 우선 편지를 보지 못하는 사람들이 있고, 두 번째로 편지를 잘 감추었다고 착각하는 사람들이 있으며, 마지막으로, 다른 사람은 보지 못하는 것을 볼 수 있는 사람들이 있습니다. 소설의 서사를 분석해보면 이 세 입장들이 편지를 중심으로 두 번씩 반복됩니다. 여기서 잠시 편지에 대해 다시 기억해볼까요? 프랑스어로 편지는 'lettre'입니다. 이 단어는 문자를 뜻하기도 하죠. 제가 조금 전에, 기표 속에 있는 가장 중요한 구조가 무엇이라고 했었죠? 그렇죠. 바로 문자입니다. 기표의 중심을 텅 비게 만들어서 다양한 의미가 기표를 채울 수 있게 해주는 것이 바로 문자라는 구조죠. 우리는 문자에서 모든 것을 움직이면서도 그 자신은 움직이지 않는 신비를 관찰할 수 있어요. 그것은 이 소설에서 편지가 맡은 역할입니다. 편지는 모든 인물들을 움직이면서도 그 자체는 움직이지 않죠. 라캉은 그것을 '실재'라고 불렀어요. 내가 의지를 가지고 어떤 이야기를 하고, 어떤 결정을 하고, 어떤 방향으로 움직이는 것이 아니라, 내 의지와 무관하게 문자에 의해 말해지고, 결정되고, 움직여진다는 걸 보여주기 위해 라캉은 편지를 중심으로 배치되는 인물들의 지도를 분석해낸 거예요. 어려운가요? 프로이트는 우리의 의지와 무관하게 우리를 통해서 말하고 있는 그 무엇인가에 대해 연구한 사람입니다. 그것이 바로 '무의식'이죠. 무의식은 우리를 배치하고 결정하고 움직입니다. 라캉은 〈도둑맞은 편지〉 분석에서 바로 그 사실을 강조하고 싶은 거예요. 두 번 반복되는 삼각형은 그 이후의 무한한 반복과 연결됩니다. 그렇게 영원히 반복될 수밖에 없다는 걸 보여주려고 했던 것이죠. 우리는 소설에 나타난 두 번의 반복을 아래와 같이 그려볼 수 있습니다. 여기서 보지 못하는 사람은 왕과 경찰(왕비)이고, 편지를 잘 감추었다고 착각하는 사람들은 왕비와 D. 장관이며, 다른 사람들은 못 보는 상황을 볼 수 있는 사람들은 D. 장관과 뒤팽이에요. 그럼 두 개의 삼각형을 이렇게 그릴 수 있겠네요. L은 편지입니다.

첫 번째 삼각형에서는 왕비가 편지를 받은 후 감추는데, 두 번째 삼각형에서는 D. 장관이 같은 역할을 하고 있어요. 첫 번째 삼각형에서 왕이 못 보는 사람이라면, 두 번째 삼각형에서는 왕비가 사주한 경찰들이 같은 역할을 맡았고요. 인물들은 편지를 중심으로 이동할 뿐, 편지를 영원히 소유하거나 그 자리에 멈추어 영원히 정박할 수는 없습니다. 라캉은 이것이 바로 문자 또는 기표와 우리의 관계를 나타낸다고 생각했어요. 문자, 기표는 내가 좌지우지할 수 있는 게 아니라는 이야기를 하고 싶은 거죠. 편지에 의해 자리가 배치되는 인물들은 상징계의 구조를 잘 보여주는 모형이라고도 할 수 있어요. 각각의 인물들이 기표인 셈이거든요. 기표들은 끊임없이 움직이며 때때로 의미를 만들어내게 되죠. 하지만 의미가 생성되면, 바로 그 순간 다시 위치가 이동되고 이전의 의미는 사라지게 됩니다. 기표는 곧 다른 의미로 채워지겠죠. 인물들은 편지를 받는 족족 잃어버립니다. 그것은 이 두 삼각형에서만 끝나는 게 아니에요. 라캉은 어느 누구도 편지를 받을 수 없다고 말하네요. 편지는 제멋대로 우리 의식 너머의 목적지에 도달하죠. 그리고 우리는 잠깐 편지를 소지할 수 있을 뿐 소유할 수는 없다는 거예요. 편지가 우리를 배치하는 주인공이니까요.

여기서 라캉은 질문 하나를 던집니다: "그렇다면 너무나 멋있게 보이는 뒤팽 역시 그 다음 삼각형에서는 위치가 이동될까요?" 라캉은 뒤팽도 편지를 소유할 수는 없으며 결국 편지를 가졌다고 착각하는 위치로 이동된다고 답합니다. 그 말은 뒤팽도 편지를 둘러싼 이 게임에 말려들게 된다는 뜻입니다. D. 장관에게 복수를 한다며 비극의 대사 한 줄을 써 놓고 유치한 싸움을 하고 있잖아요. 성숙하지 못하죠. 이렇게 성숙하지 못한 위치, 착각하는 위치를 우리는 상상계라고 부를 수 있어요. 그것은 장소라기보다는 '순간'입니다. 편지를 영원히 소유할 수 있다고 착각하는 순간이 바로 상상계적 덫입니다. 상상계의 특징은 '척'하는 거예요. 그러나 상상계가 나쁜 것이라고 생각하면 안 돼요. 우리가 하는 모든 말들은 다 상상계적인 것이니까요. 의미를 만들어내는 모든 순간은 다 상상계라고 할 수 있어요. 상상계는 잠시 멈추는 순간을 뜻합니다. 문제는 그 순간이 지나가지 않고 지속될 때, 또는 지속될 수 있다고 착각할 때 시작됩니다. 이미지에 죽고 이미지에 사는 것 역시 상상계적 덫입니다. 이미지가 깨지면 큰일이 나는 듯 산다면, 우린 너무나 많은 에너지를 이미지 가꾸기에 소진하게 되겠죠. 반면 그 다음 위치로 이동하는 것, 이미지가 깨지는 것, 어긋나는 것은 상징계적인 특징입니다. 그건 굉장히 불편한 구조죠. 그림에서 상징계는, 끝없는 삼각형의 연쇄 속으로 이동하는 과정 자체를 뜻해요.

이 이야기를 라캉의 개념들과 연결시켜 볼게요. 상상계는 거울 단계와 관련 있는 영역입니다. 라캉은 거울 단계에서 자신에 대한 하나의 또렷한 이미지가 형성되며 자아가 생성된다고 설명했어요. 그건 일관성 있는 내 모습이라고도 할 수 있습니다. 그런데 처음에 말씀드렸듯이, 일관성은 그 자체가 허상이라고 할 수 있어요. 일관성이란 변하지 않는 무엇을 뜻하는 단어인데, 우리의 욕망은 끝없이 우리가 가지지 않은 다른 무엇으로 우리를 이끌잖아요. 우리의 모습도, 욕망의 대상도, 감정도 모두 끊임없이 변하죠. 상징계의 연쇄 속에서 그 변화를 받아들이지 않은 채 이미지에 고착되어 있다면 우리는 결코 삶을 개척할 수도, 새로운 일에 도전할 수도 없게 됩니다. 상상계에 고착된다는 것은 거짓 이미지에 매달린다는 뜻이기도 하고, 유치한 이자관계에 종속된다는 의미이기도 합니다. 늘 어머니가 돌봐주는 어린아이처럼, 40살이 되었어도 탯줄을 옷 밖으로 늘어뜨린 채 생활하는 사람도 있죠. 그 사람은 상상계에 갇혀 있는 상태입니다. 최초의 이자관계는 어머니와 아이 사이에서 형성되겠죠. 라캉은 나 같은 타자, 최초의 타자를 a라고 불러요. 소문자 a가 어머니를 가리킨다면 대문자A는 아버지를 뜻한다고 볼 수 있습니다. 대문자A는 아버지의 법, 언어와 같이 불편한 세상 즉 상징계를 뜻합니다. 그렇다면 소문자a는 상상계와 관련 있는 영역이겠죠. 라캉은 오이디푸스콤플렉스가 상상계에서 상징계로 넘어가는 과정이라고 설명합니다. 이자관계에 언어, 아버지의 법이 개입하며 아이가 세상을 만나게 되는 과정이 바로 오이디푸스 삼각형이 뜻하는 바이며, 이것은 한마디로 성숙을 의미합니다.

뒤팽이 D. 장관과 벌이는 유치한 게임을 생각해보세요. 그는 상징계의 연쇄를 타고 이동하고 있나요, 아니면 나인지 남인지 구분이 되지 않는 상상계적 이자관계 속에 갇혀 있나요? 뒤팽은 현재 유치한 게임에 갇혀 있어요. 이 게임은 성숙한 싸움이 아니죠. 라캉은 이것이 사실 우리 삶의 생리라고 설명합니다. 상상계적인 순간을 경유하여 허상을 넘어 다시 낯선 위치에 배치되고, 그 위치에서 또 다시 착각하고 허상을 부여잡게 되는 것은 우리 모두가 필연적으로 겪어야 하는 운명의 덫입니다. 자, 이제 삼각형을 조금 확장시켜볼까요?

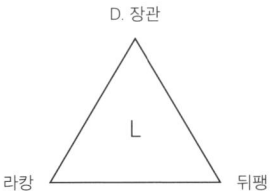

앞에서 설명한 처음 두 삼각형에 이어 그린 세 번째 삼각형에서 D. 장관은 이제 무슨 일이 벌어지는지 보지 못하고 있어요. 언

젠가 중요한 순간에 편지를 펼쳐보고서야 자신이 뒤팽에게 당했다는 것을 알게 되겠죠. 이제 데리다가 개입할 때가 되었네요. 그는 《우편엽서》에서 상상계적 착각 속에 고착된 것은 뒤팽뿐만이 아니라고 말하죠. 라캉 역시 자신의 편지를 부여잡고 그것을 정답으로 간주하고 있다는 겁니다. 그 정답이란 정신분석의 기원인 '팔루스phallus'입니다. 라캉은 프로이트가 자주 언급했던 남근이라는 단어를 속이 빈 기표로 해석하는데요. 속이 텅 비어있으면서도 가장 우월한 기표로 등장하기 때문에 그는 남근을 주인기표라고도 부릅니다. 상징의 차원으로 격상된 남근은 이제 팔루스라고 불리죠. 라캉은 팔루스를 설명하며 기표 속의 공백을 강조합니다. 그것은 의미로 가득 채워져 있는 대상이 아니며, 그보다는 내용이 없는 빈껍데기에 가깝습니다. 하지만 아무 것도 존재하지 않는 곳에 껍데기를 잠깐 씌웠을 때 그것은 우리에게 마치 엄청난 힘이 있는 대상인 것 같은 느낌을 불러일으킨답니다. 라캉은 그 껍데기를 '환상'이라고 부르고, 그렇게 만들어진 기표를 팔루스라고 부릅니다. 포의 소설에서 편지가 바로 팔루스의 역할을 나타내는 대상입니다. 그것을 가지면 엄청난 힘이 생기므로 모든 사람들이 그것을 탐내지만, 정작 팔루스는 니벨룽겐의 반지나 절대 반지처럼 어느 누구도 가질 수 없는 대상이죠. 그 이유는 뭘까요? 그것이 애초에 존재하지 않는 대상이기 때문입니다. 라캉은 세상에 팔루스를 가진 인간은 없다고 말하죠. 아, 한 사람 있겠군요. 바로 돈 후안입니다. 제 말이 아니에요. 라캉이 제시하는 사례랍니다. 데리다의 비판은 라캉이 말하는 팔루스가 사실은 내용으로 가득 찬 정신분석의 정답이라는 거예요. "너희 정신분석가들은 팔루스가 없으면 한마디도 못하지?"라고 놀리는 데리다의 목소리가 들리네요.

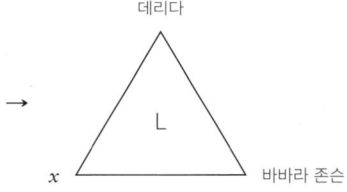

자, 그럼 여기에 삼각형을 하나 더 추가해볼까요? 이제 편지를 부여잡고 정답을 찾는 사람은 라캉입니다. 그는 착각하는 위치에 배치되어야겠죠. 앞의 삼각형에서 라캉은 모든 것을 보는 위치에 있었습니다. 그가 포의 소설을 잘 분석해냈잖아요. 그는 뒤팽도 이자관계에 갇혀 있다고 설명하면서 작품을 멋지게 분석했죠. 그러나 이때 라캉은 편지를 거머쥐고 있습니다. 그렇게 되면 바로 다음 순간, 보지 못하는 위치에 배치되죠. 작가도 인물도 모르는 진실을 아는 척했던 라캉이 이제는 그 스스로 못 보는 자가 되었습니다. 바바라 존슨은 여기에 삼각형을 하나 더 보태줍니다. 이번에 모든 것을 보는 척하며 해석하는 사람은 데리다죠. 비록 라캉은 편지는 우리가 결코 잡을 수 없는 결여 자체라고 강조하지만, 데리다는 "결여 자체가 네게는 정답이잖아, 너는 결여 없이 못

살잖아, 네 정답은 결여고, 남근이고, 삼각형이잖니"라며 라캉을 비판했죠. 그러니 이번에 보는 위치에 배치되는 사람은 데리다입니다. 데리다는 여기서 더 나아가, 오이디푸스적 숫자인 3보다는 4나 2가 더 중요하다고 이야기해요. 라캉이 해설자를 간과했기 때문에 4를 볼 수 없었고, 분신 모티프를 간과했기 때문에 2를 볼 수 없었다고 하면서요. 실제로 〈도둑맞은 편지〉에는 더블 또는 분신 모티프가 자주 등장합니다. 바바라 존슨은 그것이 사실이든 그렇지 않든 간에, 이 모든 주장이 어쨌든 편지를 거머쥐는 행위라고 설명하죠. 바바라 존슨은 자신이 이러한 해석을 제시하는 순간, 자신 역시 편지를 받는 위치에 배치된다고 말합니다. 그리고 또 다른 누군가가 새로운 해석을 제시하게 될 것이라고 설명합니다. 이렇게 끝없이 이어지는 삼각형들 속에서 어느 누구도 편지를 소유할 수는 없답니다.

인물들이 모두 간절히 원하는 편지는 라캉의 개념 중 '대상a'라고도 부를 수 있습니다. 아무리 손을 뻗어도 잡히지 않고, 손에 넣게 되면 바로 오물로 변해버리는 환상 대상이죠. 왜 아까는 팔루스라고 했다가 지금은 대상a라고 하냐고요? 또 문자라고도 했었고 기표라고도 했었죠? 뉘앙스가 다를 뿐 다 같은 말입니다. 팔루스는 상징계를 촉발시키는 중심이지만 상징계에는 존재하지 않는 것이에요. 편지가 인물들의 이동을 촉발시켰다는 의미에서 우리는 편지를 팔루스라고 봤었죠. 대상a는 실제로는 존재하지 않는 환상 대상이며, 인물들이 편지를 소원한다는 의미에서 우리는 편지를 대상a로도 볼 수 있습니다. 주체의 의지를 넘어서 주체를 배치하고 있으므로, 그것은 기표의 역할도 하고 있습니다. 그리고 기표 속 결여 그 자체를 강조한다면 우리는 그것을 문자라고 부를 수도 있습니다. 이 모든 것은 실재라는 영역에 속합니다. 물론 기표는 상징계를 구성하는 기본 단위지만, 그 속으로 들어가 미세구조를 확대하면 거기에서 우리는 상징의 연쇄에는 속하지 않지만 기표의 연쇄를 촉발시키는 문자를 가정할 수 있게 돼요. 후기 세미나에서 라캉은 문자를 더욱 강조합니다. 어떤 것도 확실하지 않은 상징계 속에서 주체의 고유한 세상을 만들고 그 세상에 일관성을 부여하는 것이 문자이기 때문이죠. 이것은 라캉의 후기 세미나에서만 언급되는 이야기입니다.

또 다시 정리해볼까요? 대상a는 결여의 다른 말이자 실재의 한 조각입니다. 문자도, 편지도 마찬가지죠. 우린 그것을 잡을 수 없어요. 가끔씩 잡았다고 착각할 뿐이죠. 목적지 없이 그렇게 끝없이 움직여 가야 해요. 그런데 만약 우리가 원하는 것을 결코 손에 넣지 못한다면 우리는 욕망에 대해 어떤 이야기를 할 수 있을까요? 그렇다면 어떻게 문자가 주체의 고유한 개별적 세상을 만들 수 있는 건가요? 당신의 욕망을 포기하지 말라는 라캉의 말은 또 무슨 뜻인가요? 이제 욕망의 그래프를 통해 또 다른 이야기를 해봅시다.

욕망 이야기

욕망의 그래프에는 라캉의 모든 이론이 집약되어 있습니다. 우리가 앞에서 이야기했던 대상a, 기표, 대타자(A), 소타자(a), 자아(m), 욕망(d)도 있고, 그 이외에 이상적 자아($i(a)$), 자아이상(I(A)),

환상공식($S \Diamond a$), 거세, 충동($S \Diamond D$), 주이상스도 나오네요. 이 그래프는 라캉의 L도식의 확장판으로 이해할 수 있습니다. L도식은 자아와 소타자의 이자관계가 대타자에 의해 파괴되는 과정을 나타내고 있으며, 이것은 상상계에서 상징계로 이행하는 주체의 변화를 뜻하는 것이기도 합니다. 그러나 여기에는 실재라는 영역이 명료히 표시되어 있지 않죠. 대상a, 환상, 욕망, 충동, 주이상스 등 실재의 측면이 강조된 모형이 바로 욕망의 그래프예요.

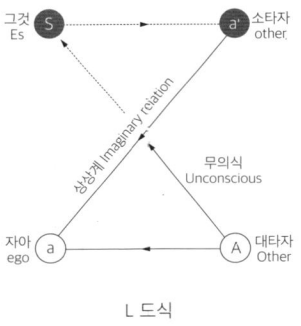

L 도식

라캉은 《세미나6》에서 햄릿과 관련하여 욕망의 그래프를 제시했는데, 햄릿이 언제나 타자의 시간에 살며 다른 사람의 욕망에 휘둘린다고 말합니다. 늘 누군가의 눈치를 보고 있는 햄릿은 남성 히스테리의 대표적 사례입니다. 그가 자신이 원하는 것을 말할 수 있을 때, 비로소 그는 정신분석의 종결에 이르러 발언하는 주체가 되는 것이죠. 그래서 욕망은 정확히 말해 실재보다는 상징계와 더욱 밀접하게 관련되어 있습니다. 상징계에 진입했을 때 비로소 우리가 욕망에 대해 말할 수 있게 되니까요. 욕망의 그래프를 자세히 한 번 살펴볼까요.

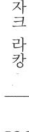

욕망의 그래프

    욕망의 그래프는 두 부분으로 나뉘어 있습니다. 아랫부분은 의미의 그래프이고, 윗부분은 욕망의 그래프인데, 욕망이 제대로 작동하려면 상위 그래프는 의미의 그래프를 다시 만나야 합니다. 의미의 그래프는 우리가 기표들을 모아 이야기를 전달하는 과정을 보여줍니다. A는 기표의 모음이라고 보면 되고, s(A)는 기표들이 모여 하나의 문장이 되고 주체가 드디어 의미를 만들어내는 순간을 말합니다. 주체는 '나는', '지금', '매우', '덥다'를 모아 '나는 지금 매우 덥다'라고 말할 수 있죠. 이렇게 우리는 기표들을 꿰어 의미를 전달합니다. 그런데 내가 만든 의미는 사실 타자들의 이야기와 맞닿아 있어요. 우리 마음속에서 우리를 지켜보는 타자, 우리가 동일시하는 타자, 즉 I(A)가 그래프 아랫부분 하단에 연결되어 있죠. 이때 의미를 만들어내는 조금 쉬운 지름길이 있어요. 기표의 연쇄 아래 m(moi, 자아)과 이상적 자아($i(a)$)를 잇는 선이 있죠? 그게 바로 상상계적 영역입니다. 물론 $s(A)$ 역시 의미가 생성되는 상상계적 순간이지만, 자아가 개입된 영역에서는 편지를 소유하고 있다는 착각이 더욱 강조됩니다. 자아는 의미를 고착시키죠. 그런데 과연 내가 한 말이 하나의 의미로 고착될 수 있을까요? 편지를 소유하는 것이 불가능하다는 라캉의 말은 하나의 의미, 유일한 정답을 찾는 게 가능하지 않다는 뜻입니다. 그것은 우리가 마음속에 있는 말을 100% 정확하게 전달할 수 없다는 뜻이기도 해요. 말은 불완전한 도구입니다. 그래서 언제나 충분히 전달하지 못해요. 더 나아가 우리는 우리 마음이 원하는 것을 100% 정확히 알지 못합니다. 라캉은 이러한 이유로 주체를 빗금 그어 버립니다. 주체는 정답을 가지고 있지 않아요. 타자도 마찬가지죠. 아무도 정답을 몰라요. 그런 의미에서 우리는 모두 중요한 부품 하나가 빠진 채 설계된 미완성작입니다. 정신분석은 이 중요한 부품을 남근이라고 불러왔어요. 그게 없어졌다는 말을 달리 표현하면 '거세되었다'고 할 수 있죠. 주체에도, 타자에도 빗금이 그어져 있는 이유는 우리가 모두 거세된 존재들이기 때문입니다. 그렇다면 주체는 거세되어 있고, 편지를 소유할 수도 없고, 자신이 뭘 원하는지 정확히 알 수도, 말할 수도 없네요. 이런 비극이 있나요! 바로 여기서 욕망의 그래프 윗부분이 그려집니다.

상위 그래프를 만드는 것은 욕망에 대한 질문입니다. '내가 정말 원하는 게 뭐지?' 또는 '타자가 나로부터 원하는 게 뭐지?'라는 질문은 상징계의 어긋남을 경험해야만 가능해지는 질문들입니다. 뭔가 빠져 있기 때문에, 무엇인가 부족하기 때문에 질문을 하게 되는 거예요. 늘 내게 만족하지 못하는 어머니는 나로부터 무엇을 원하는 걸까요? "더더더더!" 내가 도대체 뭘 어떻게 해야 하나요? 욕망 역시 타자와의 게임입니다. 그러나 이 질문의 끝에서 우리는 타자 역시 답을 가지고 있지 않다는 것을 깨달아야 합니다. 라캉은 그것을 S(A)라고 썼죠. 이것은 타자 속의 결여를 나타내는 기표입니다. 그렇다면 어떻게 살아야 할까요? 내 마음 대로 살면 됩니다. 내 마음이라는 게 뭘까요? 그건 우리가 만들어 가는 겁니다. 그 자리가 비어 있으니, 아무 것도 없는 자리에 무엇이든 만들 수 있는 거죠. 정답이 없다는 건 무한한 자유를 의미합니다. 그러니 나도 타자도 결여(거세)되어 있다는 것은 축복인 셈이에요. 내가 무엇이든 할 수 있게 되니까요. 대신 우리는 그 대가를 지불해야 됩니다. 그건 바로 '불안'이죠. 상징계는 의미가 끊임없이 변하며 모든 것이 가능한 영역인 대신, 상당히 불안한 공간이에요.

그런데 거세라는 건 뭔가 그 전에 우리가 가지고 있었던 걸 없앴다는 뜻 아닌가요? 그렇다면 처음에 우리는 그 중요한 대상을 소유하고 있었나요? 언젠가 우리가 편지를 소유했던 적이 있었을까요? 굉장히 중요한 무엇인가가 있었고 그걸 거세당한 거잖아요. 이런 생각 때문에 우리는 자연히 완전하고 온전한 하나됨을 가정하게 됩니다. 그건 바로 어머니와의 합일이에요. 근친상간이란 바로 이러한 가정을 의미하는 개념이죠. 어머니와의 합일이라는 궁극적 쾌락을 우리는 '주이상스'라고 부를 수 있습니다. 하지만 이것은 우리가 한 번도 느껴보지 못한 쾌락으로서, 그저 상상 속에서 가정할 수 있을 뿐이에요. 재미있는 사실은 존재하지도 않는 것을 박탈했는데, 어떤 효과가 나타난다는 거죠. 거세의 효과는 상징계로의 진입입니다. 즉 상상계에서 상징계로 진입하기 위해 우리는 모두 거세되어야만 해요. 우리가 가지고 있지 않은 어떤 것을 우리로부터 박탈하는 과정을 거칠 때 우리는 비로소 상징계의 어긋남을 인식할 수 있게 되고, 그 어긋남을 통해 궁극적으로 자신의 욕망을 추구할 수 있게 되는 거죠.

정답이 없다는 건 참 어려운 일이에요. 어느 정도까지만 적절히 채워지기보다는 늘 모든 것이 넘치거나 모자라죠. 토할 때까지 폭식을 하거나, 거식증에 이를 때까지 음식을 거부하는 것은 충동이라는 에너지가 정답을 모르기 때문입니다. 우리는 정말 뭐든 할 수 있죠. 이제 관건은 우리가 어떻게 충동과 욕망과 무의식으로 이루어진 세상에서 주인공이 되느냐 입니다. 내가 '그것'이 있던 곳에 설 수 있게 된다면 우리는 충동의 동력을 이용하여 내 욕망 추구할 수 있게 되겠죠. 만약 이 게임에서 진다면, 우리는 남 안에 갇히거나 내 안에 묻혀서 무시무시한 에너지에 짓눌린 채 헤어 나오지 못하게 됩니다. 어떻게 해야 할까요? 우리는 우리 자신에 대한 서사를 쓸 수 있어야 합니다. 그건 누군가가 써 주는 게 아니에요. 나를 성장시키고 보호해주는 서사, 바로 그것이 환상의 역할입니다. 아무 것도 없는 곳에 이야기가 생기는 거죠. 환상은 거세된 주체와 대상 a의 관계($S \diamond a$)로 표현됩니다. 무시무시한 결여를 견딜 만한 것으로 바꾸는 것이 바로 환상이죠. 환상은 다른 말로 욕망의 미장센이라고 할 수 있습니다. 빈자리에 베일을 두르고 이야기를 만드는 거죠. 신기하게도 우리는 삶의 여정에서 그 서사를 이루어 내기도 합니다. 이 영역은 그래프의 아랫부분에 있는 자아와 이상적 자아가 만드는 상상계적 영역과 유사한 병렬적 구조로 구성되지만, 사실 이 둘은 근본적으로 차원이 달라요. 아랫부분의 상상계적 영역은 의식의 거짓 언어로 구성되지만, 윗부분에 있는 환상 서사는 무의식의 진실된 언어로 구성됩니다. 물론 이것이 다시 하위 그래프를 만나고 "나는 무엇 무엇을 원한다"라는 주체의 말로 발화되어야만 하겠죠. 욕망의 그래프는 우리 삶의 이야기를 들려주고 있어요. 우리의 불안, 두려움, 거짓말, 욕망, 충동, 그리고 환상의 이야기죠. 가만히 보면 화살표가 그래프 전체를 이어주고 있죠? 이건 상상계, 상징계, 실재가 결코 분리될 수 없이 이어져 있다는 것을 뜻합니다. 그래서 라캉은 세 개의 원이 하나로 묶여 있는 보로메오 매듭 Borromean Knot을 우리 마음의 모형으로 제시해요. 세 개의 원은 각각 상상계, 상징계, 실재를 뜻하며 그중 하나만 끊어도 모든 원이 흩어져버리게 되죠. 이 세 영역은 매 순간 우리와 함께 있습니다. 하나가 풀리면 모두 풀려버리니 하나를 따로 떼어 말할 수 없어요. 우리는 끝없이 상징의 연쇄 속에서 움직이고, 그 와중에 끝없이 멈추어 의미를 만들어내며, 매 순간 모든 것이 가능한 자유와 어떤 것도 정해지지 않은 불안을 동시에 느끼고 있죠.

〈도둑맞은 편지〉는 아직 욕망의 이야기를 하지 않습니다. 그건 우리의 몫으로 남겨져 있어요. 이제 우리는 주체의 욕망과 결단의 이야기를 각자의 삶 속에서 시작해야 합니다. 라캉은 안티고네◆의 예를 들어 욕망을 포기하지 않는 주체의 이야기를 들려줬죠. 편지를 잡을 수 없다는 말은, 모든 것이 무너져버린 듯한 좌절의 순간에도 우리 욕망의 게임은 결코 쉽게 끝날 수 없다는 뜻이기도 합니다. 그런 순간 자체가 우리를 멈추게 만드는 상상계적인 덫이에요. 우울 역시 마찬가지죠. 상실, 자기징벌 모두 우리를 그 자리에 멈추게 합니다. 라캉은 편지 이야기를 통해 우리가 그러한 고착에서 벗어날 수 있음을 알려주고 있어요. 상징계는 매 순간 의미가 새롭게 태어나는 곳입니다. 증상이란 의미가 고착되어 우리의 시간이 멈출 때 나타나는 거예요. 정신분석은 자신에 대한 새로운 이야기를 구성함으로써 그러한 증상을 벗어나게 만드는 기법입니다. 물론 그렇게 정의된 이야기 역시 또 다른 삼각형 속에서 다시 새로운 의미로 태어나야겠죠. 자, 이제 모든 것이 가능한 이 환상 공간 속으로 함께 한 걸음 내디뎌 볼까요?

이제 마지막 반전이 여러분들을 기다립니다. 세미나23에서 라캉은 제임스 조이스James Joyce(1882~1941)를 분석하는데요, 이때

◆ **안티고네**
오이디푸스 신화는 정신분석의 표본서사이다. 라캉이 흥미로워지는 지점은 바로 그가 오이디푸스나 그의 딸 안티고네를 분석하는 부분들이다. 라캉은 두 번째 세미나에서, 오이디푸스의 정신분석은 콜로노스에서만 종결될 수 있다고 말하는데, 그 이유는 이곳에서 오이디푸스의 성격이 변하기 때문이다. 그는 더 이상 남을 탓하거나 원망하지 않는다. 오히려 그는 너무나 당당히 자신의 무죄를 주장한다. 그가 근친상간으로 낳은 딸인 안티고네 역시 크레온의 폭력에 맞서, 자신은 인간의 법보다는 하늘의 법을 따르겠다고 선언하며 크레온의 명령에 불복한다. 라캉은 일곱 번째 세미나에서 안티고네의 사례를 제시하며, 우리에게 욕망을 포기하지 말라고 요청한다.

그는 자신을 비판했던 데리다를 슬며시 모방하고 있어요. 4를 3보다 중시했던 데리다처럼, 그는 이제 보로메오 매듭이 네 개라고 말합니다. 마지막 매듭의 이름이 바로 생톰이에요. 생톰은 세 개의 원을 이어내는 네 번째 원으로서, 이것은 상징계 속에서 자신만의 고유한 세상을 만들 수 있는 주체의 실재적 가능성을 뜻합니다. 라캉은 개별적 주체들이 생톰을 축으로 삼아 고유한 세상을 만들어내는 의미 생산 과정을 '자아의 글쓰기'라고 불렀어요. 이 부분에 자아가 나오네요. 그런데 라캉이 자아심리학자들을 비판할 때는 자아를 moi로 표기했답니다. 지금은 ego라고 쓰죠? 즉 ego는 의미를 만드는 또 다른 차원을 뜻합니다. 이것은 허상이 아니에요. ego는 자신만의 세상을 빚어낼 수 있는 주체들의 자기실현 과정이죠. 우린 그런 세상을 〈세상에 이런 일이〉와 같은 프로그램에서도 가끔씩 엿보게 됩니다. 개별적 세상, 내 방식, 나를 드러내는 삶, 바로 그것이 라캉/프로이트/정신분석이 궁극적으로 꿈꾼 세상이었죠. 그 세상은 문자로 이루어집니다. 그러니 이 세상은 상징계적이기보다는 실재적이겠죠? 바로 이렇게 라캉의 편지 이야기가 역전됩니다. 배치 당하던 주체가 이제 문자가 되어 버리는 거죠. 이제는 더 이상 편지를 소유하는 것이 문제가 아니에요. 나 자신이 편지가 되어 버렸으니까요. 이렇게 자신의 삶을 창조하는 겁니다. 라캉은 그것을 '글쓰기'라고 불러요. 자, 여러분들은 이제 내 인생을 쓸 준비가 되셨나요? 긴 여정이겠지만 우리 모두 언젠가 나만의 고유한 세상에 이르게 되었으면 좋겠습니다.

♦♦♦
더 읽어보면
좋은 책

숀 호머, 김서영 옮김, 《라캉 읽기》, 은행나무, 2006.

이 책의 저자인 숀은 라캉 이론가이고 그의 아내인 제니는 라캉 분석가이다. 두 사람은 정말 라캉적인 방식으로 하루하루를 사는데, 이 부부가 일상적으로 하는 말들도 상당히 라캉적이다. 이 책에서 숀은 '상상계', '상징계', '무의식의 주체', '실재계', '성차' 등과 같은 몸에 배인 라캉의 주요 개념들을 간결히 정리하고 있다. 라캉에 처음 입문하는 독자에게 도움이 될 수 있는 책이다. 다만 숀이 라캉의 〈도둑맞은 편지〉 세미나를 설명하는 방식은 필자가 설명한 방식과는 조금 다르다. 두 설명들을 비교하면서 읽어도 재미있을 것이다.

브루스 핑크, 김서영 옮김, 《에크리 읽기: 문자 그대로의 라캉》, 도서출판 b, 2007.

라캉의 《에크리》에 실린 중요한 논문 몇 편을 풀어쓴 해설서이다. 저자는 라캉의 《에크리》를 영어로 처음 완역한 사람이자 충실한 라캉 연구자로, 이 책은 라캉의 《에크리》에 대한 치밀한 정독이 돋보이는 세부로 가득하다. 더불어 그는 자신만의 방식으로 라캉의 체계를 해설하고 있다. 그 자신이 분석가인 만큼, 그는 언제나 힘든 사람, 괴로운 사람의 이야기를 사유의 중심에 배치한다. 실재를 강조하는 슬라보예 지젝과 달리 핑크는 언어를 정신분석학의 중심으로 간주한다. 이것은 사실 우리가 돌아가야 하는 라캉의 모습이

◆◆◆

기도 하다. 이 책 제목에 '문자'가 들어가는 것도 바로 그러한 이유 때문일 것이다.

김서영, 《영화로 읽는 정신분석》, 은행나무, 2007.
김기덕의 〈빈집〉, 미하엘 하네케의 〈피아니스트〉 등의 영화를 통해서 라캉의 정신분석학과 융의 분석심리학을 설명해주는 책이다. 영화 속 인물들의 말과 행동을 통해 영화에 배어 있는 정신분석의 틀을 찾아내고 이를 이론적으로 설명하고 있다. 라캉에 쉽게 접근할 수 있도록 도와주며, 덤으로 분석심리학 이야기도 들을 수 있다. 정신분석학과 분석심리학을 모두 믿는 저자는 이 영역들이 연대하면 더욱 강력한 치유력을 발휘하게 된다고 생각한다.

김서영, 《프로이트의 환자들》, 프로네시스, 2010.
프로이트 전집에 나오는 150여 가지 사례들을 통해 프로이트의 분석과정과 그의 주요 개념들을 볼 수 있는 책이다. 책의 곳곳에서 라캉이 늘 돌아가야한다고 호소했던 프로이트의 특징적 면모를 관찰 수 있을 것이다. 또한 이 책을 읽고 자기분석을 할 수 있게 된다면 금상첨화일 것이다. 라캉을 읽기 위해서는 결국 프로이트 전집으로 복귀하는 것이 적절한 방향성이 아닐까?

루이 알튀세르,
이데올로기와 반역

최원

루이 알튀세르
Louis Althusser(1918~1990)

루이 알튀세르는 1918년 알제리에서 태어나 파리 고등사범학교에서 공부했다. 1965년에 기념비적인 저작인 《맑스를 위하여》와 그간 제자들과 진행한 맑스의 《자본》에 대한 세미나의 결과를 책으로 묶어낸 《자본을 읽자》가 출간되면서 가장 영향력 있는 맑스주의 철학자로 떠올랐다. 이 책들에서 그는 이론적 반-인간주의 및 반-목적론의 입장에서 맑스를 재해석함으로써 1845년에 일어난 인식론적 단절을 이론적으로 해명하고 맑스주의의 철학적 토대를 방어하는 이론적 투쟁을 벌였다. 1971년에 그는 〈이데올로기와 이데올로기적 국가장치들〉이라는 논문을 써서 주체에 대한 세계적인 논의 지형을 완전히 뒤바꾸어 놓았으며, 특히 국가에 대한 고전적 맑스주의의 불충분한 이해를 마침내 넘어설 길을 열어냈다. 그러나 그는 개인적으로 앓던 조울증 증세가 점차 악화되어 1980년에 자신의 아내인 엘렌느를 정신착란 속에서 비극적으로 교살함으로써 사회적 발언권(강의를 하거나 출판을 할 권리)이 전면 금지되어 1990년에 숨을 거둘 때까지 정신병원과 아파트에 갇혀 지내야 했다. 그러나 그가 죽은 지 20여년이 지난 지금 그의 유고작들이 차례차례 출간됨에 따라 그의 철학에 대한 새로운 조명이 이루어지고 있다.

알튀세르의 호명과 주체의 문제

루이 알튀세르는 프랑스 철학자로 1960~1970년대에 맑스주의를 개조 또는 전화하기 위해 많은 노력을 기울인 사람입니다. 특히 1965년에 《맑스를 위하여Pour Marx》, 그리고 제자들과 함께 쓴 《자본을 읽자Lire le Capital》라는 유명한 두 권의 책을 출간한 후 5년여 동안 이데올로기론을 가공하기 위해 작업했는데, 이것의 성과가 1971년에 나온 〈이데올로기와 이데올로기적 국가장치들〉이라는 논문이지요. 이 논문은 그리 길지 않지만, 출판 직후 일거에 주체 문제에 대한 세계적인 논의 지형을 바꿔 놓았고, 이후 이데올로기를 논함에 있어서 학자들의 필수적인 준거점이자 가장 많이 인용되는 논문 중 한 편으로 자리 잡았습니다. 이 논문은 원래 알튀세르가 그 전에 쓴 책 분량 정도인 긴 수고의 일부였는데, 그는 전체 원고를 공개하지 않고 그것의 결론격인 저 논문의 부분만 수정해서 공개했던 것이지요. 전체 원고는 알튀세르가 죽은 후 상대적으로 최근에 《재생산에 대하여》라는 제목 하에 유고작으로 출판되었고, 한국에도 얼마 전에 국역본(김웅권 옮김, 동문선, 2007)이 나왔습니다. 이 책과 함께, 알튀세르가 자신의 제자들과 공동 작업하면서 작성했던 몇몇 에세이들, 노트들도 출판이 되어 요즘 알튀세르의 이데올로기론을 새롭게 이해해보려는 노력을 자극하고 있습니다. 이 글들은 영어권에서는 《휴머니즘 논쟁The Humanist Controversy》이라는 제목으로 책으로 묶여 나왔지만, 국내에는 아직 번역이 안 되어 있습니다. 조만간 번역 작업이 이루어져야 하지 않을까 생각합니다.

알튀세르가 ISAs(이데올로기적 국가장치들) 논문에서 제시한 중심적 테제들 가운데 하나는 바로 '이데올로기적 호명 테제'라고 부르는 것입니다. 그 내용은 아시다시피 '이데올로기가 개인을 주체로 호명한다'는 것이지요. 그리고 이러한 이데올로기적 호명이 어떻게 작동하는지를 구체적으로 보여주기 위해서 알튀세르는 한 편의 작은 연극적 상황을 디자인합니다. 행인이 지나가고 있고, 경찰이 등 뒤에서 그 행인을 부릅니다. "이봐, 거기!" 그러면 이 행인은 경찰의 부름에 답해 돌아서게 되지요. 그리고 바로 이렇게 돌아서는 순간, 알튀세르는 이 행인이 주체로 구성된다고 말합니다. 따라서 주체는 이러한 호명의 효과인 것이지요. 원래 이 행인은 개인이었을 뿐 주체가 아니었는데, 호명에 의해 타율적인 방식으로 주체로 구성된 것입니다.

    이러한 호명 테제가 당시 주체에 대한 논의에 강력한 개입력을 가질 수 있었던 것은, 주체를 '구성하는' 위치에서 '구성되는' 위치로 옮겨 놓음으로써 주체를 근본적으로 자율성이 아니라 타율성으로 특징지어지는 존재로 바꾸어 놓았기 때문입니다. 알튀세르 이전에, 또는 좀 더 넓은 맥락에서 말하자면 구조주의 이전에, 프랑스 학계를 장악하고 있던 사상은 사르트르를 비롯한 실존주의였습니다. 이 사상은 주체의 실존적 결단의 자유와 자율성을 강조했지요. 하지만 주체의 자율성에 대한 강조는 비단 실존주의에만 한정된 것도 아닙니다. 사실 철학적으로 주체를 자율적인 존재로 정초한 사람은 칸트라고 볼 수 있습니다. 인식의 객관성의 근거를 외부 세계에서 찾기를 멈추고 오히려 시공간을 비롯한 주체의 인식의 선험적 형식 속에서 찾음으로써 칸트는 주체를 결정적으로 '구성하는' 위치에 놓았지요. 더 나아가 칸트는 도덕적 자유의지를 식욕과 같은 자연적 욕구를 채우거나 쾌락을 얻는 것을 추구하는 자의自意, Willkür와 구분하고, 오히려 자의에서 주체 자신을 떨어뜨려 놓을 수 있는 힘으로 규정함으로써 도덕적 주체의 근본적 자율성을 강조했습니다. 쉽게 말해서 어떤 사람이 욕구에 의해 규정되어 자기가 원하는 걸 마음대로 하고 싶어 하는 존재라면 그는 자유로운 존재가 아니라는 것이지요. 그건 돼지나 다를 바가 없다는 것입니다. 반대로 도덕적으로 자유로운 존재라면 자신의 목에 칼이 들어와도 거짓말을 하지 않을 수 있어야 하는 것이지요.

하지만 알튀세르의 호명 테제는 주체를 자율적인 위치에서 타율적인 위치로 옮겨 놓음으로써 주체에 대한 과거의 사유가 답하지 못한 하나의 질문에 대해 매우 효과적으로 답할 수 있는 길을 열었습니다. 곧 '주체들이 자율적인 존재라면, 왜 그들은 지배자들이 퍼뜨리는 잘못된 생각에 그토록 쉽게 설득 당하는가?'라는 질문 말입니다. 그런데 문제는 주체를 이렇게 타율적인 존재로 규정하게 되면, '저항'이나 '반역'이 어떻게 가능한가를 이해하기 어렵다는 점입니다. 이 때문에, 알튀세르의 호명 테제는 상당한 논란을 불러왔지요. 하지만 그렇다고 사람들은 쉽게 알튀세르 이전의 주체의 자율성 테제로 돌아갈 수도 없었습니다. 왜냐하면 그렇게 되면 이데올로기가 갖는 광범위한 영향력을 도저히 설명할 수 없었기 때문입니다.

이러한 논란에 대해 라캉의 논의를 끌어들여 해결책을 제시하려고 했던 사람이 바로 슬라보예 지젝입니다. 1989년에 출간한

《이데올로기의 숭고한 대상》(이수련 옮김, 인간사랑, 2002)이라는 책에서 지젝은 알튀세르에 대한 몇몇 비판을 제출하는데, 그 핵심적인 생각은 이런 것입니다. '이데올로기가 주체를 구성한다는 말이 어느 정도 옳다고 할지라도, 그것은 이데올로기가 완전한 방식으로 주체를 장악할 수 있다는 뜻은 아니다. 이데올로기는 항상 어떤 나머지 또는 잉여로서의 공백void을 남기는 방식으로만 그렇게 할 수 있을 뿐인데, 이 공백이야말로 (이데올로기에 의해 규정되는 상상적 동일성의 주체와 구분되는) 진정한 주체이며, 지배 이데올로기에 대해 나중에 주체가 저항하고 반역할 수 있게 만들어주는 것이다. 이러한 의미에서의 진정한 주체는 사실 호명이 있기 이전에 이미 존재하는 것이며, 이 주체가 없다면 호명 자체가 불가능해진다. 따라서 공백으로서의 주체는 호명의 가능성의 조건이자 동시에 그것의 궁극적 실패의 원인을 이룬다. 따라서 (이데올로기적) 주체 이전에 오는 (진정한) 주체가 있다'고 말입니다.

그리고 나중에 지젝과 함께 슬로베니아학파◆를 구성하는 또 다른 주요 이론가인 믈라덴 돌라르Mladen Dolar(1951~)라는 사람은 이러한 지젝의 입장을 옹호하고 다시 설명하면서, 이 '주체 이전의 주체'를 좀 더 정교하게 이론화하려는 시도를 하지요. 지난 20년 동안 이들의 주장은 이 논쟁의 결론인양 인정되어 왔습니다만,

◆ **슬로베니아학파**
슬로베니아의 류블랴나대학을 중심으로 활동하고 있는 일군의 라캉주의자들을 가리키는 것이다. 여기에는 슬라보이 지젝, 믈라덴 돌라르, 알렉스 주판치치 등의 이론가들이 포함된다. 이들은 특히 알튀세르-라캉 논쟁을 새롭게 읽음으로써 라캉을 급진 좌파 이론가로 재발명하고 1980년대 말부터 현재에 이르기까지 많은 대중적 관심과 인기를 누려왔다.

거기에는 이들이 보지 못하는 큰 허점이 있으며 나중에 말씀 드릴 것처럼, 알튀세르는 사실 이러한 주장에 대한 자신의 반박을 미리 써두었습니다. 오늘 우리가 함께 고민해보고자 하는 내용이 바로 이것이지요.

인셉션인가, 호명인가?

그런데 사실 이 논란의 핵심을 가장 단순명료하게 보여주면서, 알튀세르의 호명 테제에 대한 문제제기를 한 사람이 바로 테리 이글턴Terry Eagleton(1943~)입니다. 이글턴은 사실 슬로베니아학파와 매우 친한 사람인데, 과거 알튀세르에 호의적이었던 때가 있었지만, 지금은 지젝 쪽으로 기울어져 있습니다. 그 이유는 그가 알튀세르의 이론에서 뭔가 허점을 발견했다고 믿고, 지젝이나 돌라르의 말이 거기에 해결책을 제공한다고 보기 때문이지요. 그러면서 이들 모두에게 공유되어 있는 문제의식을 명쾌하게 몇 마디로 드러냅니다. 이글턴이 말하는 게 그런 것입니다. 알튀세르는 이데올로기가 개인을 주체로 호명한다고 말하는데, 호명에 대해 왜 그 개인이 대답하게 되는가, 경찰이 만일 뒤에서 그를 부른다면, 그는 왜 돌아서는가에 대한 것이지요. 그러한 호명을 인지recognize 하고 이해하고 그리하여 화답하는 행위는 모두 '주체'의 능력이 아닌가요? 그렇다면 이미 그 개인은 하나의 주체가 아닐까요? 그렇다면 알튀세르는 여기서 무한 퇴행 속으로 빠져버리고 마는 것이 아닌가요? 이데올로기가 개인을 주체로 호명한다고 주장하지만, 이미 그 주체는 재빨리 그리고 알튀세르 자신이 모르게 개인의 등 뒤에 와서 서 있는 셈이지요. 이를 그림으로 그려보면 우리는 일종의 원환circle을 만들 수 있습니다.

저는 이러한 원환이 예술적으로 잘 형상화된 예를 바로 크리스토퍼 놀런Christopher Nolan(1970~) 감독의 2008년도 작품 〈인셉션〉에서 찾을 수 있다고 생각합니다. 이 영화 보셨나요? 이 영화의 주인공인 레오나르도 디카프리오가 코브라는 사람의 역할을 맡는데요. 코브는 과거 군대에 있을 때 매우 특수한 비밀 작전에 관여하고 있었습니다. 중요한 적군의 포로를 잠들게 만들고, 그가 의식을 잃어버린 틈을 타서 그 사람의 꿈속, 곧 무의식 속에 침투해 정보를 빼내오는 일이었지요. 지금은 이 기술을 이용해서 산업 스파이 짓을 하면서 먹고 살고 있는데, 하루는 어떤 일본인 기업가가 와서 다른 클라이언트들과는 정반대의 부탁을 합니다. 자신의 회사를 공격해 말아먹으려고 하는 상대편 기업의 회장의 꿈에 침투해서 그 공격을 멈추게 만들 수 있을 만한 어떤 생각, 어떤 믿음을 심어 놓고 나올 것을 부탁하지요. 즉 생각을 꺼내오는 것이 아니라 어떤 특정한 생각을 하도록 만들어야 하는 겁니다. 그리고 이렇게 어떤 생각을 무의식에 심는 작업을 영화는 인셉션 inception이라고 부릅니다.

어찌 보면, 이러한 인셉션은 알튀세르가 말하고자 했던 호명 interpellation과 비슷해 보이지요? 결국 호명도 개인에게 이데올로기적인 동일성, 하나의 중심적 관념 또는 믿음을 주는 것이니까요. 그런데 그 영화에서 코브는 이렇게 말합니다. 이 작업은 단순히 생각을 꺼내오는 것과 달리 매우 어려운 작업인데, 왜냐하

에셔, 〈올라가기와 내려오기〉

면 어떤 사람에게 심어놓으려고 하는 그 생각이 그 사람에게 이 질적인 것으로 느껴지면 곧바로 그것이 가짜인 게 탄로가 나버리고 그 효과를 상실해버리기 때문이니까요. 따라서 훨씬 더 깊이 그의 무의식에 침투해야 하며, 단지 한 번만 꿈속으로 들어가서는 안 되고, 꿈속의 꿈, 그리고 다시 그 두 번째 꿈속의 꿈속으로 들어가 그 생각을 심어놓아야 한다고 말합니다. 이게 재미있는 생각인데요, 그러면서 이 영화에는 이와 깊이 연관된 재미있는 테마가 하나 더 나옵니다. 코브의 동료인 아서라는 인물이 쫓아오는 적을 피해 나선형의 계단을 내려가는데, 갑자기 계단이 360도 돌면서 적의 등 뒤에서 그 적을 공격하지요. 이 계단 장면은 사실 그 영감을 다른 데에서 가져온 것입니다. 바로 에셔M. C. Escher(1898~1972)라는 유명한 현대 화가의 그림인 〈올라가기와 내려오기Ascending and Descending〉(1960)라는 작품이에요.

여러분도 아마 이 작품을 보신 적이 있을 겁니다. 그런데 이글턴이 폭로하고 있는 알튀세르의 호명의 모순은 바로 그것이 이러한 논리적으로 불가능해 보이는 '무한계단'의 구조로 이루어져 있다는 점이지요. 과연 이 논리적 약점에 대한 비판에 알튀세르는 어떻게 답할 수 있을까요?

알튀세르의 답변을 살펴보기 전에 돌라르의 비판도 살펴보지요. 사실 돌라르도 이글턴과 유사한 문제제기를 하고 있는 것을 볼 수 있습니다. 돌라르는 "무릎을 꿇고 기도하면, 믿게 될 것이다"라는 파스칼Blaise Pascal(1623~1662)의 테제에 대한 알튀세르의 논의의 약점을 파고듭니다. 이 테제에 대한 알튀세르의 해석은 먼저 무의미한 의례를 행함으로써만 비로소 우리가 이데올로기적인 믿음을 가질 수 있다는 것입니다. 그런데 돌라르는 여기서 두 가지 믿음을 알튀세르가 구분하지 않고 있다고 말합니다. 의례를 행함으로써 나중에 오는 이데올로기적 믿음뿐 아니라 개인이 이 무의미한 의례를 행하기로 애초에 동의할 때 필요한 최소한의 믿음이 있는데, 알튀세르는 바로 이 첫 번째 믿음을 이론화하지 않았다는 것이지요. 다시 말해서 믿음에 앞선 믿음, 주체에 앞선 주체가 필요하다는 것입니다. 그러니까 이글턴이 호명 개념의 약점을 지적할 때와 유사하죠. 이미 그 개인이 어떤 모종의 믿음을 가지고 있고, 이미 어떤 모종의 주체여야만 이러한 의례에 참여하기로 동의할 수 있다는 것입니다. 요컨대 왜 호명된 개인이 돌아서는가? 라는 물음에 알튀세르의 호명 개념은 답하지 못한다는 것이지요. 이 믿음에 앞선 믿음, 주체에 앞선 주체라는 것은 앞서 말했듯이 원래 지젝이 말한 것이었습니다만, 여기서 돌라르는 이 주장을 좀 더 자세하게 설명하면서 지젝의 입장을 옹호하고 있는 것입니다.

그런데 돌라르의 주장은 결국 알튀세르의 이데올로기적 호명이 일종의 무한계단의 구조를 가지고 있다면, 알튀세르가 단 한 번만 이 계단을 돌았기 때문에 실패했다고 보는 이야기입니다. 여기서 돌라르는 믿음에 앞선 믿음이 필요하다는 주장을 하면서 한 번 더 이 계단을 돌아와서 알튀세르의 엉덩이를 걷어차고 있는 것이죠. 영화 〈인셉션〉의 계단 장면에서 도망가던 아서가 추격자의 뒤로 돌아와서 공격을 하듯이 말입니다. 또 돌라르의 주장은 인셉션의 주인공 코브가 하는 말과도 유사하지요. 어떤 관념을 성공적으로 심는 인셉션에 성공하기 위해서는 우리는 단 한 번만 꿈속으로 들어가서는 안 되고 그 꿈속에서 한 번 더 꿈속으로 들어가서 그 관념을 심어야 한다고요. 바로 꿈속의 꿈, 꿈에 앞선 꿈이 있다는 것이지요.

그런데 과연 이렇게 무한계단을 계속 돌면 문제가 해결될까요? 한 번 돌지 않고 두 번 돌거나 심지어 세 번 돌면 우리가 결국 어떤 최초의 기원적 꿈, 기원적 믿음, 기원적 주체에 도달할 수 있는 걸까요? 그 기원적 꿈, 믿음, 주체는 어떻게 생겨나는 걸까요? 사실 인셉션이라는 말은 '시작'이라는 뜻으로 가장 많이 쓰이고, 또 드물지만 '기체나 그런 것을 들이마신다'는 뜻이 있는데, 놀런 감독은 이 두 가지 뜻을 결합해 관념을 들이마심으로써 주체가 시작된다는 의미에서 주체의 '기원'을 그 말에 부여하고 있는 것이지요. 지젝은 다른 곳에서 이러한 의미의 주체는 본래부터 존재한다고 말하는데, 그것은 결국 자율적 주체가 주어져 있다는 고전적인 주장을 반복하는 것으로 돌아가는 게 아닐까요?

그렇다면 알튀세르는 이 문제에 대해서 어떻게 답할까요? 알튀세르의 답변은 ISAs에 대한 1971년 논문에는 사실 충분히 나와 있지 않습니다. 하지만 그보다 몇 년 앞서서 정신분석학자인 르네 디아트킨René Diatkine(1918~1997)이라는 사람에게 보낸 두 통의 편지가 있는데, 거기서 그는 이 문제에 대한 자신의 생각을 명확하게 밝히고 있습니다. 이 편지는 알튀세르가 디아트킨한테 '라캉의 업적을 좀 인정하고 그걸 당신의 이론에 반영해라'라고 강하게 권하느라 쓴 편지입니다. 즉 라캉하고 자기는 이 문제에 대해 동의하며, 차이가 없다는 것이죠.

디아트킨은 아이의 발전과정을 둘로 나누면서 첫 번째 국면에서는 무의식 없이 생물학적이기만 한 존재로서 아이를 규정하고, 두 번째 국면에서야 비로소 무의식이 탄생한다고 말하는데요. 그렇게 생각하면 우리가 무의식의 탄생 이전과 이후를 나누어야 할 뿐만 아니라 탄생 이전부터 이후로의 이행이 왜 일어나는가를 설명해야 하기 때문에, 우리가 필연적으로 목적론적인 추론에 들어설 수밖에 없다는 것이지요. 즉 최종 목적지에 있는 무의식을 설명하기 위해서 그 이전에 있는 어떤 요소가 그것으로 자라는가, 발전하는가, 라고 물으면서 무의식의 어떤 맹아를 무의식 탄생 이전의 생물학적 존재 안에서 찾으려고 들게 된다는 것입니다. 심지어 이 때문에 우리는 무의식의 탄생 이전과 무의식 탄생 이후 사이에 연속성을 만들기 위해 무의식의 탄생 이전부터 유지되는 어떤 동일성을 가정해야 합니다. 어떤 것의 발전과정을 쫓아간다는 것은 그것의 연속성을 가정한다는 뜻이어서 결국 그것의 동일성을 가정한다는 뜻이기 때문입니다. 그러다 보니 이런 말이 되는 거죠. 우리는 태어나기 전부터 우리 자신이어야 한다, 주체는 태어나기 전부터 이미 주체여야 한다고요. 아까 지젝이니 돌라르니 이글턴이니 이런 사람들이 말하는, 주체 이전의 주체, 믿음 이전의 믿음, 꿈속의 꿈 따위의 생각을 알튀세르는 명확하게 '목적론적 관념론의 환상'이라고 비판하고 있는 것입니다.

그럼 알튀세르는 여기에 대해서 어떤 대안적 설명을 제시할까요? 그는 '탄생'이라는 문제설정과 '돌발'이라는 문제설정을 날카롭게 구분합니다. 탄생은 방금 전에 설명드렸듯이 어떤 발생학적 문제설정 속에서 어떤 것이 태어나기 위해서 그 전에 무엇이 있었고, 어떤 원인이 있었고, 그래서 이것이 태어나게 됐다는 선형적인 방식으로 추적을 하는 것이지요.

반면 돌발이란 무엇인가요? 그것은 선행하는 원인 없이 그것이 어느 날 갑자기 등장하는 것입니다. 하늘에서 갑자기 뚝 떨어졌다는 이야기가 아니라, 그 돌발한 것, 그 원인 없는 결과를 구성하는 몇 가지 요소들이 어떤 계기로 우연히 마주쳐 결합했고, 그리하여 이 결과물이 갑자기 등장했다는 것이죠. 이걸 알튀세르는 1965년도에 《맑스를 위하여》와 함께 출간된 《자본을 읽자》에서 '사회효과society effect'라는 개념을 가지고 이미 설명했습니다. 알튀세르는 맑스의 《자본》의 목표는 자본주의가 어떻게 발생하게 됐는지를 연구하는 것이 아니라, 자본주의를 구성하는 몇몇 핵심 요소들이 어떻게 서로 결합해 있는가, 어떻게 그것들이 결합해서 사회라는 효과를 생산하는가를 연구하는 것이라고 주장하지요. 만일 발생론적인 방식으로 사고를 하면 전자본주의 사회 내에서 어떤 요소가 자본주의의 맹아로서 존재하고 있었고, 그것이 어떻게 발전해 자본주의를 낳게 되었는가와 같은 식으로 연구를 해야 합니다. 그리고 이는 자본주의를 하나의 목적으로 하는 목적론적 추론의 방식을 취할 수밖에 없지요. 그러나 알튀세르가 주장하듯이 몇몇 요소들이 역사적으로 마주치고 결합함으로써 자본주의가 '돌발'했다고 말하게 되면, 우리는 더 이상 그런 식의 목적론적 설명 방식을 취하지 않게 됩니다. 자본주의를 구성하는 이런 핵심적인 몇몇 요소들, 예컨대 (충분한 수의 생산수단으로부터 자유로운) 노동 인구의 존재라든지, 축적된 자산(자본), 과학기술의 발전 등은 전자본주의 사회에서도 발견되는 것들이지만 서로 다른 요소들로부터 고립되어 있었거나 또는 그것들 가운데 한 가지 요소가 결여된 상태로 존재하고 있었다는 것이고, 그러한 한에서 그 요소들은 전혀 자본주의적인 것과는 아무 상관없이 남아 있었다는 것이지요. 그런데 이 요소들이 어떤 역사적 계기 속에서 우연히 마주치게 되자 이제 자본주의적 논리에 따라 기능하기 시작했다는 것입니다. 따라서 자본주의는 씨앗이 나무가 되듯이 태어나 자라는 어떤 게 아니라 몇몇 요소들 사이의 우연한 마주침을 통해 형성되는 관계로서만 규정되어질 수 있다는 것이지요. 요소들에 대한 관계의 우위, 이것이 바로 알튀세르가 말하는 돌발 사상의 핵심을 이루는 생각입니다.

그런데 사람들은 이렇게 어떤 것이 우연한 마주침을 통해 역사 속에서 돌발하게 되면, 목적론적 논리에 따라서, 탄생의 논리에 따라서, 이 돌발의 결과를 과거로 투영해 회고적인 방식으로 기원을 찾으려고 합니다. 결과를 원인의 자리에다 가져다 놓는 것이지요. 이것을 알튀세르는 바로 '주체효과subject effect'라고 생각했습니다. '사회효과'가 요소들이 결합된 독특한 방식을 연구하는 것이라면, 주체효과는 요소들의 결합의 우연성을 취소하고 오히려 현재의 동일성을 과거로 투영해 자신의 전사를 회고적으로 구성하는 것을 일컫는 것이지요.

이러한 뒤집음, 전도를 알튀세르는 주체의 환상에 아주 본질적이고 일반적인 메커니즘이라고 여겼어요. 우리는 어린아이가 부모에게 와서 이렇게 묻는 것을 종종 보지요. '엄마, 아빠, 내가 태어나기 전에 난 어디 있었어?' 뭐 솔직히 다 얘기해줄 수 없으니까 부모들은 보통 이야기를 꾸며내지요. '아, 넌 태어나기 전에 하늘나라에 있었지. 거기서 다른 태어나지 않은 아기들하고 같이 행복하게 엄마, 아빠를 기다리고 있었던 거야.' 이렇듯, 아이는 자신이 태어나기 전에도 자기가 존재했었다고 믿는데, 이것이 바로 그 아이에게 어떤 영원성에 대한 믿음을 주는 것이지요. 자신이 영원히 자기 자신이었다는 생각을 갖게 하는 것입니다. 이게 비단 아이들만 가지고 있는 환상일까요? 아니죠. 우리는 모두 우리가 항상 우리 자신이었고, 끝까지 우리 자신으로 남아 있을 것이라고 믿습니다. 그리고 우리가 다양한 환경들 속에서 아무리 변해도 우리가 계속 우리 자신으로 예전이나 지금이나 똑같은 사람이라는 생각을 가지고 살지요. 심지어 자기가 변했다는 것을 인정할 때조차 자기의 일부만 변했다고 여기지, 자기가 다른 사람이 되었다고 믿지 않습니다. 이러한 자기 자신의 영원성의 환상은 이데올로기적인 주체에게 아주 근본적인 것입니다. 사실 이러한 주체효과는 단지 개인 수준에서 작동하는 것이 아니지요. 우리는 한민족이 아주 오랜 옛날 단군에서 시작되어 오늘날까지 이어져 내려왔다고 생각합니다. 하지만 사실 민족체는 근대의 민족 국가의 설립을 통해 제조된 것입니다. 그러나 이러한 동일성을 우리는 과거로 투영함으로써 민족을 영원한 어떤 단위인양 오인하게 되는 것입니다.

　이제 다시 지젝, 돌라르, 이글턴의 문제제기를 생각해볼까요? 이들은 모두 알튀세르에게 이렇게 묻고 있는 겁니다. 왜 호명당한 개인이 돌아서게 되는가? 이 사람이 돌아서기 위해서는 이미 이 사람이 모종의 주체여야 하지 않는가? 무의미한 의례를 통해 어떤 사람이 믿음을 갖게 된다고 했을 때, 이 무의미한 의례 자체에 동의하기 위해서라도 믿음 이전의 믿음이 또한 필요한 것이 아닌가? 그런데 알튀세르는 여기서, 그렇게 묻는 것이야말로 주체의 환상에 스스로 빠져드는 것이라고 주장합니다. 주체의 기원적 원인을 그 개인의 돌아섬 이전에서 찾고 있기 때문에 그렇다는 것이지요. 마치 이들은 앞서 말한 '내가 태어나기 전에 나는 어디 있었어?'라고 묻는 아이와 똑같은 질문을 던지고 있다는 것입니다. '주체가 태어나기 전에 주체는 어디 있는가?' 반대로 알튀세르는 이렇게 주장하는 것이지요. 주체가 돌발하게 되는 것은 이데올로기적 국가장치들과 개인이 마주침으로써 가능하며, 그리하여 그가 특정한 주체로 구성되어지는데 그렇게 일단 이데올로기적 주체로 구성이 되면, 그는 자신의 동일성을 자신의 과거로 투영해 자신이 마치 항상 그러한 주체로 늘 존재해온 것처럼 생각하고 행동한다는 것이지요. 그렇기 때문에 주체에 앞선 주체, 믿음에 앞선 믿음, 이런 것들은 그 자체가 다 이데올로기적 호명의 효과에 불과한 것이지, 그것의 원인이 아니라는 것이지요. 그것들이 이데올로기적 호명을 야기한 것이 아니라 이데올로기적 호명이라는 사건의 결과에 지나지 않는다는 것입니다. 자, 이야기를 정리하면, 개인이 이데올로기적 국가장치들과 마주침으로써 어떤 동일성을 부여받으면, 이 동일성을 과거를 향해서 투영함으로써 이 주체는 마치 자기가 언제나 이 동일한 주체로서 살아온 것처럼 생각합니다. 그리고 이 때문에 자신이 영원한 주체라고 착각하게 되는 것이지요. 알튀세르는 예술에 대해서 많은 글을 쓰진 않았지만, 매우 중요한 몇몇 글을 남겼는데, 그 가운데에 크레모니니 Leonardo Cremonini(1925~)라는 화가에 대해 쓴 글이 있습니다. 이 글이 알튀세르의 이데올로기론을 이해하는 데에 아주 요긴한데요, 이 크레모니니가 그린 그림 중에 〈욕망의 등 뒤에서 On the Back of Desire〉(1966)라는 작품이 있습니다.

이 그림이 보여주는 것이 바로 이데올로기적 주체가 갖는 영원성이라는 환상의 구조입니다. 주체의 등 뒤에 다시 주체가 있고, 그 주체 등 뒤에 다시 주체가 있는 식으로 무한히 계속되죠. 이것이 이데올로기의 안쪽에서 바라본 주체의 구조와 유사합니다. 하지만 무한한 동심원의 이러한 구조 안에서 우리가 계속 돈다고 해서 주체의 기원 또는 기원적 원인에 이를 수 있는 것은 아니지요. 왜냐하면 알튀세르가 말하듯이 이데올로기에는 바깥이 없기 때문입니다. 이 말을 오해하시면 안 됩니다. 이는 세상엔 이데올로기만이 있다는 말이 아니라 이데올로기는 그 자신의 외부를 알지 못한다는 뜻입니다. 이데올로기는 당연히 바깥, 특히 무엇보다도 그 이데올로기를 확립시키는 이데올로기적 장치라는 물질적 바깥을 비롯한 외부를 가지고 있는데, 이데올로기는 이러한 바깥

크레모니니, 〈욕망의 등 뒤에서〉

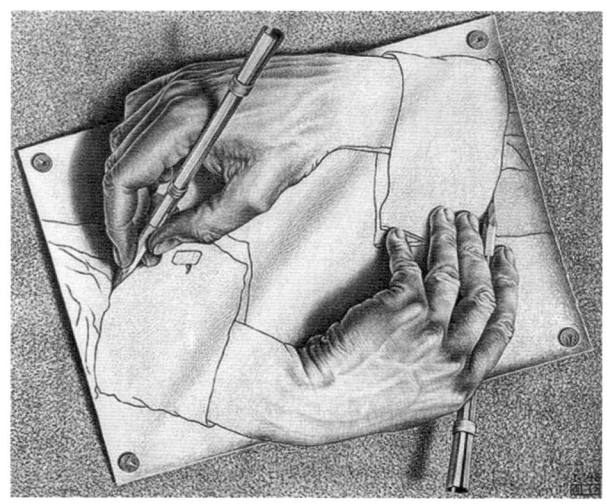

에셔, 〈서로를 그리는 손〉

을 베일로 가림으로써, 바깥에 대한 망각을 조직함으로써, 이데올로기적 주체로 하여금 스스로를 조건 지어진 존재가 아닌 자율적 존재인양 생각하게 만든다는 것입니다. 에셔의 또 다른 그림을 여기서 예로 들 수 있는데요. 여러분들 두 손이 서로를 그리고 있는 〈서로를 그리는 손Drawing Hands〉이라는 그림 아시죠? 이 손이 다른 손을 그리고 다른 손이 다시 이 손을 그리는 순환논리를 형상화함으로써 감상자가 계속 그 순환을 쫓아 무한히 돌게 하는 그림입니다.

이러한 무한성의 환상은 오히려 이데올로기적 장치들의 작동이라는 이타성 또는 타자성의 흔적을 지움으로써 생겨나는 것이라고 볼 수 있다는 것입니다. 사실 에셔의 작품들에는 이를 주제로 한 작품이 아주 많지요. 영원성 또는 무한성의 구조를 생산하는 메커니즘은 설명 드렸듯이 이데올로기적 장치들에 의해 강제된 동일성이라는 '결과'를 주체가 자신의 과거를 향해 투영해 자신의 '원인'으로 만드는 목적론적 전도의 결과라고 볼 수 있습니다. 이런 전도를 통해 주체는 자신이 자기의 원인인 듯이 나타날 수 있게 되고, 스스로를 자율적이라고 느끼게 되는 거죠. 알튀세르의 제자 중에 미쉘 페쇠라는 사람이 있었는데, 이 사람은 이러한 효과를 가리켜서 아주 재치 있게 '뮌히하우젠Münchhausen 효과'라고 불렀습니다. 원래 이 뮌히하우젠은 독일의 민담에 나오는 남작의 이름입니다. 이 민담은 우리나라에도 아이들 동화로 많이 번역되어 있습니다.《허풍선이 남작의 모험》이라고요. 이 뮌히하우젠 남작은 사람들 앞에서 자기가 한 여러 가지 기상천외한 모험담을 들려주는데, 그것들은 대부분 그가 위기에 처할 때마다 어떤 믿을 수 없는 일을 함으로써 그 위기를 자기가 모면했다는 허풍으로 이루어져 있습니다. 예를 들면 이런 식이에요. 자기를 잡으러 뒤에서 엄청난 수의 군대가 몰려오는 상황에서 앞에 어마어마하게 큰 늪을 만나 그걸 뛰어 넘어야 했는데, 자기가 공중에 떠 있을 때 떨어지려고 하면 자기 머리를 자기 손으로 끌어당겨서 떨어지지 않고 결국 무사히 늪의 반대편에 도달할 수 있었다는 것입니다. 그런데 페쇠는 바로 이러한 뮌히하우젠 남작의 불가능한 논리야말로 이데올로기적 주체가 사용하는 논리라고 말합니다. 바로 자기가 자기 자신의 원인으로 나타나는 것 말이지요. 이데올로기적 주체는 장치의 작동의 흔적을 지우고, 이타성의 흔적을 지우고, 자기에게 강제된 동일성을 기원으로 투사함으로써 주체가 자기 자신을 야기한 자유로운 원인으로 나타나게 됩니다.

알튀세르와 라캉의 차이 및 이데올로기적 반역의 문제

자, 하지만 여기까지는 알튀세르가 라캉과 상당히 동의하는 것들입니다. 슬로베니아학파나 테리 이글턴 등은 이 둘 사이에 무리한 대립을 설정하고 알튀세르를 기각하려고 했기 때문에 본인들이 라캉의 입장을 배반하는 위치로 내몰리게 됐던 거지요. 이들은 라캉적 관점에서 보면 이데올로기적 동일화가 알튀세르가 생각했던 것과 달리 여전히 어떤 공백을 남기게 된다고 주장하지만, 알튀세르도 자신의 유고작에서 이러한 공백을 명시적으로 인정하는 것을 볼 수 있습니다. 사실 앞서 이야기했던 크레모니니의 그림만 하더라도 우리는 동심원의 구조가 그 중심에 하나의 소실점을 가지고 있음을 알 수 있지요. 소실점이란 무한히 우리가 접근해 가는 수렴점이지만, 결국 거기에 도달할 수 없는 지점, 우리가 시야에서 결국 놓치는 지점을 의미하지요. 이것이 이데올로기의 한복판에 있는 공백이 아니고 무엇이겠습니까? 이러한 소실점 또는 공백은 유비적으로 말하면 일종의 이데올로기의 배꼽이라고 볼 수 있어요. 배꼽 없는 사람은 없는데 왜냐하면 누구도 자기 스스로 태어난 자는 없기 때문이죠. 누군가의 뱃속에서 나왔다는 증거, 타자로부터 나왔다는 증거가 바로 배꼽이지요.

    이데올로기적 주체는 스스로를 낳은 것이 아니라 어떤 다른 것의 작동에 의해 야기되었다는 점을 증거하는 공백의 주변을 이데올로기적 주체는 끊임없이 맴돌고 있는 셈인데, 이때 이 공백이 도대체 무엇을 표시하는 것인가가 문제입니다. 라캉은 주체 내에 있는 이러한 공백의 존재는 어떤 외적인 실재를 지시하는 것이라고 여깁니다. 이 외적 실재가 주체의 내부와 연결되어 있는 것이라는 점에서 이는 '내적 외부' 또는 '외적 내부'라고 볼 수 있고, 그래서 라캉은 이를 extimate 하다고 표현하지요. 내밀한 것 intimate이 아니라 외밀하다extimate는 것입니다. 그렇다면 알튀세르는 다르게 생각했는가? 그렇지 않습니다. 알튀세르도 이러한 공백이 어떤 외부의 실재를 지시하는 하나의 징후라고 봤습니다. 알튀세르가 ISAs에 대한 논문을 쓰기에 앞서 5년 이상 준비하는 과정에서 그가 작성한 에세이들, 노트들 안에 나오는 이야기지요.

    어쨌든 이데올로기적 주체는 끊임없이 공백의 주변에 있는 동심원들의 위를 돌고 있고, 이 공백은 어떤 외부의 실재를 징후적으로 지시하고 있다는 식으로 생각한 것은 알튀세르와 라캉에게 동일한 것입니다. 그렇다면 차이는 무엇이냐? 바로 이 실재를 무엇이라고 볼 것인가 하는 데에서 차이가 구성되는 것이지요.

라캉과 같은 경우 이 실재는 어떤 잃어버린 기표입니다. 아이가 언어의 장 안에 진입할 때 기표가 하나 억압이 되는데 그것이 이 아이에게는 실재를 이루는 것이지요. 여기서 이것이 어떤 과정을 통해서 달성되는가 하는 점을 이 자리에서 설명드릴 수는 없습니다. 하지만 알튀세르에게 이러한 외밀한 실재란 기표가 아니라는 점은 분명하게 해놓고 넘어가야 합니다. 그것은 이질적인 심급들 내지 실천들의 복잡한 절합으로서의 사회적 전체이자, 그것이 가지고 있는 계급적대의 구조입니다. 이데올로기 또한 이러한 복잡한 전체의 일부로서, 그것의 심급으로서 이 안에 포함되지요. 그런데 이데올로기는 이 전체 속에서 매우 특이한 작용을 합니다. 그것은 이러한 복잡한 전체의 일부이면서, 동시에 그 속에서 이 복잡한 전체를 주체를 중심으로 한 동심원적인 구조로 전도시키거나 또는 환원시킵니다.

이렇게 라캉의 실재와 달리 알튀세르의 실재는 잃어버린 기표가 아니라 복잡한 사회적 전체이자 계급투쟁의 구조이기 때문에 라캉의 도식과 알튀세르의 도식은 큰 차이를 보입니다. 라캉의 도식은 비록 그것이 외부적 실재를 상정하고는 있지만 기본적으로 원환의 구조를 가지고 있습니다. 주체와 주체가 상실한 어떤 대상 (또는 그 대상을 가지고 있는 것으로 가정되는 대타자) 사이에서 쫓고 쫓기는 원환의 운동이 전부입니다. 그러나 알튀세르는 이 원환뿐만 아니라 다른 구조가 그 외부에 또 있다고 봅니다.

이게 바로 크레모니니의 그림들을 논하면서 알튀세르가 말하고 있는 것이에요. 크레모니니의 후기 작품들의 중심에 그려지고 있는 것은 나의 거울반영 또는 거울반영의 나입니다. 나와 나의 거울반영 사이에 계속 뒤집어지면서 확장되는 원환관계가 나타나는 거지요. 그리고 알튀세르는 이것이 욕망의 문제라고 적시합니다. 거울을 바라보는 여인은 바로 욕망의 주체인 것입니다. 그런데 알튀세르는 여기에서 중요한 게 이 주체와 거울 반영 사이에서 만들어지는 동심원적인 구조가 아니라고 이야기해요. 크레모니니의 후기 그림에서 핵심은 이러한 중심에 있는 동심원적 구조를 관통하거나 그것을 바깥쪽에서 교란하는 또 다른 구조가 함께 나타난다는 것입니다. 바로 벽의 선, 문틀, 창문 따위로 표현되는 수직으로 그려지는 선들의 구조입니다. 이것은 바로 중심에 있는 붕 떠 있는 저 욕망의 원환 구조가 망각하고 있는 어떤 무게를 표현하고 있지요.

그래서 라캉이 비록 주체의 외적 실재에 대해서 말하지만 여전히 그에게는 원환의 구조만이 존재하며 그 속에 갇혀 있다고 한다면, 알튀세르에게는 중심에 나타나는 원환의 구조와 더불어 또 다른 구조가 곁에 나타나는 것이지요. 이것이 바로 사회의 복잡한 전체 및 계급적대의 구조라는 것이고, 이것이 바로 알튀세르의 실재인 것입니다.

알튀세르의 저항과 반역

그렇다면 이제 알튀세르에게 있어서 저항이나 반역은 어떻게 생각할 수 있을까요? 그건 바로 이 중심에 놓여 있고 자기 안에 갇혀 있는 이데올로기의 동심원적 구조를 탈중심화시키고 그 중심에 대신 이 실재를 가져다 놓는 것이라고 볼 수 있습니다. 이러한 이데올로기의 절대적 외부, 이데올로기의 타자로서의 실재의 침입을 무대 위에 조직하는 것이 바로 저항과 반역의 시작이지요.

발리바르Étienne Balibar(1942년~)의 유명한 논문인 〈비동시성〉의 한 각주에서 발리바르는 알튀세르가 저항이나 반역을 다루지 않았다고 말하는 것은 오해라고 말하면서 그 사례를 바로 《맑스를 위하여》에 실려 있는 〈피콜로 극장: 베르톨라치와 브레히트〉라는 에세이에서 찾습니다. 이 글에서 알튀세르는 베르톨라치Bertolazzi의 원작 《우리 밀라노 사람들》의 파리 공연을 분석합니다. 이 연극의 연출을 맡은 사람이 스트렐러라는 사람이었는데, 원작은 원래 1부와 2부로 이루어져 있지만 스트렐러는 1부만 무대에 올리는데요. 1부는 다시 총 3막으로 나눠져 있습니다. 이 공연을 보고 당시 파리의 비평가들이 이건 눈물 콧물 나게 만드는 멜로드라마일 뿐이라고 혹독하게 비판을 했는데, 알튀세르는 이건 멜로드라마가 아니라 오히려 멜로드라마에 대한 비판이라고 말하지요. 스트렐러가 이 극을 무대에서 상연한 방식이 특히 이러한 비판을 더욱 강화시켰다는 것인데 기본적인 줄거리는 아주 간단합니다.

배경은 19세기 말의 이탈리아 밀라노의 어떤 놀이공원이고, 거기서 서커스를 해서 먹고 사는 일군의 무리들이 나오지요. 이 지역은 또한 밀라노의 서브sub프롤레타리아트, 즉 오늘날로 이야기하면 비정규직 노동자들이 드나드는 그런 곳이었어요. 연극 무대에는 수십 명이 등장하지만, 사실 주인공이라고 볼 수 있는 사람은 니나와 니나의 아빠 그리고 토가소 이렇게 세 사람입니다. 니나는 그 서커스단에서 줄 타는 광대노릇을 하는 어떤 청년을 좋아합니다. 니나의 아버지는 불을 먹는 공연을 하는데 니나를 세상의 차갑고 인정사정없는 법칙으로부터 지키기 위해 무진장 애를 쓰는 사람이지요. 마지막으로 토가소는 거부로, 여기에 들락날락하면서 돈으로 니나를 유혹해서 자기의 정부로 만들려고 기회를 엿보는 사람입니다. 당연히 니나의 아버지는 이 토가소에게 신경을 곤두세우고 있어요. 어느 날 니나가 좋아하는 그 광대가 위험한 공연을 하다가 죽습니다. 그리고 그날 밤 토가소는 침울해져 있는 니나를 다시 유혹하지요. 니나는 절망한 상태였기 때문에 토가소의 유혹에 거의 넘어가고 있는데, 그때 아버지가 나타나서 이 상황을 봅니다. 그리고 분노에 차서 토가소와 싸움을 벌이다가 결국 토가소를 죽입니다. 마지막 부분에서 니나가 집 없는 여자들 보호소에 있는데, 아버지가 감옥으로 가기 전에 마지막으로 니나를 보러 오지요. 그런데 갑자기 놀라운 일이 벌어집니다. 니나가 아버지에게 대들면서 아버지 말은 다 거짓말이라고 말합니다. 아버지는 자신의 말대로만 살면 자신을 지키고 아무 일도 없을 것이라고 했지만, 그것은 자기를 지켜줄 수도 없고, 그 광대를 지켜주지도 못했고, 아버지도 결국 죽게 만들 것이라고요. 그러면서 자기는 이제 돈과 욕망이 지배하는 저 눈부신 진짜 세상 속으로 나아갈 것이라고 말하지요.

간단한 줄거리입니다. 그런데 재미있는 것은 이러한 이야기의 전개는 오직 각 막의 마지막에 가서야 아주 짧게 잠깐 그려지고 있고, 그것도 무대의 가장자리에서만 일어난다는 점입니다. 그리고 오히려 무대의 시공간적 중심을 차지하고 있는 것은 바로 밀라노의 서브프롤레타리아트 또는 룸펜프롤레타리아트의 일상입니다. 꿈도 없고, 희망도 없고, 어떤 사건도 일어나지 않으며 일어나지 않을 것처럼 보이는 텅 빈 시간. 심지어 근처 공장의 정규직 노동자들이 식당에 오는 장면이 그려질 때에도 이들이 서로 나누는 정치 이야기는 이 무대의 대다수 사람들인 서브프롤레타리아트와는 별 상관이 없는 것이지요. 이들은 단지 묵묵히 그리고 아주 기계적인 제스처로 자신들의 수프를 떠서 먹고 있을 뿐입니다. 아주 천천히, 거의 슬로우 모션에 가깝게, 기계적인 동작으로요.

알튀세르는 바로 이러한 구조적인 전환이야말로 브레히트Bertolt Brecht(1898~1956)가 말하는 소격효과estrangment effect의 핵심이라고 봅니다. 그것은 바로 멜로드라마의 변증법, 의식의 변증법을 무대의 가장자리로 보내버리고 중심에 실재의 텅 빈 비변증법적 시간을 올리는 것이라고요. 그리고 이를 통해서만 나중에 니나가 아버지에게 대드는 장면이 제대로 이해될 수 있다고 말합니다. 즉 니나는 아버지와 토가소의 대립구도 안에서 아버지가 가지고 있던 멜로드라마적 도덕의식을 거부하고 있는 거예요. 자신을 세상으로부터 보호하려는 아버지의 도덕법이 아닌 세계의 차갑고 인정사정없는 법칙, 돈과 쾌락, 자본의 법칙을 있는 그대로 직시하려고 하는 것입니다. 알튀세르에 따르면, 진정한 저항, 진정한 전복은 멜로드라마적 갈등을 구성하는 몇몇 가능한 위치들 가운데 하나를 차지함으로써 일어날 수 있는 게 아닙니다. 주인공에 대립된 적이 되거나 적에 대립된 주인공이 됨으로써 전복적 행위에 도달할 수 있는 게 아니라, 주인공과 적 사이의 허구적 대립구도를 깨고 그 대립구도 자체의 진정한 타자로서 '실재'를 무대의 중심에 가져다 놓을 때 가능하다는 것입니다.

그런데 이러한 실재의 난입은 이데올로기의 무대에 내적인 거리를 도입하는 것입니다. 곧 이데올로기로부터의 외적 거리를 만드는 것이 아니라, 이데올로기 내에 어떤 균열과 공백을 만들어내는 것이지요. 또는 이미 이데올로기 안에 있지만 동시에 주체에 의해 부인되는 그 공백을 가시적으로 만들어주는 것, 실재의 징후로서 이데올로기의 중심에 존재하는 그 소실점을 하나의 불가능성으로서 가시적으로 드러내는 것입니다. 이렇게 도입되는 내적 거리를 통해, 관객들은 이제 이데올로기 바깥에 존재하는 어떤 투명한 과학적 의식을 확보하거나 이데올로기에 대해 판단을 내리는 심판관의 자리를 차지하는 것이 아니라 스스로 비판적인 배우들로 삶이라는 연극 속에 생산될 수 있는 것이지요. 이들은 공연이 끝나는 곳에서 시작하는 배우들이며, 자기의 삶 속에서 비판적 사유와 행동을 시작하는 배우들인 것입니다.

다시 말해서 알튀세르는 이러한 비판적 거리, 따라서 저항이나 반역이 이데올로기 자체를 떠남으로써 달성될 수 있다고 믿지 않았습니다. 그것은 이데올로기의 내부에서, 이데올로기의 무대 위에서만 달성될 수 있는 것이라고 여겼어요. 그랬기 때문에 그는 한 각주에서 이렇게 말합니다. '이데올로기는 하나의 통일일 뿐만 아니라 하나의 욕망된 통일이며, 더 나아가서 욕망되거나 거부된 통일이라고'(알튀세르, 〈피콜라 극장: 베르톨라치와 브레히트〉, 《맑스를 위하여》)요. 그렇기 때문에 이데올로기는 그 자체로 갈등과 투쟁의 장소이지, 단순한 환상의 장소가 아니라는 것이지요. 이것은 맑스가 《정치경제학 비판 서문》에서 내린 이데올로기에 대한 정의를 계승하는 것입니다. 맑스는 《독일 이데올로기》를 비롯해 여기저기서 이데올로기에 대해 말했지만 대부분은 그것을 단순한 환상으로 취급하면서 단순히 분쇄해야 할 어떤 것으로, 빠져나와야할 어떤 것으로, 부정적인 것으로 그렸습니다. 그러나 《정치경제학 비판 서문》에서는 유일하게 이데올로기에 대한 긍정적인 정의를 하지요. 이데올로기란 '사람들이 그 속에서 갈등을 인식하고 싸워 해결하는 형태'라고 말입니다.

물론 알튀세르가 이데올로기적 반역의 문제를 완전히 해명하진 못했던 것은 사실입니다. 어떤 부분에서 계속 막혀 있었고, 그래서 상당히 모순적인 이야기도 많이 했던 게 사실이예요. 하지만 이는 지젝이 주장하듯이 알튀세르가 호명 너머에 있다고 말하는 라캉적인 '무의식의 주체'라는 것을 거부했기 때문이 아니라, 다른 문제가 있었기 때문입니다. 여기서 맑스의 또 다른 이데올로기의 정의가 문제가 되는데, 이번엔 부정적인 것입니다. 맑스는 지배 이데올로기를 지배계급의 이데올로기라고 여겼습니다. 이것은 동어반복일 뿐이지요. 그 동어반복의 이데올로기적 자명성에 사로잡혀서 맑스는 지배 이데올로기 안에 각인된 갈등을 보지 못했던 것입니다. 사실 앞에서 말했던 《정치경제학 비판 서문》의 정의와는 상당히 모순적이죠. 알튀세르 또한 맑스를 무비판적으로 수용하면서 지배 이데올로기는 단지 지배계급의 이데올로기일 뿐이라고 여겼기 때문에 이데올로기적 반역의 문제를 풀지 못했던 것입니다.

　이것을 해결한 사람이 바로 발리바르지요. 발리바르는 지배 이데올로기를 오히려 피지배자들의 것이라고 말함으로써 이 문제를 해결합니다. 지배 이데올로기가 지배적이기 위해서는 피지배자들로부터 어떤 광범위한 인정을 받아야만 하기 때문에, 근본적으로 그 안에는 피지배자들의 승리와 패배, 승인과 거부의 기억들이 들어있을 수밖에 없다는 것이지요. 그렇기 때문에, 지배 이데올로기는 부르주아에게 복종하라고 말하지 않고, 모두의 행복과 자유와 평등과 복지 등을 외치는 것이지요. 어떤 약속의 형식 속에서 말이지요. '우리는 거기로 전진한다. 모두의 행복을 위해. 다만 거기로 가기 위해 지금 우리는 각자가 조금씩 희생해야 된다.' 발리바르는 그러나 어떤 정세 속에서 적대(곧 실재로서의 적대)가 가시적이 될 때, 이러한 지배 이데올로기의 보편성은 깨져버리게 된다고 말합니다. 하지만 이때 피지배자들은 이 이데올로기적 보편성의 바깥으로 탈출함으로써 싸우는 것이 아닙니다. 오히려 보편성을 그들이 서 있는 바로 그 자리에서 당장 실현하려고 집단적으로 시도하게 되는데, 이게 바로 이데올로기적 반역이라고 말합니다. 다시 말해서 적대라는 실재가 무대 위로 난입해 들어오게 될 때, 어떤 내적 거리가 가시적이 될 때, 피지배자들은 이데올로기 안에 있는 원래 자신들의 것이었던 '이상'을 그 자리에서 실현하려고 집단 투쟁에 돌입하게 됩니다.

　이러한 새로운 정식화는 맑스주의 이데올로기론의 많은 난제들을 해결하게 해줍니다. 이데올로기를 단순하게 부정적으로 보는 것을 넘어서서, 그것을 단순하게 깨버리려는 것을 넘어서서, 그것을 전화시키는 작업에 우리가 들어설 수 있게 되는 것이지요. 특히 부르주아의 것이라고만 여겼던 시민권의 언어를 우리가 되찾아 올 수 있고, 그것을 통해 저항과 반역을 사고할 수 있게 됩니다.

◆◆◆
더 읽어보면 좋은 책

루이 알튀세르, 권은미 옮김, 《미래는 오래 지속된다》, 이매진, 2003.

알튀세르가 자신의 아내 엘렌느를 교살한 후 쓴 자서전으로 알튀세르의 개인적 인생역정 및 정신적 문제들뿐만 아니라 그의 이론적 발전을 이해하기 위해 필수적으로 참조해야 할 책이다. 그러나 이 책은 사실에 대한 객관적 진술이라기보다는 사실과 환상의 혼합물로 이루어져 있으므로 읽을 때 주의가 요구된다. 이 책에서 우리는 알튀세르와 함께 한 시대를 고민했던 다양한 지성인들, 곧 푸코, 데리다, 랑시에르, 바디우, 발리바르, 페쇠 등의 모습들을 만날 수 있으며, 이들에 대한 알튀세르의 생각 및 평가도 엿볼 수 있다.

루이 알튀세르, 김동수 옮김, 《아미엥에서의 주장》, 솔 출판사, 1995.

알튀세르가 1975년 아미엥에 자리 잡고 있는 피카르디대학교에서 열린 박사학위 심사에서 자신의 작업 및 입장을 방어하기 위해 쓴 〈아미엥에서의 주장〉을 비롯해서, 〈프로이트와 라캉〉, 〈혁명의 무기로서의 철학〉, 〈자본론을 어떻게 읽을 것인가〉, 〈맑스주의와 계급투쟁〉, 〈이데올로기와 이데올로기적 국가장치들〉과 같이 알튀세르의 사상을 이해하는 데에 매우 중요한 글들이 묶여 있다. 특히 〈프로이트와 라캉〉 및 〈이데올로기와 이데올로기적 국가장치들〉은 아직

❖❖❖

도 현재 진행형인 슬로베니아학파와의 논쟁을 이해하는 데에 핵심적인 텍스트라고 볼 수 있다.

루이 알튀세르, 백승욱·서관모 옮김, 《철학과 맑스주의》, 새길, 1996.

알튀세르는 초기부터 이미 우발성의 유물론에 대한 고민을 은밀하게 진행하고 있었지만 아내 엘렌느를 교살한 비극적 사건이 벌어진 후에야 비로소 이 새로운 유물론을 전면화한다. 그의 후기 철학 전체는 바로 마주침이라는 사건과 그것의 효과들에 대한 사유로 특징지을 수 있다. 이 주제와 관련되어 사후에 출판된 몇몇 중요한 글들을 묶어 번역한 이 책에서 알튀세르는 전체 서양철학사를 목적론에 반한 우발성의 유물론의 은밀한 흐름이라는 관점에서 재조명하고, 에피쿠로스, 마키아벨리, 스피노자, 맑스, 하이데거, 데리다 등의 철학자들을 새롭게 이해할 수 있는 길을 보여준다. 특히 이 책은 매우 아름다운 문체로 쓰여 있으며 글의 완성도가 매우 뛰어나다.

미셸 푸코와
자기 변형의 기술

허경

미셸 푸코
Michel Foucault(1926~1984)

미셸 푸코는 1926년 프랑스의 푸아티에에서 태어났다. 1946년 고등사범학교에 입학했고, 알튀세르의 영향으로 1950년경 공산당에 입당하나 2~3년 후 탈당했다. 1955~1960년에는 스웨덴, 당시의 서독, 폴란드 등에서 프랑스대사관의 문화참사관, 프랑스 문화원장 등을 지냈다. 1961년 《고전주의 시대의 광기의 역사》로 프랑스 소르본 대학에서 박사학위를 받았다. 1963년 《임상의학의 탄생》과 《레몽 루셀》, 1966년 《말과 사물》, 1969년 《지식의 고고학》을 출간했다. 1970년 콜레주 드 프랑스의 교수로 선출됐고, 1971년 취임 강연 《담론의 질서》를 간행했다. 이후 들뢰즈 등과 함께 '감옥에 관한 정보 그룹 G.I.P.' 운동을 이끌고, 이를 바탕으로 1975년 《감시와 처벌》을 출간했으며, 1976년 이 책의 문제의식을 섹슈얼리티 문제로 확장한 '성의 역사' 시리즈 1권 《지식의 의지》를 발간했다. '성의 역사' 시리즈는 원래 6권으로 계획됐으나, 푸코의 에이즈 감염에 이은 사망으로 1984년 2, 3권인 《쾌락의 활용》, 《자기 배려》만이 출간됐다. 푸코는 1984년 6월 25일 파리의 한 병원에서 사망했다.

왜, 오늘 여기서 푸코를?

미셸 푸코는 1926년에 프랑스에서 태어나서 1984년에 죽었어요. 위대한 학자도 결국 사람이잖아요. 그래서 우리는 그를 이해해보려고 하는 거죠. 그런데 시대도 조금 다르고, 더구나 지역은 정말 다르니까, 필연적으로 일정한 오해가 생겨나는 것 같아요. 가령, 제가 1980년대 말에 대학원에 들어갔을 때 푸코를 전공한다고 하면 대부분 '그게 누구냐?'고 많이 물어 봤어요. 1990년 초중반이 되니까, 푸코를 공부한다고 하면 '우와, 푸코를 하는구나!' 하고 감탄을 했죠. 그러다가 1990년대 중후반에는 사람들이 반농담 삼아 '아직도 푸코를 공부하냐?'고 물었어요. 물론 학문에 일정한 경향은 있지만, 학문이 패션은 아니죠. 제가 요즘 책을 내기 위해 푸코와 관련된 국·내외 서지를 정리하고 있는데, 국내에 푸코 관련 논문으로 박사학위를 받은 분들이 대략 서른 명 정도 되더라고요. 그런데 그중 대부분은 푸코의 방법론을 다른 영역의 연구에 차용한 경우가 많기 때문에, 실제로 푸코의 사유 자체를 연구한 사람은 정말 아무리 넓게 잡아야 열 명도 채 안 되고, 활발히 활동하는 연구자는 대략 네다섯 분에 불과해요. 그리고 한두 명을 제외하고는 대다수가 2000~2010년 사이에 박사학위를 받았고, 석사 과정의 연구자들도 상당수 있으니, 국내의 본격적인 푸코 연구는 지금부터가 될 것으로 보입니다. 여하튼, 푸코가 1984년에 죽었다는 것은 그가 최근의 철학자라는 뜻이잖아요. 그래서인지 아직 외국, 심지어는 프랑스에서조차도 푸코에 대한 본격적인 세밀한 연구가 생각보다는 많지 않습니다. 그런 점에서 푸코를 비롯한 최근의 프랑스 철학자들은 우리가 그들의 사상이 수입, 수용되는 과정을 지켜볼 수 있었던 오늘의 사상가들입니다.

정확한 날짜는 기억나지 않는데, 제 유학 초에 그러니까 1990년대 말경에《교수신문》에서 대학강사 이상 몇 백 명을 대상으로 마르크스 이후 자신에게 가장 큰 영향을 미친 학자가 누구냐고 물었는데, 거기서 푸코가 1위를 한 것을 읽고 푸코가 저만의 관심이 아니라는 점에 놀란 적이 있습니다. 그리고 미국에서도 다양한 종류의 학술논문 인용지수라는 게 있는데요. 이는 한 학자가 갖는 영향력의 정도를 보여준다는 점에서 사회학적으로 일정한 의미를 갖습니다. 1977~1978년 미국《도서관 저널》에서 실시한 조사에서 푸코는 24위를 합니다.(엘런 메길,〈역사학자들에 의한 푸코의 수용〉, 김현 편,《미셸 푸코의 문학비평》, 문학과지성사, 1989, 338쪽) 1위가 레닌, 2위가 프로이트, 3위가 바르트였고요. 그런데 영어판 위키피디어에 소개된 푸코를 보면 2007년 웹 오브 사이언스 Web of Science 통계에서는 인문학 분야 1위에 오른 것으로 나옵니다. 푸코의 영향력이 얼마나 대단한가를 보여주는 부분이죠. 다른 글에서도 썼지만, 1990년대 초 푸코가 우리나라에서 '히트'를 친 이유들 중 하나는 분명 푸코가 미국에서 받아들여졌기 때문이었을 겁니다. 이는 부정적이든 긍정적이든 혹은 중립적이든 대한민국 학문의 인식 (가능) 조건들 중 하나를 잘 보여주는 증거로도 보입니다. 그럼 보다 구체적으로 국내에, 그리고 사실은 전 세계적으로 널리 퍼져 있는 푸코에 대한 오해들을 먼저 살펴볼까요?

푸코에 대한 오해들

푸코에 대한 오해는 대충 크게 다음과 같은 몇 가지로 나누어 볼 수 있습니다. 우선 대강을 일별해보면, 푸코의 사유를 포스트모더니즘, 해체주의, 포스트구조주의, 포스트마르크스주의, 혹은 비합리주의로 보는 관점 등이 있습니다. 그런데 이것들은 처음부터 잘못된 지칭이거나, 혹은 상당한 오해를 불러일으키는 명칭들입니다. 하나씩 살펴보겠습니다.

첫 번째로, 우선 푸코의 사유를 이른바 **포스트모더니즘**으로 보는 관점이 있습니다. 이러한 시각은 주로 미국학자들에 의해서 (그리고 그들에게 영향 받은 일군의 국내 학자들에 의해서) 채택되고 있는 관점인데요. 물론, 모더니즘 그리고 포스트모더니즘이란 용어의 의미가 정확히 무엇인가, 그리고 푸코가 과연 포스트모더니스트인가라는 문제는, 이 자리에서 논의하기에 너무도 거대하고, 대단히 복잡합니다. 하지만 우선 확실한 것은 푸코가 자신의 생전에 출간된 모든 저작, 대담 등에서 '포스트모더니즘'이라는 용어를 단 한 번도 사용한 적이 없으며, 자신의 사유를 '포스트모더니즘'으로 규정하려는 시도에 대해 명시적인 반대를 표명했다는 것입니다. 사실 푸코는 자신의 최초의 주요한 저술인 1961년의 《광기의 역사》에서 1976년에 나온 《성의 역사 1: 앎의 의지》에 이르기까지 오로지 '근대l'époque moderne'의 시기만을 배타적으로 자신의 탐구 대상으로 삼고 있고, 사망한 해인 1984년에 발표됐으며 푸코의 '지적 유언장'이라 할 수 있는 논문 〈계몽이란 무엇인가?〉에서도 '근대성modernité의 태도'라는 관점을 고수하고 있습니다. 이러한 이유로 푸코를 포스트모더니스트로 규정하는 국내외의 푸코 전공자는 '전혀 없다'고 해도 과언이 아닙니다. 그만큼 부정확한 표현인 것이죠. 푸코를 이른바 '포스트모더니즘'의 일원으로 간단히 규정해버리는 시각은 푸코를 전공하지 않은 미국학자들의 관점을 (본의든 아니든) 무비판적으로 흡수한 것이라 말할 수 있겠습니다.

두 번째로, 푸코의 사유를 **해체주의**로 보는 경우도 있는데, 이 역시 부적절한 명칭입니다. 일단 '해체주의'라는 용어는 데리다의 용어인 불어 déconstructionisme 을 번역한 것인데, 저는 '해체解體'보다는 '탈구축脫構築'이라는 용어가 번역어로 더 적절해보입니다. 무엇보다도 푸코는 데리다주의자가 아닙니다. 푸코는 데리다보다 네 살 연상이지만 고등사범학교에서 푸코가 데리다를 가르친 적이 있기 때문에, 스승과 제자 관계입니다. 그러나 나중에 푸코가 《광기의 역사》(1961)에서 데카르트를 비판하며, 이 책은 '이성에 의해 배제된 광기의 침묵에 대한 고고학'을 쓰고자 한 것이라고 말한 것에 대해, 데리다가 '하지만 푸코의 그러한 언어도 어디까지나 이성의 언어이지, 광기의 언어는 아니지 않는가? 그런데 어떻게 침묵의 고고학을 기술할 수 있는가?'(데리다, 남수인 옮김, 〈코기토와 광기의 역사〉,《글쓰기와 차이》, 동문선, 2001, 60, 73, 96쪽)라는 문제를 제기합니다. 그리고 이후 약 10여 년에 걸쳐 드문드문 '논쟁'(?)이 벌어지는 과정에서 데리다와 사이가 멀어지죠. 급기야 1970년대 중반의 한 인터뷰에서 푸코는 탈구축과 자신의 관련을 묻는 대담자의 질문에 '나는 탈구축과 같은 고상하고 수준 높은 사유 작용을 할 능력이 없습니다'라는 식의 냉소적 반응을 보이기조차 합니다. 왜냐하면 자기 사유의 대부분을 거의 늘 근대에 대한 연구로 일관했기에 푸코에게는 '탈구축'이 아니라 오직 '문제의 재구성reconstruction' 혹은 '재再문제화reproblématisation'가 중요했기 때문입니다. 따라서 탈구축이라는 말은 데리다와 데리다의 이론을 받아들인 사상가에게 엄격히 한정해 써야 하는 용어이지 푸코에게 무차별적으로 적용시킬 수 있는 용어가 아닙니다. 한편 용어의 연원을 살펴보면, 이 역시 이른바 '탈구축주의 = 포스트모더니즘'이라는 미국 학자들의 관점을 그대로 받아들인 것이라 할 수 있습니다.

세 번째로, 푸코의 사유를 **포스트구조주의**로 보는 관점이 있는데, 이러한 명칭도 정확한 것은 아니지만 그나마 다른 명칭들에 비해서는 일정한 설득력을 갖습니다. 일단 이 경우 '포스트'의 의미가 무엇이든 푸코가 '포스트구조주의자'로 불리기 위해서는 푸코의 사유가 구조주의적 함축을 가진 바가 있어야 하는데요. 이를 간단히 살펴보도록 하지요. 우선 푸코는 자신이 한 번도 구조주의자였던 적이 없다고 주장했고, 자신의 사유에 구조주의라는 명칭을 붙이는 것에 대해 격렬히 항의했습니다. 이른바 상당한 '구조주의적' 함축을 갖는 《말과 사물》(1966, 국역본은 이규현 옮김, 민음사, 2012)에서 푸코는 구조structure라는 용어를 사용하지만, 이는 다른 사상가 특히 17세기 박물학자들의 사유를 설명하기 위해 끌어온 단순 인용mention이었을 뿐이라고 말합니다. 하지만, 푸코 스스로가 그렇게 주장한다고 해서 실제로 푸코가 (포스트)구조주의자가 아닌가라는 질문은 전혀 다른 또 하나의 문제를 구성합니다. 이는 물론 (포스트)구조주의를 어떻게 정의하는지, 푸코 사유의 어떤 부분을 어떻게 바라보는지에 관련된 복잡한 논의를 펼쳐야 하는 문제입니다. 하지만, 일반적으로 푸코 연구자들에 의해 《말과 사물》은 '구조주의적' 저작으로 인정되고 있고, 저 개인적으로도 이 책은 '광의의 구조주의적 함축'을 갖는다고 봅니다. 하지만 이렇게 푸코의 사유가 어떤 의미로든 '구조주의적 함축'을 갖는 것으로 볼 수 있는 시기는 아무리 넓게 잡아도 1969년에 나온 《지식의 고고학》까지이며, 1970년에 행한 강연 '담론의 질서'에서 푸코는 명시적으로 언어학적·기호학적·구조주의적 이해를 거부하고, 니체적 의미로 해석되어야 하는 담론 분석으로 나아갑니다. 어느 누구도 1975년에 나온 《감시와 처벌》을 구조주의적 저작으로 볼 수는 없을 겁니다. 요약하면, 푸코의 사유를 포스트구조주의로 부르는 것은 우선 적지 않은 복잡한 문제를 불러일으키게 되는 지칭 방식이고, 설령 가능하다고 해도 《지식의 고고학》까지의 푸코에만 엄격히 한정해 불러야 합니다.

네 번째로 푸코의 사유를 **포스트마르크스주의**로 보는 경우도 종종 있습니다. 이 역시 사실상 전적으로 잘못된 개념인데, 우선 푸코는 고등사범학교 시기인 1950년 스승인 알튀세르의 영향을 받아 공산당에 입당하고, 1953년경 탈당합니다. 그 이유는 소련 스탈린주의와 관련된 여러 사건들, 그리고 자신이 동성애자라는 사실에서 기인한 것으로 보고됩니다. 우선 당시 스탈린주의는 오늘날 잘 알려져 있는 것처럼 여러 가지 기만적인 정치적 전략을 채택했는데 프랑스의 다른 많은 청년 공산주의자들처럼 푸코도 이에 실망했음이 분명합니다. 또한 푸코는 보고된 것만으로도 두세 번의 자살시도를 겪는 등 상당한 갈등을 거쳐 자신의 성적 정체성을 결국은 인정하게 되는데요, 당시의 공산당, 곧 '가장 진보적이어야 할 정당이 가장 보수적인 프티부르주아적 관습을 여전히 유지하고 있다'는 사실에 실망한 것으로 보입니다. 하지만 이는 1953~1954년경의 일인데, 이때까지는 아직 푸코가 사상적으로 마르크스주의에서 완전히 벗어난 것은 아닙니다. 가령 1954년에 나온 푸코의 첫 저작 《정신병과 인격 Maladie mentale et personnalité》에서는 여전히 마르크스주의적 관점이 상당 부분 엿보입니다. 그러나 푸코는 1961년에 쓴 박사학위 논문 《광기의 역사》에서 이러한 마르크스주의적 관점을 명시적으로 부정하고, 구조주의 혹은 니체주의에 입각한 새로운 관점을 제시하고자 노력합니다. 여기서 푸코의 정치적 입장을 간단히 정리하면, 푸코는 일단 우파 곧 자유주의자가 아닙니다. 이는 거의 오늘날까지도 이어지고 있는 당시 프랑스 정치적, 지적 전통의 일부라 볼 수 있는데요. 프랑스에서는 제2차 세계대전 및 독일 점령 기간 동안 보여준 공산당의 혁혁한 저항과 투쟁에 힘입어 정치적, 지적으로 좌파가 일정한 '정통'의 위치를 차지하게 됩니다. 가령 비유하자면, 자신이 '종북주의자'가 아니라는 것을 자신이 증명해야 하는 우리나라와는 정반대로, 프랑스에서는 늘 우파가 자신이 '꼴통 반민주' 보수 극우파가 아니라는 것을 스스로 증명해야 하는 것입니다. 하지만 말씀드린 것처럼 푸코는 우파는 물론 아니지만, 마르크스주의자도 아닙니다. 이 말이 이상하게 들리시나요? 그런데, 이 말이 '이상하게' 들린다면 당신은 푸코의 주장을 이해하기에 더 없이 좋은 상황에 놓여 있는 것입니다. 푸코가 평생 지향했던 정치적 노선은 '더 이상 마르크스주의가 아닌 좌파적 테제의 정립'입니다. 대한민국에서는 좌파와 마르크스주의가 동일한 것으로 이해되고 있는데, 그것은 그저 역사적인 어떤 시기에 좌파가 마르크스주의에 의해 대표됐을 뿐, 마르크스주의가 좌파 자체는 아니라는 것이지요. 이는 역사적으로 물론 사실이고요. 가령 마르크스주의의 몰락이 좌파 자체의 몰락은 아니라는 것입니다. 푸코는 잘 아시다시피 1970년대 이후 사르트르를 잇는 저항적 지식인의 대표이자, 엄청난 양의 선언문을 직접 작성하는 등 지식인 투사의 아이콘이었습니다. 이는 푸코가 이론적으로는 좌파와 입장을 달리했지만, 실천의 측면에서는 늘 상당한 연대를 했기 때문에 가능했던 일이었는데, 이는 대한민국의 지식인들에게도 상당한 시사점을 줍니다. 결론적으로 '포스트마르크스주의'를 단순히 '마르크스 이후의 사유'라는 식으로 본다면 '포스트' 마르크스주의라는 명칭은 옳은 것일 수도 있겠지만, 그렇지 않고 푸코의 사유를 '후기마르크스주의'라는 식으로 푼다면 어떤 경우에도 포스트'마르크스주의'라는 명칭은 그릇된 것입니다.

마지막으로 푸코의 사유가 **비합리주의**라는 주장이 있습니다. 이는 주로 프랑크푸르트학파◆, 특히 하버마스Jürgen Habermas(1929~)의 주장인데요. 여기에는 일정한 철학적 관점이 결부되어 있습니다. 물론 하버마스는 광의의 마르크스주의자이자 헤겔주의자인데

◆ **프랑크푸르트학파**
프랑크푸르트 사회 연구소를 주축으로 1930년 이후에 독일에서 활동했던 철학자들의 그룹을 말한다. 호르크하이머가 지도하기 시작한 후 '프랑크푸르트 사회연구소'에 참여했던 아도르노, 마르쿠제, 벤야민, 프롬, 노이만 등을 비롯해 제2차 세계대전 후에 재건된 연구소에 배출된 하버마스, 슈미트 등의 철학자들이 함께 했다. 그들은 스탈린적 교조주의와는 거리를 두면서도 정신분석학과 미국 사회학의 방법론을 마르크스주의와 결합해서 비판 이론을 전개했다.

요. 사실 하버마스가 푸코를 비합리주의자라고 보는 궁극적 근거는 푸코가 헤겔주의적 합리성을 받아들이지 않는 데서 찾습니다. 물론 푸코는 이렇게 헤겔주의적 합리성과 합리성 자체를 동일시하는 하버마스의 관점을 '계몽주의의 협박'이라고 부르며 거부합니다. 푸코는 이 '협박'의 형식을 다음처럼 정리합니다. "당신이 계몽주의의 이러저러한 유산을 받아들인다면 당신은 여전히 합리주의자이다. 그러나 당신이 그것을 거부한다면 당신은 비합리주의자이다"라고요. 여기서 많은 사람들이 잘못 알고 있는 게 푸코가 합리성을 거부한다고 보는 것입니다. 푸코는 결코 합리성을 거부하지 않으며, 다만 '정통적' 혹은 '전통적' 합리성만을 거부합니다. 곧 절대적이며, 따라서 객관적이고, 따라서 개수가 '하나'인 것으로 이해되는 이른바 '합리성' 자체란 사실은 단지 이러저러한 방식을 따라 역사적으로 구성된 합리성의 '한' 형식에 불과할 뿐, 합리성 '자체'는 아니라고 보는 것입니다. 따라서 푸코는 하버마스가 자신을 '비합리주의자'로 바라보는 게 자신이 하버마스가 유일한 합리성의 형식으로 생각하는 헤겔적 혹은 의사소통적 합리성을 유일한 합리성 자체의 양식으로 인정하지 않는다는 점에 있다고 보고, 이를 '계몽주의의 협박'이라 부른 것입니다. 푸코는 결코 비합리주의자가 아니며, 다만 합리성의 객관성, 보편성, 절대성, 유일성만을 부정하는 것이죠. 따라서 푸코에게 합리성의 형식은 늘 복수複數이자, 다수多數의 형식, 곧 합리성 '들'이라는 형식 아래에서만 나타납니다.

푸코의 사유를 요약할 수 있을 두세 개의 문장

이제까지 푸코의 사유를 '무엇이 아니다'라는 형식으로 살펴봤는데요. 그렇다면 푸코 사유의 긍정적 특성은 어떤 것일까요? 지금부터 푸코 사유의 '일반적 특징'을 간단히 다뤄보겠습니다. 푸코의 책을 읽은 분은 아시겠지만 푸코의 글은 사실 엄청나게 전문적이고 복잡한 논의로 이루어졌을 뿐만 아니라, 다루고 있는 연구 대상 역시 너무도 방대하고 다양해서 혼자 공부하기가 정말 어렵습니다. 여기서는 이러한 점을 고려해 푸코 사유 일반이 보여주는 고유한 특징 몇 가지를 소개하는 것으로 만족하고자 합니다.

안타까운 일이지만, 동성애자인 푸코는 말년에 자신이 에이즈로 조만간 죽게 될 것을 미리 알게 됩니다. 에이즈의 잠복 기간이 대략 7~10년인 것을 생각해볼 때 1984년에 만 58세로 사망한 푸코는 1974~1977년 사이에 에이즈에 감염된 것으로 추정되죠. 그러나 당시에는 HIV 바이러스는 물론 에이즈라는 병명조차도 보고된 바가 없었음을 생각해보면 안타까움은 배가 됩니다. 우리는 오늘 푸코가 자신이 병에 걸릴 가능성을 알고 예방할 가능성 자체가 없었다는 것을 알고 있으니까요. 여하튼 푸코는 적어도 사망 1~2년 전에 자신이 죽게 될 것을 알고, 자신의 못 다 한 철학적 기획을 여러 가지 논문 혹은 저서의 형태로 발표합니다. 자료들을 읽어보면, 에이즈는 사망하기까지 몹시 고통스러운 과정을 겪게 된다고 하는데 푸코가 고통스러운 최후의 병상에서 한 일은 자신의 논문과 저술 교정 작업이었다고 합니다. 이런 점을 생각하고 이 글들을 읽을 때면 저는 학자로서의 푸코에 대한 숙연한 존경심이 들기도 합니다. 제가 프랑스 스트라스부르 대학에서 공부할 때 지도교수셨던 필립 라쿠-라바르트Philippe Lacoue-Labarthe(1940~2007) 선생님도 1980년대 초에 푸코와 같이 미국에 강연 여행을 다닐 때 푸코가 비행기 안에서 몹시 고통스러워하는 모습을 봤다는 말씀을 제게 들려주신 적이 있습니다. 여하튼, 이 시기의 주된 '철학적 유언장'이라고 할 수 있는 저술들로는 넓게 1982년 미국 버몬트대학교 세미나를 바탕으로 출간된《자기의 테크놀로지》부터 1984년에 나온《계몽이란 무엇인가》와 '성의 역사' 2·3권인《쾌락의 활용》,《자기 배려》그리고 다양한 말년의 인터뷰들이 있는데요. 푸코는 이처럼 다양한 방식으로 발표된 글들을 통해 자신의 평생에 걸친 학문적 기획을 몇 가지 커다란 주제 아래 정리하고 있습니다. 이 원자료들을 참조해 제가 푸코 사유의 일반적 특징을 정리해보고자 합니다.

1. 현재의 진단, 오늘의 역사

말년의 푸코는 자신의 평생에 걸친 철학적 기획을 정리하면서 그 중심에 자신의 사유가 **오늘의 문제**에 답하려는 시도였다고 말합니다. 앞서 간단히 살펴본 바와 같이 1969년《지식의 고고학》을 끝으로 이른바 언어학적·기호학적 혹은 구조주의적 사유와 결별한 푸코는 자신의 새로운 방법론으로서 니체적 계보학◆을 채택하게 되는데, 그 핵심에는 이러한 '오늘에 대한 관심' 곧 **현재의 진단학**le diagnostique du présent이 자리 잡고 있습니다. 현재의 진단학은 그 명칭부터 니체에게서 따온 것인데, 니체는 자신의 저술을 통해 여러 차례 자신의 철학이 오늘, 현재를 진단하기 위한 것이라고 말하고 있습니다. 진단診斷이라는 명칭은 의학 용어이기도 한데, 니체의 사상을 가로지르는 주된 구분선 중 하나가 바로 '건강한 자와 병자' 사이의 대립입니다. 물론 건강이 '좋은' 것이고 (사실은 건강이 바로 좋음 혹은 선善의 실제 내용을 구성합니다), 병이 '나쁜' 것입니다. 니체는 고대 그리스 호메로스부터 소크라테스 이전까지가 그리스의 건강한 황금시대였다고 말하면서, 소크라테스와 그를 이은 그리스도교가 모든 것을 잘못된 방향으로 돌려놓은 원흉이며, 이를 이은 동시대의 민주주의, 자유주의, 공리주의, 사회주의 및 공산주의를 모두 '병든 현상'이라고 봅니다. 따라서 올바른 사유는 니체에게 '반反시대적 고찰Unzeitgemäße Betrachtungen'일 수밖에 없으며, 이 반시대적 고찰은 다름 아닌 현재에 대한 진단 행위입니다. 한편 푸코는 이런 현재의 진단학이라는 의미에서 철학을 불어로 '주르날리즘journalisme'이라고 부르는데, 이는 영어의 저널리즘과 같은 어원을 갖습니다. 이에는 프랑스어와 관련된 간단한 설명이 필요합니다. 영어의 낮 혹은 일日, day에 해당되는 프랑스어 단어는 jour입니다. 그래서 영어로 우리가 매일 쓰는 일기를 diary 혹은 journal이라고 부르죠. 불어에서 일기는 journal인데, 이렇게 매일매일 쓰는 무엇인가를 작성하는 사람을 불어로

♦ **니체적 계보학**

니체적 계보학은 인식 자체가 힘에의 의지의 발현이고, 어떤 인식도 거기에서 예외가 되지 않는다는 주장이다. 즉 관점이나 이익을 벗어난 객관적 보편적 인식 혹은 진리란 없고, 오히려 인식, 진리, 학문, 자연, 객관성, 합리성 같은 개념 자체가 힘에의 의지에 의해 구성된 관점의 **산물**이라고 보는 것이다. '진리는 없고 오직 해석만 존재한다'는 것이다. 다른 말로 하면 '사실은 없고 관점만이 존재한다'. 니체는 인간의 어떤 인식도 관점을 벗어날 수 없으므로, 자신의 학문 역시 이러한 관점의 하나임을 부정하지 않으며, 바로 이런 **지적 정직성**이야말로 당시까지의 모든 이론을 뛰어넘는 니체의 진정한 의미, 탁월성이라고 할 수 있다.

journaliste라고 하고, 그들의 일을 journalisme이라고 합니다. 이 journal은 물론 개인적인 일기도 되지만, 현대 일본어와 한국어 용례에 살아남아 있듯이, 매일매일 작성해 사람들이 보는 것, 그날그날 일어난 일을 보고하는 것, 곧 '~일보日報'이기도 합니다. 이 모든 설명의 밑바닥에 깔려있는 니체-푸코적 사유는 곧 **철학함**이란 (시간과 공간을 초월한 영원불변한 어떤 것을 추구하는 것이 아니라) 매일매일 변화하는 **오늘-여기-우리의 문제를 다루는 활동**이라는 생각입니다.

2. "나는 달력도 지도도 없는 것에 대해서는 말하지 않습니다."

푸코에 따르면 철학은 현재의 진단학, 오늘의 진단학입니다. 철학은 이렇게 ('영원불변한' 것이 아니라) 늘 변화하는 오늘-여기-우리의 문제를 다루는 학문입니다. 이것이 이른바 데카르트, 칸트 등으로 대변되는 '고전철학'과는 다른 '니체 이후' 철학의 특징입니다. 푸코는 인간이란 무엇인가, 존재란 무엇인가, 우주의 본질이란 무엇인가와 같이 '시공간을 초월한' 보편적 문제를 탐구했던 고전철학과 달리, 자신은 오늘-지금 '우리'의 문제, 곧 **오늘 우리는 누구인가? 오늘 지금 이 순간 우리에게 무슨 일이 일어나고 있는가?** 라는 문제를 다루는 새로운 종류의 철학자라고 말합니다. 이런 의미에서 푸코는 "나는 지도도 달력도 없는 것에 대해서는 말하지 않습니다"라고 말하죠. 인간이란 무엇인가? 존재란 무엇인가? 와 같은 질문은 특정 시간, 특정 장소의 어떤 구체적 인간이 어떠한가를 묻는 게 아니라, 글자 그대로 시공간을 초월하는 인간 본질, 존재 자체를 묻는 것입니다. 간단한 예를 들면, 데카르트가 "나는 생각한다, 그러므로 존재한다"라고 말했을 때의 '나'는 17세기 프랑스에 살던 데카르트라는 사람과는 무관한 그야말로 '인간 자체의 본질'에 대한 규정으로서의 나입니다. 그러나 푸코는 바로 이러한 질문 자체가 시공간을 초월한 것이 아니라, 17세기 유럽 프랑스의 에피스테메épistémè◆에 의해 고고학적으로 혹은 계보학적으로 구성된 사회적·역사적 구성물social historical construct이라고 말하는 것입니다. 푸코는 이 세상에 달력도 지도도 없이 이루어진 것, 곧 완성된 채로 하늘에서 떨어져 우리에게 주어진 것은 없다, 그야말로 **전혀 없다**고 주장하는 것입니다. 모든 것은 사회적, 역사적, 문화적, 정치적으로 구성된 것입니다. 따라서 우리는 '역사가 전혀 없는 것처럼 보이는 것, 혹은 역사가 있을 수 없다고 보이는 것'의 **역사**를 기술해볼 수가 있습니다. 가령, 광기, 섹슈얼리티, 영혼, 정신, 이성, 육체, 역사, 사랑, 진리, 학문 같은 것의 역사를 말입니다.

◆ **에피스테메**
이것은 원래 고대 그리스철학에서 플라톤이 '이성에 의해서만 접근 가능하며 시공을 초월한 불변의 영원한 진리'를 의미하는 말로서 '감각에 의해 접근 가능하며 시공에 의해 제한되는' '의견, 억측'을 의미하는 독사doxa의 상대어로 사용되었다. 그러나 푸코가 지식 고고학 시기에 출간한 《말과 사물》에서는 이와는 무관하게, 주어진 한 공간 내에서 '한 시대의 모든 지식을 가능하게 해주는 인식론적 근본 조건'이라는 의미로 사용되었다. 에피스테메는 한 시대마다 오직 하나씩만 존재하는 것으로 가정되고 있다. 에피스테메는 가령 북반구의 경우 관측되는 북극성과 같은 존재로서 다른 모든 별들은 북극성의 주위를 따라 전개, 배치, 운행된다. 한마디로 푸코의 에피스테메는 '한 시대, 한 공간이 갖는 인식론적 가능 조건 전체'를 지칭하는 것으로 푸코에 의해 '인식론적 장 혹은 그것의 배치'와 동일한 의미로 사용된다.

3. "나는 어떻게 오늘의 내가 됐는가?"

이러한 푸코 사유는 당연히 그 방법론으로 '~란 무엇인가'가 아니라 '~는 어떻게 구성됐는가'라는 형식을 채택합니다. '~란 무엇인가'라는 질문 자체가 하이데거가 자신의 '철학-그것은 무엇인가?Was ist das–die Philosophie?'(1955)라는 강의에서 잘 밝혀주고 있듯이 고대 그리스인들의 발명입니다. 가령 플라톤의 대화편에서 소크라테스는 아름다움이란 무엇인가?라고 묻습니다. 그때 사람들은 소크라테스의 질문을 잘 이해하지 못하고, 아름다움이란 내가 사랑하는 사람의 얼굴이다, 아침에 피는 장미꽃이다, 나를 기쁘게 하는 것이다 등등의 대답을 합니다. 그때 소크라테스는 아니다, 당신의 대답은 내 질문을 이해하지 못 했다, 내 질문은 당신이 대답한 것과 같은 아름다움에 대한 개별적 사례들을 말해달라는 게 아니라, 그것들 각각을 아름다움의 한 사례로 만들어주는 **아름다움 자체의 본질**이 무엇인가?라는 질문이었다고 말합니다. 물론 플라톤에게 이 '아름다움'(혹은 '선'이든 '잘 사는 것'이든 마찬가지입니다) 자체의 본질은 글자 그대로 지도도 달력도 없는 것, 시공을 초월한 것으로 이해됩니다. 이 점에서 니체에 동의하는 푸코는 바로 이렇게 '어떤 무엇의 본질이 시공을 초월해 있다'는 생각 자체가 특정 시기, 특정 지역의 사회적·역사적 구성물이라고 보는 것이죠. 가령, 마르크스의 사유는 역사와 문화를 초월하는 인류 역사 자체의 진리가 아니라, 바로 그렇게 생각하는 19세기 프러시아 사상가의 사유, 그리고 마르크스에 동의하는 사람들의 '사유 체계'입니다. 마르크스와 그에 동의하는 자들 역시 결코 달력과 지도를 떠날 수 없는 것이지요.

세상에는 자신이 도대체 무슨 말을 하는지 모르는 사람도 많지만, 마찬가지로 자기 자신에게 지적으로 정직하고자 하는 사람들 역시 많습니다. 그렇다면 이때 누군가는 푸코에게, 혹은 니체에게 이렇게 물을 수 있을 것입니다. 니체나 푸코 당신의 주장 역시 달력과 지도 위에 위치하는 하나의 사유에 불과하지 않은가? 이 질문은 물론 너무나도 타당하고 적절한 질문입니다. 그리고 니체 이후의 사상가들이 갖는 **논리적 도덕성**이라고 할까요. 그런 것은 바로 이 질문에 대한 대답에서 나온다고 생각합니다. 니체와 푸코는 이렇게 대답합니다. "그렇다. 나의 이러한 주장도 다만 하나의 관점이다." 이것이 바로 '사실은 없고 관점만 있다' 혹은 '진리는 없고 해석만이 존재한다'는 니체의 **관점주의**Perspektivismus입니다. 이러한 대답이 갖는 함축은 무엇일까요? 니체와 푸코는 이전 철학자들의 주장, 곧 '진리'인 자신의 입장만을 제외한 모든 것이 다 '관점'이라는 주장을 포기합니다. 그리고 정확히 그들의 그러한 생각 역시 하나의 관점이며, 동일한 논리에 의해서 자신의 주장 역시 하나의 관점임을 받아들입니다. 니체가 자신의 《인간적인 너무나 인간적인》에서 말했던 것처럼, 관점주의는 자기 관점의 편파성, 따라서 비논리성, 부당함마저도 받아들입니다. 니체와 푸코는 자기 이론의 부당함을 인정하는데, 이는 인간의 인식 자체가 처음부터 이렇게 편파적인 것일 수밖에 없다는 인식에서 오며, 동일한 이유로 자기 이론의 진리성 곧 자기 이론만은 예외임을 주장하는 다른 모든 이론 역시 사실은 편파적이고 비논리적이며 부당한 것이지만, 단지 그 이론의 주창자 혹은 지지자들이 그러한 사실을 받아들이고 싶어 하지 않을 뿐이라고 말합니다. 이 지점에서 그렇다면 니체와 푸코는 상대주의자 아닌가? 상대주의에 빠지면 안 되는데, 이렇게 생각하시는 분이 있으실 수 있는데요. 일면 맞는 말일 수도 있지만, 이는 이미 고등학교나 어딘가에서 배운 '상대주의는 나쁘고 우리는 상대주의에 머무를 수 없다'는 말을 아무런 비판 없이 받아들인 학습의 결과일 수도 있습니다.

다음으로 니체의 주장에 대한 이러한 비판은 상대주의와 절대주의 사이의 구분 자체를 공격하는 니체의 주장에 대한 적절한 비판이 아닙니다. 즉 니체에게는 절대와 상대의 구분 자체가 문제라는 것인데, 니체의 주장을 (이러한 논의가 옳다는 전제 아래에서만 유의미한 말이 될 수 있는) '상대주의'로 비판하는 것은 논점 선취의 오류라는 것이죠. 이는 마치 그리스도교의 내세 자체를 부정하는 사람에게 '너 그런 말하면 지옥간다'고 말하는 것과 동일한 오류입니다. 또한 과연 상대주의는 나쁜 것이지만, 민주주의는 좋은 것이고, 다문화주의는 좋은 것일까요? 민주주의는 다원주의 사회라고 하는데, 다원주의는 상대주의와 어떻게 다른 것일까요? 그리고 이것은 다 궤변이야, 라고 생각할 수도 있습니다. 이렇게 생각하는 것 역시 아마도 고등학교 때 배운 《소피스테스sophistes》의 일본어 번역 궤변론자詭辯論者 때문일 겁니다. 소피스테스는 과연 궤변론자일까요? 그렇다면 궤변이란 뭘까요? 혹시 사람들은 '기존의 내 생각과 다르면' 혹은 '내게 이상異常하게 느껴지면' 궤변이라고 말하는 게 아닐까요? 궤변이 오늘 우리가 쓰는 그 의미로 정착된 것은 어떤 역사적, 사회적, 정치적 과정을 거쳐서일까요? 우리가 학교에서 배운 플라톤적 진리, 곧 시공간을 초월하는 영원불변하는 진리라는 규정은 19세기 후반 일본 메이지明治 시대에 번역된 서구어 곧 신한어新漢語입니다. 가령 우리의 조상인 퇴계나 율곡 혹은 다산은 죽었다 깨어나도 진리를 이렇게 정의할 수가 없습니다. 우선, **진리**眞理라는 말 자체가 **일본어입니다!** 민족民族이나 주체성主體性, 혹은 철학哲學이나 이성理性이라는 단어처럼 말입니다. 혹시 여러분이 진리와 철학, 절대와 상대, 이성과 감정이 마치 역사가 없는 시공을 초월한 '진리'라고 느껴진다면 이는 어떤 면에서는 **'우리'가 얼마나 서양화됐는가**를 보여주는 하나의 척도일 수 있습니다.(이 '우리'의 구성이야말로 가장 중요한 정치적 문제들 중 하나입니다) 푸코가 '나는 지도도 달력도 없는 것에 대해서는 말하지 않는다'고 말한 것도 바로 이러한 의미에서입니다. 푸코는 이른바 지도도 달력도 없는 '진리'란 사실은 그렇게 구성된 하나의 진리 개념에 불과하며, 그렇게 구성된 진리 놀이의 틀 안에서 태어나고 자란 사람들은 그것이 '옳다'고 느껴지도록 '조건화'된 것이라고 말합니다. 이때 우리가 탐구해야 할 것은 '주어진' 문제 틀 곧 영원불변하는 절대 진리를 추구하는 게 아니라, **이러한 문제 틀 자체가 어떻게 역사적으로 구성됐는가를 살피는 일**일 것입니다.

우리 자신의 역사적·비판적 존재론

푸코의 작업은 이렇게 역사적으로 형성된 각각의 진리 개념들이 구성된 역사에 대한 탐구를 목표로 삼는데, 푸코는 이런 역사를 **진리의 정치사** political history of truth라고 부릅니다. 푸코는 이런 진리의 정치사 혹은 **서구 합리성의 한계와 조건을 밝히고자** 하는 연구를 위해 지식·권력·윤리라는 세 영역과 고고학·계보학이라는 두 방법론을 조합해, 지식의 고고학, 권력의 계보학, 윤리의 계보학으로 나눕니다. 그럼 먼저 순서대로 1960년대 지식의 고고학 시기부터 간단히 보도록 하지요.

1. 지식의 고고학

푸코는 1961년에 자신의 박사학위 논문을《광기의 역사》라는 제명으로 출간합니다. 그런데 말년의 푸코가 스스로 정리한 바에 따르면 이 책은 아직 자신만의 탐구 영역 혹은 방법론이 완전히 정립되지 못한 시기의 것으로 분류됩니다. 일단 우리가 여기서 푸코 자신의 구분을 따른다면, 푸코는 자신의 첫 번째 시기인 '지식의 고고학'에 해당되는 책으로《임상의학의 탄생: 의학적 시선의 고고학》(1963),《말과 사물: 인간과학의 고고학》(1966) 그리고《지식의 고고학》(1969) 세 권을 들고 있습니다. 모두 '고고학'이라는 말이 책 이름에 들어가 있어서 알아보기 편리하지요. 이 시기의 푸코는 글자 그대로 '지식에 대한 고고학적 탐구'를 수행하는데, 가장 중요한 책은 물론《말과 사물》입니다. 푸코가 원래 이 책에 붙이고 싶어 했던 제목은 '사물의 질서'인데, '말과 사물'과 '사물의 질서'를 나란히 놓고 보면 그 뜻이 읽힙니다. 이 책은 **말과 사물이 어떻게 각각의 시대마다 달리 배치되면서 그에 따라 어떻게 사물에 질서가 부여되는가를 다루고 있죠.**

　달력도 지도도 없는 것에 대해서는 말하지 않는 푸코는 이 책에서 자신의 탐구 지역을 서유럽으로, 탐구 시기를 16세기 이래 자신이 이 책을 쓰던 20세기 중반까지로 엄격히 한정합니다. 푸코에 따르면, 16세기 이래 서유럽 문화에는 오직 두 번의 단절만이 있었다고 합니다. 따라서 세 시기가 있게 되는데, 첫 번째가 16세기 초중반부터 17세기 중반까지의 '르네상스' 시기이고, 17세기 중반부터 18세기 말까지가 '고전주의', 18세기 말 19세기 초 이래 '근대'가 됩니다. 따라서 푸코에 따르면 이 책이 발표된 20세기 중반은 여전히 '근대'에 속합니다. 그런데 푸코는 각 시기마다 지식이 다른 어떤 방식도 아닌 바로 그 방식으로 배치되게 만드는 하나의 원리, 혹은 하나의 **에피스테메** 곧 **인식론적 장**場이 존재한다고 말합니다. 푸코에 따르면, 각 시대는 오직 하나의 에피스테메만을 갖는데, 그것은 르네상스 시대는 '유사성ressemblance', 고전주의는 '재현représentation', 근대는 '역사histoire' 입니다. 근대의 이 '역사'는 사실상 경험적-선험적 이중체doublet empirico-transcendantal로 이해되는 '인간homme'과 같은 것으로 설정되어 있습니다. 여하튼, 이는 시대에 따라 진리와 인식의 모든 틀, 구조 자체가 달라지며, 이들 역사를 가로지르는 보편적 진리와 같은 것은 없다는 주장입니다. 따라서 우리가 탐구할 수 있는 것은 주어진 사회에 있어서의 각각의 주어진 시기에 대한 지식의 고고학적 지층地層입니다. 지식의 고고학이란 마치 물건 곧 유물遺物의 고고학이 있듯이 지식에도 지층이 있으며 하나의 개념 혹은 단어는 자신이 속하는 지층의 내부에서만 의미를 가질 수 있다는 주장입니다. 그러나 이렇게 '구조주의적 함축'을 갖는 푸코의 지식의 고고학 시기는 그것이 변화의 이유나 동인動因을 설명하는 데 상대적으로 무력하다는 점이 지적되면서, 새로운 단계 곧 권력의 계보학 시기로 이행합니다.

2. 권력의 계보학

권력의 계보학 시기에 속하는 책들은 다양하지만, 대표적인 것은 푸코의 가장 중요하면서도 가장 논쟁적인 저서인 《감시와 처벌: 감옥의 탄생》(1975)입니다. 우선 유의해야 할 점은 권력의 계보학이 이전 시기의 지식의 고고학을 다 버리고 가는 것은 아니라는 점입니다. 가령, 푸코는 이전의 지식을 버리고 권력으로 나아가는 것이 아니라, **권력 - 지식** pouvoir-savoir이라는 개념을 만들어서 늘 지식과 밀접하게 연관되어 있는 권력 - 지식의 복합체를 말합니다. 이렇게 푸코는 어떤 하나의 이전 개념이 있으면 그것을 버리지 않고, 그 이전 개념을 포괄할 수 있는 보다 큰 새로운 개념을 만들어서 기존의 개념을 부분 집합으로 넣습니다. 즉 지식의 고고학과 권력의 계보학의 관계는 사람들이 말하는 연속도, 단절도 아닌, 포괄이라고나 할까요. 마찬가지로 1960년대의 에피스테메는 1970년대 중, 후반에 들어 '장치dispositif'라는 개념에 포섭되면서 담론적 장치가 되고, 담론적 장치가 아닌 다른 부분은 크게 '제도institution'라고 불리게 됩니다. 곧 에피스테메는 장치의 담론적 부분을, 제도를 포함한 다른 부분은 장치의 비담론적 부분을 가리키는 용어가 되는 것이지요. 마찬가지로 이제 고고학은 계보학에 대해 상호보완적인 것으로 이해됩니다. 결국 푸코의 1970년대 권력의 계보학 시기는 사실상 권력과 계보학에 초점이 맞추어진 권력 - 지식의 고고학 - 계보학의 시기입니다.

이 시기에 중요한 것은 권력 - 지식인데, 이 개념은 때로 많은 오해를 불러일으키곤 합니다. 이를 간략히 정리해보면 우선, 권력 - 지식은 '권력이 지식이다'라는 말이 아닙니다. 그렇다면 동일한 권력과 지식의 '관계'에 대해 푸코가 말할 수가 없게 되겠죠. 또한 대표적 오류 중 하나로 권력-지식을 푸코가 부정하는 기존의 실체적 권력관에 입각해 이해하는 것입니다. 푸코는 기존의 권력관이 자유주의와 사회주의를 막론하고 모두 권력을 하나의 실체, 하나의 소유물로 바라보는 관점이라고 비판합니다.

우선 권력이 실체가 아니라 함은, 기존의 국가 혹은 정당 단위의 거시적 정치만이 진짜 정치라고 바라보는 관점에 대한 비판입니다. 거시적 실체적 권력관에서 중요한 것은 국가의 전복 및 혁명 혹은 대통령 바꾸기와 같은 거시적 차원의 정치고, 개인의 정체성 투쟁, 가령 동성애, 장애인, 외국인, 여성주의 담론 등은 그에 종속되는 것으로 이해됩니다. 그러나 푸코는 권력을 근본적이자 미시적인 사소한 일상적인 것으로 바라보기 때문에 이러한 거시적인 것에만 집중하는 관점은 하나의 오류라고 봅니다. 이에 관련된 또 하나의 오해는 이러한 푸코의 관점이 미시적인 작은 권력들에만 사로잡혀서 정작 중요한 권력의 거시적 차원을 방기放棄한다 혹은 그러한 차원에 대해 무력하다는 비판을 들 수 있는데, 이는 푸코의 미시 권력관에 대한 오해에서 기인하는 것입니다. 푸코의 미시 권력관은 미시적인 것에서 거시적인 것이 탄생한다고 주장하며, 거시적 것은 이러한 무한하게 작은 미시적 권력들의 효과로서 드러나는 권력 현상의 가장 가시적 부분이라고 말합니다. 푸코에게 거시 권력은 미시 권력이라는 보다 커다란 권력에 모두 포함되는 가장 가시적인 영역입니다. 마치 뉴턴의 거시 물리학이 아인슈타인의 상대성이론에서 완전히 파기되는 것이 아니라, 보다 큰 전체의 한 함수로서 일정한 지위를 여전히 누리고 있는 것처럼 말이죠. 또한 자유주의와 마르크스주의라는 거시 정치는 미시 정치의 한 부분, 그러나 가장 가시적인 하나의 집합이 되는 것처럼 말입니다. 즉 푸코는 거시적인 현상을 무시하는 것이 아니라 이전과 같이 거시 권력에만 집중하다보면 미시 권력의 다양한 저항 지점들을 놓치게 된다고 말하는 것이자, 거시 정치를 바꾸려고 하는 동기나 이유 자체도 결국은 일상의 미시 정치를 바꾸고자 하는 관심에서 기인한다는 것입니다.

마찬가지로 권력을 소유물로 바라보지 않는다는 말은, 기존의 자유주의와 마르크스주의는 모두 권력을 획득, 탈취, 양도, 혹은 계약의 대상이 될 수 있는 하나의 경제적 소유물처럼 바라본다는 의미입니다. 이 점에서 푸코는 기존의 권력관이 권력을 계약의 대상으로 보는 자유주의, 혹은 권력을 경제라는 하부구조의 부산물인 상부구조로 바라보는 마르크스주의를 막론하고 근본적으로 경제주의적인 것이라고 봅니다. 곧 권력이란 이렇게 양도 혹은 탈취 가능한 하나의 경제적 소유물이라는 것입니다. 푸코가 권력-지식론을 통해서 수행하고자 하는 바는 정확히 권력에 대한 이러한 경제주의적 관점을 벗어나고자 하는 것입니다. 경제에 기반을 두지 않고 권력을 바라보려는 푸코의 이런 작업은 마치 중세의 철학, 신학, 윤리로부터 정치를 독립시킨 마키아벨리가 했던 일을 정치철학의 영역에서 수행하고 있는 것처럼 보입니다. 정치를 경제의 시녀라는 지위로부터 독립시켜 하나의 자율적 단위가 되도록 만드는 것이 푸코의 목표입니다. 따라서 이제 실체적이지도 경제에 종속적이지도 않은 권력은 '주어진 상황에 존재하는 요소들 사이의 전략적 배치(에 의해 파생되는 효과)'로서 새롭게 정의됩니다.

이런 관점에서 권력-지식은 '권력이 지식을 억압하지 말아야 한다든가, 반대로 지식은 권력에 초연해야 한다든가, 혹은 권력에 아부하지 말아야 한다든가'라는 식의 전통적 담론과는 전혀 다른 새로운 이론이 됩니다. 권력은 한마디로 '담론적 및 비非담론적 효과를 불러일으키는 전략적 상황의 총체', 곧 **권력관계**입니다. 이른바 대문자 '권력le Pouvoir'이라는 단수의 소유 가능한 실체는 없고, 오직 다양한, 사실상 무한한 전략적 상황의 총체에서 발생하는 복수複數의 **권력관계들** relations de pouvoir만이 존재합니다. 이런 권력-지식은 권력의 측면에서 무한하고 다양한 복수의 권력관계들을 낳는 것처럼, 지식 혹은 진리의 측면에서는 (권력 혹은 욕망과 분리된 이른바 '객관적 진리'가 아닌) 오직 정치적·역사적으로 구성된 진리 곧 진리의 정치사를 탐구하게 만듭니다. 《감시와 처벌》은 바로 이러한 관점에서 18세기 말 19세기 초 이른바 서구 근대 사회를 형성한 다양한 역사적 지점들에 작용하는 권력-지식에 대한 미시 정치적 분석입니다.

3. 윤리의 계보학

한편 푸코는 대략 1977~1978년을 계기로 이러한 권력의 계보학을 넘어서는 윤리의 계보학을 구상하게 됩니다. 그러한 관심의 첫 작업은 1976년에 나온 '성의 역사' 시리즈 1권 《앎의 의지》입니다. 그리고 다양한 관심 및 방향 전환을 거쳐 자신이 사망하던 1984년에 시리즈의 2, 3권인 《쾌락의 활용》과 《자기 배려》를 출간하게 됩니다. 푸코는 이러한 전환을 맞게 된 이유를 대략 다음처럼 설명합니다. "나는 지식과 진리의 문제에 대해서는 1960년대 내가 지식의 고고학이라 이름 붙인 작업을 통해 수행했다. 그리고 권력 문제에 대해서는 1970년대 초중반 이른바 권력의 계보학을 통해 수행했다고 생각한다. 그러나 나는 이제 주체가 어떻게 하나의 도덕적 주체로 스스로를 자리 매김하게 되는가라는 주체화의 문제를 탐구해야 할 필요성을 느꼈다."(푸코, 〈자유의 실천으로서의 자아에의 배려, 권력, 자아, 윤리〉, 정일준·황정미 외 옮김, 《미셸 푸코의 권력 이론》, 새물결, 1994, 100~104쪽 참조) 윤리의 계보학은 하나의 주체가 어떻게 자기 자신을 하나의 도덕적 주체로 자리매김하게 되는가의 문제를 다루는 것입니다.

한편 주의해야 할 점은 이때의 **윤리**가 (우리가 보통 생각하는 그런 윤리의 의미를 갖는 것이 아니라) 오히려 단어의 어원이 되는 그리스어 에토스êthos(태도 혹은 성격)가 갖는 원래의 의미, 곧 개인이 **자기 자신과 맺는 관계**를 의미한다는 점입니다. 이러한 자기와 자기의 관계는 **자기 배려의 윤리**를 낳게 됩니다. 푸코는 죽기 직전인 1984년 1월에 행한 대담 〈자유의 실천으로서의 자기 배려의 윤리〉에서 이렇게 말합니다. "자기를 배려하기 이전에 타인을 배려해서는 안 됩니다. 자기와 자기의 관계는, 자기와 타인의 관계보다 존재론적으로 우선하는 한, 도덕적으로도 우선합니다."(이광래, 《미셸 푸코》, 민음사, 1989, 301쪽, 번역 수정) 이것을 좀 단순화시켜 말해보자면, 인간은 자신이 행복한 만큼만 다른 사람을 참으로 행복하게 만들 수 있습니다. 자기를 배려하기 이전에 타인을 배려해서는 안 됩니다. 물론 이때의 자기 배려는 이기주의와는 다른 것입니다. 내가 나의 건강을 위해 담배를 피우지 않는 것은 이기주의가 아니며, 다만 참다운 자기 배려일 뿐입니다. 내가 몸이 안 좋아 오늘 저녁의 만남을 기대하고 있는 친구에게 나가지 못한다고 말하는 것은 이기주의가 아닙니다. 그런 날 내가 억지로 나가게 된다면 나는 그 친구와 즐거운 하루를 보낼 수 있을까요? 나라면 과연 나의 친구가 그런 상황일 때 억지로라도 약속에 나오기를 바랄까요?

푸코의 윤리의 계보학은 한마디로 우리는 어떻게 우리가 되는가 혹은 됐는가?라는 **주체화**subjectivation 곧 **주체의 역사적 형성** historical formation of the subject이라는 문제를 다룹니다. 가령 나는 내가 태어난 나라에서 태어나지 않았다면 지금 내가 가지고 있는 생각의 대부분을 가지고 있지 않을 것입니다. 이는 내가 태어난 시기, 나를 낳아주신 부모님, 내가 겪은 어떤 사건(가령 어떤 사랑하는 사람을 만났다든가 혹은 왕따를 당했다든가) 등에 대해서도 마찬가지입니다. 그리고 이는 대한민국 사회에 대해서도 여전히 진실입니다. 가령, 플라톤이 없었다면 오늘의 서양은 어떤 지역이 됐을까요? 아리스토텔레스가 없었다면 가톨릭의 교리는 어떤 모습이 됐을까요? 마르크스가 없었다면 소련도, 중국도, 북한도, 따라서 대한민국도 달라졌을 것입니다. 대한민국이 있기나 할까요?

다시 개인의 주체화로 돌아오면, '성의 역사' 시리즈에서 푸코는 개인이 스스로를 도덕적 주체로 설립하는 방식의 역사, 곧 윤리적 문제화의 역사를 분석합니다. **문제화**problématisation란 주체가 만들어지는 방식인 주체화, 대상이 설정되는 방식인 대상화objectivation, 그 사이의 인식이 확립되는 과정인 인식론화épistémologisation를 모두 합해 부르는 푸코의 포괄적 용어입니다. 그렇다면 문제화란 무엇인가? 쉽게 말해 문제가 아닌 것이 문제가 되는 과정, 혹은 문제가 아닌 것을 문제로 만드는 과정입니다. 문제화되기 이전의 어떤 것은 '문제가 아닌 것'입니다. 이미 문제인 것을 다시 문제로 만들 필요는 없기 때문입니다. 이제 '문제'가 될 수 있는 것은 그 이전에는 문제가 아닌 것, 한마디로 푸코의 용어를 따르면 '정상적인 것'입니다. 글자 그대로 모든 것이 역사적·정치적으로 구성됐다고 보는 푸코에게 이른바 정상적인 것이란 없습니다. 이른바 사람들이 말하는 '정상적인 것'이란 푸코에게 '기존의 정상을 밀어내고 정상의 자리에 새롭게 등극한 어떤 무엇'입니다. 이러한 과정을 통틀어 푸코는 **정상화**normalisation라고 부르는데, 이 용어는 보시다시피 현대 일본어와 한국어에서 규범화, 획일화, 규칙화 등등으로 번역 가능합니다. 여하튼 1970년대 중반 이래 푸코의 철학적 적敵은 한마디로 이 정상화입니다. 정상이란 없고 오직 정상들만 있다, 정상과 비정상을 나누는 기준 자체가 역사적 정치적으로 구성된 기준들이며, 정상이란 오직 정상 게임, 정상 놀이에서 승리한 지배적인 정상 개념일 뿐이라는 것이 푸코 주장의 함축입니다. 이는 진리의 개념에도 그대로 적용되는데, 이른바 사람들이 말하는 '진리'란 오직 사람들이 절대적이라고 믿고 있을 뿐인 진리, 곧 지배적이 된 진리로서, 사실은 무수한 진리 놀이들 jeux de vérité 중 단 하나에 불과한 것입니다.

자기 변형, 자기 자신으로부터의 일탈

마지막으로 간단히 푸코의 논의를 요약해보겠습니다. 이처럼 푸코는 '나는 누구인가 혹은 무엇인가?'보다는 '나는 **어떻게** 오늘의 내가 되었는가?'를 묻습니다. 가령 푸코가 묻는 질문은 '대한민국 사회의 본질은 무엇인가?'가 아니라, '대한민국 사회는 **어떻게** 오늘의 대한민국 사회가 되었는가? 어떻게 오늘의 대한민국과 같은 사회로 역사적으로 구성되었는가?'입니다. 푸코의 탐구는 역사적 정치적 사회적 계기들, 지점들, 문제화, 문제설정들을 분석하려는 것입니다. 그렇다면 이러한 문제화 혹은 문제설정에 대한 분석은 또 왜 하는 것일까요? 푸코에 따르면 자신의 이러한 모든 작업은 **자기 변형** transformation of the self 을 위한 것이라고 합니다. 말하자면, 푸코는 트랜스포머입니다! 다르게 생각하고, 다르게 사는 것, 철학 활동의 목적은 자기가 배우는 것에 의해서 (자기 정체성이 더 강화되고, 자신의 논증이 강화되는 방식으로만 가는 것이 아니라, 오히려 그와는 대조적으로) 자신의 앎에 자기 몸을 다 던져서 스스로가 변화하는 것입니다. 무엇보다 나 자신이 변하는 것이죠. 이와 관련해, 푸코는 철학의 목적이 **자기 자신으로부터의 일탈**이라고 말합니다. 자기 변형인 것이죠. 푸코의 이러한 사유는 이미 1969년에 발간된 《지식의 고고학》의 '서문'에 나오는 다음과 같은 말에서도 잘 드러나 있습니다.

"이 세상에는 더 이상 얼굴을 갖지 않기 위하여 쓰는 사람이, 물론 나를 포함하여, 존재한다. 내가 누구인지 내게 묻지 말기를, 그리고 그대로 남아 있으라고 내게 말하지 말기를. 그런 질문은 우리의 서류를 지배하는 호적계의 도덕이다. 우리가 무엇인가를 쓸 때, 이 도덕이 우리를 자유롭게 내버려 두기를."(《지식의 고고학》, 이정우 옮김, 민음사, 2000,

41쪽, 번역 수정)

이렇게 자기가 자기를 변형시키는 절차들, 문제화들, 과정들을 **자기의 테크놀로지** technologies of the self라고 부르는데, 자기의 테크놀로지는 말하자면 '진리 놀이들을 변형시킴으로써 자기를 변형시키는 것'입니다. 기존의 전제들, 정상들, 질문들에 대해 '왜' 그리고 '어떻게'라고 묻는 거죠. 그래서 철학은 철학 활동인 것이고요, 이런 자기의 변형은 자기의 테크놀로지와 결합되면서 서양의 경우 고대 그리스·로마의 자기 인식, 자기 배려라는 두 축으로 펼쳐집니다. 이러한 과정을 분석한 것이 '성의 역사' 2, 3권《쾌락의 활용》과《자기 배려》의 내용입니다.

저는 푸코의 말년 인터뷰에 등장하는 아래와 같은 말이 푸코의 작업 전반을 설명해주는 하나의 키워드가 될 수 있다고 생각합니다.

나의 목표 중 하나는 사람들에게 우리들이 보편적이라고 생각하는 [정신적·제도적] 풍경의 일부가 실제로는 어떤 매우 정확한 역사적 변화의 결과라는 점을 보여주는 것입니다. 나의 모든 분석은 인간 실존에 **보편적 필연**이 있다는 관념에 대립합니다. 나의 분석은 제도의 자의성을 보여주고, 또 우리가 여전히 누릴 수 있는 자유의 공간은 무엇이며 아직도 얼마만큼의 변화가 가능한가를 보이고자 합니다.(푸코,〈진리·권력·자기〉,《자기의 테크놀로지》, 이희원 옮김, 동문선, 1997, 22쪽, 번역 수정·옮긴이 강조)

저는 이 말을 내가 왜 오늘의 내가 됐는지 알 수 있다면, 즉 나의 역사적 형성 과정을 알 수 있다면, 나는 그것이 이제까지 내가 생각해왔던 것처럼, 인간 본성에 기인한 필연적이고 자연적인 불변의 어떤 본질이 아니라, 다만 역사적, 정치적, 문화적으로 구성된 **단 하나의 지배적 관념**에 불과한 것이었음을 깨달음으로써 더 이상 꼭 지금처럼 살지 않을 수도 있으리라는, 말하자면 아직 오지 않은, **이제까지와는 다른 미래에 대한 상상을 가능케 해주는** 그런 자유의 말이라고 생각해봅니다. 진리가 우리를 자유롭게 하는 것이 아니라, 우리를 자유롭게 하는 것이 진리가 되어야 합니다.

♦♦♦
더 읽어보면
좋은 책

미셸 푸코, 오생근 옮김,《감시와 처벌》, 나남, 2003(개정판).

푸코의 책을 단 한 권만 읽는다면 이 책이어야 한다. 푸코가 1962년에 쓴《정신병과 심리학》(박혜영 옮김, 문학동네, 2002)의 2부는《광기의 역사》에 대한 푸코 자신의 탁월한 입문으로 간주된다. '권력의 계보학' 시기를 여는 1971년의《담론의 질서》, '윤리의 계보학' 시기의 저작들인 1976~1984년에 쓴 '성의 역사' 시리즈《지식의 의지》,《쾌락의 활용》,《자기 배려》는 모두 상당한 배경 지식을 요하는 책들이다. 한편《쾌락의 활용》의 '서문'은 어렵더라도 읽어볼 만한 가치가 있는 중요한 글이다. 푸코의 '지적 유언장'이라 할 1984년의 논문〈계몽이란 무엇인가?〉는 말년의 사유가 잘 요약되어 있는 글이다.

디디에 에리봉, 박정자 옮김,《미셸 푸코, 1926~1984》, 그린비, 2012.

저자는 푸코라는 한 사상가에 대한 전기를 넘어, 당시 프랑스 지식인 사회 전체에 대한 지적 조감도를 그려보여 준다. 이견의 여지 없는 최선의 입문서이다. 그 외의 고급한 입문서들로는 질 들뢰즈의《푸코》(허경 옮김, 동문선, 2003/ 그린비, 근간), 들뢰즈 전공자인 박정태가 편집한《들뢰즈가 만든 철학사》에 실린 몇 편의 논문들, 콜레주 드 프랑스의 역사학 교수 폴 벤느의《푸코, 사유와 인간》(이상길 옮김, 산책자, 2009),〈역사학을 혁신한 푸코〉(《역사를 어떻게 쓰는가》, 이상길 옮김, 새물결, 2004)가 있다.

❖❖❖

미셸 푸코, 오트르망 외 옮김, '콜레주 드 프랑스 강의록' 시리즈, 난장.

푸코는 1971년부터 안식년인 1977~1978년을 제외하고 1984년까지 매년 콜레주 드 프랑스의 '사유 체계의 역사' 교수로 강의를 했다. 국내에서도 번역 출간되고 있는데 푸코 전공자 심세광과 그가 이끄는 연구집단 '오트르망'은 매끄럽고 정확한 번역으로 푸코를 소개한다. 2013년 상반기 현재 《안전, 영토, 인구》, 《생명관리정치의 탄생》(이상 난장), 《주체의 해석학》(동문선/난장)이 번역되어 있으며, 난장에서 전권 번역 예정이다.

질 들뢰즈의
존재론 새로 읽기

―

김재인

질 들뢰즈
Gilles Deleuze(1925~1995)

질 들뢰즈는 파리에서 대부분의 생애를 보냈다. 평생을 결핵과 천식으로 시달리다가, 말년에 인공 생명 유지 장치를 스스로 떼어내어 목숨을 끊었다. 1968년에는 건강 문제를 무릅쓰고 혁명의 한가운데서 투쟁하다가 쓰러져 병원에 실려 가기도 했다. 고등학교와 대학교에서 철학을 가르쳤으며, 특히 1968년 혁명의 성취인 파리8대학(뱅센, 이후 생드니로 옮겨감)을 만들고 그곳에서 강의하다 퇴임했다.

그는 자신의 저서 《니체와 철학》으로 프랑스의 니체 르네상스를 이끌었다. 또한 국가 박사학위 논문인 《차이와 반복》은 니체 연구를 심화한 결정판으로 평가된다. 1969년 평생의 친구인 과타리를 만나 말년까지 공동 작업을 수행했다. 그 결과물이 《안티 오이디푸스: 자본주의와 분열증》, 《카프카: 소수 문학을 위해》, 《천 개의 고원: 자본주의와 분열증2》, 《철학이란 무엇인가》이다. 그밖에도 문학, 회화, 연극, 영화에 대한 다수의 미학 저술을 남겼고, 철학사 연구 및 윤리학과 정치철학에 속하는 많은 저술을 남겼다.

본문의 인용은 들뢰즈·과타리, 《안티 오이디푸스L'Anti-Oedipe》, Capitalisme et schizophrénie, 1972/3, Paris: Les éditions de Minuit에서 하며, 별도의 언급 없이 AO라는 약자와 원문의 쪽수를 밝히는 방식으로 한다.

왜 존재론인가: 실천 철학과 존재론의 관계

오늘 말씀드릴 들뢰즈의 철학은 아시다시피 방대합니다. 그중에서 저는 존재론 부분에 초점을 맞춰볼까 합니다. 아마 많이들 생소하게 느끼실지 모르겠어요. 들뢰즈가 한국에 소개된 지 25년 정도 됐는데요. 실제로 제가 살펴본 바에 따르면 핵심, 뼈대는 잘못 이해되어 온 것 같아요. 근데 이것은 우리나라만의 상황은 아니고요, 다른 나라에서도 마찬가지인 것 같습니다. 영어권, 불어권에서도 21세기의 문제를 풀어나가는 데 참고할 만한 중요한 철학자로 들뢰즈를 꼽지만, 그의 철학에서 핵과 관련된 부분은 비껴가는 것 같아요. 들뢰즈가 제공한 중요한 논점이 워낙 많기 때문에 부분적으로는 계속 활용되고 있지만, 핵을 놓치고 있어서인지 이런 활용들도 제대로 종합되지 못한다는 생각이 들어요. 오늘 이야기할 부분은 이 핵과 관련이 있어요. 그래서 나중에 스스로 공부할 때 이것을 바탕으로 삼을 수 있도록 해보겠습니다.

들뢰즈의 철학은 여러 낯선 개념 및 잡다한 탐구 분야 때문에 이해와 수용 면에서 많은 어려움과 논란을 야기하고는 있지만, 사실 그 심장에는 존재론이 자리하고 있어요. 데이터pragma를 존중하는 실증 정신과 과감한 비판 정신으로 무장한 들뢰즈는, 20세기까지 발전해 온 철학, 과학, 예술에서 취한 다양한 가용 자원을 활용하여 최고도로 현실 정합적인 존재론 체계를 구성하려 했습니다. 이걸 좀 더 설명해볼게요. 들뢰즈는 많은 학자들을 참고하고 있습니다. 대표적으로 고대철학에서 루크레티우스, 근대철학에서 스피노자, 흄, 맑스, 니체, 현대에서는 베르그손, 동시대의 푸코가 있죠. 푸코를 제외하고는 모두 옛날 철학자라고 할 수 있어요. 그들은 대체로 20세기 과학과 예술에서 발견한 여러 자원들을 활용하지 못했다는 역사적 한계를 지녔다고 볼 수 있습니다. 실증적인 데이터를 바탕으로 철학 체계를 구성한다고 할 때, 들뢰즈 이전의 철학자들의 경우에는 활용할 수 있었던 과학적 데이터의 수준이 미천했어요. 예를 들어 상대성이론이나 비유클리드 기하학, 양자역학, 진화론, 분자 생물학, 우주론, 카오스이론, 정보이론 등에 대한 이해가 거의 없었고, 그 때문에 실제 세계와 어긋나는 진술을 하는 경우가 많았지요. 스피노자나 칸트만 해도 갈릴레오와 뉴턴의 물리학을 바탕으로 철학 체계를 구성했어요. 이 이후에 발전된 새로운 과학은 뉴턴의 역학을 전면적으로 폐기하지는 않았지만, 그것이 우주와 세계에 대한 전면적 원리가 될 수 없다는 것을 증명했지요. 17~19세기까지 주어졌던 과학적 데이터들에는 한계가 있었고, 그에 모순되지 않는 존재론 체계를 구축했더라도 한계를 지닐 수밖에 없었던 것이죠. 그에 반해서 들뢰즈의 경우에는 끈 이론 직전의 수학적, 과학적인 발견, 예술의 발전을 수용했기 때문에 좀 더 진일보한 존재론 체계를 구성할 수 있었습니다. 일부 반론이 있을 수는 있지만 최신 데이터까지 활용해서 존재론, 우주론의 체계를 구성하려고 했다는 특징과 장점이 있는 것입니다.

그래서 오늘 강의의 일차적 과제는 들뢰즈와 과타리가 함께 쓴 《안티 오이디푸스》의 내용을 중심으로 들뢰즈 존재론의 핵심을 체계적으로 드러내어 그 의의를 평가할 수 있도록 보여주는 일로 잡았습니다. 이 과제는 사실 여러 연구자들에 의해 시도됐지만, 실제로는 두드러진 성과를 찾기 어렵습니다. 우선, 들뢰즈가 사용하는 개념들이 철학사 전반을 관통하며 창조되어 온 개념들 및 다양한 분과에서 차용한 개념들로 구성되어 있다는 점이 일차적 이유입니다. 이것을 다 살펴보려면 분명 시간이 많이 걸리지요. 그러나 더 중요한 이유는, 들뢰즈 철학의 핵심이 존재론이고, 그 존재론이 철두철미 '자연주의' 내지 '비인간주의'의 특성을 갖고 있다는 점이 간과되었다는 데서 찾을 수 있습니다. 들뢰즈 철학의 핵심에 존재론, 자연주의, 비인간주의 존재론이 있었다는 점을 파악하지 못했던 게 몰이해의 가장 중요한 이유였던 것입니다. 예를 들면《안티 오이디푸스》경우에도 정치철학 책이라고 알려져 있고,《천 개의 고원》(김재인 옮김, 새물결, 2001)도 이게 무슨 존재론이냐며, 언어, 기호, 회화, 음악, 정치, 과학 등 다양한 분과를 다루지 않는다고 말합니다. 이런 대표적인 저서뿐 아니라 니체 연구, 스피노자 연구도 들뢰즈 특유의 존재론적인 시각에서 재조명되었다고 이해되기보다는 개별 철학자를 따라가면서 주석을 단 책이라고 이해되어 왔습니다. 그렇지만 이 모든 작업들이 '존재론'을 중심에 두고 있다는 것을 환기해야 합니다.

초기 희랍철학에서도 인간주의의 위험은 크세노파네스에 의해 경고된 바 있습니다. 크세노파네스는 플라톤보다 앞 세대의 사람인데요, 이런 말을 남겼어요. '소나 말이나 사자 같은 동물들이 손이 있어서 그림을 그릴 수 있다면, 신을 그릴 때 소는 소처럼, 말은 말처럼 그리게 될 것이다'라고 말했지요. 그러면서 인간도 그와 유사한 짓을 한다고 했고요. 인간도 인간의 형상에 따라 세계를 이해하고 본다는 것이죠.

들뢰즈가 보기에 소수의 예외를 제외하고는 지금까지의 존재론은 인간주의의 토대 위에 구성되어 있습니다. 들뢰즈가 생각하는 인간주의는 특히 '의식'을 중심으로 이해되어 온 인간관을 가리킵니다. 사실 인간은 의식만으로 이루어져 있지는 않습니다. 인간에게는 자연으로서의 물질, 동물로서의 몸, 그리고 마음이라는 세 측면이 함께 있으며, 그 마음 중에도 의식을 넘어서는 측면이 분명 존재합니다. 프로이트는 《정신분석 강의 입문》에서 정신을 의식과 등치시키는 것을 비판하면서, 정신은 크게 '의식'과 의식이 아닌 '무의식'으로 구성되어 있다고 이야기했습니다. 그러면서 무의식을 탐구하겠다고 했고요. 다만 프로이트는 여전히 정신 내의 무의식의 영역에 주목했습니다. 몸도 있고, 물질 세계도 있는데 말이지요. 들뢰즈가 보기에는 의식의 여집합이 무의식이라고 할 수 있어요. 무의식은 정신 현상에 국한되는 것이 아니라, 세계 자체에 대한 지칭이라고 할 수 있지요. 들뢰즈에게 있어 무의식의 탐구는 존재론과 동일한 작업, 즉 우주 전체에 대한 탐구라고 할 수 있습니다. 의식이 주재자主宰者의 역할을 할 수 없다는 것은 경험상 분명한데도, 지금까지는 의식을 사령탑 위치에 있는 것으로 여겨 왔습니다. 의식이 인간 중심에서 인간을 조정하는 존재로 여겨졌다는 것이죠. 더 세분해보자면, 이런 관점은 '자유의지◆를 지닌 의식', 그것의 담지자인 '자아', 자아의 원형으로서의 '초월적 신'을 부당하게 전제하고 있습니다. 인간학은 제대로 된 존재론에 바탕을 둬야 하고, 그래야 인간학의 영역인 윤리학이나, 정치철학 등이 제대로 작동할 수 있습니다. 가령 실천을 한다고 했을 경우에 뭔가를 할 수 있다는 마음은 지닐 수 있지만, 최소한 실천 지침을 마련한다고 할 때는 자연의 원리에 따라야만 합니다. 이런 점에서 기존의 실천철학은 대부분 공상 위에 구성됐다고 볼 수도 있습니다. 하자, 이러면 할 수 있다고 여겼지만, 사실 그렇지는 않죠. 물 위를 걷는 것이 우리의 의지만으로 불가능하듯이, 정치적인 실천 역시 존재의 법칙에 위배되는 형태로는 행해질 수 없습니다. 이것이 들뢰즈가 존재론을 재구성했던 이유였던 거죠. 가령 《안티 오이디푸스》는 68혁명의 발생과 좌절이라는 상황 속에서 구성됐습니다. 또한 들뢰즈가 했던 인터뷰를 보면 제2차 세계대전이 미친 영향과 상처가 아주 큽니다. 한마디로 인간이 어떻게 자기 파괴적인 행동을 집단적으로 할 수 있었는가, 자기의 예속을 욕망할 수 있었냐는 거예요. 유명한 구절이죠. 스피노자도 이야기했던 것인데요. 마치 나의 해방을 바라는 양 나의 예속을 바라는 일이 어떻게 일어나느냐는 질문입니다. 스피노자의 경우에는 17세기 네덜란드의 상황을 같이 봐야 합니다. 그 당시에도 갑자기 공화국이 탄생하고 갑자기 반혁명이 일어납니다. 둘 다 대중들의

◆ **자유의지**

자유의지는 어떻게 규정할 수 있을까? 우선 인과의 계열을 보자. 흔히 하나의 당구공이 있는데, 다른 당구공이 와서 그것을 치면 움직인다는 식으로, 원인과 결과의 관계를 설명한다. 자유의지를 이해하는 가장 쉬운 방식이 있다. 물리적인 인과의 계열에 개입해서 그 스스로가 새로운 원인으로 작동할 때, 그래서 개입하지 않았을 때와는 다른 결과를 산출할 수 있을 때, 우리는 자유의지가 있다고 말한다. 철저하게 심인적 능력이라고 할 수 있다. 물리적인 세계 바깥에서 변화를 야기하기 때문이다. 따라서 초월적인 신은 중요한 모델이 되곤 한다. 내 안의 어디로부터 최초의 원인으로서 작동하는 원동력을 제공하는 무엇이 바로 자아이다. 나아가 그런 인간의 관점에서 세계를 이해한 채 존재론을 구성한 것이 지금까지 존재론의 역사이기도 하다. 드문 예외로 스피노자, 니체, 미진하지만 베르그손, 맑스가 포함될 수 있다. 그러나 자유의지에 기초를 둔 존재론은 일종의 외삽外揷의 산물이며, 인간학을 투사한 존재론에 불과하다. 인간이 자신을 투영해서 상상해 낸 것이다. 그런 의미에서 존재론은 우선 비인간주의의 관점에서 구성되어야 하며, 이에 준거했을 때에야 인간학의 구성도 타당할 수 있을 것이다.

지지 속에서요. 19세기 철학자들, 대표적으로 맑스, 니체는 프랑스혁명의 연장선상에서 이해할 수 있습니다. 역사적인 상황 속에서 실천을 제대로 하려면, 결국 필요했던 게 세계에 대한 이해였습니다. 그래서 스피노자, 맑스, 니체가 존재론을 연구할 수밖에 없었던 것이죠. 맑스의 존재론을 이야기하면 의아해하실 수 있는데요. 1844~1846년에 이르는 시기의 저술들, 가령 《1844년 경제학 철학 초고》, 《독일 이데올로기》 등과 같은 당시 출간되지 못했던 원고들은 존재론적 탐구의 결과물이었습니다. 존재론을 탐구하려는 사람들은 기본적으로 실천에 대한 관심이 있었던 것입니다. 들뢰즈도 예외가 아니었고요.

다시 말하지만 들뢰즈에서 '무의식'은 '의식'의 여집합을 가리키며, 인간을 구성하는 '의식'이 아닌 비인간적 요소를 총칭합니다. 따라서 무의식의 탐구는 비인간주의의 핵심에 있습니다. 오늘날 무의식에 대한 탐구에 있어 첨단에 있다고 자임하는 분과가 정신분석이죠. 따라서 정신분석과의 대결은 들뢰즈 작업의 중심을 관통합니다. 그러나 들뢰즈가 보기에 정신분석은 무의식에 대한 거짓 이론, 나아가 해로운 이론을 대표합니다. 정신분석은 무의식을 발견한 공로가 분명히 있지만, 무의식을 재차 의식의 관점에서 설명하는 잘못을 범하고 말았다는 것입니다. 그리하여 들뢰즈는 정신분석 이외의 자원을 동원하여 무의식에 대한 연구를 수행합니다. 여기서 많이 참고했던 작가가 D.H. 로렌스David Herbert Lawrence(1885~1930), 헨리 밀러Henry Miller(1891~1980) 등의 영미 작가들입니다. 들뢰즈는 이 작가들이 정신분석보다 무의식에 대해 더 잘 알았다고 자주 말합니다. 왜 문학에 관심이 많냐는 질문을 받았을 때, 이 작가들이 무의식을 탐구하는 데 더 도움이 되기 때문이라고 답하곤 했어요.

이처럼 무의식을 인간적 관점이 아닌 존재론적 관점에서 본다는 점은 들뢰즈의 철학에서 일관되게 반복해서 강조되고 있습니다. 그러나 선행 연구자들은 전반적으로 무의식을 인간주의적 관점에서 해석하는 경향에서 크게 벗어나지 못했습니다. 또한 들뢰즈의 개념 정의를 적합하게 따라가지 못했고요. 따라서 저는 들뢰즈 존재론의 전모를 텍스트에 근거해서 온전한 모습으로 제시하고, 이 과정에서 들뢰즈가 새로 창조한 개념들의 의미를 명료화하는 데 초점을 맞춰 보려고 합니다. 우선 들뢰즈가 생각하는 무의식 개념이 무엇인지 살펴본 후에, 욕망과 기계 같은 개념은 어떤 비판적 의미를 지니며, 생산의 경과로서 파악되는 세계는 어떤 원리로 구성되는지를 살펴보겠습니다.

무의식 개념의 갱신:
고아 및 자기-생산으로서의 무의식

들뢰즈는 분명히 단언합니다. "생산의 차원에서는 무의식의 종합들의 사용은 무의식의 자기-생산을 돕는데, 이것은 고아孤兒-무의식이다"(AO, p. 120)라고요. 무의식은 고아로 규정이 됩니다. 또한 무의식은 자기 생산auto-production을 합니다. 자기를 낳아요. 고아라서 부모가 없고, 자기가 자기를 낳는다는 건 무슨 말일까요? 이 모순적인 표현이 어떤 의미를 담고 있는지는 굉장히 중요한 문제입니다. 스피노자, 맑스, 니체에서도 유사한 표현을 발견할 수 있습니다. 스피노자 《에티카》의 첫 문장은 '자기원인causa sui'에 대한 정의로 시작됩니다. 자기가 자신의 원인이라는 것은 말이 안 되죠. 니체도 이것이 엉터리라고 비꼰 적이 있어요. 그렇다면 들뢰즈가 참고하는 존재론의 중요한 선배들이 왜 이런 표현들을 썼느냐는 것이죠. 다시 들뢰즈의 말로 돌아가 볼까요? 여기서 '생산의 차원'이란 '우주의 운행' 또는 '존재의 생성'을 가리킵니다. 이때 '자기-생산'은 스피노자의 '자기 원인'과 같은 뜻으로 이해됩니다. 자기가 자기의 원인이라는 이 역설적인 아니 차라리 모순되는 표현은, 실존하는 어떤 것이 있다고 할 때 그 어떤 것은 선행 원인을 갖지 않는다는, 말하자면 다른 어떤 것에 의해 생산된 것이 아니라는 단언입니다. 고아는 부모가 없습니다. 원초적인 고아입니다. 그런데 가만히 생각해보면 이에 해당하는 것은 딱 하나밖에 없는데, 바로 전체로서의 우주입니다. 전체로서의 우주 내지 존재, 오직 그것만은 자연발생으로 이해해야 합니다. 따라서 이 정의는 내재적 존재론의 첫째 원리입니다. 만일 이런 식으로 생각하지 않는다면, 우리는 부동의 모터[原動者]로서의 최초의 원인인 신에까지 소급해가야만 합니다. 그러나 이는 그 자체로 초월성의 도입이며 '자연주의'의 영역을 벗어납니다. 인간적 성(아빠-엄마-나) 모델, 또는 오이디푸스 삼각형에 따르면, 생산물로서의 나는 항상 생산자로서의 부모가 필요하지만, 이 관계는 최초의 시점까지 소급됩니다. 신이 초빙되는 것은 바로 인간적 성을 모델로 해서 '생산'을 착상할 때이며, 오이디푸스가 그 전형이라고 할 수 있지요. 따라서 들뢰즈가 보기에 이는 무의식에 대한 단지 잘못된 착상을 넘어 초월성을 도입하는 해로운 계기이기도 합니다. 이에 대해 좀 더 설명을 해볼게요. 지금 세상이 있습니다. 세상이 실존existence하고 있죠. 구체적으로 있는 것입니다. 있으면, 이것을 있게끔 한 이전 시점의 또 무언가가 있겠죠. 이 과정을 반복해 가다 보면, 최초에 무엇이 있었냐는 질문까지 하게 됩니다. 그렇다면 둘 중에 하나의 방식으로 답이 제시됩니다. 한 가지 방식은, 들뢰즈가 이 입장인데요, 시작이라는 것은 없다고 말하는 것입니다. 지금 무언가가 실존하기 때문에 그 이전이 실존한다는 점만 안다는 것이죠. 다른 하나의 방식은, 자기는 탄생하지 않았지만 다른 것을 탄생케 한 게 있다는 추론입니다. 인과 사슬의 최초의 지점에서 비약이 일어난 것이지요. 들뢰즈 식의 내재적 존재론은 이 비약을 인정하지 않습니다. 세계 내에서 지금이 있는 이상, 그 앞의 순간이 있다는 것으로 만족합니다. 이 경우에 앞과 뒤의 시간은 다르더라도, 양자는 모두 순간의 되풀이로 이해해야 한다고 보는 '순환'의 관점이 도입되게 됩니다. 스스로 자신을 생산하고 재생산하는 순환 운동을 하는 무의식, 생산의 순환 형식을 고수하는 무의식이 우주 운행 또는 존재 생성의 주체라는 것입니다. 자기가 자신을 밀고 나가는 것입니다. 지금 순간에서 다음 순간으로 가는 힘이 자기에게 있다는 것이죠. 주체로서의 무의식이라는 개념이 등장하는 것이죠. 여기서의 주체는 인간 주체와는 관계가 없습니다. 자기가 자신을 산출해낸다는 의미에서의 주체입니다. 순환의 관점이 아니고서는 최초의 원인, 초월성을 도입할 수밖에 없으므로, 자기-생산, 순환 운동이 정언적이고 절대적인 것으로 받아들여져야 합니다. 그리고 들뢰즈가 보기에 지금껏 우리가 '자기 원인' 내지 '자기-생산'의 영역에 이르지 못한 것은 생산에 대한 인간주의적 착상 때문이었습니다. 성과 성욕에 관한 인간주의적 착상은 기본적으로 "부모가 있는 생산"(AO, p. 21)을 전제로 합니다. 그러나 우주 내지 존재 전체에 관한 한, 생산(성, 성욕, 욕망)은 부모가 없죠. 이와 관련하여 들뢰즈는 맑스의 '비-인간적 성' 개념을 참조합니다. 맑스는 "성의 의인적anthropomorphique 재현"(AO, p. 350)을 뛰어넘게 해주었다는 것입니다. 여기서 의인적 재현이란 앞서 말한 크세노파네스가 비판한 관점을 가리킵니다. 하나의 성, 즉 인간주의적 성을 비판하는 것이죠. 하나의 성이란 부모가 자식을 낳는다는 식의, 성에 대한 착상을 가리킵니다. 들뢰즈는 성과 성욕을, 다시 말해 생산자와 생산물의 관계를, 그렇게 보아서는 안 된다고 봅니다. 오히려 생산의 운동 일반이 있습니다. 우주 자체의 자기-생산이라는 관점에서 성을 봐야 한다는 것이지요. 이런 관점을 들뢰즈는 'n 개의 성' 또는 '미시적인 성'이라는 말로 표현하기도 합니다. 들뢰즈가 페미니즘조차도 인간적 성에 갇히면 안 된다고 지적하면서, 여성조차도 '여성-되기devenir-femme'를 완수하는 와중에 생성devenir 일반에 참여해야 한다고 말하는 이유도 여기에 있습니다.

욕망과 기계

우주는 늘 종합됩니다. 종합은 본래 논리학의 개념입니다. 들뢰즈는 세 종합을 말하되, 종합을 명제의 종합을 떠나 존재의 종합으로 이해합니다. 우주 전체가 어떤 한 순간에 흩어지지 않고, 서로 함께 하고 있다는 것이죠. 언어의 논리에서는 말이나 추론이 전개되는 것이 종합입니다. 존재에 있어서는 매 순간 우주가 소멸하지 않고 정립되는 것을 말합니다. 순간과 다음 순간 사이에 우주가 이어지고 있죠. 종합이 반복되고 있습니다. 이 과정을 존재 생성의 종합이다, 우주의 경과의 종합이다, 생성의 종합이다, 라고 이야기할 수 있습니다. 즉, 시간의 관점에서, 생산=생성=시간의 종합이 관건인 것입니다. 사실 종합은 우주의 차원, 존재의 차원에서 이해되고 해명되어야 합니다. 종합의 이론은 존재론이요, 생성과 생산의 논리이죠. 이 관점 역시 기존 연구자들이 간과하지 못했던 측면으로, 저의 주요 논제입니다. 종합 이론을 통해 들뢰즈가 해명하려는 것은 '생산의 경과經過, procès'입니다. 이것은 '과정processus'과는 다릅니다. 경과란 동사적인 상태가 계속되는 것을 말합니다. 카프카의 소설 제목인 《소송Prozeß》과 같이 일이 계속 이어져 나가는 것을 말하죠. 우리말로 '경과' 혹은 '운행'이라는 말로 써봤어요. 이 경과는 시간 속에서 진행되는 그 모든 것, 우주의 운행 전체입니다. 여기서 중요한 점은 경과가 내포하는 '시간성'입니다. 엄밀히 말하면 시간 '속'에서라는 말은 미흡한데, 왜냐하면 경과 자체가 시간의 종합을 구성하기 때문입니다. 우주의 반복된 생산이 있어요. 생산, 생산, 생산…. 그것을 포착하는 방식이 시간입니다. 그렇기 때문에 시간 속에서 생산의 경과를 이어간다는 것은 잘못된 표현이에요. 우주의 운행이 먼저고, 거기서 시간을 포착한다고 표현하는 게 맞습니다. 들뢰즈는 차이를 시간으로 보고 시간을 '지속durée'이라는 이름의 존재로 변형시키는 놀라운 착상을 베르그손에서 취합니다. 자기 안에서 본성이 달라지면서만 나뉘는 질적 다양체multiplicité로서의 지속 개념을 말이죠.

들뢰즈에게 생산의 종합은 '수동적passive 종합'으로 이해됩니다. '수동적 종합'은 굉장히 중요한 개념입니다. 종합은 수동적이라는 것이죠. 이것은 passive, passion 또는 path-를 포함하고 있는 단어들과 관련이 있는데요. 흔히 수동과 능동을 대비시키죠. 그런데 엄밀하게 말하면, 능동인 것은 스피노자 식의 신밖에 없습니다. 다른 말로 하면 우주 전체로서의 존재밖에 없습니다. 자기를 다음 순간으로 밀쳐 나가니까 자기가 주체예요. 그런 점에서 능동입니다. 수동이 아니에요. 우주 전체에 있어 다음 순간에서 회고해봤을 때는 이미 되어버렸기 때문에 수동이지만, 밀쳐나가는 주체로서의 우주 전체로 보면 능동입니다. 어떤 능동적인 존재가 실제로 있는지는 말하기가 어렵죠. 특히 종합의 과정에서는 항상 수동일 수밖에 없습니다. 우주의 현재 상태는 이미 무엇인가가 되어 버린 거예요. 시간상 다음 순간에서 되돌아 볼 수밖에 없기 때문에, 수동적 종합이라는 게 우주와 관련된 적절한 표현인 것이죠. 그렇데 원래는 수동이라는 말이 적합한 번역이 아니에요. '겪는다'는 것이 진짜 의미예요. 영화 〈잔 다르크의 수난The Passion of Joan of Arc〉(칼 테오도르 드레이어, 1928)도 여기에서 유래하고요. 또한 정념情念이라는 번역도 그래요. 정념은 자기도 모르게 겪어서 분출하는 것을 말합니다. passion이 수동이기 이전에 '겪음'이라는 것을 꼭 기억하세요. 수동적 종합은 항상 어떤 일을 겪어왔죠. 다음 순간, 또 다음 순간이 계속해서 만들어지는 것입니다. 거꾸로 말하면 이전에 겪어서 지금이 됐고, 그 이전도 그 이전 순간을 겪어서 그렇게 된 것이죠. 생산의 경과가 수동적 종합의 원리를 따르는 까닭은, 종합을 주도하는 초월적 주체가 없기 때문입니다. 들뢰즈는 《천개의 고원》에서 인형극 놀이를 이야기하는데요. 보통 인형극은 무대 위에서 실로 매달고 누가 조정하죠. 그런데 들뢰즈가 말하는 것은 실은 없고 인형들끼리 노는 거예요. 초월적인 끈이 없이 자기들끼리 질서를 잡고 노는 것이죠. 바깥에 조정자가 없다고 이해하면 됩니다. 즉, 종합을 총괄하는 필연적 법칙이 없다는 점에서 종합의 수동성, 즉 겪음을 말할 수 있는 것입니다.

고대 희랍철학의 언어로 표현하자면, 들뢰즈에게 우주를 이루는 요소stoicheia♦는 '욕망 기계machine désirante'입니다. 자 여기서 욕망 기계라는 중요한 개념이 등장했는데요. 욕망 기계는 영어로 desiring-machine이라고 번역을 합니다. 그동안 '욕망하는 기계'라고 번역을 해왔고요. 이는 오해를 불러일으키는 번역입니다. 욕망하는 기계라고 하면 기계가 주어가 됩니다. 근데 여기서 '욕망désirante'은 형용사입니다. 따라서 정확하게는 '욕망적 기계'입니다. 욕망은 기계를 작동시키는 에너지입니다. 욕망적 기계라고 하면 욕망이 기계를 가동시킨다는 말이 됩니다. 욕망이 주어고, 기계는 일종의 껍데기라는 의미인 것이죠. 기계와 욕망, 둘은 분리될 수 없지만 둘이 결합되는 방식은 기계가 욕망하는 식이기보다, 욕망이 기계를 통해 분출되는 것이라는 점을 확실히 기억하세요. 그

♦ 요소
보통 element로 번역이 되며, 본래는 '철자'라는 뜻이다. 철자들이 모여서 낱말을 만드는데 이때 가장 기본이 되는 요소를 말한다. 화학에서는 '원소'라는 뜻으로 쓰이며 이것들이 모여서 우주를 만든다.

래서 저는 '욕망 기계'라고 번역을 했어요. '욕망적 생산production désirante'이라는 표현도 유사하게 이해해야 합니다.

그렇다면 욕망이란 무엇일까요? 우리는 통상 욕망을 욕심에 가까운 불교식 의미로 이해합니다. 서양에서도 전통적으로 욕망은 결핍 중심으로 이해되어 왔습니다. 무언가 부족해서 그것을 획득하려는 것을 욕망으로 보았던 것이죠. 플라톤은 《소피스트》(이창우 옮김, 이제이북스, 2011)에서 생산(만드는 것)과 획득(없는 것을 추구하는 것)을 배타적으로 나누는데, 이것이 욕망을 결핍으로 이해하는 출발점이었어요. 이후 칸트는 《판단력 비판》(백종현 옮김, 아카넷, 2009)에서 욕망을 생산으로 이해하긴 했지만 결국 심리적 현실의 생산으로 국한시켰습니다. 일종의 판타지를 만들어내는 작용이지요. 그러나 들뢰즈의 욕망 개념은 완전히 다릅니다. 욕망은 "현실réalité"을 생산합니다. "욕망은 흐르게 하고 흐르고 절단한다"(AO, p. 11)라고 들뢰즈는 말합니다. 여기서 욕망에 대한 인간주의적 해석의 여지는 전혀 없습니다. 욕망은 맑스적 의미의 '하부구조'에 속합니다. 그리고 욕망이 하부구조에 '속하는' 방식은 '기계'에 속하는 것을 통해서입니다. 전통적인 맑스주의에서는, 세계는 하부구조고 정신은 상부구조라고 말하지만, 들뢰즈는 별도의 상부구조를 인정하지는 않습니다. 물질적인 현상 전체의 생산 영역을 지칭하기 위해 제시한 개념이 욕망이고요. 욕망은 기계 형태로 작동을 합니다. 들뢰즈에 따르면, 욕망은 기계에 '내재적 원리'로서 속합니다. 과정으로서의 생산, 생산의 경과, 순환으로서의 무의식의 자기-생산, 우주 운행의 '원리'가 욕망이며, 이 원리는 초월적 원리가 아닌 '내재적' 원리입니다. 우주의 운행에 내재하는 원리, 우주의 운행을 추동하는 내재적 힘이 바로 욕망입니다. 전체의 운행을 관장하는 이 욕망 에너지의 명칭은 리비도libido입니다. 들뢰즈는 사회 속에서의 생산, 분배, 소비를 구분하는데요, 이것을 다시 넓은 의미의 생산이라는 말로 아우르고 있습니다. 소비도 생산하는 거고, 분배도 생산하는 거예요. 여기서 생산은 produce 즉, 앞으로 끌어낸다는 뜻입니다. 앞으로 무언가를 산출해내는 것이죠. 일이 벌어진다는 것은 넓게 보면 생산입니다. 우주 운행의 매 국면인 것이죠. 들뢰즈가 글 속에서 전반적으로 말하고 있는 것은 생산의 생산, 분배의 생산, 소비의 생산이에요. 모든 것들을 생산 속에서 이해하고 있는 것이죠. 그런 의미의 생산의 세 국면을 추동하는 힘이 욕망입니다.

그러면 '기계'는 무엇을 뜻할까요? 들뢰즈는 기계를 흐름flux의 "절단들coupures의 체계"(AO, p. 43)라고 엄격하게 정의합니다. 흐름은 물질적 연속성 또는 질료hyle를 가리키며, 절단은 마치 눈이 모든 것을 '보기'의 견지에서 해석하듯 연속성에 규정을 부여하는 일을 합니다. 절단은 생산의 세 종합(4장)의 다른 이름입니다. 앞에서 욕망은 흐르게 하고, 흐르고, 절단한다고 했죠. 기계는 흐름들의 절단의 전 체계라고 했고요. 그렇다면 흐름들이 뭐냐는 질문을 할 수 있죠. 흐름은 흘러가는 것을 말하는 게 아니에요. 흐름은 물질들이 서로 구별되지 않은 채 존재하는 상태의 물질이라고 할 수 있습니다. 구별되지 않는다는 것은 구별하는 무언가가 있다는 의미를 함축합니다. 가령 눈은 시각에 견지해서 구분합니다. 이 방 안에 사람들이 몇 명이 있고, 책상이 있고, 눈으로 구분을 합니다. 만약 눈이 없다면 세상은 구별되지 않는 어떤 것이죠.

이때 시각적 절단은 바로 눈이 하는 작용이라고 볼 수 있습니다. 들뢰즈는 반복해서 예를 듭니다. 《안티 오이디푸스》의 첫 문단에 나오는 '입'을 봅시다. 입은 소리를 절단하기도 합니다. 언어적인 것이죠. 음식을 절단하기도 합니다. 이것은 먹는 일이고요. 또한 토하기도 하고요. 이것은 똥을 싼다고 표현합니다. 뿐만 아니라 화를 내며 씩씩거리기도 하고, 성행위를 하기도 합니다. 이런 식으로 입이 행하는 하나하나가 절단 작용입니다. 끊어내는 것이죠. 끊어낸다는 것은 하나의 특성, 코드를 부여하는 것입니다. 여기서 주의해야 할 것이 있습니다. 시각을 보면요, 눈의 탄생과 시각적인 대상의 탄생은 동시적입니다. 눈이 미리 있는 게 아니에요. 시각적인 절단을 통해 보는 자에 해당하는 눈과 보이는 세계에 해당하는 시각적 세계가 동시에 함께 태어나는 것입니다. 무엇이 먼저 있는 게 아니고요. 이 부분이 굉장히 중요해요. 여기서 명칭이 중요한 건 아니고요, 눈과 시각 세계 둘의 탄생이 동시적이라는 것, 쌍을 이루면서 생겨난다는 게 중요합니다. 동일한 세계가 물질적으로 연속되어 있어요. 이것을 전통적으로 '질료'라고 말합니다. 어떤 특성을 부여받지 않은 상태의 것이 물질적 연속성이요, 질료이며, 그것에 특성이 부여되는 작용이 절단입니다. 기계가 하는 1차적인 작용이 이것입니다. 이 첫 번째 작용을 '채취-절단'이라고 부릅니다. 또한 뒤에서 더 설명하겠지만, 이것이 들뢰즈가 말하는 '연결 connexion'의 참된 의미입니다. 특성에 따라 분류가 생겨나는 것이죠. 이 개념을 일상적인 방식으로 설명하면요. 존재하는 모든 것은 기존의 특성을 벗어나야 합니다. 그러면서 새로운 규정을 부여받아야 해요. 기존의 규정에서 벗어나는 것을 '이

탈-절단'이라고 하는데요. 채취-절단과 이탈-절단은 동시에 일어납니다. 모든 질료는 절단에 따라 달라집니다. 앞에서 시각 세계를 봤는데, 그 동일한 질료가 귀에 의해 절단을 하면 청각 세계로 들어가게 됩니다. 나아가 후각적으로 절단을 하면 전혀 다른 세상이 펼쳐집니다. 기존의 특성이 자기 수준에서 유지되느냐 아니냐는 그렇게 중요한 것이 아니에요. 동일한 세계가 서로 다른 절단에 따라 다른 특성을 지닌 것으로 생성하는 겁니다. 절단을 기존 세계를 횡단하고 가로지르는 기능이라고 말할 때 의미하는 바가 바로 이것입니다. 새로운 절단은 채취-절단인데, 이것은 횡단 또는 이탈-절단을 통해서 일어나는 일인 것이죠. 들뢰즈가 모든 대상은 '부분대상objet partiel'이라고 말하는 까닭도 여기에 있습니다. 온전한 대상이 있는 것이 아니라 채취-절단에 대응하는 부분 대상이 있을 뿐이며, 다시 말해 눈에 대응하는 시각 세계와, 또한 동시에 귀에 대응하는 청각 세계와, 또한 동시에 코에 대응하는 후각 세계 등등 우주는 이런 식으로 부분 대상의 집합체로 존재하고 있다는 것입니다. 그렇기에 부분 대상들은 서로 배타적이지 않습니다.

기계는 우리가 흔히 생각하는 기술 기계에 국한되지 않습니다. 기계는 존재론적 요소로서, 우주의 생산에 내재적으로 관여합니다. 들뢰즈가 '기계'라는 개념을 창조한 데는 몇 가지 이유가 있습니다. 우선 인간주의적 가상을 벗어나 존재를 이해하려는 의도가 있어요. 인간주의humanism 내에서 우주의 운행은 '목적론'과 '기계론'의 두 양상으로 설명됩니다. 그러나 들뢰즈가 보기에 양자 모두 초월성을 도입할 수밖에 없다는 점에서 한계가 있습니다. 목적론은 최초arche에 설정된 방향telos을 따른다는 점에서, 기계론은 외부의 프로그램 설계자를 요청한다는 점에서, 초월적 작인作人을 가정합니다. 둘째로, '기계'는 생산을 설명할 수 있다는 점에서 선호됩니다. 들뢰즈가 기술 기계는 고장이 나면 작동하지 않는데 비해 기계는 고장이 나면서만 작동한다고 거듭 강조할 때, '기계'의 의미가 잘 드러납니다. 사실, 우주의 운행에 고장은 있을 수 없으며, 인간적 관점에서만 고장이란 말이 의미를 지니기 때문입니다. 우주는 무덤덤하게 운행될 따름입니다. 지진, 산사태, 홍수, 가뭄 등이 인간의 관점에서는 재앙이지만 우주의 관점에서는 그저 생성이자 변화인 것이죠. 자기 안에서 계속 달라져가는 연속일 뿐인 것이에요. 우주가 매 순간 지속되고 이어진다는 게 우리에게 기적적인 일입니다. 왜 우주는 폭발하거나 없어지지 않고 계속 존재하는가라는 문제는 굉장히 신비로운 것이죠. 바로 이처럼 우주의 운행 내지 생산의 기능을 담당하는 것이 기계입니다. 그리고 욕망은 기계를 가동시키는 추동력, 힘, 동인입니다. 그리하여 기계는 홀로 있지 않고 욕망을 내재적 추동력으로 지닌 채 존재하며, 따라서 모든 기계는 일차적으로 '욕망 기계'일 수밖에 없습니다. 존재는 기계들이며, 그 내재적 가동 원리가 바로 욕망입니다.

잠깐 정리를 해볼까요? 먼저 무의식이 무엇인지에 대해 이야기를 했습니다. 결국은 우주 전체라는 것이죠. 자기가 자기 자신을 생산하는 것이죠. 초월적인 생산자는 없다는 것입니다. 두 번째로 우주의 구성 원소라고 할 수 있는 것이 무엇인지 보았습니다. 바로 욕망 기계였지요. 이제 생산의 수동적 종합이 어떻게 작동하는지 각 단계를 살펴보겠습니다.

생산의 세 종합: 연결, 분리, 결합

들뢰즈의 철학에서 생산은 생산, 분배, 소비의 한 국면이 아니라 이 셋을 관통하는 개념입니다. 즉, 생산의 생산, 분배의 생산, 소비의 생산이 모두 생산인 것입니다. 앞에서도 지적했듯이, 생산은 우주의 운행입니다. 생산의 각 국면에서의 종합 또는 기계의 절단을 가리키기 위한 용어가 연결connexion, 분리disjonction, 결합conjonction이며, 이 세 종합은 하나의 순환을 이룹니다. 하나의 순환을 이룬다고 표현을 했지만, 이 세 국면이 동시에 발생한다고 봐도 됩니다. 이 개념들은 논리학적인 개념이 아니라, 존재가 종합되는 세 국면입니다.

1. 생산의 생산: 연결 종합 또는 채취-절단

기계의 첫 번째 절단은 연결 종합 내지 '채취-절단'의 형식을 띱니다. "한 기계[원천-기계]는 흐름을 방출하고, 이를 다른 기계[기관-기계 내지 부분 대상]가 절단한다"(AO, p. 7)고 들뢰즈는 말합니다. 흐름과 방출은 동시에 일어납니다. 여기서 연결connextion은 시간의 맥락에서 이해해야 합니다. 원천-기계나 기관-기계는 미리 존재하는 항과는 상관이 없습니다. 눈이 세계를 보는 게 아니라 눈과 세계는 동시에 하나의 쌍으로 탄생한다고 이야기를 했었지요. 본질적인 것은, 기계는 다음 '순간'으로 연결되는 시간적 운동 속에서 작용한다는 점입니다. 다음 순간이 오기 전까지 원천-기계는 존재하지 않으며, 더 정확히는 미규정인 채로 있는 것이죠. 다음 순간에 원천-기계와 기관-기계가 동시에 탄생하지 않으면,

다음 순간 자체가 존재하지 않기 때문입니다. 여기서 시간 순서를 잘 생각하셔야 해요. 한 순간이 있고, 다음 순간이 있을 때 앞 순간은 규정을 부여받지 않은 것으로 여겨야 합니다. 이탈-절단의 의미가 그것이었지요. 눈이라는 기관-기계의 탄생과 시각 세계의 탄생은 동시에 일어납니다. 그렇기 때문에 미리 존재하는 두 항이 만나는 것과 연결은 상관이 없습니다. 연결 종합은 시간이 흘러가는 과정과 관계된 개념입니다. 들뢰즈의 말을 직접 볼까요. "생산적 종합, 생산의 생산은 '그리고et', '그 다음에et puis'…라는 연

◆ **연결, 분리, 결합**

이를 각각 '연접連接', '이접離接', '통접通接'이라고 옮기거나 '연언連言', '선언選言', '합언合言'이라고 옮기기도 한다. 들뢰즈의 이 세 가지 종합 이론에 대한 가장 일반적인 이해는 다음 대목에서 접할 수 있는데, 필자의 것과 비교하는 것이 필요하다고 보아 길게 인용한다.

"접속connexion이란 말은 넓은 의미로는 '와et, und/and'로 연결되는 모든 경우를 지칭합니다. 책과 외부, 이 책과 저 책, 손과 자동차, 명사와 동사 등등. […] 접속의 접속사는 '… et …'(……와…)예요. 이접離接, disjonction의 접속사는 'soit… soit…'('이것이든 저것이든', '이것이나 저것이나')지요. 통접統接, conjonction의 접속사는 'donc…'(그리하여…)예요. 세 경우 모두 가령 A와 B가 결합하거나 분지分枝하는 것을 뜻합니다. 하지만 접속은 A와 B가 등위적等位的으로 결합하여, A도 아니고 B도 아닌 제3의 것인 C를 만들어내는 것입니다. 입과 식도食道가 접속하여 먹는 기계가 되고, 입과 성대가 접속하여 말하는 기계가 되며, 입과 입이 접속하여 입맞추는 기계(섹스기계)가 됩니다. 이접은 A냐 B냐를 선택―논리학에서는 '선언選言'이라고 하지요―하는 것입니다. 여기서는 둘 중 하나를 배타적으로 선택하는 배타적exclusive 이접과, 상이한 경우를 허용하는 포함적inclusive 이접이 있습니다. "네가 남자냐 여자냐?" 하는 질문[…]이 앞의 경우라면, "네가 남자든 여자든" […] 하는 문장이 뒤의 경우예요. 접속이 등가적인 위치에서 두 항을 연결하는 것이라면, 이접, 특히 우리가 흔히 접하게 되는 배타적 이접은 둘 중 하나를 선택할 것을 요구하는 것입니다. […] 통접은 다양한 요소들이 결합하여 어떤 하나의 통일체를 이루는 것입니다. 즉 A와 B는 물론, C, D 등 그 이상의 것들이 모여 모두가 어떤 하나로 귀결되는 것입니다. 소화기관과 호흡기관, 순환기관, 배설기관 등이 모여 하나의 유기체를 형성한다든가 […] 등이 그것입니다. 또한 이와 달리 여러 가지 요소들이 모여 하나의 흐름이 되는 경우도 역시 통접이라고 할 수 있습니다. 임금, 이윤, 소득, 이자 등등이 모여 '통화량'이라고 부르는 하나의 화폐의 흐름이 되는 것이 그것입니다. […] 통상적인 의미에서 (포함적 이접이나 흐름으로서의 통접이 아닌 의미에서) 이접과 통접은 관련된 항들을 어떤 하나의 방향으로 몰고 갑니다. 반면 접속은 두 항이 등가적으로 만나서 제3의 것, 새로운 무언가를 생성합니다. 여기에는 어떤 귀결점도 없고, 호오의 선별도 없습니다."(이진경, 《노마디즘 1》, 휴머니스트, 2002, 91~93쪽)

결 형식을 갖고 있다"(AO, p.11)고 합니다. 여기서 연결 형식을 보면요. 한 순간과 다음 순간으로 이어져 가는 것입니다. 한 순간에서 다음 순간으로 가는 것이죠. 이 이행이 연결입니다. 연결은 영어로 coupling, 즉 짝짓기라고 부연 설명되기도 합니다. 그렇지만 이는 이미 존재하는 두 항의 만남과는 전혀 상관이 없습니다. 그것은 다음 순간으로 넘겨주는 연동입니다. 이것이 종합의 첫 번째 형식입니다. 대부분의 연구자들은 들뢰즈가 '그리고, 그 다음에…'라는 식의 규정을 하고 있다는 점을 간과했습니다. 그러나 본래 이 규정은 '그리고'가 함축할 수도 있는 등질적 공간에서의 병렬이란 맥락을 배제하고, 시간 순서에 따라 연결 종합이 이루어진다는 점을 강조하기 위해 마련된 것입니다. 따라서 '연결'은 시간을 따라 이항관계[先後]로 뻗어가며 생성하는 작용을 가리킵니다. 물론 이 이항관계의 두 항은 '원천-기계'와 '기관-기계'의 짝으로 생성하며, 그 생성은 끝이 없습니다. 이는 다시 '선형線形' 계열이라고 표현됩니다. 선형은 시간상의 선후를 뜻합니다. '계열' 역시 공간에서의 연쇄(좌우 또는 앞뒤)라는 의미가 아니라, 시간의 흐름 속에서 이어지는 연쇄(먼저-나중, 선후)를 가리킵니다. '먼저'는 그 존재의 힘 전체를 '나중'으로 건네며, 이 '나중'은 '그 다음'으로 자신을 건네고, 이런 식으로 시간이 흐릅니다. 그래서 《천 개의 고원》에서는 "시간생성-기계"라는 표현을 쓰기도 합니다. 또한 이는 다시 '생산물produit'과 '생산하기produire'의 동일성이라는 형식으로 표현되고요. "언제나 생산물에서 생산하기가 가지를 뻗는다"(AO, p. 12)라고 할 수 있습니다. 즉 어떤 순간은 생산물이라고 볼 수 있는 것입니다. 그리고 생산물이 일단 있으면 그것은 반드시 생산하기로 가지를 뻗습니다. 이 운동이 결국은 우주의 자기-생산 운동인 것이죠. …생산물-생산하기…가 계속된다는 것입니다. 다음 순간으로 자기를 밀고 가는 것이죠. 다음 순간에는 새로운 무언가가 생성이 되는 것이고요. 그렇다고 생산물이 일차적이라는 뜻은 아닌데, 이 관계는 순환을 형성하기 때문입니다. 거꾸로 보면요, 생산하기의 재료는 기존의 생산물이며, 생산하기는 생산물로부터 '반드시' 생겨납니다. 이 반드시라는 필연성은 사태 자체가 그렇기 때문에 그런 거예요. 이 필연적 운동이 우주의 운행을 지배합니다. 즉 필연적인 것은 다음 순간이 거듭 생성된다는 것밖에는 없습니다. 그 과정에서, 뒤에서 말씀드리겠지만, '우연'이 개입하고요. 생산된 대상은 자신의 '여기' 즉 지금 상태를 새로운 생산하기로 가져갑니다. 그 추동력이 욕망입니다. 이 필연적 운동이 보편적=우주적universel 생산의 운동이라고 할 수 있고요. 이것이 연결에 대한 설명이었어요. 이제 다음 단계로 가볼게요.

그런데, 이런 생산의 생산은 '기관 없는 몸corps sans organes'의 생산을 낳습니다. 생산의 경과의 와중에 "모든 것이 한 순간 정지하고, 모든 것이 응고된다(그 다음에 모든 것이 재개된다)"(AO, p. 13)는 것이죠. 정지하고 응고하고, 다시 시작한다는 것입니다. 기관 없는 몸은 생산의 생산이라는 2항 계열(생산하기-생산물-생산하기…) 곁에서 제3항으로서 생산됩니다. 계열은 계속 뻗어나가는데요. 그러면서 한순간 응고합니다. 그리고 어떤 한순간의 상태가 바로 기관 없는 몸입니다. 생성의 계열에서 한 단면을 끊어내는 것이죠. 기관 없는 몸은 생산의 경과 속에서 정지와 응고로 등장하는 한 순간 상태입니다. '생산의 생산'이 멈추는 한 순간, 이는 마치 우주의 한 순간을 찍은 스냅사진과도 같습니다. 그러나 이 멈춤은 영원한 멈춤이 아니라, 곧이어et puis 다시 시작하기 전까지의 틈의 순간이죠. 모든 것이 정지하고 새로 시작하는 '사이 시간'인 것입니다. 존재의 운행에서, 새로운 것이 탄생하며 창조될 수 있으려면, 그 내부에 틈이 있어야 합니다. 바로 이 틈이 순간이며, 과거와 단절하고 미래를 창조하는 것이 가능해지는 시간 계기입니다. 기관 없는 몸은 기존의 규정성이 박탈되고 해체되어 규정성을 상실하게 된 바로 그 순간 상태입니다. 물론 바로 새 규정을 부여받는 다음 순간 상태로 이행하지만 말입니다. 기존 것들이 무화되고, 새로운 것들이 탄생하는 시간인 것이죠. 우주의 운행은 순간의 단절을 내포합니다. 기관 없는 몸은 '죽음 본능'이라고도 불리는데, 이는 생성이 계속되려면 죽음이 필연적 계기로 개입해야 하기 때문입니다. 인간학 이전에 존재론 차원에서 죽음이 있습니다. 죽음은 우주의 삶의 동력입니다. 왜냐하면 죽음이, 단절이, 끊어냄이 없다면 시작이, 탄생이, 새로움이, 창조가 불가능하기 때문입니다. 생성은 죽음을 그 심장에 품고 있습니다. 우주는 언제나 재활용recycle됩니다. 바로 이 재활용이 우주의 순환cycle의 참된 의미입니다. 우주는 매 순간 죽습니다. 그러나 또 매 순간 탄생합니다. 끊어지고 달라지지 않으면 그것은 멈춰있는 것입니다. 끊어지고 달라져야 생성입니다. 따라서 끊어짐, 정지는 생성의 필수적인 요소입니다. 그것이 죽음이라는 의미를 부여받고 있고요. 리비도를 에너지로 갖는 워킹 머신working-machine이 우주의 생성에 필연적 요소이듯이, 죽음 본능 또한 필연적인 요소라는 거예요. 사랑과 죽음이 함께 하죠. 작동의 한 계기로서, 생성의 한 단면으로서 죽음이 끼어든다는 거예요. 그게 잘못된 방향으로 나가게 되면 파괴의 욕망으로 머무르게 되죠. 전쟁이나 파시즘이 그거예요. 물론 다른 한편으로는 창조의 계기가 되기도 합니다. 기존의 것이 해체되어야 새로운 것이 나올 수 있으니까요. 예술이 대표적이에요. 이 둘을 분별하기 위한 지표가 필요한데, 이것이 바로 '성'에 대한 개념이라고 들뢰즈는 말합니다. 앞의 2절에서, '인간적 성'이 아닌 '비인간적 성' 내지 '우주적 생산'이 강조되는 것은 바로 이 분별의 필요성 때문입니다.

2. 등록의 생산: 분리 종합 또는 이탈-절단

기관 없는 몸에서 어떤 일이 벌어질까요? '등록의 생산'은 존재론 차원에서 기관 없는 몸에서 일어나는 사건을 가리킵니다. 기관 없는 몸 위에, 즉 등록 내지 기입 표면 위에, 바둑판의 각 눈처럼 짜여 있는 그물 위에, 욕망 기계들이 분배됩니다. 그러나 여기서 등록 내지 분배는 엄밀히 말하면 기관 없는 몸 위에서 일어나지는 않습니다. '위에서'라는 것은 먼저 있다는 것인데요, 실제로는 결과로 생겨나기 때문입니다. '생산의 생산'이 일차적이었지요. 연결 종합의 와중에 "분열증적인 '…이것은 …이것은…soit …soit' 이 '그 다음에'와 교대한다"(AO, p. 18)는 것입니다. 들뢰즈는 '…이것은 …이것은'은 '…아니면…ou bien'과 분명히 구별된다고 강조합니다. 후자가 배타적 양자택일을 가리키는 반면, 전자는 결국 이래도 저래도 상관없다는 식의 분리인 것이지요. 많은 연구자들이 놓친 부분인데요. 기관 없는 몸의 관점에서 볼 때 그렇다는 거예요. 기관 없는 몸 자신은 결정할 권한이 없습니다. 기관 없는 몸 자신이 생산된 결과로서 결과만을 보여준다고 할 때, 이것이든 저것이든 상관없다는 식으로 결정된 분배 상태를 긍정하는 것 말고 달리 할 수 있는 일이 없기 때문이에요. 생산의 생산, 또는 연결 종합을 스냅사진으로 찍어 보자고 했지요. 그 사진 위에는 기관-기계들이 등록되고 분배되어 있습니다. 그런데 매 순간 분배되어 있는 기관-기계들의 분포 상태, 등록 상태는 매번 달라지겠지만, 우주 전체의 스냅사진이라는 점에서는 언제나 같습니다. 앞에서 우리는 이 점을 부분 대상이라는 개념을 통해 설명했었어요. 그리하여 분리disjonction는 한 채취-절단과 다른 채취-절단 사이, 한 부분 대상과 다른 부분대상 사이의 차이, 한 순간과 다른 순간 사이, 한 기관 없는 몸과 다음 기관 없는 몸 사이의 시간의 분리를 가리킵니다. 당연히 이 분리 중에 등록, 기입, 분배의 차이가 발생하며, 이 틈에 우연이 개입합니다. 만약 연속continuum만 있다면 새로움이 개입할 틈이 없어지기에, 처음arche에 끝telos이 일방적으로 정해집니다. 이것은 엄밀히 말해서 변화라고 볼 수 없죠. 생성에 단절의 계기가 없다면 필연적 진행만 남습니다. 기관 없는 몸에서는 인과의 선이 일시적으로 중단됩니다. 분리 종합이란 다름 아닌 시간의 흐름 사이에, 그리고 그 각 순간 상태에, 차이가 생성하는 존재론적 계기를 말합니다. 우주에는 필연적 인과성이 성립되지 않는다는 것이죠. 이처럼 기존 규정이 해체되는 계기를 들뢰즈는 '이탈-절단'이라 부른다고 했습니다. 우연의 필연성, 또는 일어난 일의 되돌릴 수 없음, 이것이야말로 필연의 우연성입니다. 사실 이런 종합의 방식은 선택권이 기관 없는 몸에 있지 않은 이상, 나아가 욕망 기계들의 자유로운, 즉 우연적인 생산에 의해 기관 없는 몸이 형성되는 이상, 당연한 것입니다. 그런데도 기관 없는 몸에서부터 모든 것이 생산된다고 보는 것은 망상 또는 물신物神◆에 불과합니다. 진짜 주체가 무엇이냐를 물었을 때, 기관 없는 몸을 주체라고 보지만, 기관 없는 몸은 결과에 불과하다는 것이 들뢰즈의 고발이라고 할 수 있습니다. 왜냐하면 종합을 주도하는 것은 일차적으로 생산의 생산의 종합인 연결 종합, 즉 욕망 기계들이기 때문입니다.

3. 소비의 생산: 결합 종합 또는 잔여-절단

들뢰즈에 따르면, 생산의 과정의 한 순환(생산, 분배, 소비)이 완성될 때마다 부산물(여분, 잔여)이 생겨납니다. 들뢰즈는 "맑스의 말처럼, 괴로움마저도 자기 향유이다. 분명 모든 욕망적 생산은 이미 즉각 완수이자 소비이며, 따라서 '쾌감'이다"(AO, p. 23)라고 말합니다. 여기서 괴로움이 향유이고 쾌감이라고 한 까닭은, 인간주의적 관점을 벗어날 때만 제대로 이해가 가능합니다. 쾌감이란 어떤 감각을 느끼는 것, '아, 이렇구나!'라고 느끼는 것을 뜻합니다. 등급 면에서 저질일지 몰라도, 고통이나 아픔도 쾌감의 일종입니다. 아픔, 기쁨, 슬픔, 화남 등은 모두 누리는 것jouir이죠. 이 '누림'은 명사로 하면 향유jouissance 정도로 보는 것이 좋은데, 지젝 같은

◆ **물신**

물신物神은 맑스의 개념에서 온 것인데, 실제 생산은 노동자가 하는데 마치 자본이 생산한다고 보는 것을 말합니다. 이와 유사하게 실제 생산을 행하는 것은 욕망 기계들인데, 기관 없는 몸이 생산을 이끈다고 여기는 일이 흔히 일어난다. 이런 잘못된 관념 내지 망상과 관련해서, 들뢰즈는 맑스의 개념을 수용하여 '물신'이라고 불렀다.

사람은 '향락'으로 이해했습니다. 들뢰즈에서는 어떤 느낌이 생겨난다는 것을 의미합니다. 쾌快와 고苦는 실은 하나의 연속된 감각으로, 일련의 등급을 거치면서 궁극적으로는 서로 이어져 있다는 점에서, 쾌감은 곧 불쾌감('쾌감=불쾌감')이라고 할 수 있습니다. 쾌감을 즐거움으로만 한정하는 것은 정확하지 않습니다. 우주 천지 사방의 운행 과정에 순간순간 느낌이 생겨납니다. 그리고 그것이 때로는 계열을 생성하죠. 우주의 운행은 작동과 멈춤의 와중에 최종적 평형 상태가 아닌 무수한 준準안정적 멈춤 상태들의 계열이 생산됩니다. 들뢰즈는 이를 '나는 느낀다je sens'라는 감정이라고 부르기도 합니다. 또한 이는 다시 '강렬한 신경 상태' 또는 '기분Stimmung'이라고 표현되기도 합니다. 생산의 경과의 셋째 국면에서 바로 이렇게 '느끼는/향유하는 자'가 탄생하며, 이것이 바로 주체sujet입니다. 이것이 "따라서 그것은 …이다c'est donc..."라는 형식의 결합 종합 또는 소비의 생산이며, 주체가 탄생하는 이 계기가 '잔여-절단'입니다. 여기서 관건은 주체와 '자아moi'를 구별하는 것입니다. 주체는 능동적이지 않고, 고정된 정체성을 갖고 있지도 않고, 행동의 출발점 또는 중심에 있지 않고, 주도적이지 않습니다. 느끼는 존재인 '나moi'가 먼저 있는 것이 아니라, 어떤 느낌을 겪은 존재가 탄생하며, 상태의 '겪음의 연속', 이것이 주체라는 것입니다. 무엇을 겪느냐에 따라 달라진다는 것이죠. 무엇을 먹고, 어떤 만남을 겪느냐에 따라 느낌이 달라지죠. 여기에도 인간주의적인 면은 전혀 없습니다. 주체란 존재 생성의 경과에서 마지막에 생산되는 신경 상태들의 연속인 셈입니다.

지금까지 우리는 들뢰즈의 '비인간주의 존재론'에 대해 알아보았습니다. 들뢰즈의 존재론은 정합적인 존재론 체계의 구성에 목적이 있는 것이 아니라, 실천 철학의 토대를 제공하기 위함이라는 것도 살펴보았고요. 오늘 강의가 아쉬운 점이 있지만 들뢰즈의 철학 체계 전체를 이해하는 하나의 출발점이 되었으면 하는 바람입니다.

더 읽어보면 좋은 책

들뢰즈의 저술은 국내에 거의 다 번역되어 있으나, 번역의 질적 상태는 제각각이다. 이는 국내는 물론이고 외국에서도 들뢰즈 사상의 핵심 윤곽이 정확히 파악되지 않고 있다는 사정에 기인한다. 특히 소수의 국내 연구자들 사이에서도 개념 번역에 대한 충분한 논의와 합의가 아직 마련되지 않았다는 점도 지적해 둘 수 있다. 국내에 번역된 들뢰즈의 저서 중에는 다음과 같은 책들이 읽을 만하다.

질 들뢰즈, 김재인 옮김, 《베르그송주의》, 문학과지성사, 1996.
_____, 박기순 옮김, 《스피노자의 철학》, 민음사, 2001.
_____, 허경 옮김, 《푸코》, 동문선, 2003.
_____, 이찬웅 옮김, 《주름》, 문학과지성사, 2004.
_____, 김상환 옮김, 《차이와 반복》, 민음사, 2004.
_____, 서동욱·이충민 옮김, 《프루스트와 기호들》, 민음사, 2004.
_____, 이정하 옮김, 《시네마2》, 시각과언어, 2005.
_____, 허희정·전승화 옮김, 《디알로그》, 동문선, 2005.
_____, 서동욱 옮김, 《칸트의 비판 철학》, 민음사, 2006.
_____, 박찬국 옮김, 《들뢰즈의 니체》, 철학과현실사, 2007.
질 들뢰즈·펠릭스 과타리, 김재인 옮김, 《천 개의 고원》, 새물결, 2001.
_____, 김재인 옮김, 《안티 오이디푸스》, 민음사, 근간.

영어 번역판으로는 다음 두 책이 훌륭하다.

질 들뢰즈, 《니체와 철학Nietzsche And Philcsophy》, Columbia University Press(Revised edition), 2006.
질 들뢰즈·펠릭스 과타리, 《철학이란 무엇인가?What is Philosophy?》, Columbia University Press, 1996.

◆◆◆

서동욱, 《차이와 타자》, 문학과지성사, 2000.

서동욱, 《들뢰즈의 철학》, 민음사, 2002.

들뢰즈의 사상 전반을 이해하는 데 참고할 수 있는 저작으로 서동욱의 두 저서를 꼽을 수 있다. 《차이와 타자》는 '표상'을 주제로 삼아 들뢰즈, 레비나스, 사르트르, 메를로-퐁티 등의 다양한 철학자들을 다룬다. 그중에서도 들뢰즈의 '주체', '법', '기계' 등의 개념들을 각각 한 장씩 할애해 정리해 놓고 있다. 《들뢰즈의 철학》은 들뢰즈 철학이 어떻게 변화하는지 보여주는 책으로 들뢰즈가 칸트, 스피노자, 니체의 사상을 어떻게 받아들이며 자신의 철학을 체계화시켰는지 소개하고 있다.

김재인, 《들뢰즈의 비인간주의 존재론》, 서울대학교 대학원 철학과, 2013.

필자의 박사학위 논문이다. 이 책에 실린 글의 아주 전문적이고 상세한 판본으로 생각할 수 있다. 서울대학교 도서관(http://lib.snu.ac.kr)에서 파일 형태로 열람 가능하다.

우노 구니이치, 김동선·이정우 옮김, 《들뢰즈, 유동의 철학》, 그린비, 2008.

번역서 중에 가장 균형 잡힌 책으로 들뢰즈의 초기 철학사 연구부터 후기 자본주의 비판과 이미지론까지 그의 철학 사상 전반의 흐름을 정리하고 있다. 특히 들뢰즈가 많은 영향을 받고, 자신의 철학 사상에서 받아들인 흄, 스피노자, 칸트, 니체, 베르그손 등과의 관계도 볼 수 있다.

해체, 차이,
유령론으로 읽는
자크 데리다

진태원

자크 데리다
Jacques Derrida(1930~2004)

자크 데리다는 알제리 엘비아르에서 태어났으며, 파리 고등사범학교에서 수학한 뒤 후설에 관한 논문으로 교수 자격을 취득했다. 모교인 파리 고등사범학교에서 오랫동안 가르쳤고 미국 예일대학과 캘리포니아대학 등에서도 가르쳤다. 1987년부터 파리 사회과학고등연구원 연구주임으로 재직했다. 《목소리와 현상》, 《그라마톨로지에 관하여》, 《문자기록과 차이》 같은 초기 저작에서는 서양의 로고스 중심주의를 해체하면서 문자기록을 복권하고 텍스트의 복잡성을 밝히는 데 주력했다. 1980년대 이후에는 정치 및 사회 문제에 관한 오랜 침묵을 깨고 유럽 공동체와 주권, 마르크스주의와 국제법, 환대, 종교의 해체, 인권과 민주주의 등에 관해 폭넓은 저작을 발표했으며, 현실 정치의 문제에도 적극 개입했다. 《법의 힘》, 《마르크스의 유령들》, 《불량배들》이 데리다의 윤리·정치 사상을 대표하는 저작이다.

해체 또는 탈구축

자크 데리다는 동시대의 프랑스 철학자들 중에서도 아주 많은 저작을 남긴 철학자입니다. 생전에 80여 권에 달하는 저서와 수백 편의 논문과 인터뷰를 남겼으며, 사후에도 수십 권에 달하는 강의록이 기획·편집되어 출간 중에 있습니다. 따라서 데리다의 사상을 짧은 글 한 편에서 요약하려는 시도는 처음부터 포기하는 편이 좋습니다. 더욱이 데리다의 저작 대부분은 플라톤, 데카르트, 루소, 헤겔, 후설, 하이데거, 레비-스트로스, 아르토, 블랑쇼와 같은 철학자나 작가의 텍스트에 대한 아주 꼼꼼한 분석으로 이루어져 있고, 데리다 사상을 제대로 음미하기 위해서는 그 꼼꼼한 분석의 과정을 따라가 봐야 합니다. 그러니 데리다 사상을 짧은 글에 요약하는 일은 어려울 뿐만 아니라 어떤 의미에서는 적절하지 못한 일이기도 합니다.

그래서 이번 글에서는 데리다를 요약하거나 그의 분석을 하나하나 따라 가는 대신, 국내에 널리 소개돼 있는, 하지만 제대로 이해되거나 평가되지 못하고 있는 그의 주요 개념 세 가지를 살펴보면서 데리다 사상의 일면을 엿보도록 하겠습니다. 데리다는 다작의 작가이면서 또한 수많은 개념을 만들어낸 철학자이기 때문에, 그의 사상을 제대로 이해하기 위해서는 그가 만들어낸 개념의 의미를 잘 파악하는 것이 중요합니다.

우선 '해체'라는 개념부터 살펴보기로 하죠. 해체는 포스트 담론을 대표하는 개념으로 널리 쓰입니다. 그래서 근대의 해체나 마르크스주의의 해체, 민족의 해체, 국민국가의 해체, 국사의 해체 같은 말을 흔히 접하게 됩니다. 하지만 인문사회과학의 역사에서 흔히 목격할 수 있듯이, 어떤 용어가 널리 쓰인다는 사실이 반드시 그 용어가 정확히 이해되고 있다는 것을 뜻하지는 않습니다. 오히려 때로는 광범위한 사용 자체가 원래의 용어가 지닌 의미를 희석시키거나 왜곡하고 그리하여 그것이 지닌 개념적 강점과 잠재력을 손상시키는 일로 이어지기도 합니다. 해체는 이러한 문제점을 가장 잘 예시하는 개념 중 하나가 아닐까 합니다. 사실 어떤 의미에서 '해체'라는 번역어 자체가 프랑스어 원어가 가진 의미를 상당히 왜곡하거나 적어도 축소하고 있습니다.

1. 해체라는 용어의 기원

잘 알려져 있다시피 '해체'는 데리다가 처음 사용했습니다. 이제는 그의 철학을 대표하는 개념으로 널리 통용되고 있지만, 사실 이 말은 데리다가 자기 철학의 핵심 개념으로 고안한 것도 아니고 또 처음부터 널리 사용된 것도 아닙니다. 이것은 처음에 독일 철학자인 하이데거의 데스트룩치온Destruktion이나 압바우Abbau라는 개념(이 두 단어는 '해체'를 뜻하는 독일어입니다)을 프랑스어로 번역하기 위해 사용된 말입니다.("일본인 친구에게 보내는 편지Lettre à un ami japonais", in *Psyché: Inventions de l'autre*, Galilée, 1987 참조) 하이데거가 서양 형이상학을 해체한다고 할 때, 그것은 서양 형이상학의 역사를 파괴하거나 철폐한다는 것을 의미하지 않습니다. 단순화해서 말한다면, 그것은 오히려 실체화되고 경직된, 따라서 존재의 사건을 은폐하게 된 서양 형이상학의 기본 개념들의 기원으로 거슬러 올라가 그것이 본래 지니고 있던 의미를 회복하려는 뜻을 담고 있습니다. 따라서 데리다가 데콩스트뤽시옹déconstruction이라는 프랑스어를 Destruktion이나 Abbau라는 개념의 번역어로 제안하고 그것을 자기 나름의 철학적 목적을 위해 실천하면서 염두에 둔 것도 단순히 서양의 형이상학을 파괴한다거나 철폐한다는 것이 아님을 미루어 짐작할 수 있습니다.

2. 해체의 일반 전략

그렇다면 데리다가 '데콩스트뤽시옹' 또는 '해체'라는 말을 사용하면서 시도한 것은 무엇일까요? 우선 데리다가 "해체의 일반 전략"(데리다, 박성창 옮김,《입장들》, 솔, 1991, 64쪽)이라고 부른 것을 이해할 필요가 있습니다. 일반 전략은 먼저 **전복의 단계**를 거칩니다. 이것은 기존의 형이상학적 대립 구도가 폭력적 위계 질서임을 뜻합니다. 이원적인 대립쌍(예컨대 음성 대 문자기록, 현존 대 부재, 이성 대 감성 등)으로 이루어진 형이상학적 질서는 평화로운 공존의 질서가 아니라 둘 중 하나가 다른 하나를 지배하고 억압하는 질서죠. 따라서 형이상학의 해체는 우선 이러한 위계적 질서를 전복시키고 다른 항에 의해 지배되고 억압되어왔던 항의 권리를 복권시키는 것을 말합니다.

초기 데리다 작업의 주요 주제였던 문자기록écriture(이 개념은 보통 '글쓰기'라고 번역되지만, 적절한 번역이라고 보기는 어렵습니다)의 사례를 들어보기로 하죠. 데리다가《그라마톨로지에 관하여 De la grammatologie》(1967, 아쉽게도 이 책의 국역본 중에는 신뢰할 만한 판본이 없습니다)나《문자기록과 차이 Écriture et la différence》(1967, 국역본은《글쓰기와 차이》, 남수인 옮김, 동문선, 2001) 같은 책에서 보여주려고 했던 것은 플라톤에서부터 루소를 거쳐 후설, 소쉬르, 레비-스트로스에 이르는 서양 형이상학의 역사에서는 문자기록을 폄하하고 음성이나 말을 중시하는 태도가 지속적으로 되풀이되어 왔다는 점입니다. 곧 이 사상가들은 모두 진리 내지 로고스logos는 말이나 생생한 대화 속에서만 표현될 수 있으며, 문자기록은 진리와 거의 관계가 없는 단순한 보조 수단일 뿐이라고 주장합니다. 더욱이 문자기록은 아주 위험한 도구라고 봅니다. 왜냐하면 문자기록에 지나치게 의존하는 것은 생생한 대화 및 기억 능력을 퇴화시킬 우려가 있기 때문이죠. 따라서 데리다가 초기 작업에서 보여주려 했던 것은 이처럼 진리 내지 로고스와의 관계에서 배제되고 억압된 문자기록이 사실은 로고스 자체를 성립 가능하게 해주는 조건이라는 점입니다. 또한 그럼에도 왜 문자기록이 이러한 조건의 지위에서 배제되고 또 억압될 수밖에 없었는가, 그 구조적·역사적 필연성은 무엇이었는지 밝히는 것이었습니다.

그렇다면 데리다의 해체 작업이 추구하는 것은 결국 음성에 대해, 로고스에 대해 문자기록이 우월하다는 점일까요? 데리다는 기존의 위계적 지배 질서를 전복시켜 그중 열등한 위치에 있던 것을 새로운 지배항으로 구성하는 것은 여전히 기존 질서를 되풀이하고 재생산할 수 있음을 경고합니다. 따라서 해체의 일반 전략은 단순히 기존의 질서를 전복하는 데 그쳐서는 안 되며, "더 이상 이전의 체계 속에서는 이해될 수 없었고 지금도 그러한, 새로운 '개념'의 돌발적인 출현"(《입장들》, 66쪽), 지배 질서의 "긍정적 전위轉位"(《입장들》, 93쪽)를 시도하고, **위계 구조 자체의 해체**를 시도하는 데까지 나아가야 합니다.

엄밀한 의미의 해체란, 가령 문자기록을 음성에 대해 우월한 것으로 확립하거나 서양의 알파벳 같은 표음문자에 대해 표의문자의 우월성을 주장하는 것, 요컨대 "음성 중심주의"를 대체하는 "기록 중심주의graphocentrisme"(《입장들》, 35쪽)를 주창하는 것을 뜻하지 않습니다. 데리다가 수행했던 해체 작업은 기존의 개념적·이데올로기적 틀을 동요시키고 기존의 위계적 대립항들을 해체·전복하는 것을 넘어서, 기존의 문제 틀에서는 사고되고 실행될 수 없었던 새로운 개념을 창안하거나 적어도 그것을 가능하게 해주는 조건들을 드러내려고 시도하는 것입니다.

실제로 데리다는 서양 형이상학의 전통에서 볼 수 있는 좁은 의미의 문자기록, 곧 알파벳 문자기록 대신 새로운 문자기록 개념을 제안합니다. 그가 **원原기록**archi-écriture이라고 부른 것이 바로 그것입니다.

전통적인 문자기록은 생생한 말을 'représenter'(이 말이 다의적인 의미를 지니고 있어서 일단은 원어를 그대로 사용하겠습니다)하는 것을 목표로 삼죠. 가령 18세기 프랑스 철학자였던 콩디약Condillac(1715~1780)은 문자기록을 다음과 같이 정의합니다. "소리로 의사소통을 할 줄 알게 된 사람들이 부재하는 사람들에게도 메시지를 전달할 수 있는 기호의 필요성을 느껴서 만들어낸 것이 바로 문자기록이다"(J. Derrida, *Marges de la philosophie*, Minuit, 1972, p. 371)라고요. 이 경우 문자기록은 가능한 한 원래의 메시지, 곧 생생한 말을 있는 그대로 잘 **'재현하고 표상하고 대신하는 것'**(이것은 모두 représenter라는 단어가 지닌 의미들입니다)을 자신의 본질적인 목표로 삼죠. 좀 더 철학적인 어법으로 말한다면, 전통적인 의미의 문자기록은 생생한 말, 로고스 같이 이미 현존하는 것을 있는 그대로 잘 재현하는 것을 목표로 삼는다고 할 수 있습니다. 이런 의미에서 그것은 언어를 사물 내지 세계를 재현하거나 표상하는 매체로 간주한 전통적인 언어관과 일맥상통합니다.

데리다가 볼 때 소쉬르 구조언어학의 중요성은 이런 언어관을 해체할 수 있게 해줬다는 점에 있습니다. 그가 제시한 차이의 체계로서의 언어 개념 덕분에 이제 언어를, 이미 현존하는 것(신의 말씀이나 자연적 사물 또는 정신 안의 관념 등과 같은 것)을 '재현하고 표상하고 대신하는 것'으로 간주하기가 불가능해진 것이죠. 언어는 단순히 사물을 지시하거나 재현하는 기능에서 벗어나 **독자적인 체계를 갖춘 자율적인 것**이 되었습니다. 간단히 말하자면, 언어 이전에는 세계 그 자체, 자연 그 자체에도 역시 질서가 존재하지 않는 것입니다.

하지만 데리다가 보기에 역설적이게도 소쉬르는 **음성만이 자연적이거나 본래적인 기표**이며 문자기록은 음성 기표에 대한 부차적이고 외재적인 도구라고 주장함으로써, 전통적인 음성 중심주의 및 로고스 중심주의를 되풀이하고 있습니다.(*De la grammatologie*, 1부 2장, 〈언어학과 그라마톨로지〉 참조)

따라서 데리다가 '원기록'이라는 새로운 기록 개념을 제안하는 것은 소쉬르의 언어학 혁명에 담긴 함의(전통적인 언어관을 전복하는 '차이의 체계'로서 언어)를 급진화하면서 그것을 새로운 차원으로 바꾸어놓기 위함입니다. 원기록 개념이 의미하는 바는, 종래의 문자기록 개념이 전제하는 바와 같은 재현관계, 곧 **이미 현존하는 사**

물과, 언어나 기호 또는 기록 사이의 일치나 상응관계가 성립하지 않는다는 점입니다. 기호 내지 언어가 차이의 체계인 것과 마찬가지로 언어에 앞서 있는 그대로 현존한다고 간주된 세계 내지 자연 또는 '현실' 역시 차이 작용의 산물입니다.

이러한 관점에 따르면 원초적인 기원 및 궁극적인 목적/종말 같은 것들과 더불어 주체 역시 차이의 작용에서 파생된 것입니다. 현존과 동일성은 차이에 앞서 존재하는 어떤 것이 아니라 차이의 작용에서 산출된 것이며, 그 내부에 차이와 타자성의 흔적을 지니고 있는 것이죠. 기원은 항상 그것에 선행하는 어떤 타자의 흔적이며, 현존은 흔적의 흔적이라고 할 수 있습니다. 따라서 원기록은 데리다가 말하는 차연差延, différance (이 개념의 번역 문제는 다음 절에서 다뤄보겠습니다)과 다른 것이 아닙니다.

3. 스스로 일어나는 것으로서의 해체

데리다는 해체가 분석도 비판도 방법도 아니라고 말합니다. 해체가 분석이 아닌 이유는, 분석은 항상 더 이상 분해 불가능한 최소의 궁극적인 단위, 따라서 해체 불가능한 기원으로의 소급을 전제하는 데 반해, 해체의 관점에서 볼 때 이것들은 모두 해체되어야 할 철학소들이기 때문입니다. 그렇다 해도 해체는 일종의 비판 작업이라고 할 수 있지 않을까요? 해체가 비판과 다른 것은 다음과 같은 이유 때문입니다. 우선 비판은 어떤 이론이나 담론 또는 체계의 문제점이나 한계를 드러내는 것을 의미합니다. 이렇게 이해된 비판은 비판의 대상과 외재적인 관계에 있다는 점에서 데리다가 말하는 해체와 다릅니다. 데리다의 해체는 해체의 대상과 외재적인 관계에 있지 않으며, '해체의 주체'가 해체할 대상에 대해 외부에서 수행하는 '조작opétation'이 아닙니다.

데리다에 따르면 해체는 스스로 일어나는 것입니다.(좀 더 정확히 말하면 데리다는 "Ça se déconstruit"(*Psyché: Inventions de l'autre*, p. 390)라고 말합니다. 우리말로는 "그것이 자신을 해체한다" 내지 "그것은 해체된다" 정도로 옮길 수 있겠죠) 다시 말하면 해체는 해체의 대상 내부에 이미 존재하는 해체의 가능성 내지 잠재성들이 어떤 균열과 모순 또는 맹목을 통해, (또는 정신분석학에서 말하듯) 증상을 통해 이러저러한 텍스트적인 또는 콘텍스트적인 사건들로 일어난다는 의미입니다. 그것을 파악하고 해석하고 발전시키고 전위시키는 일은 해체의 대상 바깥에 존재하는 누군가의 몫이 아니라 그 대상에 관여하고 있고 그 일부를 이루는 이들의 일입니다.

따라서 해체가 해체의 대상에 대한 외부로부터의, 임의적인 조작이나 비판이 되지 않기 위해서는 매우 꼼꼼하고 정교한 독서가 필요합니다. 이러한 독서는 "텍스트에 내재적이어야 하고 텍스트 안에 머물러야"(*De la grammatologie*, p. 228)하며, 가능한 한 충실하게 "작가가 (…) 역사와의 교환 속에서 수립하는 의식적, 자발적, 지향적 관계"(*De la grammatologie*, p. 227)를 재생해야 합니다. 하지만 만약 해체가 단순히 저자의 의도, 텍스트의 의미에 대한 충실한 해석에 머문다면, 당연히 그것은 주석일 수는 있어도 해체라고 할 수는 없습니다. 따라서 역설적으로 들릴 수 있지만, **텍스트의 논리, 텍스트의 작용에 가장 충실하면서도 동시에 텍스트 내부에서 텍스트의 바깥을 발견할 수 있는 독법이 필요합니다.**

따라서 제 독해에서 저는 필연적으로 이중적인 태도에 따라 독서를 시도합니다. (…) 외부에서 텍스트를 지휘하려고 했던 것을 텍스트 속에 폭력적으로 기입함으로써, 자신이 은폐하는 것을 읽을 수 있게 해주는 어떤 말소 작용이 표시돼 있는 몇몇 결정적인 장소들에서, 저는 이러한 이중적 작용을 통해, 이러한 철학소들philosophèmes 내지 인식소들épistémèmes의 내적이고 규칙적인 작용을 가능한 한 가장 엄밀하게 존중함으로써 그것들이 그것들을 부당하게 취급하지 않으면서도 자신들의 관여성을 상실하고 소진되고 [일정한 한계 내로] 갇히는 지점까지 점차 넘어가게 하려고 시도합니다.(*Positions*, Minuit, 1972, pp. 14~15; 《입장들》, 28~29쪽, 번역 수정)

곧 데리다가 수행하는 이중독법은 전통적인 텍스트 주해나 비평의 규칙과 절차들을 가능한 한 가장 엄밀하게 준수함으로써 텍스트의 논리, 텍스트의 전개 과정을 따라가면서 동시에 그 과정에서 텍스트가 감추면서도 드러내는 텍스트의 한계점, 텍스트의 은밀한 균열이나 모순 또는 "맹목점"(*De la grammatologie*, p. 234)을 밝혀내려고 시도하는 독법입니다. 이렇게 해서 드러나는 텍스트의 맹목점은 텍스트의 가장 본질적인 논리와 절차의 귀결이라는 점에서 **텍스트 내재적이면서 동시에** 텍스트의 고유한 논리와 관점에서는 보이지도 않고 설명될 수도 없는 것이라는 점에서 **텍스트 외재적**이기도 합니다.

4. 해체 또는 탈구축

이렇게 본다면 déconstruction이라는 개념은 '해체'로 옮기기보다는 '탈구축'이라고 옮기는 게 더 적절하지 않을까요? 해체라는 말이 무너뜨리고 철거하고 더 나아가 제거한다는 부정적인 의미만을 담고 있는 데 반해, 데리다가 말하는 déconstruction은 '해체의 일반 전략'에 대한 설명에서 볼 수 있듯이 오히려 상당히 적극적인 의미를 포함하기 때문입니다. 곧 déconstruction은 기존의 형이상학적 지배 질서를 해체하고 무너뜨리는 것을 넘어서, 본질주의적이고 동일성 중심적이고 위계적인 기존의 질서를 되풀이하지 않는 새로운 관계 내지 짜임새를 형성하려는 노력, 곧 새로운 지배 질서를 구축하지 않으려는 운동으로서의 탈-구축의 운동을 아우르는 개념입니다. '해체'라는 말이 이미 상당히 오랜 시간 동안 정착되어온 만큼 이 번역어를 계속 사용하는 것도 무방하겠지만, 이 경우에도 데리다가 말하는 '해체'는 단지 부정적인 의미만을 갖는 것이 아니라 적극적인 탈구축의 운동을 포함한다는 점을 반드시 염두에 두어야 합니다.

차연 또는 차이

1. '차연'은 '디페랑스'에 대한 적절한 번역어인가?

들뢰즈와 과타리는 《철학이란 무엇인가?》에서 철학을 "개념들을 창조하는" 학문으로 규정했죠. "철학자는 개념의 친구이며 개념의 역량을 지니고 있다. 이것은 철학이 개념들을 형성하거나 발명하고 만들어내는 단순한 기술은 아니라고 말하는 것인데, 왜냐하면 개념들은 반드시 형태들, 고안물들 또는 생산물들인 것은 아니기 때문이다. 철학은 좀 더 엄밀하게 말하자면 개념들을 **창조하는**créer 분과학문이다. (…) 항상 새로운 개념들을 창출해내는 것, 이것이 바로 철학의 대상이다"(*Qu'est-ce que la philosophie?*, Minuit, 1991, pp. 8~10, 강조는 들뢰즈·과타리)라고요.

사실 대부분의 철학자들은 개념들을 통해 사고하고 작업하면서 자신의 독자적인 철학 체계를 구축합니다. 하지만 모든 철학자들이 새로운 개념을 만들어내는 것은 아니죠. 상당수의 철학자들은 기존에 널리 쓰이던 개념을 가져와서 그것을 자기 나름의 관점에서 새롭게 개조하거나 변용해 사용하기도 합니다. 스피노자나 칸트의 경우가 그렇죠. 특히 신조어를 만들어내는 철학자들은 매우 드뭅니다. 하지만 데리다는 유독 많은 신조어를 만들어낸 철학자입니다. 가령 '로고스 중심주의logocentrisme', '갈등 구조stricture', '탈전유exappropriation', '유령론hantologie' 등이 그렇습니다.

이중에서 디페랑스différance는 데리다의 개념들 중 가장 널리 알려져 있으면서 동시에 심각한 오해의 대상이 된 용어 중 하나입니다. 이 용어는 국내에서는 주로 '차연差延'으로 번역됩니다. 이는 디페랑스의 어근이 되는 différer라는 불어 동사가 한편으로는 '차이나다', '다르다'는 의미를 가지면서, 다른 한편으로는 '지연하다', '연기하다'는 의미를 갖는다는 점에 착안하여, 차이의 '차差'라는 음절과 지연의 '연延'이라는 음절을 합성해서 만든 번역어입니다. 이 번역어는 디페랑스라는 용어가 지닌 이중적 의미를 표현해주는 장점을 갖고 있어서 많은 사람들이 사용합니다.(한편 데리다 저작의 영역본에서는 différance라는 불어 단어를 번역하지 않고 그대로 사용합니다)

하지만 이러한 장점에도 불구하고 '차연'이라는 번역어는 꽤 심각한 문제점을 지니고 있어서, 과연 이것이 디페랑스라는 개념에 대한 적절한 번역어인지 따져볼 필요가 있습니다. 이러한 번역어의 문제는 디페랑스 개념에 대한 이해 문제와 직결되어 있기 때문에, 데리다 철학에 대한 좀 더 정확하고 생산적인 이해를 위해서도 이러한 문제제기는 필요합니다.

2. 차연이라는 번역어의 세 가지 문제점
1) e와 a의 차이

차연이라는 번역어가 지닌 문제점은 크게 세 가지로 정리해볼 수 있습니다. 우선 차연이라는 번역어는 디페랑스라는 신조어가 différence라는 불어 단어(이것은 영어의 difference와 마찬가지로 '차이'를 의미합니다)와 **음성상으로는** 구별이 되지 않으며(두 단어는 불어에서 모두 '디페랑스'라고 발음됩니다), 따라서 양자를 구별하기 위해서는 직접 써보든가 아니면 별도의 지적을 덧붙이든가 해야 한다는 사실("'e'가 아니라 'a'가 붙는 디페랑스 말입니다"와 같은 식으로)을 인식할 수 없게 만듭니다.

데리다에게 이처럼 **두 단어가 음성상으로 구별되지 않는다는 사실**이 중요한 것은 초기 데리다 작업의 근본 관심 중 하나가 서양의 형이상학에 함축되어 있는 로고스 중심주의 및 음성 중심주의를 드러내는 것이었는데, 이러한 로고스 중심주의는 서양 문명이 알파벳 문자기록écriture, 곧 표음적인 문자기록에 기초를 둔다는 사실과 분리될 수 없기 때문입니다. 따라서 디페랑스라는 단어의 일차적 의의는 '차이'를 뜻하는 différence라는 단어에서 e

라는 모음 대신 a라는 모음을 하나 바꿔 넣음으로써, 음성과 음성의 기록, 기호와 사물(또는 사태) 사이에 당연히 존재하는 것으로 가정되어 있는 **일치와 호응의 관계를 위반**하고 있다는 데서 찾을 수 있습니다.

실제로 데리다는 《그라마톨로지에 관하여》에서 소쉬르의 《일반언어학 강의》(최승언 옮김, 민음사, 2006)를 분석하면서 소쉬르의 구조언어학이 지닌 모순의 근원에는 문자기록에 대한 불신과 폄하의 태도가 자리 잡고 있다고 말합니다. 소쉬르는 **기호의 자의성**◆이라는 중요한 원칙을 발견함으로써 언어학을 자율적인 학문으로 구성합니다.

데리다에 의하면 이러한 기호의 자의성 원리는 문자기록의 자율성에 근거를 두고 있습니다. 그런데 소쉬르는 기호의 자의성을 밝혀냄으로써 음성 중심주의에서 벗어날 수 있는 중요한 근거를 마련했지만, 다른 한편으로는 문자기록을 부수적인 도구로 간주하고 음성을 **유일하게 자연적인 기표**라고 주장함으로써(소쉬르에게 기표는 우리가 보통 생각하듯 기록된 글자가 아니라 음성이라는 점을 염두에 두어야 합니다) 여전히 음성 중심주의를 되풀이하고 있습니다. 따라서 디페랑스라는 개념이 음성적으로는 식별 불가능하고 문자기록을 통해서만 식별될 수 있다는 점은 특히 데리다의 초기 철학에

◆ **기호의 자의성**
기호의 자의성의 원리는 기호와 사물 사이의 관계 또는 기표와 기의 사이의 관계에는 아무런 필연적 연관성이 존재하지 않음을 뜻한다. 기호 체계가 사물들의 세계, 또는 사물들에 대한 재현으로서 의미의 세계와 '직접적인 (곧 대응적·모사적인) 관계가 없는 독자적인 체계'를 이루고 있음을 보여주기 때문이다.

서는 매우 중요한 쟁점이었습니다.

2) 기원의 탈구축

또한 차연이라는 번역어는 마치 디페랑스의 의미, 또는 이것이 산출하는 의미 효과가 '다르다'와 '지연하다'라는 두 가지 의미의 결합에 국한되어 있다는 인상을 준다는 점에서도 문제가 있습니다. 다시 말해 차연이라는 번역어는 데리다의 의도와는 달리 디페랑스라는 용어를 어떻게든 명확하게 한정지음으로써 이 단어가 불러일으키는 자기-차이화의 효과들을 감소시키는 결과를 낳습니다.

하지만 디페랑스가 산출하는 의미 효과는 이보다 훨씬 더 광범위합니다. 사실 데리다는 1968년 프랑스 철학회에서 발표한 〈디페랑스différance〉라는 논문(이는 디페랑스를 주제로 다루고 있는 유일한 글입니다)에서 디페랑스라는 신조어가 소쉬르와 니체, 프로이트, 레비나스, 하이데거의 작업에서 어떻게 영향을 받고 있고, 또 이들의 작업을 어떻게 변용하고 심화시키는지 상세하게 논의하고 있습니다.(《철학의 여백들Marges-de la philosophie》, Minuit, 1972에 수록) 이 논의를 여기서 모두 살펴볼 수는 없지만, 적어도 다음과 같은 두 가지 점은 지적해둘 필요가 있습니다.

첫째, 데리다는 소쉬르를 좇아 기호 체계 내의 항들은 실정적인 내용이나 가치를 갖지 않고 다른 항들과의 차이를 통해서만 자신의 고유한 동일성을 갖는다는 점을 긍정합니다. 하지만 소쉬르가 문자기록을 부수적인 것으로 간주하고 음소phonème를 중시한 데 비해, 데리다는 음성상의 차이가 문자기록상의 차이에 기초하고 있음을 보여줌으로써, 문자기록이야말로 '차이의 경제'를 근거 짓는 근본적인 조건이라는 점을 밝혀줍니다.

둘째, 더 나아가 데리다는 '기원적 디페랑스'에 관해 말함으로써 디페랑스에서 중요한 것은 단지 '다르다'와 '지연하다'라는 두 가지의 의미의 결합이 아니라, **기원** 및 (존재론적) **근거** 개념의 해체에 있음을 분명히 지적합니다. 다시 말해 소쉬르의 차이의 체계가 정태적靜態的인 공시태共時態에 머물러 있다면, 디페랑스는 모든 차이가 '지연'의 작용인 '시간 내기temporiser'♦와, '차이'의 작용인 '공간 내기espacement'♦의 **운동의 산물**임을 보여줍니다.

이는 곧 기원은 기원으로서 단일하게, 단독적으로 존재할 수 없으며, 항상 **자신의 결과들을 생산함으로써 비로소** 기원으로 성립할 수 있음을 뜻합니다. 최초가 최초일 수 있는 것은 그것이 두 번째, 세 번째, 네 번째 등과의 관계 속에 놓여 있기 때문인 것이죠. 그런데 기원이 자기 자신의 동일성을 유지하면서도 동시에 자신과 다른 결과들을 산출해내기 위해서는 **정초와 보존을 가능하게 해주는 기술적 지주**support로서 기록 안에 기입되어야 합니다. 따라서 디페랑스가 '다르다'와 '지연하다'라는 두 가지 상이한 의미를 결합하고 있는 것은 단순한 인위적 합성이나 조합의 결과가 아닙니다. 오히려 이는 로고스 내지는 말씀으로서의 기원("태초에 말씀logos이 계셨다")의 (불)가능성의 조건을 이루고 있는 것이 바로 기록의 운

♦ 시간 내기와 공간 내기

데리다가 말하는 '시간 내기'의 쉬운 사례는 전기밥솥 타이머의 작용에서 찾아볼 수 있다. 타이머는 밤 12시에 이루어질 작용을 아침 6시까지 지연하는 작용을 한다. 또한 '공간 내기'의 한 사례는 컴퓨터의 스페이스바의 작용을 생각해볼 수 있다. 스페이스바는 간격을 띄우는 기능을 하는데, 데리다가 볼 때 로고스, 곧 의미의 질서가 성립하기 위해서는 단어를 구성하는 음절들 사이의 결합, 단어와 단어 사이, 문장과 문장 사이의 배치 및 기술적 간격 두기가 필수적이다.

동이라는 점을 보여주려는 데리다의 의도를 담고 있습니다.

그리고 기원의 탈구축이 가져오는 필연적 결과는, 더 이상 차이 또는 차이들의 체계는 정태적인 공시태에 머무를 수 없으며, 항상 기원의 자기-차이화의 운동 속에 삽입된다는 점입니다. 이런 측면에서 본다면 차연이라는 역어는 디페랑스의 의미 효과를 너무 좁게 한정하고 있다고 할 수 있습니다.

3) 낯설게하기

더 나아가 차연이라는 번역어는 디페랑스가 산출하는 '낯설게하기'의 효과를 제대로 살리지 못합니다. 데리다가 디페랑스라는 신조어를 사용한 목적 중 하나는, 서양 문명과 학문, 지적 제도에 너무 자연스럽게 배어 있어서 독자들이 미처 깨닫지 못하고 있는 음성 중심주의적 관점을 일종의 **의도적인 조작, 해프닝**을 통해 환기시키려는 것입니다. 곧 디페랑스라는 신조어는 'e' 대신 'a'라는 모음 하나를 바꿔 써넣음으로써, 당연한 것으로 가정된 글쓰기 규칙(철자법)을 의도적으로 위반하고 있으며, 이를 통해 서양의 문명에 내재한 음성 중심주의, 로고스 중심주의적 전제들을 드러냅니다.

> 이 [차이différence라는 단어 안에 문자 a를 도입하는 일] 는 기록에 관한 글쓰기 중에, 또한 기록 안에서의 한 기록 중에 일어났으며, 따라서 이러한 기록의 상이한 궤적들 모두는 매우 엄격하게 규정된 몇몇 지점들에서 중대한 철자법 실수를 범하고, 기록을 규제하는 철자법 교리와 문서를 규제하고 법도에 맞게 규율하는 법을 위반하게 되는 것으로 보인다.(*Marges-de la philosophie*, p. 1)

위의 데리다의 말은 '디페랑스'라는 강연이 이루어지기 한 해 전인 1967년 출간된 《그라마톨로지에 관하여》나 《목소리와 현상》(김상록 옮김, 인간사랑, 2006) 같은 저작에서 아무런 설명이나 주의 없이 디페랑스라는 단어가 마치 그것이 이전부터 이미 존재하던 단어인 것처럼 태연하게 사용되었다는 사실을 가리킵니다. (différance라는 낯선 단어에 교정 표시를 하던 편집부 직원들을 상상해볼 수 있겠죠) 이는 디페랑스라는 용어를 사용하는 데리다의 의도가 어떤 것인지 잘 보여줍니다. 반면 차연이라는 번역어는 데리다가 디페랑스라는 신조어를 사용하면서 의도했던 이런 효과를 거의 불러일으키지 못합니다.

3. 차연이라는 번역어에 대한 대안

이런 문제점 때문에 국내에서는 차연이라는 역어 이외에 다른 역어들도 제시되어 왔죠. 《입장들》의 번역자인 박성창 교수는 '**차이**'라는 고딕체 표기를 디페랑스에 대한 번역어로 제시했고, 저는 데리다와 베르나르 스티글러 Bernard Stiegler(1952~)가 함께 쓴 《에코그라피》(김재희·진태원 옮김, 민음사, 2002)를 번역하면서 '차이'라는 번역어를 제시한 바 있습니다. 이러한 번역은 데리다의 디페랑스라는 개념이 지닌 기록학적인 측면을 존중하자는 취지를 담고 있습니다. 또한 김남두 교수와 이성원 교수는 '차이' 한자어와 구분되는 '차이差移'라는 한자어를 제시한 바 있습니다.(이성원, 〈해체의 철학과 문학비평〉, 이성원 엮음, 《데리다 읽기》, 문학과지성사, 1997, 60쪽, 주 10 참조)

이러한 대안적인 번역어들 중에서 가장 나은 것은 김남두·이성원 교수가 제안한 '차이差移'라는 용어로 보입니다.

　우선 이것은 디페랑스라는 개념의 기록학적 측면을 표현하면서도 '차이'나 '차이差異'라는 역어와 달리 디페랑스가 지닌 두 가지 의미의 결합 역시 어느 정도 담아내기 때문입니다. 또한 이 역어는 기존에 존재하지 않던 새로운 합성어라는 점에서도 디페랑스와 가장 가까운 것으로 볼 수 있습니다. 마지막으로 **낯설게하기**의 효과라는 측면에서도 '차이差移'는 다른 역어들보다 더 디페랑스에 충실한 역어로 볼 수 있습니다. 물론 '차이差移'라는 역어 역시 디페랑스가 함축하는 모든 측면들을 다 담아내지는 못하며, 독자들에게 상당한 불편을 준다는 난점이 있습니다. 하지만 이런 결함에도 불구하고 '차이差移'는 기존에 제시된 번역어들 중에서 디페랑스라는 개념에 대한 가장 충실한 번역어로 볼 수 있습니다.

유령론

우리는 흔히 어떤 사상가에 대해 초기와 후기라는 시기 구분법을 사용합니다. 예컨대 청년 마르크스가 있다면 또한 노년 마르크스가 있다고 하고, 초기 프로이트와 후기 프로이트는 다르다고 말하죠. 데리다 사상에 관해서도 자주 이런 식의 구분법이 적용됩니다. 여기에 따르면 1960~70년대의 초기 데리다는 서양 형이상학의 해체에 주력했으며, 언어, 기호, 문자기록, 텍스트, 은유 같은 문제를 주로 다뤘습니다. 반면 1990년대 이후 데리다는 정치와 윤리, 법, 이주, 폭력, 마르크스주의 같은 실천적인 문제들에 집중하여,《법의 힘》(1994, 국역본은 진태원 옮김, 문학과지성사, 2004),《마르크스의 유령들》(1993, 국역본은 진태원 옮김, 이제이북스, 2007),《우정의 정치 Politics of Friendship》(1994),《불량배들》(2003, 국역본은 이경신 옮김, 휴머니스트, 2003) 같은 정치철학 저서들을 출간했습니다.

이런 식의 구분법이 지닌 문제점은, 마치 초기 데리다 저작에는 정치나 윤리, 법이나 폭력에 관한 논의가 전혀 존재하지 않다가 후기 저작들에서 갑자기 전면에 등장하는 듯한 인상을 준다는 점입니다. 하지만 데리다 자신을 비롯하여 여러 연구자들이 지적하듯이 초기 데리다 저작에서도 정치와 윤리, 폭력에 관한 논의를 얼마든지 찾을 수 있습니다. 또한 초기 저작에서 제시된 문자 기록이나 기입, **차이**差移 같은 개념은 데리다 정치철학의 주요 기반이 되고 있다는 점에도 주목해야 합니다.

1. 유령론의 스캔들

그렇다고 해도 '유령론 hantologie'을 필두로 한 데리다의 정치철학은 초기 작업에 비하면 상당히 색다른 것이 사실이죠. 데리다는 베를린 장벽이 붕괴되고 사회주의 국가들이 몰락한 뒤 얼마 되지 않아《마르크스의 유령들》을 출간하면서 우리는 모두 마르크스의 후예들이고, 우리에게는 마르크스의 유산을 상속해야 할 의무가 있다고 선언합니다. 프랜시스 후쿠야마가《역사의 종말》(1992, 국역본은 이상훈 옮김, 한마음사, 1997)이라는 책에서 이제 공산주의는 몰락했으며 자유 자본주의사회가 궁극적으로 승리했다고 선언한 지 1년 만에 출간된 데리다의 이 책은 데리다 정치철학의 특징을 잘 보여줍니다.

사실 '마르크스의 유령들'이라는 제목은 여러 측면에서 볼 때 범상치 않습니다. 우선 마르크스를 주제로 한 책에 '유령'이라는 제목이 달려 있을 뿐더러, 시종일관 유령, 망령, 환영, 허깨비 등을 중심으로 마르크스의 저작들에 관한 논의가 진행되고 있다는 점은 자못 충격적이기까지 합니다. 데리다 이전에 과연 누가 유령을 주제로 마르크스에 관해 한 권의 책을 쓸 수 있다고 생각했겠습니까? 거의 대부분의 마르크스주의자들에게 (또한 반反마르크스주의자들에게도) 유령이나 망령, 환영 따위는 마르크스(주의)에 관한 논의에서는 도저히 상상하기도 어려운 하찮고 부차적인 주제에 불과했습니다. 하지만 데리다는 정말 대담하게도 자신의 저서에 유령들이라는 제목을 내걸었을 뿐만 아니라, 실제로 《공산당 선언》이나 《루이 보나파르트의 브뤼메르 18일》 같은 저작, 특히 《독일 이데올로기》나 《자본》 같은 핵심적인 이론적 저작에서 유령이 중요한 쟁점이 된다는 점을 밝혀내고 있습니다.

이처럼 매우 사소하고 주변적인 것으로 보이는 어떤 주제나 개념 또는 단어에 초점을 맞춰 이런저런 사상 체계를 분석하는 것은 데리다의 전형적인 스타일이라고 할 수 있습니다. 가령 《그라마톨로지에 관하여》에서 데리다는 소쉬르의 《일반언어학 강의》를 분석하면서 기의나 기표 같은 중심 개념에 주목하는 것이 아니라, '문자기록'이라는 매우 하찮은 단어에 착목하여 서양 현존의 형이상학 또는 음성 중심주의가 소쉬르에게서 나타난다는 점을 입증합니다. 또한 루소의 《언어의 기원에 관한 시론》(주경복·고봉만 옮김, 책세상, 2002)에 나오는, 역시 하찮기 짝이 없는 '쉬플레망supplément' (대개 '보충'을 의미하지만 데리다 용어법에서는 '대체 보충'을 뜻합니다)이라는 단어에 대한 분석을 통해 루소에게도 음성 중심주의가 나타나고 있음을 보여주며, 더 나아가 원초적인 기원이라는 것은 사실 불가능한 개념이라는 점을 밝혀냅니다.

따라서 데리다가 유령이라는 하찮은 단어를 중심으로 마르크스의 저작을 독해하는 것은 오히려 매우 일관된 태도라고 할 수 있습니다. 그럼에도 《마르크스의 유령들》의 중심에서, 아니 첫머리에서부터 '유령들'이라는 단어가 나타난다는 사실이 의미심장한 것이라면, 이는 무엇보다 이 책의 제목이 단수인 '유령'이 아니라 복수인 '유령들'로 되어 있기 때문입니다. 왜 이런 복수형의 제목이 필요했을까요? 또 이런 복수형의 제목이 어떤 의미에서 그처럼 중요한 것일까요?

2. 마르크스라는 유령

'유령'이 아니라 '유령들'이라는 복수형으로 된 제목은 마르크스의 사상에서 유령이나 환영, 망령, 허깨비 등이 양가적인 주제였음을 시사합니다. '마르크스의 유령들'이라는 제목은 한편으로는 사회주의 국가들의 몰락을 기회로 삼아 사람들이 무력화시키고 또 몰아내고자 하는 **마르크스라는 유령**을 가리킵니다.

'지난 150여 년 동안 전개되어 왔고, 특히 1917년 사회주의 혁명 이래 현실적인 정체政體로 존재해왔던 마르크스주의는 이제 소련 및 동구 사회주의 국가들의 연쇄적인 몰락을 통해 마침내 종말을 고했다. 사회주의는 결국 실패한 체제로, 역사의 유물로 사라졌다. 이제는 자유민주주의만이, 자본주의만이 유일하게 현실적인 체제로 살아남아 영속할 것이다. 하지만 마르크스라는 유령은 언제든지 다시 돌아올지도 모르니, 그 환영마저 모두 몰아내자. 이 허깨비를 사라지게 하자'고요.

하지만 데리다는 이러한 푸닥거리에도 불구하고 마르크스의 유령은 계속 망령으로 돌아올 수밖에 없다고 주장합니다. 왜냐하면 유령이 살아 있는 것도 죽어 있는 것도 아니고 삶과 죽음의 경계 위에서 살아가는 것인 한에서, 유령은 결코 소멸할 수 없으며, 언제든지 늘 다시 돌아와 우리 앞에 나타나기 때문입니다. 일견 말장난처럼 보이는 이러한 주장은 사실은 몇 가지 중요한 의미를 지니고 있습니다.

우선 마르크스(주의)가 소멸하지 않고 계속 다시 돌아올 수밖에 없다면, **자본주의에 대한 비판적 분석**으로서 마르크스(주의)의 이론적 유산 없이는 누구도 자본주의의 역사적 전개 과정을 제대로 분석할 수 없기 때문입니다. 특히 자본주의의 궁극적인 승리에 대한 찬양에도 불구하고 오늘날의 '새로운 세계 질서'(요즘 표현대로 하면 '신자유주의적 세계화'라고 말할 수 있겠죠) 속에서 출현하고 있는 "10가지 재앙"(실업, 빈곤, 망명 및 이주, 경제 전쟁, 자유 시장의 모순, 민족 간 전쟁, 외채 등)에 대한 분석을 위해서는 여전히 마르크스주의의 유산에 대한 상속이 필수적입니다.(《마르크스의 유령들》, 3장 참조)

더 나아가 마르크스주의는 자본주의에 대한 분석 이론이기에 앞서 무엇보다도 **해방의 운동**이라는 이유에서도 유령처럼 되돌아올 수밖에 없습니다. 법적인 공정함의 질서 바깥에서, 자본주의적인 시장 질서의 모순 속에서 억압받고 착취당하고 차별 받는 타자들의 고통의 호소가 울려 퍼지는 한에서 정의에 대한 요구와 해방의 운동은 사라지지 않으며, 지난 100여 년 간 해방운동의 대명사로 존재했던 마르크스(주의)의 유령 역시 끊임없이 자유주의의 공모자들에게 악몽처럼 돌아올 수밖에 없습니다.

데리다는 이러한 이유들이 결국 존재론을 넘어서는 유령론의 필요성, 아니 필연성을 시사해준다고 봅니다. 당·국가 체계로서 마르크스주의는 사라졌고 또한 마르크스주의 이론의 이러저러한 측면들 역시 한계에 봉착했음에도 여전히 마르크스의 정신, 마르크스주의 유령의 명령들이 우리의 상속을 기다리고 있다면, 이는 바로 마르크스주의를 해방의 운동과 이론으로 고취시킨 **메시아적인 것**의 차원이 여전히 삶과 죽음의 경계 위에서 살아남아 있기 때문입니다. 그리고 이러한 차원을 해명하기 위해서는 생산과 노동의 존재론, 생생한 현재의 존재론을 넘어서는 유령론의 문제설정이 필수적입니다. 이런 의미에서 유령론은 존재론을 대체하는 좀 더 포괄적이고 궁극적인 **이론**이기 이전에 타자들의 부름 및 호소에 대한 **책임의 윤리·정치**를 가리킨다고 할 수 있습니다.

따라서 《마르크스의 유령들》의 제목이 갖는 한 가지 의미는 마르크스에 대한 푸닥거리에 맞서 마르크스의 정신, 마르크스라는 유령이 우리들에게 부르짖는 호소에 귀기울이고, 그것의 명령을 상속하고 따라야 한다는 **책임감의 표현**이라고 할 수 있습니다. 데리다의 다음과 같은 주장은 이를 잘 보여줍니다.

> 내가 인상적이고 야심적이며 필수적인 또는 모험적인 (…) 이 콜로퀴엄의 기조 강연을 하는 것은, 내가 오랫동안의 망설임 끝에, 내가 지닌 능력의 명백한 한계에도 불구하고, 베른트 매그너스가 영광스럽게도 제안한 초대를 수락한 것은, 철학적이며 학문적인 담론을 제시하기 위

해서가 아니다. 이는 무엇보다도 책임을 회피하지 않기 위해서다. 좀 더 정확히 말하자면, 이러한 책임의 본성에 관한 몇 가지 가설을 여러분의 토론에 부치기 위해서다. 우리의 책임은 무엇인가? 어떤 점에서 이러한 책임이 역사적인가?(《마르크스의 유령들》, 116~17쪽)

3. 마르크스의 유령

하지만 다른 한편으로 '마르크스의 유령들'이라는 제목은 **마르크스 자신을 끊임없이 괴롭혔던 유령들**, 또 마르크스 자신이 계속 몰아내려고 했던, 하지만 결국 완전히 몰아내고 소멸시키는 데 성공할 수 없었던 유령들을 가리킵니다. 왜 그는 유령들을 몰아내려고 했을까요? 또 왜 그는 그것들을 쫓아내는 데, 푸닥거리하는 데 성공하지 못했을까요?

데리다에 따르면 공산주의라는 유령을 몰아내려고 했던 그의 적수들(《공산당 선언》이 말하는 '낡은 유럽의 열강들'이자 오늘날 '새로운 세계질서'의 지배자들)과 마찬가지로 마르크스 자신도 생생한 현실과 가상·환영, 삶과 죽음의 대립을 신뢰했고 이러한 대립 위에 자신의 이론을 세우고 또 운동의 토대를 마련했습니다. 마르크스가 《공산당 선언》에서 이제 공산주의는 더 이상 하나의 유령이 아니라 "당 자체의 선언"이자 현실이라고 주장하고, 《루이 보나파르트의 브뤼메르 18일》에서는 과거의 정치혁명과 오늘날의 "사회혁명"을 대비시킬 수 있다고 믿었던 이유는, 공산주의야말로 과거의 모든 이데올로기, 가상, 환영과 결별하는 **참된 현실의 운동이고 혁명**이라고 생각했기 때문이죠.(《마르크스의 유령들》, 4장)

하지만 정말 공산주의와 마르크스는 모든 가상과 환영, 유령과 결별할 수 있었을까요? 그는 모든 유령, 망령과 결말을 볼 수 있었을까요? 데리다는 《독일 이데올로기》 2부에서 전개되는 마르크스와 슈티르너Marx Stirner(Johann kespar Schimidt, 1806~1856)의 논쟁 및 《자본》 1권 서두에 나오는 사용가치와 물신숭배에 대한 분석을 검토하면서, 마르크스가 결코 유령의 논리, 신들림의 논리(이는 또한 차이差移, différance의 논리입니다)에서 벗어나지 못했으며, 다만 그것과의 단절을 (부당하게) 가정하고 있다는 점을 보여줍니다.(《마르크스의 유령들》, 5장)

마르크스와 슈티르너가 공유하는 점은 환영적인 것에 대한 비판입니다. 두 사람은 모두 망령과 결말을 짓고 싶어 합니다. 양자는 모두 고유한 신체 속에서 생명을 재전유하는 것을 목표로 삼습니다. 그러나 슈티르너가, 대상화된 환영들을 유일하게 현실적인 것으로서의 자아Ich 속으로 **다시 들여오고**, 이로써 환영들을 현실적인 것으로 재전유하려고 하는 반면, 마르크스는 이러한 자아 중심적 신체를 고발합니다. 왜냐하면 사회적 현실, 실천적 관계와 분리된 자아는, 슈티르너가 생각하듯 유일하게 현실적인 것이 아니라, 모든 환영, 모든 가상의 중심이기 때문입니다. 다시 말해, 사회적 현실과 분리된 자아를 현실적이라고 믿는 것이야말로 가상의 뿌리라는 말입니다.

마르크스는 여기서 슈티르너에게 충고하고 있는 것처럼 보인다. 자네가 이러한 환영들을 쫓아버리고 싶다면, 내 말을 믿어 보게나. 자아론적인 전회나 시선의 방향을 바꾸는 것으로는, 또는 괄호를 치는 것이나 현상학적 환원으로는 충분치 않네. 우리는 실천적으로, 현실적으로 노동을 해야 하네. 우리는 노동을 생각해야 하며, 그것에 전력을 기울여야 하네. 노동은 꼭 필요하며, 현실을 실천적인 현실성으로서 고려해야 한다네.(《마르크스의 유령들》, 254~255쪽)

마르크스는 슈티르너에게, 유령과 단절하기 위해서는 유일하게 구체적인 것으로서 자아, 유일자의 신체에 의지할 것이 아니라, 현실적인 노동 및 사회적인 실천에 근거를 둬야 한다고 충고합니다. 하지만 데리다는 묻습니다. 자아 또는 구체적인 개인이 그 내면에서부터 이미 유령에 신들려 있다면, 유령에서 벗어나 있는 실천이나 노동이란 어떻게 가능한가? 유령의 질서, 이데올로기의 질서 또는 상상적 관계와 분리된 사회적 관계라는 것이 존재하는가? 마르크스가 말하는 노동이나 실천은 이러한 질문을 회피하는 한 가지 방식에 불과한 것이 아닌가?

《자본》 1권의 서두에 대한 분석에서도 동일한 문제제기는 계속됩니다. 마르크스는 놀라운 통찰력과 수사법으로, 평범한 나무 탁자가 어떻게 교환의 과정 속에 진입함으로써 "감각적 초감각적 사물", 곧 상품이 되는지, 따라서 마치 유령처럼 변모하는지 보여줍니다. "예를 들면 목재로 탁자를 만들면 목재의 형태는 변화된다. 그럼에도 불구하고 탁자는 여전히 목재이고 보통의 감각적인 물건이다. 그러나 탁자가 상품으로 무대에 등장하자마자 그것은 초감각적인 사물로 전환된다. 그것은 단지 자신의 발로 땅을 딛고 설 뿐만 아니라 다른 모든 상품을 마주보고 머리로 거꾸로 서기도 한다. 그리고 탁자의 이 나무 머리는, 탁자가 자기 스스로 춤을 추기 시작한다는 것보다 훨씬 더 놀라운, 기이한 망상들을 빚어낸다. 그러므로 상품의 신비한 성격은 상품의 사용가치에서 나오는 것이 아니다."(《자본론 제1권》(상), 김수행 옮김, 비봉출판사, 1989, 90쪽, 번역 수정)

하지만 다른 한편으로 그는 마치 교환가치를 갖기 **이전의** 사용가치, 상품이 되기 **이전의** 자연적이고 평범한 나무탁자가 존재하는 것처럼 말을 합니다. 또한 마치 상품들의 관계를 둘러싼 몽롱한 물신숭배의 세계는 우리가 다른 생산양식으로 (곧 공산주의 생산양식으로) 넘어가자마자 곧바로 사라지는 것처럼, 이데올로기 없는, 물신숭배 없는, 따라서 **환영이나 유령이 없는** 세계가 존재하는 것처럼 생각합니다. "따라서 상품 세계의 신비 전체, 곧 상품생산의 토대 위에서 획득된 노동생산물을 환영 같은 몽롱함으로 둘러싸고 있는 마술은 우리가 다른 생산형태들로 피신하자마자 사라져 버린다."(《자본론 제1권》(상), 96쪽, 번역 수정)

그러나 데리다는 평범한 나무탁자에는 항상 이미 상품의 신비한 성격이 기입되어 있으며, 더 나아가 사람들 사이의 사회적 관계는 항상 이미 상품들의 사회적 관계, 따라서 유령들의 사회적 관계에 의해 과잉결정되어 있다고 주장합니다. 곧 상품 이전의, 교환가치 이전의 순수한 기원, 순수한 사용가치의 낙원(원시공산주의)은 존재하지 않으며, 또한 상품 이후의, 물신 숭배 이후의 가상 없는, 환영 없는 사회(공산주의)도 존재하지 않는 것입니다.

4. 메시아적인 것

그렇다면 이렇게 질문해볼 수 있습니다. 우리는 과연 모든 유령과 결별해야만 하는 것일까? 일체의 망령이나 유령, 환영과 단절하는 것은 해방의 운동과 이론을 위해 필수적인 것인가? 어쨌든 유령이나 환영, 망령은 우리가 어떻게든 몰아내야만 하는 일종의 악을 가리키는 것일까? 데리다는 결코 그렇지 않다고 주장합니다. 사실 《마르크스의 유령들》 1장에서 데리다가 "시간이 이음매에서 어긋나 있다The time is out of joint"는 햄릿의 말과 '아낙시만드로스Anaximandros의 금언'에 대한 하이데거의 분석을 검토하면서 보여주려고 하는 것이 바로 이 점입니다. 데리다는 《햄릿》에 대한 정신분석적인 해석에서 주장하는 것과 같이 햄릿의 말을 인과응보의 논리에 따른 복수의 다짐이나 오이디푸스콤플렉스의 표현으로 해석하지 않습니다. 오히려 그는 이것을 법적인 차원을 넘어서는 정의의 존재론 또는 **정의의 유령론**의 심오한 울림으로 파악합니다.

데리다에게 시간이 '이음매에서 어긋나' 있음은, 어떤 불순한 시대 상황을 의미하거나 시간의 질서의 일시적인 일탈을 가리키는 것이 아니라, 시간의 질서 안에는, 따라서 현존으로서 존재의 질서 안에는 **근원적인 탈구와 이접, 간극**이 존재함을 뜻합니다. 더 나아가 이러한 탈구와 이접, 간극은 존재자들 및 인간들이 어쩔 수 없이 감당해야 하는 불행한 숙명·악을 가리키는 것이 아니라, **메시아적인 장래가 도래하기 위한 조건**이자 정의가 실행되기 위한 기회를 나타냅니다. 현재들의 시간적인 연속, 곧 과거 현재에서 지금 현재로, 또 지금 현재에서 미래 현재로 나아가는 연대기적인 시간의 연속적인 흐름은 계산 가능성의 질서이면서 또한 인과적인 응보의 논리에 따라 전개되는 "법, 분배의 계산, 복수 또는 징벌의 경제"(《마르크스의 유령들》, 59~60쪽)입니다. 따라서 근원적인 어굿남이나 간극은 이러한 연대기적인 시간의 흐름이 나타내는 계산 가능성과 응보의 질서에 균열을 냄으로써, 법적인 처벌과 보상의 논리를 넘어서는 정의의 도래를 가능하게 해주기 때문입니다.

이러한 의미에서 데리다가 말하는 '이음매에서 어긋난 시간'은, 공허하고 동질적인 시간의 질서를 사회적 순응주의의 뿌리이자 파시즘적인 지배의 근거로 파악하는 발터 벤야민Walter Benjamin(1892~1940)의 통찰과 통하는 점이 있습니다. 물론 데리다 자신은, 벤야민과 자신 사이에는 유사성 못지않게 중대한 차이점이 존재한다고 역설한 바 있습니다.(자크 데리다, 〈마르크스와 아들들〉, 《마르크스주의와 해체》, 진태원·한형식 옮김, 길, 2009 참조) 그런데 혹시 여기에는 무언가 부인否認, dénégation의 태도가 있지 않을까요? 현대 사상의 핵심 쟁점 중 하나가 이 문제에 달려 있다고 해도 과언이 아닐 것입니다.

♦♦♦
더 읽어보면
좋은 책

국내에는 20여 권의 데리다 저서가 번역돼 있지만, 읽을 만한 번역은 많지 않다. 다음 번역본들이 괜찮은 책이다.

자크 데리다, 박성창 옮김, 《입장들》, 솔, 1992.
_____, 진태원 옮김, 《법의 힘》, 문학과지성사, 2004.
_____, 박찬국 옮김, 《정신에 대해서》, 동문선, 2005.
_____, 김상록 옮김, 《목소리와 현상》, 인간사랑, 2006.
_____, 진태원 옮김, 《마르크스의 유령들》, 그린비, 근간.
데리다·베르나르 스티글러, 《에코그라피》, 민음사, 2002.

페넬로페 도이처, 변성찬 옮김, 《HOW TO READ 데리다》, 웅진지식하우스, 2007.

데리다를 처음 접하는 독자라면 이 책을 먼저 읽어보는 게 좋다. 저자는 평이한 문체로 데리다의 사상을 간결하게 설명하고 있고, 데리다 주요 저작의 핵심 아이디어를 일상의 구체적인 예를 통해 설명하고 있다. 청소년 독자도 충분히 이해할 수 있는 수준이다.

제이슨 포웰, 박현정 옮김, 《데리다 평전》, 인간사랑, 2011.

데리다에 관한 평전으로, 데리다 지적 생애의 전개 과정을 이해하는 데 도움을 준다. 데리다가 워낙 많은 책을 쓴데다 철학, 정신분석, 문학, 법, 정치, 종교 등과 같은 다양한 주제를 넘나들었기 때문에, 데리다 사상을 포괄적으로 소개하는 것은 매우 어려운 일이다. 이 책은 시간 순서에 따라 데리다 사상의 전개 과정을 간명하고 충실하게 소개하고 있다. 대학 학부생 정도면 충분히 이해할 수 있다.

❖❖❖

에른스트 벨러, 박민수 옮김, 《데리다-니체 니체-데리다》, 책세상, 2003.

독일의 문학이론가 에른스트 벨러의 책으로 니체와 데리다의 관계를 다루고 있다. 저자는 하이데거 철학에 대한 비판의 관점에서 두 사상가의 연관성을 탐색한다. 저자에 따르면 하이데거가 자신의 철학적 시각에 따라 니체를 왜곡한 반면, 데리다는 니체 사상의 특성을 훨씬 더 잘 이해하고 있으며, 오늘날 니체 철학을 가장 잘 계승하고 있는 철학자다. 학부 상급 학년 이상 수준의 독자들에게 적합한 책이다.

**김상환, 《해체론 시대의 철학》, 문학과지성사, 1996과
뉴턴 가버·이승종, 《데리다와 비트겐슈타인》, 동연, 2010.**

국내 연구자의 저서로는 이 두 권을 추천할 만하다. 김상환의 책은 데카르트에서 칸트, 니체, 하이데거로 이어지는 유럽 근현대 사상의 맥락에서 데리다 사상을 폭넓게 고찰하고 있다. 가버와 이승종의 책은 영미 현대철학의 원천인 비트겐슈타인과 데리다의 사상을 비교분석함으로써, 유럽 철학과 영미 철학의 접근 가능성을 살피고 있다. 두 책 모두 대학원생 수준의 독자들에게 적합하다.

줄리아 크리스테바, 혐오스러운 매력의 영역으로

조광제

줄리아 크리스테바
Julia Kristeva(1941~)

줄리아 크리스테바는 문학비평가, 정신분석학자, 사회학자, 여성주의자, 무엇보다도 기호학자로 불리며 다방면의 학술적 전문가로 불리는 일종의 전천후의 학자이다. 1941년 불가리아에서 태어나 소피아 대학에서 학부와 석사를 마친 뒤, 1966년 프랑스 정부 초청 장학금을 받게 되어 파리에 유학을 온 뒤, 줄곧 프랑스에서 활동했다. 파리에서 골드만Lucien Goldman(1913~1970)의 지도하에 박사논문을 준비하는 동안, 롤랑 바르트가 이끄는 세미나에 참여하면서 당시 프랑스 공산당과 지지관계에 있었던 잡지 《텔 켈》에 후기구조주의적인 경향의 논문을 싣게 된다. 1968년에 박사학위를 획득한 뒤, 라캉의 정신분석 강의에 심취하여 정신분석의 과정을 밟게 되고, 정신분석 자격증을 따 종합병원에서 임상으로 근무하게 된다. 그때 크리스테바를 유명하게 만든 《세미오티케》(1969)를 발간한다. 그리고 5년 뒤 1974년에 이러한 기호분석적인 개념들을 바탕으로 그녀의 국가박사 학위 논문인 대작, 《시적 언어의 혁명》을 출간함으로써 그야말로 일약 프랑스 지성계의 반열에 오르게 된다. 《중국 여인들》은 이 중국 여행에 대한 일종의 보고문이다. 그러고 난 뒤 1980년에 《공포의 권력》을 출간한다. 이 이후 이루 헤아릴 수 없는 많은 저서들을 발간함으로써 명실상부한 세계적인 지성으로 활발하게 활동 중이다.

본문에서 인용하는 글들은 《공포의 권력Pouvoirs de l'horreur》, Édition du Seuil, 1980; 국역본은 《공포의 권력》, 서미원 옮김, 동문선, 2001과 《시적 언어의 혁명La révolution du langage poétique》, Édition du Seuil, 1974; 국역본은 《시적 언어의 혁명》, 김인환 옮김, 동문선, 2000에서 따왔다. 따라서 본문에 인용하는 출처는 《공포의 권력》, 2/3)과 같이 표시한다. 빗금 앞의 숫자는 원저의 쪽수, 뒤의 숫자는 국역본의 쪽수를 의미한다.

버리는 것들에 대한 관심

개인의 삶은 물론이거니와 사회 공동체의 삶을 위해서도 반드시 버려야 하는 것들이 있습니다. 취하는 것과 버리는 것 간의 구별과 실천은 대단히 중요합니다. 그것은 개인 존재와 사회 공동체 존재를 결정짓는 척도라고 해도 과언이 아니죠. 이는 가치의 문제와 직결되어 있기도 합니다. 가치가 있기 때문에 취하고, 가치가 없기 때문에 버리는 것이지요.

철학은 삶을 전체적으로 조감하고자 합니다. 그런데 삶을 전체적으로 조감하고자 할 때, 존재 전체를 염두에 두지 않을 수 없습니다. 존재 전체를 염두에 둔다고는 하지만 단적으로 존재 전체를 염두에 둘 수는 없습니다. 어떤 기준이 있기 마련입니다. 만약 취하는 것과 버리는 것을 기준으로 삼는다면, 존재 전체에 대해 어떤 새로운 생각을 하게 되며, 그에 따라 우리 인간의 삶에 대해 어떤 새로운 생각을 하게 될까요? 우주 전체의 진화를 생각할 때 우주적 차원에서 취하는 것과 버리는 것이 무엇인지를 생각할 수 있을 것 같습니다. 엔트로피 법칙을 생각하면 우주 진화의 과정과 질서를 버리고 무질서를 취하는 과정이라 할 수 있겠지요. 생명 진화론을 생각하면, 무기적인 질서를 버리고 유기적인 질서를 취하는 과정을 거쳐 급기야 단순한 유기적 질서를 넘어서서 인간이라고 하는 최고도의 복합 미묘한 유기적 질서의 생명체를 취하는 과정이라 할 수 있을 것입니다.

그러나 우리에게 긴급한 사안은 우주의 생명 진화적인 과정에서 최고도의 산물인 인간 존재입니다. 인간적 삶을 염두에 두면서, 이를 영위하는 데서 비롯되는 모든 일들의 발생과 소멸, 그리고 그것에 필연적으로 수반되는 모든 사물들의 발생과 소멸을 생각하게 됩니다. 거기에는 반드시 취함과 버림의 순환이 개입되어 있습니다. 말하자면, 삶에 방해가 되는 것들은 버리고, 또 그런 것들을 버림으로써 삶을 진작시키는 데 도움이 되는 것들을 더 세련되게 취하고, 또 그렇게 세련되게 취함으로써 삶을 더욱 참되고 풍부한 방향으로 끌고 갈 수 있다고 여깁니다.

그런데 취하고 버리는 행위는 결코 내 스스로 능동적으로 판별하는 인식을 통해서 수행하는 게 아닙니다. 생물학적인 생존의 차원에서는 어쩔 수 없이 각종 배설을 해야 합니다. 날숨에 의한 이산화탄소의 배출, 땀구멍을 통한 분비되는 땀을 통한 폐기물의 배출, 오줌과 똥을 통한 각종 세균과 쓰레기의 배출, 구토를 통한 부패한 것들의 배출, 코와 가래침을 통한 먼지와 세균의 배출은 생존에서 필수적입니다. 정신생활에서는 불쾌, 불안, 공포, 우울, 권태, 왠지 마뜩찮음 등의 감정들을 어떻게든 바깥으로 배출해야만 합니다. 그러한 정신적·감정적인 배출은 의식적으로 이루어지기도 하지만 주로 무의식적으로 많이 이루어집니다. 사회적인 차원에서는 비인간적인 오욕과 치욕이나 부정과 부패를 쫓아내야 하고 위반과 범죄 역시 쫓아내야 합니다. 비록 비유적이긴 하지만, 신학적으로는 악마를 쫓아내야 하고요.

그동안 사람들은 주로 취하는 것들과 취함에 대해서만 관심을 기울였습니다. 그러나 버리는 것들과 버림에 대해 관심을 기울이지 않고서는 취하는 것들에 대한 관심을 바른 방향으로 가져가기가 쉽지 않습니다. 버림에 의해 취함이 성립되고, 버리는 것들에 근거해서 취하는 것들이 성립하기 때문입니다.

어찌 보면, 취하는 것보다 버리는 것이 더 많다고 할 수 있습니다. 그뿐만 아니라, 우리가 삶을 위해 취하고자 하는 것들은 버리는 것들로 둘러싸여 있다고 할 수 있습니다. 버림에는 뉘앙스를 달리하는 여러 다른 이름들이 있습니다. 분비, 배출, 배제, 축출, 유기遺棄[버림] 등이 그것입니다. 이 이름들을 원용해서 말하면, 삶은 분비, 배출, 배제, 축출, 유기를 통해 이루어진다고 할 수 있습니다. 그러고 보면, 분명 삶은 한편으로 버려지는 것들을 근본 지평으로 삼지 않고서는 아예 불가능합니다.

그런데 그동안 철학을 비롯한 인문학적인 사유에서는 버려지는 일체의 것들에 대해 적극적인 의미를 부여하지 않았던 것 같습니다. 그러나 버려지는 것, 이를 적극적으로 주제로 삼아 자기 나름의 독창적인 사유를 펼친 철학자가 있습니다. 바로 줄리아 크리스테바입니다. 버려지는 것에 대한 사유를 위해 그녀가 특별히 관심을 기울여 철학적인 개념으로 만든 것이 바로 '아브젝시옹abjection'과 '아브젝트abject'입니다.

이 두 개념을 본격적으로 다룬 책이 바로 그녀의 주저라 할 수 있는 《공포의 권력》인데요. 이 책이 '아브젝시옹에 대한 시론試論'이라는 부제를 달고 있는 데서 알 수 있듯이, '아브젝시옹'은 이 책에서 중요한 위치를 차지합니다. 이 개념은 그녀가 맨 처음 주조한 다른 개념들, '세미오틱 le sémiotique', '시니피앙스 signifiance', '상호텍스트성 intertextualité' 등과 더불어 그녀의 사상을 이해하는 데 핵심 개념이지요. 특히 이 개념은 프로이트가 제시한 '두려운 낯섦 das Unheimliche, the uncanny[섬뜩함]'과 일정하게 대립적인 짝을 이루기도 하고, 조르조 아감벤Giorgio Agamben(1942~)의 '호모 사케르homo sacer'라는 개념과도 상당히 밀접하게 연결되어 있습니다. 간단하게 설명하면, 프로이트의 '두려운 낯섦'은 평소 친숙한 것이 느닷없이 섬뜩한 이질성을 띠고서 나타나는 것을 말하는 데 반해, 크리스테바의 '아브젝트'는 혐오스럽기 짝이 없는 것이 매혹적인 것으로 다가올 때 성립합니다. 감정의 방향이 반대인 셈이지요. 아감벤의 '호모 사케르'는 사회적인 주권이 성립하기 위해서는 반드시 존립하도록 하지 않으면 안 되는 것으로서 사회로부터 법외의 존재로서 축출되는 사람들을 일컫습니다. 크리스테바의 '아브젝트'는 일체의 이분법적인 경계 전체의 바깥에 존재하는데, 이 아브젝트를 축출하는 것이 주체가 자아◆를 형성하는 데 필수적인 조건이 됩니다. 아감벤의 '호모 사케르'와 크리스테바의 '아브젝트', 이 두 개념은 한 쪽은 사회적이고 다른 쪽은 개인적이라는 점에서 다르긴 하지만, 그 구조가 워낙 유사합니다. 그런데 크리스테바는 개인과 사회집단의 현존 방식이 근본적으로 다르지 않다고 보면서, 사회는 모성적인 내지는 여성적인 것을 아브젝트로 축출함으로써 그 현존을 유지한다고 봅니다. 크리스테바에게서 아감벤의 호모 사케르는 바로 모성과 여성성이었던 것입니다. 그런 점에서

◆ **자아, 초자아, 이드**

프로이트는 《새로운 정신분석》(임홍빈·홍혜경 옮김, 열린책들, 2007)의 〈심리적 인격의 해부〉에서 정신의 세 가지 층위, 즉 초자아, 자아, 이드를 제시한다. '자아'는 자신을 대상으로 삼아 마치 타자를 다루듯 할 수 있는 활동 주체이다. '초자아'는 양심을 내세워 항상 자아를 금욕적으로 감시하고 처벌을 내세워 위협한다. '이드'는 자아에게 에너지를 공급하는 원천이 되면서 오로지 쾌락만을 충동질한다. 자아는 초자아에 의해 옥죄이고 이드에 의해 충동질되면서 그와 동시에 현실에 의해 거부당하는 상태에 놓이게 된다.

크리스테바는, 페미니즘 이론계에서 그 지위에 대해 논란이 분분하긴 하지만 페미니즘의 중요한 이론가로서 특히 영국과 미국 쪽에 크게 영향을 주기도 합니다. 그럼 이제 본격적으로 크리스테바의 아브젝시옹과 아브젝트에 대해 살펴보겠습니다.

크리스테바, 기호분석학의 비조

크리스테바는 문학비평가, 정신분석학자, 사회학자, 여성주의자, 무엇보다도 기호학자로 불리는 크리스테바는 일종의 전천후의 학자입니다. 그녀는 공산국가였던 불가리아 출신인 덕분에, 그리고 불가리아 소피아대학에서 학부와 석사과정을 공부하면서 헤겔과 마르크스의 철학 등을 깊이 있게 접할 수 있었습니다. 그런가 하면, 그녀는 유치원에서부터 프랑스어를 모국어처럼 익힌 것으로 알려져 있습니다. 뿐만 아니라 어릴 때부터 러시아어를 배워 도스토예프스키 생모나 톨스토이의 작품을 읽었고, 그리스어나 라틴어를 공부하여 서구 고전을 읽었다고 합니다. 일찍이 타고난 천재성을 발휘할 수 있는 교육 환경 속에서 자란 것이지요. 그녀는 불가리아에서 석사과정을 마치고 1966년 프랑스 정부 초청 장학금을 받게 되어 파리에 유학을 가게 됩니다. 파리에서 루시앵 골드만Lucien Goldman(1913~1970) 지도하에 박사논문을 준비하고 롤랑 바르트가 이끄는 세미나에 참여하면서 당시 프랑스 공산당과 지지 관계에 있었던 잡지 《텔 켈》에 후기구조주의적인 경향의 논문을 싣게 됩니다. 그러다 1967년에 《텔 켈》을 창간한 필립 솔레르스Phillipe Sollers(1936~)와 결혼하게 됩니다. 1968년에 박사학위를 취득한 뒤, 라캉의 정신분석 강의에 심취하여 아예 정신분석의 과정을 밟게 되고, 정신분석 자격증을 따 종합병원에서 임상의로 근무합니다. 여기에 있는 동안 크리스테바를 유명하게 만든《세미오티케, 기호분석을 위한 연구Séméiôtiké: Recherches pour une sémanalyse》(1969)를 통해 이른바 그녀 특유의 '기호분석sémanalyse'이라는 개념을 내놓습니다. 이는 기호학을 정신분석학적인 기반에 접목시킨 크리스테바 특유의 사유 체계를 대변하는 개념이라고 할 수 있습니다. 이를 통해 그녀는 '페노-텍스트phéno-texte, 현상 텍스트'와 '제노-텍스트géno-texte, 생성 텍스트'의 구분, '공식formule'에 의한 페노-텍스트에서 제노-텍스트로의 진입, 쌩볼릭le symbolique(상징적인 것)과 세미오틱le sémiotique(기호적인 것)의 구분, 세미오틱의 미분적인 의미 작용이 일어나는 공간인 '시니피앙스signifiance(기호의 미 생성)', '수표數標, le nombrant'와 '수의數意, le nombré' 등, 쉽게 알 수 없는 새로운 개념들을 나름대로 주조해 제시하고 설명합니다. 그야말로 크리스테바만의 독특한 기호분석학적 개념들이지요. 그리고 5년 뒤 1974년에 이러한 기호분석적인 개념들을 바탕으로 그녀의 국가 박사학위 논문인 대작,《시적 언어의 혁명》을 출간합니다. 이 책의 국역자인 김인환 선생에 따르면, 특히 이 책의 제3부 '국가와 신비'는 로트레아몽Comte de Lautréamont(1847(6)~1870)과 말라르메Stéphane Mallarme(1842~1898)라는 두 시인의 작품을 국가와 사회 그리고 가족과의 관계를 토대로 탐색하고 분석함으로써, 기호학과 문학비평 그리고 정신분석과 페미니즘 등의 이론적 당위성을 실천적인 측면에서 확인시켜주는 것으로 평가됩니다.

《시적 언어의 혁명》을 출간했던 1974년에 그녀가 깊게 관여하든 《텔 켈》지가 프랑스 공산당과의 관계를 끊고 마오주의Maoism에 대한 지지를 선언하면서 남편인 필립 솔레르스, 롤랑 바르트 등 편집진과 함께 중국을 방문하여 중국 관료들에 의해 철저하게 짜인 여행을 다녀오기도 합니다. 1974년에 발간된 《중국 여인들Des chinoises》은 이 중국 여행에 대한 일종의 보고문이라 할 수 있지요. 그리고 1980년에 《공포의 권력》을 출간하게 됩니다. 오늘 여러분들과 비록 어렵긴 하나 최대한 접근해보고자 하는 내용이 이 책에 들어 있습니다.

아브젝시옹

앞에서 말씀드린 대로 이제 《공포의 권력》에 들어 있는 핵심 대목들, 특히 '아브젝트abject'와 '아브젝시옹abjection'에 관한 대목들을 살펴보고자 합니다. 우선 첫 단락을 시발점으로 삼아 아브젝시옹의 영역으로 들어가도록 합시다.

> 존재l'être를 위협하는 것이 있다. 그것은 가능적인 것 근처, 그러니까 견뎌낼 수 있고 생각할 수 있는 것 근처에 던져져 있다가 거기로부터 불쑥 튀어나와, 바깥에서부터 혹은 안에서부터 존재에게 나타나 다가온다. 이같이 존재를 위협하는 것에 대해 존재는 폭력적으로 그리고 칙칙하게 여러모로 반항을 한다. 아브젝시옹에는 존재가 일으키는 그런 반항 중 하나가 들어 있다. 그것ça은 욕망을 요청하고 불안하게 하

고 매혹시킨다. 하지만 욕망은 스스로를 현혹되도록 내버려두지 않는다. 욕망은 겁에 질린 채 뒤돌아선다. 욕망은 메스꺼움을 견디지 못해 토악질을 한다. 절대적인 어떤 것un absolu이 치욕으로부터 욕망을 보호한다. 이에 욕망은 자부심을 느끼고서 절대적인 어떤 것에 들러붙는다. 그러나 그와 동시에 바로 그때, 그 비약, 그 경련, 그 도약은 저주받은 것이자 유혹적인 다른 어떤 곳un ailleurs을 향해 이끌린다. 유혹과·혐오가 결집된 한 극점이, 마치 제어할 수 없는 부메랑처럼, 거기에 머물러 있는 자를 그 자신의 바깥으로 내쳐 그 자신에게서 미끄러지듯 겨우 붙어 있게 한다.(《공포의 권력》, 9/21)

무슨 말인지 쉽게 알 수 없습니다. 찬찬히 생각해봅시다. 우선 맨 처음에 등장하는 문장인 "존재를 위협하는 것이 있다."라고 할 때, '존재'를 나의 존재로 읽어야 합니다. 내가 평소의 역량으로 쉽게 처리할 수 있는 영역이 아닌 다른 엉뚱한 곳에서부터 어떻게 대처할 수조차 없는 것이 나타나 나의 존재를 위협한다는 것입니다. 그 위협하는 것이 미리 말하자면, '아브젝트'입니다. 이 놈은 그야말로 이상합니다. 나로 하여금 지성이나 이성을 앞세워 대처할 수 없도록 하고, 오히려 나에게서 기묘한 욕망을 불러일으키면서 그와 동시에 그 나의 욕망을 함부로 추구할 수 없도록 합니다. 말하자면 일종의 덫에 걸린 것 같이 내가 가까스로 나의 존재를 위험하게 유지하고 있는 상태에 빠져들게 됩니다. 이러한 기묘한 체험을 '아브젝시옹'이라고 말합니다.

  이 인용문은 대단히 중요합니다. 그런데 쉽게 이해할 수 없으니 우회로를 거칠 수밖에 없을 것 같습니다. 우리는 예사로 그리고 상식적으로 쉽게 식별해서 생각할 수 있고, 그래서 쉽게 견뎌낼 수 있는 세계의 판면에서 살고 있습니다. 그 세계에서는 대체로 그럴 수도 있겠다는 가능적인 것들이 포진하고 있죠. 이 가능적인 세계에서는 우리를 위협하는 것이 그다지 없습니다. 그런데 불쑥 전혀 예감조차 하지 않았던 엉뚱한 것이 나타나 우리를 위협할 수 있습니다. 물론 이런 일이 자주 쉽게 일어나는 것은 결코 아니지요. 하지만 엄밀하게 따지면 이미 늘 일어나고 있다고 해도 과언이 아닙니다. 아무튼 그런 느닷없는 우발적인 지경에 명시적으로 걸려들게 되면 상당히 복잡한 심경에 빠지게 됩니다. 그럴 때 우리는 그저 가만히 있을 수 없습니다. 나를 위협하는 그 이상한 놈에 본능적으로 대항하지 않을 수 없지요. 말하자면, 그 놈은 마치 평안하고 친숙한 내 집으로 침범해 온 괴물과 같은 것입니다. 카프카가 《변신》에서 말하고 있는 것처럼 아침에 일어났더니 자기 자신이 한 마리 거대한 갑충으로 변해버린 것을 목도했을 때, 그 갑충과 같은 괴물 말이지요. 물론 카프카의 이 괴물은 크리스테바가 말하는 위협적인 존재의 극단적인 형태라 해야 할 것입니다. 나의 존재를 위협하는 것은 바로 나의 존재니까요.

그런데 이 괴물의 힘이 묘합니다. 이 괴물은 우선 나의 욕망을 요청합니다. 나의 이성이나 지성 혹은 나의 평가 능력이 아니라, 바로 나의 욕망을 불러올립니다. 크리스테바가 말하는 아브젝시옹의 세계는 철저히 욕망 차원에서의 사건, 그저 단순한 일상적·사회적 욕망의 차원에서가 아니라 근원적인 욕망의 차원에서의 사건인 것입니다. 그러니까 그 욕망은 차라리 충동일 것입니다.

그런데 묘하게도 이 괴물을 마주하면서 욕망은 철저히 이중적인 양가적 태도에 빠져버립니다. 한껏 겁에 질린 채 그래서 심지어 그 메스꺼움을 견디지 못해 구토를 일으켜 토악질까지 하면서도 그 괴물에 대해 왠지 묘한 매력을 느낍니다. 만약 그런 묘한 매력을 뿜어내지 않는다면, 그 괴물에 대해 굳이 겁에 질리고 토악질을 할 필요가 없을지도 모릅니다. 그것은 벗어나려 하면서도 되돌아보지 않을 수 없는 무엇이지요.

　토악질을 한다는 것은 섬뜩한 것을 내 몸으로부터 배출해내는 것입니다. 그럴 수 있는 내 몸의 힘은 어디에서 온 것일까요? 크리스테바는 그것을 '절대적인 어떤 것'이라고 부릅니다. 그렇다면 그것은 신일까요? 아니면, 생명 자체의 절대성일까요? 아니면 사회적인 금기의 상징 체계일까요? 맨 마지막의 선택지, 즉 사회적인 금기의 상징 체계가 가장 그럴 듯한 후보인 것 같습니다. 여기에서 '절대적인 어떤 것'은 '아브젝트'와 대립되는 것인데, 크리스테바에게서 아브젝트는 결국 사회적인 금기체계에 의거한 질서를 무효한 것으로 만드는 기능을 하기 때문입니다. 그 괴물이 내 집에 들어왔다는 것만으로도 나는 대단히 치욕스러운데다 그 괴물 때문에 겁에 질려 있으니 더욱 치욕스럽겠죠. 그런데 그 괴물이 나를 유혹하려 합니다. 더러운 괴물에게 유혹을 느낀다는 사실 자체는 나를 더욱 더 치욕스럽게 합니다. 그렇다면 유혹을 느꼈을 때, 그 유혹을 느끼는 원천은 무엇일까요? 바로 충동, 충동으로서의 욕망일 겁니다. 그러고 보면, 사회적인 금기의 상징 체계와 근원적인 존재의 충동 간의 급격한 대결이 벌어지는 장면이 바로 아브젝시옹인 셈입니다.

　중요한 것은 '절대적인 어떤 것'이 그런 치욕으로부터 나를 보호한다는 점입니다. 보호막, 삶에 있어서 없어서는 안 되는 보호막이 있다는 이야기입니다. 그 보호막은 상징 체계로서의 랑그 즉 체계 언어입니다. 그런데 이 보호막은 우리로 하여금 구토를 통해 분비, 배출, 배제, 축출, 유기를 일삼도록 합니다. 그런 일을 할 수 있다는 데서, 근원적인 욕망 차원에서 나를 강력하게 유혹하는 매력을 분출하는 기묘한 그것을 분비, 배출, 배제, 축출, 유기했다는 데서 나는 자부심을 충분히 느낄 수 있습니다.

그러나 이것으로 끝이 아닙니다. 대역전이 일어납니다. 그렇게 '절대적인 어떤 것'에 의해 자부심을 느끼는 바로 그 사실 때문에 오히려 '다른 어느 곳'으로 끌려가고 맙니다. 그곳으로 가면 저주받아 마땅하다는 느낌이 강하게 들기에 혐오스럽기 그지없는데도 왠지 한껏 매혹적이어서 그 유혹을 뿌리칠 수가 없습니다. 이 대목에서 부메랑 이야기가 실감을 더해줄 수 있을 것 같네요. 힘껏 멀리 던지면 던질수록 더욱 강한 힘으로 되돌아오는 것이 부메랑이지요. 너무나 혐오스럽기에 힘껏 뿌리쳤더니 오히려 더욱 더 강력한 유혹으로 되돌아온다는 것인데, 그야말로 혐오와 유혹의 극단적인 결합이 아닐 수 없습니다.

아브젝시옹은 이러한 극단적인 양가적 감정 상태에 빠져버린 것을 지칭합니다. 나는 이제 나를 유지할 수 없습니다. 이미 나는 내 바깥에 내동댕이쳐져 있고 겨우 미끄러지듯 나에게 들러붙어 있을 뿐입니다. 이제 나는 도대체 주체sujet라고 할 수가 없는 것이지요. 나는 분별을 바탕으로 한 인식 상태에서 완전히 벗어나 있기 때문입니다.

아브젝트

이때 혐오와 유혹이 극단적으로 결합된 이 괴물은 도대체 무엇일까요? 내가 그 괴물을 내쫓으려고 하는 만큼, 오히려 그 괴물이 나를, 말하자면 나를 나의 주체 상태로부터 내쫓아버리는 그 기묘한 괴물. 그 괴물은 과연 대상objet이라고 할 수 있을까요? 그럴 수 없겠지요. 말하자면 아브젝시옹은 대상을 가질 수 없는 상태인 것입니다. 아브젝시옹이 분명 체험 내지는 경험임에는 틀림없는데 대상을 갖지 못한다는 까닭이 궁금합니다. 크리스테바는 이렇게 말합니다.

> 내가 아브젝시옹에 의해 공격을 당할 때, 내가 그렇게 요청하는 감정들affects[흔히 '정동情動'이라 번역하는데, 너무 물리적인 느낌이 들어 이 글에서는 '감정'이라고 옮깁니다.]과 사유들의 그 꼬임torsade은, 제대로 말하자면, 정의될 수 있는 대상objet을 갖지 않는다. 아브젝트abject는 내가 지칭하고 내가 상상하는바 나와 마주해서 내 '앞에 - 던져져 있는 것ob-jet'이 아니다. 아브젝트는 더 이상 '앞에 있는 - 놀이 감ob-jeu', 즉 욕망의 체계적인 탐색에서 무한정하게 달아나는 작은 'a(petit《a》)'가 아니다.《공포의 권력》, 9/21)

위의 인용문에서 '아브젝트'라는 말이 처음으로 나옵니다. 그리고 이를 라캉이 말하는 '작은 a' 즉 '대상 a'♦와 비교하고 있습니다. 잘 알다시피, 라캉이 말하는 '대상 a'는 주체가 상징계에 거주하면서 근원적인 실재(계)로 돌아가고자 할 때, 그리고 그때 생겨나는 분열된 욕망의 주체를 실재로 유인하는 제스처를 취하면서 끝없이 실재로부터 벗어나게 만드는 것들을 총칭합니다. 그래서 이 '대상a'를 욕망의 원인이라고 하고 욕망의 대상이라고도 하지요. 그리고 크리스테바는 '대상a'를 그저 상징적으로 여기지 않습니다. 진정 근원적인 실재로서 주이상스를 가능케 한다는 것을 확신한 나머지 이를 추구하는 행동을 하게 되면 바로 신경증 내지는 정신병에 걸린다고 보지요. 중요한 것은 '대상a'가 등장하는 단계는 상상계는 물론이고 상징계 마저 넘어선다는 것입니다. 넘어선다고 해서 아예 버리는 것이 아니라, 헤겔이 말하는 지양처럼 간직하면서 넘어서는 것이지요.

그런데 아브젝트는 흔히 인식적으로 주체와 마주 서 있는 대상은 당연히 아닐 뿐만 아니라, 심지어 이런 '대상a'와 다르다고 말합니다. 그 의미는 과연 무엇일까요? 라캉이 말하는 '대상a'는 '오브제' 즉 대상입니다. 그리고 'a'는 '타자성'을 의미하는 것입니다.

◆ **대상**a

이 대목에서 라캉이 말하는 '대상a'와 대문자 'A'로 표기되는 타자와의 관계가 중요하다. 타자 A는 신경증자인 주체가 욕구를 발휘하는 대상이다. 이때 주체의 욕구는 타자에 대한 요구로 바뀐다. 그런데 주체는 자신이 타자에게 무엇을 요구하는지 모른다. 달리 말하면, 주체는 타자에게 타자가 자신에게 무엇을 원하는지를 알아 그 타자의 욕망을 충족시키고자 한다. 문제는 그 타자가 주체에게 무엇을 원하는지 타자 자신도 알 수 없다는 것이다. 이에 분열된 주체와 마찬가지로 분열된 타자가 성립한다. 주체와 타자의 만남은 끝없는 결핍에 불과하게 되고, 이에 주체의 욕망이 생겨난다. 그 결과 주체가 타자의 욕망을 충족시키고자 하는 시도는 실패한다. 이를 라캉은, 주체는 타자의 욕망의 기표인 팔루스가 될 수 없다고 말한다. 그래서 아예 타자의 욕망으로부터 분리되는 과정을 겪으면서 등장하는 것이 바로 '대상a'이다. 결코 충족될 수 없는 영구적인 결핍으로서의 주체의 욕망을 불러일으키면서 동시에 그 욕망의 대상이 되는 것이 바로 '대상a'인 것이다. 이 '대상a'가 상상계와 상징계를 넘어서는 데서 등장한다는 것은 이것이 실재에 아주 근접해 있다는 것을 말한다. 그렇기 때문에 궁극적으로 불가능한 실재에의 진입을 노리는 욕망의 대상이 되는 것이다. 한편, 이 '오브제a'가 상상계와 상징계를 넘어서되 지양적으로 넘어서기 때문에 실재는 상징적인 실재이기도 하고 상상적인 실재이기도 한 것이다.

그런 점에서 '대상a'는 어디까지나 주체인 나의 상관자인 것입니다. 그렇다면 아브젝트는 이와 어떻게 다를까요? 크리스테바의 이야기를 들어봅시다.

> 아브젝트abject는 나의 상관자mon corrélat가 아니다. 즉 아브젝트는 내가 기댈 수 있는 어떤 사람이나 어떤 것을 나에게 제공함으로써 다소나마 나를 부각시켜 자발적이게끔 하는 그런 것이 아니다. 대상으로 보자면, 아브젝트는 [그 대상의] 하나의 성질qualité — '나와 대립 된다s'oppose à je'는 성질 — 일 뿐이다. 그러나 대상이란 [나와] 대립됨으로써 의미의 욕망이 펼치는 깨어지기 쉬운 음모의 구도 속에서 내가 균형을 잡을 수 있도록 하는 것이라면, 그 반대로 아브젝트 즉 추락한 대상objet chu은 근본적으로 '축출된 어떤 것un exclu'으로서 의미가 붕괴되는 곳으로 나를 이끈다. 그 주인인 초자아sur-moi와 섞여 녹아버린 어떤 하나의 '자아(un certain 《moi》)', 그 '자아'가 가차 없이 [대상을] 축출해버린 것이다.(《공포의 권력》, 9/21~22)

위 인용문을 보면 크리스테바는 전적으로 라캉의 '오브제a'에 관한 이야기를 거부하고 있다는 것을 알 수 있습니다. '욕망이 펼치는 깨어지기 쉬운 음모의 구도'는 바로 라캉이 말하는 욕망의 구도를 지칭한다고 할 것입니다. 그 어떤 의미도 성립할 수 없는 그야말로 무의미의 지대로 이끄는 것, 그리고 초자아와 결합된 자아에 의해 가차 없이 축출됨으로써 추락하고 만 대상이 바로 아브젝트라고 말하고 있습니다. 이 정도쯤 되면, 크리스테바가 말하는 아브젝트는 라캉이 말하는 실재에서 솟구친 것이라 해도 무방

할 것 같습니다. 라캉이 말하는 바 결코 돌아갈 수도 없고 충족될 수도 없는 유아와 어머니 간의 완전한 성적 결합과 그로 인한 희열jouissance을 아브젝트의 출현과 그로 인한 아브젝시옹의 체험을 통해 되살리고 있다는 느낌을 주기 때문입니다. 크리스테바가 어머니의 몸, 즉 모성적인 몸을 아브젝트의 대표적인 형태로 제시한다는 점에서도 이를 추정할 수 있습니다.

아무튼 아직까지는 아브젝트가 구체적으로 어떤 것인지에 관해서는 예를 들지 않고 있습니다. 그래서 그저 묘한 것이라고 하는 추정만 할 뿐입니다. 크리스테바는 아브젝트를 그 나름의 자성自性을 지닌 어떤 것으로 보지 않고 '나와 대립된다는 성질' 자체로 보고 있습니다. 그 성질이 집약되어 나타나는 것이야말로 아브젝트일 것입니다. 이 대립이 극단화되면 주체인 나는 그것에 의미를 부여할 수가 없고, 따라서 기호화할 수도 상징화할 수도 없게 될 것입니다. 이에 크리스테바는 아브젝트를, 대상이 대상의 지위를 박탈당해서 '추락한 대상'이라고 말하고 '축출된 어떤 것'이라고 말하는 것입니다. 정신분석학적으로 보면, 본래 대상은 욕망의 대상, 즉 욕망을 충족시킬 수 있는 것으로 여겨집니다. 그런데 그런 대상이 추락한 것이 바로 아브젝트라고 말하고 있는 것이죠.

그런데 어려운 대목이 나옵니다. 아브젝시옹의 상태에서 나인 주체의 바탕이 되는 나의 '자아'가 그 주인인 나의 '초자아'와 뒤섞여 혼융되고, 그 혼융 상태에서의 자아가 대상을 축출함으로써 '축출된 대상' 즉 아브젝트를 성립한다고 말하는 것입니다. 프로이트의 정신분석에서 초자아는 자아를 철저히 감시하고 윽박질러 자아가 오로지 쾌락만을 추구하는 이드의 요청을 받아들이지 못하도록 하는 것입니다. 그러니까 자아가 초자아와 뒤섞여 녹아버린 상태에서는 좀처럼 쾌락을 추구하지 못하겠지요. 그런 점에서 아브젝트는 자아에게 그 자체로 쾌락을 줄 수 없고 오히려 극단적인 혐오감을 불러일으키지요. 그리고 여기에서 벗어나기 위해 구토를 일으켜 이른바 분비, 배출, 배제, 축출, 유기를 일삼는 것입니다. 이러한 행위는 결코 의도적으로 일어나는 게 아니고 분명히 나도 모르게 무의식적으로 일어나는 것임을 염두에 둡시다.

다른 곳, 바깥

그렇다면 도대체 아브젝트가 주체인 나를 매혹시켜 데려가려는 '다른 어떤 곳'은 어디이며, 그 힘은 어디에서 오는 것일까요? 우선 이에 대한 대답은 나중으로 미루고, 일단 계속 이어지는 크리스테바의 말을 들어봐야 할 것 같습니다.

> 아브젝트는 바깥에 있다. 그 바깥은 작동의 규칙들을 인정할 수 없으리라 여겨지는 그런 전체의 바깥이다. 그러나 아브젝트는 축출된 상태에서 끊임없이 그 주인 [즉 자아]에게 도발을 가한다. 아브젝트는 (주인 [즉 자아]에게) 기호를 허용하지 않고, 방전放電, 발작, 비명을 요구한다. 각각의 자아에는 대상이, 각각의 초자아에게는 아브젝트가 상응한다.
> 《공포의 권력》, 9~10/22)

인용문 첫 줄에 나오는 '바깥dehors'은 현대 프랑스 사상가들이 대단히 애호하는 개념입니다. 푸코는 《바깥의 사유》라는 책을 썼고, 블랑쇼는 푸코가 했던 이야기를 하면서 이 개념을 상당히 중요하게 받아들여 활용합니다. 일단은 이 '바깥'은 우리의 일상적인 존재가 유지되는 이곳으로부터 벗어난 곳이라고 합시다. 중요한 것은 누가 그 '바깥'을 가장 근원적이고 강력한 곳으로 제시하는가, 라고 할 수 있습니다.

아닌 게 아니라, 우리 모두는 거기가 (인식의 테두리를 벗어난 곳이기 때문에) 어디인지 정확하게 알 수 없지만, 이미 늘 거기 '바깥'에 머물러 있다고 할 수 있습니다. "당신은 어디에 있나요?"라는 질문을 받았을 때, 도대체 우리는 아무런 대답도 할 수가 없습니다. "여기에 있습니다"라고 억지로 답을 하려고 하면, "여기라고 말하는 거기가 도대체 어디인가요?"라는 되물음이 즉각 주어집니다. 마치 우리는 어느 곳에도 있지 않은 것 같은 망연한 상태에 빠집니다. 그 망연한 상태는 근원적으로는 이미 늘 내 자신이 나를 벗어나 있는 존재임을 일러주는 지표가 됩니다. 크리스테바는 축출된 자, 그러니까 아브젝트는 "나는 무엇인가(누구인가)Qui suis-je?"라고 묻지 않고, "나는 어디에 있는가Où suis-je?"라고 묻게 된다고 말합니다.(《공포의 권력》, 15/30)

그런데 크리스테바는 아브젝트가 그런 '바깥'에 있다고 말합니다. 이 '바깥'은 저 앞에서 말한 '다른 어떤 곳'과 일치합니다. 이는 크리스테바가 아브젝트를 통해 혹은 아브젝트로 인해 야기되는 아브젝시옹의 상태를 통해, 우리의 존재가 근원적으로 어디에 있는가를, 비록 낯설고 섬뜩한 방식일망정, 강렬하게 느낄 수 있다고 과감하게 주장하는 것입니다.

사실 아브젝트는 내가 주체적인 자아로서 존재하기 위해 축출해버린 것입니다. 그런데 아브젝트는 결코 곱게 물러나지 않습니다. 오히려 축출을 통해 주체적인 자아로서 존재하려는 나를 위협하면서 내 존재를 소스라치게 만들고 급기야 비명을 지르면서 발작을 일으키도록 해서 나의 에너지를 소진케 한다고 말합니다. 이를 곧이곧대로 받아들이게 되면, 광기에 의한 발작은 곧 아브젝시옹에 함축된 반항이 초자아와 이에 의존한 주체적인 자아를 파괴하기 때문에 일어난다고 볼 수밖에 없습니다. 그래서 각각의 초자아에게는 아브젝트가 상응한다고 말하는 것입니다. 물론 이 발작을 무조건 부정적으로 보아서는 결코 안 될 것입니다.

따라서 아브젝트에 의해 아브젝시옹을 강렬하게 체험하는 지경에 이르면, 도덕적인 규범은 말할 것도 없고 심지어 자연적이라고 여겨지는 모든 질서와 규칙마저도 온전히 빛을 잃고 마는 것이지요. 그러한 곳이 바로 '바깥'이고 '다른 어떤 곳'입니다. 이렇게 되면, 일종의 카오스가 아닐 수 없습니다. 크리스테바는 《시적 언어의 혁명》에서 플라톤의 《티마이오스》를 원용해 '코라chora'라는 개념을 끌어들인 바 있습니다. 그 핵심 대목만을 인용해보기로 합니다.

> 코라는 충동들과 충동들의 정지에 의해, 통제된 만큼이나 기복이 심한 운동성으로 구성되는 비표현적인 총체성이다. '정신적인' 표식인 동시에 '에너지의' 충전인 충동들은 우리가 코라라 부르는 것을 분절한다. (…) 코라 그 자체는 단절과 분절들, 리듬으로서 명증성, 진실한 것 같은 것, 공간성, 그리고 시간성에 선행한다. (…) 모형도 아니고 복제도

아닌 이 코라는 형상화figuration에 선행하면서 그 심층에 깔려 있고, 따라서 거울작용spécularisation에도 대해서도 선행한다. 그러면서 이 코라는 음성적이거나 운동적인 리듬에 대한 유추만을 허용한다.(《시적 언어의 혁명》, 23~24/26~27)

플라톤의《티마이오스》에서 코라는 우주의 원 재료인 게네시스 genesis가 놓인 곳으로서 게네시스의 유모 내지는 자궁으로 지칭됩니다. 게네시스는 카오스인 셈입니다. 그러니까 코라는 카오스가 존재하는 원 공간으로서 코스모스를 구성해내는 원동력으로서의 장소입니다. 따라서, 도대체 규칙적이고 질서가 있다고 할 수 있는 것들, 그리고 그러한 규칙과 질서를 근원적으로 떠받치는 공간성이나 시간성조차 뒤로 물리면서 앞서 있는 것이 코라입니다. 그런데 크리스테바는 이 코라를 충동들을 통해 오로지 음률적인 리듬, 즉 세미오틱한 것 le sémiotique 만을 허용하는 것으로 재규정합니다.

지면 상 그녀가 말하는 코라가 과연 여기에서 말하는 아브젝트가 축출되어 있는 바깥과 어느 정도로 긴밀한 관계를 갖는가를 섬세하게 논의할 수는 없습니다. 그리고 그녀가 말하는 충동과 아브젝시옹의 상태에 빠진 자아와 어느 정도로 긴밀한 관계를 갖는가도 역시 섬세하게 논의할 수 없습니다. 하지만 그녀가 "현대 문학은 초자아적인 혹은 도착적인 입장들을 견지하는 데서 쓰이는 것 같다. (⋯) 도착으로서 현대문학은 아브젝트를 위해 거리를 유지한다. 아브젝트에 매혹된 작가는 아브젝트의 논리를 상상하고, 아브젝트에 몸을 맡기고, 아브젝트를 투입하고, 결국에는 체계 언어langue(스타일과 내용)를 전복시킨다."(《공포의 권력》, 23/41)라는 말을 하는 것으로 보아, 그리고 그녀가 볼 때 현대문학이 위에서 잠시 말한 바 "충동들을 통해 오로지 음률적인 리듬"일 뿐인 세미오틱한 것을 바탕으로 이루어진다고 할 때, 양쪽이 긴밀한 관계를 맺고 있다고 여기는 것임에는 틀림없습니다. 그뿐만이 아닙니다. 크리스테바는 《공포의 권력》에서도 코라와 충동을 '낯선 공간', 즉 '다른 어떤 곳'과 연결해서 이렇게 말합니다.

> 그러므로 기원을 말하지 말자. 그보다는 상징 기능이 더욱 많은 의미를 갖게 되는바 그 상징 기능의 불안정성, 즉 모성의 몸corps maternal에 대한 금기(자기애에 대한 방지 및 근친상간의 타부)를 말하자. 여기에서 우리가 플라톤과 더불어 하나의 코라une chora 즉 하나의 용기容器라고 지칭하고자 하는 낯선 공간étrange espace을 구성하고 지배하는 것은 바로 충동이다.(《공포의 권력》, 21/38)

◆ 세미오틱

크리스테바는 언어를 구성하는 시니피앙스signifiance 즉 의미 생성의 과정을 분석하여 근본적인 두 양태를 추출하여 그 나름의 이름을 붙인다. 하나는 쌩볼릭le symbolique이고, 또 하나는 세미오틱le sémiotique이다. 이에 관해서는 플라톤의 우주생성론을 크리스테바가 말하는 시니피앙스와 견주어 이해할 필요가 있다. 크리스테바는 사회 조직들이 이미 항상 쌩볼릭하다고 말한다. 그러니까 쌩볼릭은 우주를 만들 때 이미 늘 존재해 온 이데아적인 형상들에 해당한다고 할 수 있고, 세미오틱은 우주의 재료 자체가 비록 혼란된 상태이긴 하나 그 속에 이미 갖추고 있는 변별적인 요소들이라 할 수 있다. 그러니까 언어의 의미가 생성되기 위해서는 세미오틱이 쌩볼릭과 변증법적으로 조응하여 결합되지 않으면 안 되는 것이다. 플라톤에서 우주의 재료가 되는 게네시스는 코라라는 공간 속에 있는데, 이 코라의 운동에 따라 게네시스가 일차적으로 분류된다. 그러니까 게네시스 속에 미리 마련되어 있는 변별적인 요소들은 코라의 리듬적인 운동에 의거해서 분류되어 나오는 것이다. 그래서 'chora sémiotique' 즉 세미오틱한 코라라는 말을 하는 것이다. 말하자면, 세미오틱은 언어가 의미를 가질 수 있는 변별적인 리듬인 것이다. 그래서 크리스테바는 순전히 세미오틱한 비발화적인 기표체계로서 음악을 든다. 언어에 스며들어 있는 변별적인 리듬 자체가 바로 세미오틱이다.

크리스테바는 아브젝트를 추락한 대상이라고 말하지만, 그와 동시에 아직 충동과 분리될 수 없는 '대상'이 승화한 것이라고 보기도 합니다. 방전, 발작, 비명은 충동에서 비롯되는 이른바 견딜 수 없는 사태를 일러주는 범주들입니다. 충동은 우리를 놓아주지 않습니다. 이미 늘 거기에 끌려들어가고 있다고 해야 할 것입니다. 그 근원적인 충동이 오로지 리듬으로만 넘쳐나는 곳이 바로 '다른 곳, 바깥'인 것입니다. 그래서 크리스테바의 이야기는 계속 이렇게 이어집니다.

몸들, 밤들, 담론들을 마구 잡아끄는 것은 (…) '내'가 거기에 순응하는 야수적인 고통이다. 그 고통은 숭고하면서도 황폐한 고통이다. 그 까닭은 '내'가 그 고통을 아버지에게로 돌리기père-version[도-착]◆ 때문이다. 말하자면 내가 그 고통을 감당하는 것은 내가 그 고통이 타자의 욕망이라고 생각하기 때문이다. 낯섦, 이질성étrangeté이 대대적으로 거칠게 솟구친다. 이 낯섦은 잊힌 불투명한 삶 속에서는 나에게 친숙할 수 있었던 것이다. 그런데 지금은 이 낯섦이 나를 근본적으로 분리된 혐오스러운 자로 여겨 집요하게 공격한다. [그것은] 자아도 아니고 이드ça도 아니다. 하지만 아무 것도 아닌 것은 더더욱 아니다. [그것은] 내가 사물로서 확인하지 않는 '어떤 것un quelque chose'이다. [그것은] 보잘 것 없는 것이 결코 아니고 나를 짓누르는 무의미non-sens의 중량이

◆ **도-착**
크리스테바는 여기에서 '도착perversion'이라는 낱말을 기표적인 발음의 유사성을 이용해 아버지를 뜻하는 'père'와 돌리기를 뜻하는 'version'으로 나눈 뒤, '-'으로 연결함으로써 일종의 언어유희를 하고 있다.

다.(《공포의 권력》, 10/22)

이 단락을 이해하는 데에는 많은 참조를 해야 합니다. 상당히 미묘한 지점에 들어와 있습니다. 타자인 아버지의 욕망 때문에, 아버지에게로 그 원인을 돌리는 그 '도-착된' 욕망 때문에, 내가 겪는 고통이 있다고 말하면서, 그 고통은 숭고하면서도 황폐하다고 말하고 있습니다. 아브젝트가 주는 혐오와 매혹의 극단적인 결합과는 상당히 거리가 있습니다. 하지만, 이 '도-착된' 고통을 통해 아브젝시옹 체험으로 향한 길이 열릴 것 같습니다. 그것은 타자의 욕망이기에 느끼는 그 낯섦이 "거칠게 솟구친다"라는 표현에서 아브젝트의 느닷없는 등장을 보기 때문입니다. 중요한 것은 그 낯섦이 "잊힌 불투명한 삶"을 상기케 하고 그 속에서 낯섦이 도리어 친숙한 것이었음을 느끼게 한다는 것입니다. 여기에서 낯섦 즉 이질성은 혐오와 통하고 친숙함은 매혹과 통할 것입니다.

그런 까닭에 "몸들, 밤들, 담론들을 마구 잡아끄는 (…) 숭고하고 황폐한 고통"은 이제 내 존재 자체를 아브젝트한 것으로 몰아치면서 과중한 무의미의 영역으로 나를 데려가는 것입니다. 이에 나는 방전, 발작, 비명을 통하지 않고서는 나 자신을 견뎌낼 수 없게 되는 것이지요. 이에 다음의 이야기가 제시됩니다.

> 아브젝트가 비대상non-objet에 대한 기호로 무장하고 있고, 일차적인 억압refoulement originaire의 가장자리에 있다면, 아브젝트가 한편으로는 육체적인 증세를, 다른 한편으로는 승화를 뒤좇는다는 것을 이해하게 된다. 증세symptôme에 있어서, 언어langage는 대대적인 범죄를 선고함으로

써 몸속에 동화시킬 수 없는 낯선 것들 즉 괴물·악창·암 등을 구조화한다. 무의식의 청취자는 이 낯선 것들의 소리를 듣지 않는다. 그 찢어진 주체가 웅크리고 있는 곳은 욕망이 지나다니는 길을 벗어나 있기 때문이다. 이와는 대조적으로, 승화sublimation, 숭고하게 하기는, 선지칭적인 것 le pré-nominal이자 선대상적인 것 le pré-objectal — 사실상 초지칭적인 것 un trans-nominal이자 초대상적인 것 un trans-objectal일 뿐인 — 을 지칭할 수 있는 가능성에 다름 아니다. 증세를 통해서는 아브젝트가 나를 공격하고 [그래서] 나는 아브젝트가 된다. [그런데] 승화를 통해 나는 아브젝트를 붙잡아 둔다. 아브젝트는 숭고로 둘러싸여 있다. 아브젝트와 숭고를 현존케 하는 것은 동일한 과정이 아니라, 동일한 주체와 동일한 담론이다.(《공포의 권력》, 19/35)

아브젝트가 나에게 일으키는 고통은 육체적으로는 황폐하지만, 왠지 그 고통을 통해 주어지는 아브젝트를 놓쳐서는 안 된다는 느낌을 갖는다는 내용입니다. 아니 오히려 내가 아브젝트가 된다고 말하고 있습니다. 내가 아브젝트를 붙잡아 두고자 하는 것으로 보아, 내가 아브젝트가 되고 싶어 했던 것이지요. 이유가 뭘까요? 아브젝트를 통해 나의 존재가 승화될 수 있을 거라는 느낌이 들기 때문이지요. 달리 말하면, 나를 집요하게 파고들어오고 공격해들어와 나를 황폐하게 만드는 그것을 오히려 역이용하여 내 자신의 주체를 승화시킬 수 있다는 느낌이 들기 때문이지요. 이는 한편으로 어떠한 주체가 진정 근원적인가를 나타내는 대목이기도 합니다. 그래서 이렇게 이야기합니다.

그때 나는 출발점을 망각하고, '내'가 있는 영토로부터 벗어난 제2의 영토univers second에 내가 들어가 있음을 알게 된다. 그것은 환희이자 상실이다. 숭고한 것le sublime은 지각과 낱말들을 벗어나 있는 것이 아니라 항상 그것들을 관통한다. 숭고한 것은 우리를 부풀게 하고, 우리를 능가하고, 우리를 여기에 던져져 있을 뿐만 아니라, 저기에서 타자들로서 폭발하도록 하는바, 일종의 과잉un en plus이다.(《공포의 권력》, 19/36)

지금 우리는 크리스테바가 아브젝트의 이중성, 황폐함과 숭고함에 대해 말한 것을 살피고 있습니다. 그중에서도 특히 숭고함에 대해 말하고 있습니다. 아브젝트가 고름 냄새를 물씬 풍기는 악창이나 시크무레한 암 덩어리처럼 분명 혐오감을 한껏 불러일으키는데도 한편으로 우리를 매혹시켜 '다른 어떤 곳'으로 데려간다고 했을 때, 그 까닭은 그 '다른 어떤 곳'이 바로 여기에서 말하는 '제2의 영토', 즉 지금 여기에서의 일상의 나를 망각하고 그 망각의 상실을 통해 환희에 젖어들 수 있는 '저기'였기 때문이었습니다.

여기에서 말하는 환희délectation가 과연 어떤 종류의 환희인지, 혹시 라캉이 말하는 희열jouissance♦과 유사한 것은 아닌지 궁금합니다. 라캉이 말하는 희열이 잊지 못한 상태에서 그저 상상적·상징적으로 포장된 것인데 반해, 크리스테바가 말하는 환희는 오히

♦ **희열**

라캉의 정신분석학에서 희열jouissance은 현실적으로 도달할 수 없는 것이다. 어린아이가 어머니와의 완전한 성적인 결합을 이룰 때 생겨나는 감각적인 절정을 일컫는다. 이는 어른으로 성숙한 뒤, 결코 돌아가 도달할 수 없는 상태로서 라캉이 실재라 일컫는 영역에서의 일이다. 상상으로서도 불가능하고 상징적인 미세한 작업에 의해서도 결코 도달할 수 없는 실재, 즉 어머니와의 성적인 완전한 합일의 상태에서 오는 감각적인 절정이 바로 희열 즉 주이상스다.

려 아브젝트를 통해서 나를 망각함으로써 나를 부풀게 하여, 내가 나를 넘어선 상태에서 내가 타자들로서 폭발되는 데서 실제로 느낄 수 있다는 점에서 크게 다릅니다.

우유, 근원적 아브젝트인 어머니의 몸

이 정도쯤 되면, 다시 말해 숭고함을 통해 환희로운 주체로 이끄는 것이 아브젝트라면, 차라리 나 자신이 바로 나에게 아브젝트로 다가온다고 할 수밖에 없을 것입니다. 그런데 크리스테바의 이 아브젝트 내지는 아브젝시옹 개념을 제대로 이해하기가 힘든 것은 그녀가 정신분석학적인 구도 속에서 그 구도를 넘어서려고 애쓰는데 그것을 파악하기가 어렵기 때문입니다. 예컨대 그녀는 가장 기본적이고 가장 근원적인 아브젝시옹으로서 음식물에 대한 혐오를 거론합니다. 이를 위해 다음과 같은 예를 제시합니다. 우유가 오래되어 피막이 생긴 것이 아브젝트로 작동하면서 아이가 그 우유에 대해 구토증을 일으킨다는 것입니다.

이 우유 크림에 대해, 시선을 흐리게 만드는 현기증과 더불어 구토가 일면서 내 몸을 활처럼 휘게 만든다. 그리고는 그 구토는 우유 크림을 준 엄마와 아빠로부터 나를 분리시킨다. 그들의 욕망을 나타내는 기호인 그 요소, '나'는 그것을 원하지 않는다. '나'는 그것에 대해 알기를 원치 않는다. '나'는 그것에 동화되지 않는다. '나'는 그것을 축출한다. 그러나 이 음식물은 그들의 욕망 속에서 존재할 뿐인 [나의] '자아'

에 대해 '타자'가 아니다. 나는 나를 축출한다. 나는 나를 뱉어낸다. 나는 '내'가 나를 정립하고자 하는 바로 그 운동으로 나를 아브젝트하게 만든다m'abjecte. (…) 그들은 내가 나 자신의 죽음을 대가로 타자가 되는 중에 있음을 안다. '내'가 생성되는 이 회로 속에서 나는 오열과 구토의 폭력이 자행되는 가운데 나moi를 낳는다. 분명히 상징 체계 속에 기입되는 침묵어린 증세의 저항과 경련을 일으키는 소란스러운 폭력, 그러나 상징 체계에 대응하기 위해서는 그 상징 체계에 포섭되기를 원하지도 않고 포섭될 수도 없는 그 상황 속에서 이드는 반발하고, 억압을 풀어헤친다. 이드가 아브젝트하게 한다.(《공포의 권력》, 10~11/23~24)

아브젝트로서의 나와 자아로서의 나가 어떻게 동시에 발생하는지를 묘사하는 부분입니다. 그 발생의 배경은 유아적인 시기입니다. 이 시기, 내가 타자(부모)의 욕망 속에서만 존재하기 때문에, 그 타자를 축출함으로써 아브젝트로 만드는 일은 곧 나 자신을 축출해서 아브젝트로 만드는 것이지요. 이를 부패한 우유를 토해내는 것으로 묘사하고 있습니다. 그 대가로 나는 자아로 정립되어 상징 체계에 포섭되는 것이지요. 이때 자아는 기실 토해낸 내지는 축출된 것이기에 바로 아브젝트로서의 자아입니다. 그러나 상징 체계 속에서 아브젝트로서의 나는 저항력을 제대로 발휘하지 못할 것입니다.

하지만 어떤가요? 상징 체계에 편입된 나를 나의 이드가 가만히 놔둘리가 없지요. 당연히 반발하면서 억압을 풀어내고자 하겠지요. 말하자면, 상징 체계에 순응하고 있는 나의 자아의 억압된 이면인 아브젝트인 나를 들쑤셔 상징 체계에 저항을 하도록 하는 것은 바로 나의 이드였던 셈입니다. 달리 말하면, 아브젝트를 만나 내가 아브젝시옹의 상태에 빠지게 된 것은 나의 이드가 반란을 일으킨 것이라 할 수 있습니다.

비록 승화 과정을 통해서이긴 합니다만, 아브젝시옹이 결국 환희와 연결되는 것은 바로 이 이드의 반란 때문이라고 말하게 됩니다. 이렇게 되면, 아브젝시옹은 무의식적인 억압을 뚫고 나온 것이며, 그런 점에서 무의식의 차원을 벗어난 것이라 할 수 있습니다. "아브젝시옹은 본질적으로 '불안을 야기하는 낯섦'과 다를 뿐만 아니라 더욱 강렬하다. 아브젝시옹은 근친들을 인정하지 않는 데서 구성된다. 친숙한 것은 아무 것도 없다. 심지어 기억의 그림자조차 없다."(《공포의 권력》, 13/27) — "여기에서 '무의식적인' 내용은 배제된다. 그러나 묘한 방식으로 배제된다."(《공포의 권력》, 15/29)

이 정도쯤 되니, 아브젝트는 도덕이 자아의 쾌락 충동을 억압한다고 해서 그 도덕을 거부하는 게 아니라고 말합니다. "그러므로 아브젝트를 일으키는 것은 결백이나 건강이 부재한 것이 아니다. 동일성과 체계 그리고 질서를 혼란시키는 것이다. 그것은 경계, 장소, 규칙들을 존중하지 않는 것이다. (…) 도덕적인 것을 거부하는 것은 아브젝트가 아니다. (…) 아브젝시옹은 몰도덕적이고, 음흉하고, 역류하는 것이고 사시斜視적인 것이다."(《공포의 권력》, 12/25) 법과 도덕을 잘 알면서도 짐짓 무시해버리는 것이 바로 아브젝시옹이라는 이야깁니다.

크리스테바는 문학이든 예술이든 종교든 이 아브젝시옹에 대해 어떤 태도를 취하느냐가 핵심 문제라고 봤습니다. 예컨대 종교의 역사는 아브젝트를 정화하는 다양한 양식들을 개발해낸 역사라고 말하고, 예술적인 경험은 아브젝트에 뿌리를 두고 있으면서 아브젝트를 정화하는 것이라고 말합니다. 그러면서 서양의 근대성에서 그리고 기독교의 위기를 근거로 해서, 아브젝시옹은 원죄 이전의 상태에서 공명하는 바를 이끌어낸다고도 말합니다. 그러면서 이렇게 말합니다.

> 대타자l'Autre가 붕괴된 세계에서 상징적 구축물의 기반에까지 내려가는 미학적 노력은 말하는 존재의 깨어지기 쉬운 경계들을 그 시발점에 가장 가까운 곳, 그 바탕없는 기원에까지 되집어나가는 데서 성립한다. (…) 도스토예프스끼, 로트레아몽, 프루스트, 아르토, 카프카, 셀린 등 이들의 위대한 현대문학은 아브젝트들의 지대 위에서 펼쳐진다. (25/43)

아브젝트는 우리 자신의 존재의 밑바탕이자 근원적인 지평을 형성하기에, 그 역사성에 있어서나 편재성에 있어서 워낙 근본적이기 때문에, 오히려 이를 맞닥뜨리는 순간 섬뜩한 혐오감을 불러일으키는 동시에 강렬한 매혹으로 다가온다는 것입니다. 이 같은 아브젝트를 맞닥뜨리는 아브젝시옹의 체험이 우리에게 과연 어느 정도로 다가와 있는지요?

더 읽어보면 좋은 책

줄리아 크리스테바, 김인환 옮김, 《시적 언어의 혁명》, 동문선, 2000.

크리스테바의 대표 저서로 알려진 《시적 언어의 혁명》의 1부인 '이론적 전제'를 번역한 책이다. 시와 시적 언어를 주로 접근하는 방식인 수사학을 벗어나 정신분석학과 인류학의 개념들로 새로운 관점을 제시한다. 내용의 난해함이나 번역의 힘겨움 때문에 쉽게 읽을 수는 없지만, 찬찬히 그 내용을 뜯어보면 크리스테바의 기호분석학적인 근본 의도와 그에 따른 여러 주요 개념들을 어느 정도 파악할 수 있다.

지그문트 프로이트, 정장진 옮김, 〈두려운 낯섦〉, 《문학, 예술, 정신분석》, 열린책들, 2006.

크리스테바의 아브젝트 개념과 비견해 볼 수 있는 중요한 개념인 '두려운 낯섦'에 대한 원 자료를 확보할 수 있는 글이다. 여기서 가장 중요한 것은 평소에 친숙한 것으로 여기던 대상이 느닷없이 두려운 이질성을 드러내면서 섬뜩한 느낌에 빠져들게 한다는 점을 이야기하는 부분이다. 이 글을 읽고 독자들이 직접 크리스테바가 말하는 아브젝트 개념과 비교해보기를 바란다.

◆◆◆

조르조 아감벤, 박진우 옮김, 《호모 사케르》, 새물결, 2008.

이 책은 크리스테바가 말하는 아브젝트를 사회적으로 적용한 것과 유사해보이는 개념인 '호모 사케르'를 주제로 삼고 있다. '호모 사케르'는 "사람들이 범죄자로 판정한 자로서, 그를 희생물로 바치는 것은 허용하지 않으면서 동시에 그를 죽이더라도 살인죄로 처벌받지는 않는 그런 자"이다. 호모 사케르는 사회적인 예외 상태인데, 주권 역시 그러한 예외 상태에 해당한다. 그럼으로써 주권과 호모 사케르는 상호 모순적인 관계, 즉 서로 철저히 적대적이면서 서로가 없이는 성립할 수 없는 관계에 놓여 있다. 크리스테바가 말하는 아브젝트는 아감벤이 말하는 호모 사케르에 상응하고, 크리스테바가 말하는 초자아는 아감벤이 말하는 주권에 상응한다고 할 수 있다.

다시, 알랭 바디우의 진리 철학

서용순

알랭 바디우
Alain Badiou(1937~)

알랭 바디우는 1937년 모로코 라바트Ravat에서 태어난 프랑스 철학자이다. 68혁명 이후 마오주의 운동가로 활발하게 활동하면서 《모순의 이론》, 《이데올로기에 대하여》 등의 정치적 저작을 집필했고, 1982년에 《주체의 이론》을 출간하면서 헤겔과 라캉에 대한 독창적인 해석을 내놓기도 했다. 1988년에 출간된 《존재와 사건》은 그의 철학의 전환점을 구성한다. 그의 철학은 존재론에서 출발해 진리와 주체의 문제에 접근한다. 그는 현대철학의 문제의식을 받아들여 진리와 주체를 전통철학과는 완전히 다른 범주로 개작한다. 이후 《철학을 위한 선언》, 《조건들》, 《윤리학》, 《비미학》, 《메타정치론》 등의 저작을 출간해 그의 이론을 더욱 심화시켰고, 2006년에는 《존재와 사건》의 후속작인 《세계의 논리》를 내놓으면서 몸으로서 세계에 출현하는 진리와 관련된 문제들을 다뤘다. 그는 현재 또 다른 후속작인 《진리들의 내재성》을 집필하고 있는데, 여기서는 진리의 관점에서 존재와 출현의 문제를 다룰 예정이다. 또한 그는 지속적으로 정치에 개입한다. 대표적인 것이 바로 《정황들》이라는 제목으로 쓰는 연작으로, 현재 6권까지 출판됐고, 앞으로도 계속 이어질 것이다.

바디우 철학의 정치성

아직 생존해 있는 알랭 바디우는 이른바 현대 프랑스 철학의 마지막을 장식하는 철학자입니다. 그는 우리에게 그리 낯설지만은 않습니다. 그의 대표작인 《존재와 사건 L'être et l'événement》이나 《세계의 논리 Logiques des mondes》는 아직 번역되지 않았지만 그가 여러 가지 경로로 우리에게 소개되기 시작한 지 이미 상당한 시간이 흘렀기 때문입니다. 그런데 현재 영미권에서 폭발적인 반향을 얻고 있는 그의 철학은 무척 난해합니다. 바디우는 신을 부정하고 무한을 세속화하는 결정적 계기였던 현대 집합론 set theory, 集合論◆에서 출발하고 있고, 20세기 후반에 철학을 빈사지경에 빠뜨렸던 근대철학 비판◆의 문제의식 일부를 진지하게 고려하고 있습니다. 그의 철학은 칸트, 헤겔, 라이프니츠 등의 철학자들과의 논쟁점을 포함하는 동시에, 그 철학을 넘어서는 새로운 시도를 선

◆ **현대 집합론**
칸토어 Goerg Cantor(1845~1918)가 창시하고 쿠르트 괴델 Kurt Godel(1906~1978)과 폴 코언 Paul J. Cohen(1934~) 등에 의해 발전된 공리적 집합론은 수학이 더 이상 '객관적인 보편성'을 가질 수 없음을 드러냈다. 현대 집합론을 통하여, 존재는 더 이상 이상적인 질서로 조직된 것이 아니라, 고정할 수 없는 간극을 지닌 비일관적인 것이라고 주장할 수 있게 된 것이다. 바디우는 이를 통하여 자신의 독특한 다수 중심의 존재론과 존재론의 파열 지점으로서의 사건을 사유하고자 한다.

◆ **근대철학 비판**
근대철학에 대한 비판은 니체에서 출발하여 하이데거에서 본격적으로 다루어지고 있는 테마이다. 근대 비판의 문제의식은 20세기 후반 프랑스에서 정점에 달한다. 저널리즘에 의해 이른바 '포스트-근대'라고 이름 붙여진 이 철학적 경향은 독일에서 개시한 근대철학에 대한 비판을 심화시킴으로써 철학에 방향 전환을 요구했다. 바디우는 이러한 근대철학 비판의 문제의식을 근대철학의 혁신을 위한 지렛대로 간주하면서 철학의 방향 전환을 요구하고 있다.

보이고 있지요. 이러한 복잡성은 실제 바디우의 철학을 이해하는 데 있어 큰 장애물로 다가옵니다. 또한 그의 철학이 갖는 독창성은 근대 비판의 이름으로 알려진 프랑스 철학에 익숙한 사람들에게조차 많은 거부감을 자아내기도 합니다. 사실상 그는 독창적이면서도 고전적인 철학자입니다. 그렇기 때문에 그는 전통을 고수하는 철학자들에게도, 전통을 거스르려는 근대철학의 비판자들에게도 공격을 받습니다. 전자는 그에게 전통철학을 벗어나 철학적 범주를 왜곡한다는 혐의를 씌우며, 후자는 그에게 전통철학의 범주를 다시 살리려 한다는 비난을 퍼붓습니다. 그렇게 바디우의 철학은 항상 이해에 앞서 당혹감을 자아내곤 합니다.

바디우가 '철학의 종말'이라는 근대철학 비판의 주장에 반대하여 철학을 옹호하는 정통 철학자라는 사실은 분명합니다.(철학의 종말이라는 테마에 대한 바디우의 비판에 대해서는 Badiou, *Manifeste pour la philosophie*, Seuil, 1989, pp. 7~12; 《철학을 위한 선언》, 서용순 옮김, 도서출판 길, 2010, 41~48쪽 참고) 그는 여러 저작에서 철학을 복권시키는 한편, 이전의 철학이 가지고 있었던 한계를 극복하고자 노력합니다. 그는 예술이나 정치, 과학과 같은 철학 외부의 영역에 철학의 자리를 양보하지 않습니다. 또한 그는 철학의 중심 테마인 진리를 포기하지도, 철학의 중심 범주인 주체를 폐기하지도 않습니다. 그렇다고 해서 바디우가 무작정 전통철학을 옹호하고 있는 것은 아닙니다. 바디우를 읽을 때, 우리는 오히려 정반대의 상황에 놓이게 됩니다. 실제로 바디우는 '철학'을 위해 근대철학에 대한 비판을 받아들이며, 그 비판에서 벗어나는 철학을 수립하기를 원합니다. 우리가 살펴볼 것처럼, 바디우의 손에서 진리와 주체의 범주는 완전히 개조되는 것입니다.(*Manifeste pour la philosophie*, pp. 59~75; 번역본, 117~136쪽 참고) 바디우는 철학을 쇄신함으로써 철학자들 자신이 철학에 대해 갖는 회의에서 벗어나려는 것이지요. 예컨대 그는 철학을 다시금 진리를 사유하는 사유로, 다시 말해 '사유의 사유pensée de la pensée'로 규정하려 합니다. 그리고 이 문제는 지극히 정치적인 문제입니다. 사실상 바디우의 모든 철학적 성찰은 정치적인 것에서 출발한다고 말해도 과언이 아닙니다. 물론 바디우는 정치에 어떤 특권적인 지위도 부여하지 않고, 다른 영역들과 동등하게 진리의 생산이라는 정치의 역할에 주목하지만 말이지요.(바디우는 정치적 사건의 질서를 다른 질서로 환원시키는 시도에 반대하며, 정치적 진리를 집단적인 것의 운명과 관계된 것으로 파악합니다. 당대의 정치적 사건에 대해서는 *Manifeste pour la philosophie*, pp. 65~66; 번역본, 123~125쪽 참고) 바디우의 철학에 있어 '정치', 즉 제도적인 정치가 아닌 해방적 정치에 있어서의 실천의 중요성은 아무리 강조해도 부족하지 않습니다.

여기서 우리는 바디우의 철학적 시도가 어떤 철학의 혁신을 꾀하는지와 함께 그가 주장하는 새로운 정치적 실천의 윤곽을 살펴보고자 합니다. 그것은 68년 5월 혁명 이후 정치적 실천의 변화와 관련되어 있습니다. 나중에 살펴보겠지만, 68년 5월은 기존의 정치적 실천에 균열을 가져왔고, 이전과는 다른 정치적 전망을 설계하는 계기로서 작동했던 것이 사실입니다. 이 새로운 정치적 실천의 원칙들은 진리에 의해 매개되며, 바디우의 철학과 긴밀한 연관을 갖습니다. 이전의 정치적 사유가 정치를 정치 아닌 것(예를 들어 경제)과의 연관 속에서 사유한 것이었다면, 바디우가 주창하는 정치적 실천의 사유는 그의 철학적 테제들과의 관련 속에서 구체화되는 사유이며, 정치를 정치가 아닌 다른 것으로 환원시키지 않는 정치-내적 사유라고 할 수 있습니다. 이 사유가 '철학자'의 사유라는 점을 기억해야 합니다. 그렇기 때문에, 우리는 바디우에게서 구체적인 정치의 형상을 구하려 해서는 안 됩니다. 그것은 오로지 '정치적 실천의 창안'에서만 구할 수 있는 것입니다. 오히려 그에게서 우리가 얻어야 하는 점은 새로운 정치의 원칙들일 것입니다. 그리고 이는 현실과 분리될 수 없습니다. 우리의 실제적인 상황에서 어떠한 정치적 원칙이 가능하고 필요한지 살펴보는 것 또한 빼놓을 수 없는 일입니다.

철학적 혁신의 윤곽

알랭 바디우의 철학적 계기는 무척 복잡합니다. 그는 알튀세르의 제자였으나 68혁명을 기점으로 알튀세르와 결별하죠. 정치적으로 그는 68년 이후 활발한 마오주의◆ 활동가로 알려지게 됩니

◆ **마오주의**

마오주의는 중국 공산당의 지도자였던 마오쩌둥의 철학적·정치적 노선이라 할 수 있다. 그러나 여기서 논의되는 마오주의는 유럽의 공산주의적 지식인들과 혁명운동 세력이 가지고 있었던 새로운 정치 노선을 지칭한다. 애초에, 마오쩌둥의 정치는 당이 대중과 유리되거나 분파적 논리에 빠지지 않고, 대중과 함께 호흡하는 동시에, 대중에게 이념을 심어주는 '대중 노선'으로 정의되었다. 그러나 문화대혁명을 통해 대중은 투쟁 속에서 스스로 배우는 계급으로 규정된다. 이에 따르면 당이 아닌 대중이 계급투쟁을 주도하게 되고, 관료제에 빠진 당은 계급투쟁의 주체가 아닌 대상이 된다. 이러한 노선을 자신들의 입장으로 수용한 유럽의 공산주의적 지식인들은 제도권 정치에 편입된 자국의 공산당들과 철저히 대립하게 된다.

다. 그러나 마오주의 운동은 1970년대 말에 이르러 사실상 막을 내립니다. 마오주의가 쇠퇴하는 1970년대 후반을 기점으로 그는 마르크스주의를 떠나 새로운 정치적 가능성을 모색하게 되고 1982년 출간된 저작인 《주체의 이론Théorie du sujet》를 거쳐, 마침내 1988년 《존재와 사건》을 출간함로써 그 결실을 봅니다. 바디우는 마침내 마르크스주의와는 사뭇 다른 새로운 전망을 열어간 것이죠. 《존재와 사건》에서 바디우는 마르크스주의를 뛰어 넘는 철학의 혁신을 꾀하고 현대 집합론을 도입해 새로운 철학적 시스템을 건설하는 것입니다.

바디우의 철학적 혁신은 근대 비판에 대한 숙고로부터 출발합니다. 니체와 하이데거로부터 출발하여 프랑스 현대철학에서 절정에 이른 근대철학에 대한 비판은 분명 강한 설득력을 갖습니다. 그 비판을 통해 철학을 지배했던 전통 형이상학은 마침내 종말을 맞이한 것처럼 여겨졌고, 시스템을 추구하는 거대 담론은 철학에서 배제되기에 이르렀습니다. 그 비판은 주로 진리와 주체라는 철학적 범주에 집중된 것이었지요. 《철학을 위한 선언》에서 바디우가 정확하게 말하고 있는 것처럼 근대철학에 대한 비판은 철학에 대한 욕망을 금지하고, 진리가 아닌 다른 지시물로 이동할 것을 제안합니다.(*Manifeste pour la philosophie*, pp. 7~8; 번역본, 41~42쪽) 리오타르Jean-François Lyotard(1924~1998)의 말처럼 건축술로서의 철학은 붕괴하고 만 것입니다. 이제 철학은 자신의 주요한 근거를 다른 곳에서 구하려 하는데, 그것은 다름 아닌 플라톤이 철학에서 추방했던 '예술'입니다. 철학은 새로운 장소로 우회하는 것입니다. 왜 이러한 우회가 필요할까요? 여기에는 철학자들 자신이 추인했다고 여겨지는 정치에 대한 공포가 잠재해 있습니다. 철학이 이른바 '전체주의 정치'(나치즘, 현실 사회주의 등등)의 탄생에 일조했다는 바로 그 공포 말입니다. 그래서 철학자들은 더 이상 철학이 진리를 욕망해서는 안 된다고 주장하는 한편, 철학에게 운명처럼 주어진 정치에 대한 사유를 일거에 중단해버렸다는 것이 바디우의 분석입니다. 이는 그야말로 자학적인 입장입니다. 철학자들은 스스로의 유죄를 인정함으로써 철학을 다시 사유해야 하는 의무를 회피하고 자신의 임무를 방기하는 지적 태만에 빠져버린 것입니다.(*Manifeste pour la philosophie*, pp. 8~11; 번역본, 42~47쪽 참고) 바디우는 이러한 주장들에 맞서 새롭게 철학을 사유하고자 합니다.

확실히 근대에 대한 비판은 강력합니다. 절대적이고 객관적인 진리를 중심으로 구성되고, 주체와 대상의 변증법에 의해 움직이는 일자의 형이상학에 대한 날카로운 비판은 돌이킬 수 없는 것입니다. 그러나 바디우는 철학을 움츠려들게 하는 그 비판의 결론, 철학의 종말이라는 결론을 그대로 받아들일 수는 없었습니다. 분명 철학은 그 비판을 피해갈 수 없겠지요. 그러나 철학을 포기할 수는 더더욱 없었습니다. 그래서 바디우는 그 비판을 수용하는 동시에 철학을 혁신하고자 합니다. 철학에 대한 비판과 마주해 바디우는 가장 적극적으로 철학을 사유하려 하는 것입니다. 그래서 그는 진리와 주체라는 철학적 범주를 포기하지 않아요. 그리고 근대철학 비판의 맹공으로 빈사 상태에 놓인 진리와 주체라는 낡은 철학적 범주를 재구성하려고 시도합니다.

거칠게나마 진리와 주체를 둘러싼 바디우의 철학적 혁신을 요약해보죠. 《존재와 사건》에서 바디우는 칸토르Cantor(1845~1918)

에서 폴 코헨Paul J. Cohen(1934~2007)으로 이어지는 현대 집합론을 근거로 자신의 독특한 존재론을 구성해냅니다. 바디우에게 사건은 집합론의 공집합과 유사한 구조를 지니는 순수한 단독성 singularité(현시되지만présneté 재현되지 않는non-représenté 존재의 유형)으로부터 연원하는 것입니다.(Badiou, *L'être et l'événement*, Seuil, 1988, pp. 193~198) 다시 말해 사건은 비가시적인 것으로 간주되는 존재의 틈으로부터 나와 기존의 질서와 법칙성을 파괴하는 것으로 나아갑니다. 이 사건은 지식 체계로는 식별 불가능한 것으로 지식에 구멍을 내죠. 사건의 돌발은 그 자체로 지식 체계를 교란시키는 것입니다. 여기서 지식이란 세계를 지배하는 법칙을 구성하는 체계입니다. 우리가 모두 받아들이며 옳은 것으로 인정하는 법칙들이 바로 지식 체계인 것이죠. 사건은 바로 그러한 지식을 파괴하고, 진리는 이러한 사건이 이어짐으로써 만들어집니다. 그렇게, 바디우가 말하는 진리는 고전적인 진리의 개념과는 사뭇 다릅니다. 그에게 진리란 과학적 객관성으로 파악되는 진리 또는 무모순의 명제로서의 진리가 아닙니다. 진리는 한 상황을 지배하는 법칙성인 지식과 대립하는 것으로 사건을 통하여 지식 체계의 일각을 무너뜨리며 '도래'합니다.(*L'être et l'événement*, pp. 362~363)

이렇게 사건을 통하여 도래하는 진리는 기존의 지식 체계의 언어로 명명할 수 없는 '새로운 것'이며, 기존의 법칙성이 지배하는 상황을 보충supplémenter하는 것입니다. 그렇기에 지식은 진리에 대해 말할 수 없습니다. 다른 각도에서 보면, 특정한 상황에서 돌발하는 사건은 개입(그 사건을 엄연히 그 상황에 속해 있는 것으로 선언하는 개입)을 통하여 상황에 자리 잡고, 그 사건에 충실한 주체를 만들어내지요. 이러한 사건은 기존의 지식으로 파악되지 않기 때문에 오래 지속되지 못합니다. 그러나 사건이 그저 덧없이 사라지기만 하는 것은 아닙니다. 사건은 그 사건에 충실한 주체를 만들어내고 이 주체의 실천을 통해 진리가 생산되는 것입니다. 우리가 진리에 접근할 수 있는 것은 오로지 주체를 통해서이며, 사건에 충실한 주체의 실천, 바디우의 용어로 말하면 '후사건적後事件的 실천'을 통하여 진리는 상황에 도래하고 자리 잡게 됩니다. 여기서, 바디우의 주체는 대상이 배제된 주체라는 사실에 주목해야 합니다. 이 주체는 어떠한 마주함도 없는 주체, 어떤 대상과도 연결되지 않는 주체로서 오로지 사건과 진리에 의존적이며, 진리와 마찬가지로 식별 불가능하고, 식별 불가능한 것을 행합니다. 그런 점에서 주체는 진리의 국지적인local 윤곽이고, 진리의 유한한 부분이라고 말할 수 있습니다.(*L'être et l'événement*, p. 430) 다시 말해 바디우의 주체는 이전의 실체로서의 주체, 대상을 동반하는 주체와는 완전히 다른 어떤 것입니다. 또한 어떤 실체, 고정화된 인격이라기보다는 하나의 작용으로서의 주체입니다. 우리는 주체를 이야기하기 전에 진리 작용으로서의 주체화subjectivation를 이야기해야 하는 것이지요.

    그렇다면 바디우의 주체화는 어떤 인격적 주체에 직접적으로 가닿는 과정이 아니라고 말할 수 있습니다. 그것은 진리생산의 과정으로서 주어지는 것으로, 우리는 그 결과로서 주체화의 실존적 형태에 대해 말할 수 있을 뿐입니다. 이렇게 바디우의 주체는 아주 특이합니다. 그의 주체는 실체도 아니면서, 사건과 진리에 의존하고, 진리의 국지적인 윤곽이며, 식별 불가능한 것입니다. 전통철학, 그리고 마르크스주의의 주체 개념과는 달리 바디우가 말하는 주체는 어떤 실체와 등치되지 않고, 대상과 연결되지도 않습니다. 이 주체는 순수하게 후사건적인 것, 다시 말해 사건과 사건에 대한 충실성 없이는 성립 불가능한 '출현하는 주체'라고 볼 수 있습니다. 사건에 충실한 주체는 그 실천을 통하여 진리를 상황에 강제forçage합니다. 진리가 한 상황(정치, 예술, 과학, 사랑이 문제되는 개별 상황)에 자리 잡는 것은 바로 이러한 주체의 실천을 통해서입니다. 그러한 강제가 완수되었을 때 비로소 상황은 변하게 되는 것이지요.(*L'être et l'événement*, pp. 376~377) 이전 상황을 지배하는 지식 체계에서 옳다고 간주되었던 것은 상황이 진리를 옳다고 받아들임으로써 틀린 것이 될 수 있습니다. 예컨대 지동설이 옳은 것으로 인정되었을 때 천동설은 틀린 것으로 간주되었고, 신분제 사회의 법칙이 프랑스 대혁명의 주체들의 실천을 통하여 프랑스의 정치적 상황 속에서 틀린 것으로 간주되었던 것처럼 말입니다. 결국, 사건과 진리는 주체의 실천을 통하여 세계를 변화시키는 것입니다.

존재의 진리와 진리생산 절차

여기서 우리가 주목해야 하는 것은 바디우의 진리란 역시 존재의 진리라는 사실입니다. 바디우는 분명 존재론에서 출발하여 진리의 생산을 이야기하고 있습니다. 예컨대 모든 진리는 존재로부터 나오는 것입니다. 문제가 되는 것은 바디우 철학이 존재를 어떻게 파악하느냐입니다. 간단히 말해, 그는 존재를 다수로 파악합니다. 그의 방법은 전통철학을 관통하는 일자와 다수의 대립을 다수의 우위를 결단함으로써 해소하는 데 있습니다. 모든 존재는 다수입니다. 그리고 이러한 존재의 다수성은 일자를 어떤 작용을 통해 성립하는 것으로만 남겨둡니다. 예컨대 상황 속에서 드러나는 모든 존재는 어떤 규정성을 통과한 존재입니다. 그렇기 때문에 우리는 그 다수를 일자로 지칭할 수 있습니다.(*L'être et l'événement*, p. 31) 모든 지식과 법칙의 틀은 이러한 일자화하는 작용을 통해 성립합니다. 결국 지식의 체계를 이루는 백과사전적 지식들은 모두 일자화된 존재의 현시를 다루지요. 바로 그때 우리는 존재가 이러저러하다고 말할 수 있습니다. 다수는 우리의 세계에 현시되는 순간 일자화의 법칙을 따릅니다. 그러나 존재 그 자체는 일자로 환원될 수 없습니다. 그것은 기본적으로 다수이며, 비일관적이며 불안정합니다.(*L'être et l'événement*, p.38) 우리가 존재를 무엇이라 규정한다 해도, 존재의 모든 게 그 규정을 통해 설명되는 것은 아니겠죠. 존재에는 항상 규정된 것의 바깥이 있습니다. 그러나 세계는 그러한 존재를 그대로 두지 않습니다. 다수 존재를 일자로 지칭하는 일자화의 작용은 항상 존재의 다수성을 억압하며, 다수성을 탈각시킬 뿐입니다. 바로 여기에 존재의 딜레마가 있습니다. 존재를 일관적으로 지칭하는 순간, 존재의 다수성은 사라지는 것처럼 보입니다. 아니, 좀 더 정확히 말하면 우리가 다수성을 가진 존재를 일자로 지칭하는 순간, 그 존재는 일자로 간주됩니다. 다수성은 사라지기보다는 억압되고 탈각되는 것이지요. 이때 사람들은 과연 다수가 무엇인지 물을 것입니다. 그러나 이 질문은 대답할 수 없는 질문입니다. 다수의 비일관성은 다수를 일관적으로 지칭하는 것을 불가능하게 합니다. 다수를 일관적으로 지칭할 때, 다수는 다수가 아닌 일자가 되기 때문이죠. 다수는 논리적으로 설명할 수 없는 어떤 것, 정체를 알 수 없는 어떤 것입니다.

사회·역사적 상황에서 다수를 일자화시키는 것은 다름 아닌 국가(상황의 부분집합을 다시 셈한 것으로서의 상황 상태)입니다. 결국 국가는 존재의 모든 가능성을 인정하지 않는 것입니다. 국가는 모든 것을 집단으로 상대합니다. 개인을 상대할 때조차도 국가는 개인을 어떤 집단의 일부분으로 가정하죠. 국가는 항상 어떤 규정성으로 환원된 개인으로 상대합니다.(Badiou, *D'un désastre obscur*, Edition de l'aube, 1991, p. 46) 투표권을 갖는 유권자, 파업의 권리를 갖는 노동자(때로는 불법 파업을 일삼는 불순한 노동자), 연금을 받을 자격이 있는 퇴직자, 직장을 찾고 있는 실업자, 범법자, 잠재적인 범죄자, 경상도인, 전라도인, 충청도인 등등. 이러한 환원적 명명이 바로 일자화된 개인들을 만듭니다. 그러나 이러한 명명이 그 존재의 모든 것을 말하는 것일까요? 당연히 그렇지 않습니다. 우리는 경상도인이기 전에 한국인이며, 한국인이기 이전에 동양인이고, 그 이전에 사람입니다. 그러나 모든 사람들은 국가에 의해 무엇으로 규정됩니다. 이것이 국가의 역할입니다. 국가는 거대한 일자로서 모든 사회의 구성원을 특정한 술어述語로 묶습니다. 모든 술어적 표현이 포함관계를 드러낸다고 볼 때, 국가는 이러한 술어들을 관리하는 체제인 것입니다.

그러나 상황이 그렇게만 돌아가지는 않습니다. 국가가 동원하는 모든 법(칙)적 질서는 존재를 일자화시켜 관리하지만 그것에는 반드시 한계가 있습니다. 그러한 일자화의 통제가 존재의 모든 것을 억압할 수는 없겠죠. 이따금 그러한 국가의 통제는 벽에 부딪힙니다. 존재의 억압된 모습이 드러나면서, 국가의 통제는 교란되고, 그 법칙이 무력화되곤 합니다. 바로 그것이 바디우가 말하는 사건입니다. 사건은 존재의 억압된 모습이 드러나는 계기인 것입니다. 우리는 이러한 사건을 통해 성립하는 다수, 사건과 연결된 새로운 다수의 윤곽을 '진리'라고 부를 수 있습니다. 진리는 항상 유적인 모습, 다시 말해 무엇인지 말할 수 없는 모습, 지식으로 식별할 수 없는 모습으로 우리 앞에 드러납니다. 이러한 진리는 상황을 지배하는 법칙성의 총체인 지식 체계를 벗어나 있기 때문에, 정체 모를 것으로 남습니다. 그것은 지식에 의해 식별될 수 없고, 명명할 수 없으며, 말할 수 없는 것입니다. 결국 이는 원초적인 존재의 모습, 일자화를 통해 억압되고 괄호 처진 존재의 모습입니다.

주체란 이러한 진리의 사건에 충실함으로써 '구성'되는 결과물입니다. 충실성은 존재를 변화시킵니다. 이 존재들이 진리를 현실화하는 주체가 되는 것이죠. 말하자면 주체는 존재로부터 나오고 그 존재의 진리를 실천함으로써 진리의 일부가 되는 것입니다. 그래서 주체는 바디우 철학에서 가장 중요합니다. 주체는 존재로 환원되지 않지만 존재로부터 나오며, 존재의 진리를 끊임없이 실천하여 상황으로 하여금 진리를 받아들이게 하기 때문입니다. 그래서 주체는 진리가 갖는 모든 특성을 동시에 가지고 있습니다. 이것은 필연적인 귀결입니다. 식별 불가능하고 명명 불가능한 진리는 비일관적 다수에서 나온 것이기 때문에 문제가 되는 상황 속에서 그대로 받아들여지지 않습니다. 사건이 소진된 후 주체가 없다면 아무 것도 변하지 않겠죠. 주체가 없다면 진리의 사건은 그저 구조의 교란이라는 스쳐 지나간 에피소드로만 남을 것입니다. 사건에 충실한 주체는 진리의 일부로서 진리를 상황에 강제하는 후사건적 실천을 행합니다. 이 실천은 전미래 futur antérieur 의 어느 시점에서 진리를 지식에 강제하고, 그 결과 진리를 이루는 새로운 다수들은 마침내 상황의 내적인 항목으로 인정받게 됩니다.(Badiou, *L'être et l'événement*, p. 377) 바로 그때, 우리는 진리가 상황을 변화시키고, 법칙성의 영역에 속하는 항목이 되었다고 말할 수 있습니다. 그러나 상황에 자리잡았다고 해서 진리가 곧바로 지식이 되는 것은 아닙니다. 모든 지식은 진리에서 나오지만, 진리 그 자체는 소진되지 않습니다. 진리는 무한한 것이기 때문에 유한한 지식으로 환원되지 않지요. 진리는 언제나 다시 활성화될 수 있습니다. 마치 '평등'이라는 사건적 언표가 법적인 제도 속에서 소진되지 않고, 지속적으로 다시 활성화될 수 있는 것처럼 말입니다. 그렇게 지식이 진리를 받아들인다고 해서 진리의 모든 것이 지식이 되지는 않습니다. 유한한 지식은 무한한 진리의 일부만을 받아들인다고 말해야 할 것입니다.

    이렇게 바디우가 내세우는 진리와 주체의 관념은 근대철학의 그것과는 확연히 다릅니다. 이는 근대철학 비판에 대한 반성을 포함하는 철학의 또 다른 대답이며, 존재론의 쇄신을 통해 철학을 복권시키려는 결정적인 방향 전환이라고 할 수 있습니다. 이러한 방향 전환을 통해 철학은 다시 진리를 사유할 수 있게 됩니다. 이제 바디우는 특정 영역에서 드러나는 특권화된 진리를 배제한 채, 진리의 변전을 다룹니다.

바디우에게 진리가 '도래'하는 것이라면 그 진리는 응당 복수複數의 진리일 것입니다. 그렇다면 이러한 진리가 도래하는 장소, 진리를 생산해내는 장소는 어디일까요? 진리를 생산하는 영역은 철학이 아닌 철학 외부에 있습니다. 분명 철학의 중심 테마는 '진리'입니다. 이 진리를 부정했을 때, 철학은 더 이상 존재할 수 없습니다. 그렇다고 철학이 진리를 생산하는 것은 아닙니다. 그것은 철학 외부에서 생산되어 철학에 의해 사유되는 것입니다. 바디우는 진리가 발생하는 철학 외적인 영역을 네 가지로 설정합니다. 정치, 과학, 예술, 사랑이 바로 그것인데, 바디우는 이 네 가지 영역을 진리(생산)의 유적 절차들procédures génériques des vérités이라고 부릅니다.(Badiou, *Manifeste pour la philosophie*, pp. 13~20; 번역본, 51~59쪽) 이 절차들은 진리가 생산되는 영역이지요. 이 대목에서 사람들은 왜 이 네 가지 영역만으로 진리생산을 한정하는지 질문할 수 있습니다. 하지만 이것은 결코 자의적인 한정이 아닙니다. 바디우는 철학사의 전개 속에서 항상 문제시되어왔던 영역을 그 절차로 설정하고 있습니다. **정치**와 **과학**은 철학사 속에서 항상 철학을 추동해왔던 동력이었고, **예술**은 플라톤과 아리스토텔레스에서부터 하이데거와 그 후예들에 이르기까지 철학에 긴장을 조성해왔으며, **사랑**은 플라톤의 손에서 사유로 상승하는 지위를 부여받습니다.(또한 오늘날 레비나스는 사랑의 철학자입니다) 누락된 것이 있다면 그것은 신학이죠. 이 절차는 한때 탁월한 진리생산 절차로 기능했지만, 신이 죽어버린 오늘날 더 이상 진리를 생산하지 못합니다. 그래서 바디우는 이 절차를 진리생산 절차로 인정하지 않는 것이죠. 종교가 더 이상 어떤 새로움도 생산할 수 없다는 점에서 이는 당연한 것처럼 보입니다. 결국 이 네 가지 절차는 진리의 현대적 지평이라고 볼 수 있습니다. 철학은 이 네 가지 절차에 의해 조건지어집니다. 결국 철학은 조건들에 의존하는 철학일 수밖에 없는 것이지요. 특징적인 것은 이 조건들 사이에는 위계가 없다는 점입니다. 바디우의 의도는 이 네 가지 절차 중 하나 또는 일부에 진리생산의 특권을 부여하지 않고, 그것들을 공존하게 하는 것입니다. 플라톤이 그러했듯, 철학은 이 네 가지 절차를 동시에 사유해야 하고, 동시에 플라톤에 반대해 이러한 사유의 영역을 수렴하는 초월적 일자를 거부해야 한다는 것이 바디우의 생각이라고 볼 수 있습니다.

앞서 말했듯 철학은 진리를 생산하지 않습니다. 그렇다면 철학의 역할은 무엇일까요? 철학의 임무는 네 가지 절차에서 생산된 진리를 진리로서 사유하는 일입니다. 사실 진리생산의 절차들은 자신의 고유한 사유 활동을 전개할 뿐 그것이 진리인지 아닌지에 대해서는 이야기하지 않습니다. 한마디로 진리에 대한 관심은 철학에 고유한 것입니다. 이렇게 철학은 진리라는 범주를 중심으로 전개되는 사유 활동이지만, 그 진리는 철학 외부에서 생산됩니다. 철학은 그렇게 자신의 밖에서 생산된 진리를 사유할 뿐입니다. 또한 그 조건, 즉 진리를 생산하는 네 가지 절차에 철저히 의존적입니다. 그러한 네 가지 진리생산 절차들로 이루어진 철학의 '조건들'은 동등한 지위를 갖습니다. 그들이 생산하는 진리는 단독적인singulier 것으로 어느 다른 조건에서 생산된 진리로 환원되거나, 그것에 종속되지 않습니다. 여기서 바디우 철학이 함축하는 철학사 비판이 드러납니다. 그동안의 철학은 네 가지 절차 중 하나 또는 일부에만 진리생산의 특권을 부여하고 나머지 절차들을 부수적인 것으로 축소시켰다고 바디우는 주장합니다. 그는 이러한 철학의 양상을 봉합suture이라는 용어를 통해 설명합니다. 예컨대 과학적 실증주의는 철학을 과학에 봉합시켜 다른 조건들을 축소시켰고, 마르크스-레닌주의는 철학을 과학과 정치에 이중으로 봉합시켰던 것입니다. 또한 하이데거의 강력한 영향력 아래에 놓인 오늘날의 철학은 시(그리고 예술)에 봉합되어 있습니다. 바디우의 목적은 이러한 봉합에 대항하여 철학을 탈-봉합dé-suture시키는 것입니다.(*Manifeste pour la philosophie*, pp. 41~48; 번역본, 93~100쪽) 결국 바디우가 제안하는 네 가지 진리생산 절차(철학의 조건)의 공존은 그러한 탈-봉합을 겨누고 있습니다. 또한 이는 철학의 윤리에 해당합니다. 철학이 탈-봉합을 따라야 한다는 것은 진리의 복수성을 인정하는 것이고, 그것은 진리의 지위를 특권화시키는 일을 막아내는 최초의 원칙입니다. 진리가 공가능compossible하다는 것을 인정한다면, 다시 말해 다수의 절차에서 각각 진리가 생산될 수 있다는 것을 인정한다면, 철학은 더 이상 어느 하나의 진리생산 절차를 '진리의 원천'으로 특권화시킬 수 없게 되고 하나의 진리에 의한 다른 진리의 지배는 불가능해지는 것입니다. 이것은 진리가 없다고 선언하는 것보다 훨씬 더 긍정적인 효과를 산출할 뿐만 아니라 진리를 인정하면서 그것의 실체화를 막아낼 수 있다는 점에서 더욱 더 적극적입니다. 이렇게 바디우의 손에서 진리는 고전철학과 전혀 다른 형상으로, 그것이 가지고 있는 모든 독단의 위험을 흩어버리고 나타나는 것입니다.

정치의 변전: 68혁명의 유산들

바디우의 철학에서 빼놓을 수 없는 정치적 사건, 그에게 해방적 정치의 현대적 지표로 간주되는 것은 68혁명입니다. 이 전무후무한 전 사회적인 혁명은 프랑스에서 시작해 온 유럽과 세계로 번져갔고, 역사상 유래 없는 사회 변동을 추동했습니다. 오늘날 유럽 사회는 모두 68혁명의 영향에서 자유롭지 않습니다. 이 혁명은 기존 사회의 권위주의를 무너뜨렸고, 관습과 전통을 해체했으며, 문화적 지형을 완전히 변형시켰습니다. 젊은이들은 기성의 권위에서 벗어나 자유로운 삶을 추구할 수 있었고, 노동자들은 자신의 권리를 실제 자신의 것으로 만들 수 있었습니다. 이렇게 68혁명은 실제로 유럽의 모든 것을 바꾸어 놓았다고 말할 수 있죠. 68혁명은 가장 실제적인 혁명이었습니다. 그러나 그것이 모든 것을 바꾸어 놓은 것은 아닙니다. 그것은 제도적 정치의 장, 다시 말해 정치 권력을 변화시키지는 못했습니다. 프랑스의 제5공화국은 그대로 유지되었고, 당시의 지배층은 오늘날도 여전히 지배자들로 남아 있습니다. 당시 프랑스의 대통령은 사태를 수습하기 위해 의회를 해산하고 총선거를 실시했고, 그 선거에서 승리했던 것입니다. 그렇다면 우리는 68혁명을 정치적으로 실패한 혁명으로 평가해야 할까요? 전혀 그렇지 않습니다. 68혁명은 확실히 권력을 타도하거나 대체한 혁명이 아니었습니다. 좀 더 정확히 말하면 그들의 혁명은 정치적인 차원에서 확실히 실패한 혁명이었습니다. 그렇다고 이 혁명이 정치적으로 의미가 없다는 이야기는 아닙니다. 오히려 그것은 실패한 정치적 실천 속에서 정치에 대한 또 다른 전망을 열어가는 혁명이었습니다. 바디우가 68혁명에 주목하는 것은 바로 이러한 새로운 정치적 전망 때문입니다.

68혁명의 가장 의미심장한 특징은 그 속에서 드러난 정치적 경향이 제도적인 정치와 단호한 거리를 유지하고 있었다는 점입니다. 68혁명은 기존의 정치 집단에 의해 주도되거나, 어떤 정치 세력과의 유대 속에서 진행된 혁명이 아닙니다. 그것은 또한 특정한 정치적 요구를 내세우고 있지도 않습니다. '그들이 무엇을 요구하는지 알 수 없다'는 드골 Charles De Gaulle(1890~1970)의 말은 당시의 상황이 어떤 것인지 알 수 있게 합니다. 역설적으로 들릴 수 있겠으나, 이 혁명은 '좌파'의 혁명도 아닙니다. 당시 유럽의 제도적 정치 속에서 어느 정도의 지위를 가지고 있었던 이른바 '좌파' 정치 정당은 이 혁명에 반대하거나, 이 혁명에 대해 침묵했습니다. 프랑스 공산당이 68혁명을 프띠부르주아지의 반란으로 규정했다는 사실은 이 혁명이 제도권의 정치 세력과는 아무 관련이 없다는 것을 말해주고 있습니다. 당시 가장 완강했던 프랑스 학생운동 세력들은 대개 프랑스 공산당을 반동적인 세력으로 규정했고, 그들과 구분되는 다른 정치 조직을 건설할 필요성을 주장하곤 했습니다. 그런 그들이 정치적 대안으로 삼았던 게 바로 마오주의였습니다. 68혁명은 문화대혁명의 연장선상에 있었던 것이죠. 68년 이후 유럽은 마오주의 운동의 시대로 진입했습니다. 그러나 문화대혁명은 실패로 돌아갔고, 68년 이래로 계속되었던 마오주의 운동 역시 그것과 운명을 같이 했습니다. 이른바 68혁명의 주체들은 각자의 길을 열어나가게 됩니다.(바디우는 그의 저서 《윤리학》에서 인권 이데올로기를 신랄하게 비판합니다. 비판 대상은 과거 마오주의자에서 신철학자들입니다. 자세한 것은 Badiou, *Ethique*, Hatier, 1993, pp. 15~16;《윤리학》, 이종영 옮김, 동문선, 2001, 21~22쪽 참고) 그들 중 상당수는 성급한 고해와 함께 기존의 입장을 버리고 인권 이데올로기로 후퇴했지요. '신철학자'로 알려진 이들이 그 대표적인 경우라고 할 수 있을 것입니다. 그들은 이후 반자본주의적 사회주의 노선을 포기하는 미테랑의 정치 노선에 합류하여 이른바 제도권 좌파 정치 세력의 일원이 되었습니다. 혁명적 운동이 제도권 정치로 흡수되고 만 것입니다. 혁명적 정치의 진영에 남은 이들은 소수였고, 그들은 근원적인 어려움에 봉착해 있었습니다. 그들이 따르던 마오주의는 더 이상 대안이 될 수 없었기 때문이죠. 이제 그들은 마오쩌둥이라는 스승이 아닌 그들 자신의 힘으로 그 길을 헤쳐 나가야 했습니다.

바디우를 비롯한 68혁명의 계승자들은 자신들의 혁명을 되돌아보기 시작했고, 68년 이후 세계 각지에서 벌어진 여러 혁명에 대해 다시 생각하기 시작했습니다. 그들의 결론은 거의 같았습니다. 68혁명은 모든 제도권 정치, 이른바 의회주의 정치에 반하는 혁명이었습니다. 그들은 공산당과 같은 좌파 정당을 대안으로 삼지도 않았고, 의회 제도를 통해 해결책을 구하지도 않았습니다. 그들의 정치는 국가와 국가의 제도에 철저히 적대적인 혁명이었습니다. 68혁명과 그 이후의 모든 정치적 대중운동은 국가적인 정치에서 벗어나고자 했습니다. 문제는 그것이었죠. 모든 국가적 제도와 단절하는 것, 그리하여 국가와 의회의 독점적 민주주의가 아닌 대중의 직접적 민주주의로 나아가는 것. 이것이야말로 바디우의 정치적 사유가 출발하는 지점입니다. 68혁명이 우리에게 남겨준 정치적 유산이 있다면, 그리하여 오늘날 그 혁명으로부터 새로운 정치적 대안을 발견할 수 있다면, 그것은 다름 아닌 국가와 당을 중심으로 전개되는 제도적 정치를 배제하는 **대중의 민주주의**, 즉 모든 사람을 위한 민주주의입니다. 정치의 관건은 국가에서 벗어나는 데 있는 것입니다.(Badiou, *Abrégé de métapolitique*, Seuil, 1998, p.100)

바디우에 따르면 68혁명 이후의 새로운 정치적 대안은 마르크스-레닌주의가 대안으로 삼았던 국가 정치, 당을 중심으로 행해지는 당-국가 시스템과는 완전히 다른 것입니다. 또한 이 시스템은 20세기의 나머지 정치 시스템인 자본주의적 의회주의와 나치의 국가 사회주의에게도 공통적인 것입니다. 나치는 나치당과 국가의 융합이며, 자본주의적 의회주의는 다수의 당들과 국가의 융합입니다. 이러한 정치는 국가의 개조를 대안으로 내세우며, 당을 중심으로 펼쳐지는 정치입니다. 20세기를 지배했던 이들 정치는 대부분 퇴조했거나(현실 사회주의와 파시즘) 퇴조하고 있습니다(자본주의적 의회주의). 오늘날 유일한 정치적 시스템으로 남아 있는 의회 민주주의는 한마디로 혐오의 대상입니다. 날로 감소하는 투표율과 정치 정당에 대한 염증은 이 시스템의 미래를 의심하게 합니다. 이러한 혐오와 염증은 선거라는 제도의 한계를 그대로 보여주는 것이기도 합니다. 그만그만한 정책과 총체적인 대안의 부재는 오늘날의 선거를 정기적인 요식 행위로 만들고 있습니다. 여기에는 어떤 희망도 대안도 없습니다. 그것은 그저 반복적인 정권의 교체 속에서 헛된 희망만이 나른하게 펼쳐지는 거짓과 위선의 장일 뿐입니다. 국가 형식 안에 통합된 선거는 기존 질서의 유지에 적합한 것이고, 보수적으로 기능합니다. 또한 혼란이 생길 경우 억압적 기능이 되어버리기도 합니다.(Badiou, *De quoi Sarkozy est-il le nom*, Nouvelles Editions Lignes, 2007. p.44) 이는 우리의 문제와도 긴밀히 연결되어 있습니다. 한국에서도 역시 선거는 사실상 의미를 상실했습니다. 선거는 '신성한 시민의 권리'와 아무런 관련도 없습니다. 그저 사기를 덜 칠 것 같은 지배자를 뽑는다면 최상이고, 그렇지 않다면 미디어에 의해 좌우되는 인기투표에 불과합니다. 오늘날의 선거는 각종 예능 프로그램의 '문자 투표'와 아무런 차이가 없는 것이 되어버렸습니다. 오로지 헛된 기약만이 계속될 뿐입니다.

바디우가 볼 때 68혁명이 제기하는 정치적 대안은 '당 없는 정치'입니다. 제도권 정치 정당에 대한 지속적인 거부와 관료제에 대한 혐오, 권력을 목적으로 하지 않는 정치적 실천, 제도권 좌파 정치와의 거리두기. 이 모든 것은 68혁명이 우리에게 남겨 놓은 정치적 과제라는 것입니다. 68혁명의 유산은 대중의 직접적인 민주주의에 대한 끝없는 상상력을 요청하고, 지속적인 실천 속에서 그 형태를 창안하기를 요구합니다. 바디우에 따르면 그 시작은 우선 제도적 정치와 단절하는 것입니다. 제도권 좌파도 예외는 아닙니다. 제도권의 좌파란 대중운동의 성과를 자신의 것으로 전유하여 집권에 이용하는 집단일 뿐입니다.(Badiou, *La Commune de Paris, Les conférences du Rouge-Gorge*, 2003, p.16) 의회정치에서 '진정한 좌파'란 존재하지 않습니다. 바디우는 좌파를 선거에서의 구분을 제외하면 우파와 아무런 차이가 없는 정치 집단으로 간주합니다.

바디우가 주창하는 정치적 원칙에 있어 가장 중요한 점은, 앞으로의 대안 정치란 어떤 정체성을 기반으로 하는 정치일 수 없다는 사실입니다. 노동자 정치, 농민 정치, 페미니즘 정치와 같은 것은 존재하지 않습니다. 이러한 정치는 물질적이고 객관적인 정체성을 근거로 성립된 정치이며, 그 근거가 사라질 때 주체적인 힘을 잃어버릴 수밖에 없는 허약한 정치입니다. 바디우의 사유에 따르면 오늘의 정치적 과제는 국가와 자본주의적 시스템이 갈라놓은 격자 체계를 무너뜨리고 평등한 만인의 민주주의라는 보편성으로 나아가는 정치를 모색하는 것입니다. 앞서 말한 대중의 민주주의란 어떤 특정 계급이나 집단에 근거하는 정치를 가리키는 것이 아닙니다. 엄밀히 말해, 대중은 계급이나 특정 집단으로 환원되지 않습니다. 그것은 '다중'과 같은 새로운 집단 또한 아닙니다. 대중은 민주주의의 조건으로서 어떠한 물질적이고 객관적인 규정성에서도 벗어난 무한한 가능성인 것입니다. 이 대중의 민주주의를 지배하는 힘은 '평등'과 '정의'입니다. 그리고 이는 결코 객관적으로 실현되지 않을 원칙들입니다. 그것은 선언적 가치를 지니는 정치적 원칙들이죠. '지금, 여기서, 우리가 모두 평등하다'는 선언, 다시 말해 평등의 선언이야말로 진정한 민주주의로 우리를 돌려 세울 정치적 원칙들인 것입니다.

공포에 대항하는 용기

이 모든 것은 그야말로 메타적인 정치 원칙의 수준에서 파악되어야 합니다. 바디우는 철학의 수준에서 이른바 '진리의 정치'가 견지해야 할 원칙들을 이야기한 것이죠. 그러나 상황은 항상 구체적으로 존재합니다. 구체적인 상황의 변화는 항상 구체적인 분석에 의존할 수밖에 없습니다. 그렇다고 바디우의 정치적 원칙들은 이러한 구체적 상황에 대해 무어라 할 말이 없다고 생각한다면 그것은 오산입니다. 그는 현실에 끊임없이 개입하는 실천가로서의 면모 또한 갖추고 있습니다. 그는 2002년부터 시작하여 지금까지 《정황들》이라는 책의 연작을 통하여 지속적으로 정치정세에 개입하여 왔습니다. 이라크 전쟁에서 시작하여 히잡 착용금지, 유대인 문제, 선거 등의 구체적인 사회적 이슈에 대한 개입은 지금까지도 계속 이어지고 있습니다. 이렇게 그의 철학은 현실에 개입하는 철학이며, 그 개입은 그의 철학적 입장과 정확하게 부합하는 방식으로 일관되게 이루어지고 있습니다(Badiou, *Circonstances 1, 2, 3*, Editions Léo Scheer, 2003, 2004, 2005를 참고. 현재 《정황들》 시리즈는 6권까지 출간됐습니다).

그러한 바디우의 개입에서 우리가 눈여겨보아야 할 것은 지금의 현실을 그가 다분히 주체적인 테마를 통해 사유한다는 점입니다. 그는 오늘의 세계를 공포가 지배하고 있다고 규정합니다. 실업에 대한 공포, 외국인 노동자들에 대한 공포, 하층민에 대한 공포 등이 그것입니다. 이러한 주장은 우리에게 더욱 의미심장합니다. '경제'가 늘 대선과 총선의 가장 뜨거운 쟁점으로 부상하는 데는 이유가 있습니다. 이는 역시 공포의 지배를 보여준 계기라고 말해야 합니다. 한국에서 '가난'은 그저 불편함으로 간주되지 않습니다. 가난은 모든 것을 박탈당한 비참한 상태, 모든 인간관계를 박탈하는 최고의 형벌로 간주됩니다. 그런 비참한 상태에 빠지지 않기 위해 사람들은 흔쾌히 '부자-되기'를 선택했습니다. 도덕과 윤리는 어찌 되어도 관계없었죠. 살아남아야 했기 때문입니다. 내가 가난으로 몰락한다면 아무도 나를 돌아보지 않을 것이라는 공포, 그저 그런 비루한 삶을 살아가야 한다는 공포는 그들을 그야말로 비루하게 투표장에 끌어냈고, 나를 부자로 만들어준다고 호언장담하는 이들을 선택하게 만들었던 것입니다. 이는 분명 욕망이라기보다는 공포입니다. 아니, 그것은 공포에 지배당하는 욕망이라고 말해야겠죠. 뉴타운과 과학벨트, 신공항의 욕망 뒤에는 그 욕망을 조종하는 공포가 있었던 것입니다.

분명 오늘날을 지배하는 것은 공포와 두려움입니다. 얼마 전까지 세계를 휩쓸었던 경제 위기의 확산은 그 공포를 더욱 강화시켰습니다. 그리고 불행하게도 이 공포는 가공할 힘으로 젊은이들을 노예로 거두고 있습니다. 경쟁에서 승리해야 한다는 강박 속에서 성장한 젊은 세대는 경쟁이 의미하는 것을 너무나 잘 알고 있습니다. 흔히 이 젊은이들은 경제적 효율성에 대한 본능적인 강박을 갖고 있습니다. 도덕과 윤리는 거추장스런 장식일 뿐이라는 것도 잘 알고 있죠. 미래에 대한 불안과 공포는 우리 젊은이들의 머릿속을 지배하는 진짜 주인입니다. 그러나 이것을 그들의 잘못으로 돌릴 수는 없습니다. 도덕적으로 살라고 그들에게 말할 때, 그들은 이 말을 경쟁에서 낙오되어 가난을 지고 살라는 것으로 받아들입니다. 경쟁에서의 승리라는 환상과 함께 공포의 지배는 계속됩니다. 이 물신화된 세계에서 경쟁은 결코 끝나지 않기 때문입니다.

어떻게 이러한 공포에서 벗어날 수 있을까요? 바디우에 따르면 그것은 '용기'를 통해서만 가능합니다. 이는 진리를 받아들인 주체가 지녀야할 덕목입니다. 플라톤이 《라케스》에서 말하는 것처럼 용기란 용기 있는 행위와는 다릅니다. 용기 있는 영웅적 행위는 용기에서 나오는 것이지만 그것 자체가 용기와 동일하지는 않습니다. 바디우는 용기를 현실의 시련에 마주하여 자기 자신을 잃지 않고 인내하는 것이라고 말합니다.(Badiou, *De quoi Sarkozy est-il le nom*, pp. 97~100) 그것은 계속해서 용기를 갖는 것이고, 쉽게 꺾이지 않는 것입니다. 사람들이 공포에 사로잡힐 때, 그 공포에서 빠져나가는 출구가 보이지 않을 때, 무기력의 지배가 시작됩니다. 그러한 무기력에서 벗어나기 위해서는 인내하는 용기를 통해 진리의 흔적을 따라가야 합니다. 일제 강점기로부터 시작하여 4·19혁명, 부마항쟁, 5·18민중항쟁으로 이어져 온 우리의 정치적 사건들을 이어가는 것이 그 용기의 출발점이 되고, 지난 민주화 10년의 굴곡과 오늘날의 무력함이 인내의 용기를 통해 극복될 때, 그 용기는 비로소 다음 사건으로 이어질 것입니다. 결국 주체가 갖는 인내의 용기야말로 세계의 전환을 위해 가장 필요한 '진리의 정치'의 규정일 것입니다.

♦♦♦
더 읽어보면 좋은 책

알랭 바디우, 서용순 옮김, 《철학을 위한 선언》, 길, 2010.

바디우 철학의 전체 윤곽을 이해하기 위해 반드시 읽어야 하는 책이다. '철학의 종말'이라는 테마가 폭넓게 공유되던 1980년대 말에 바디우는 이 종말에 반대하며 철학이 다시 가능할 수 있음을 설파했다. 철학은 항상 조건 지어져 있으며, 진리를 생산하는 절차인 정치, 사랑, 과학, 예술은 바로 철학을 가능하게 하는 조건들이라고 바디우는 주장한다. 여기서 그는 집합론의 혁신을 받아들여 새롭게 존재의 사유를 전개하고, 진리와 주체라는 철학적 범주를 새롭게 수립할 것을 제안한다. '대상 없는 주체'와 '유적인 것으로서의 진리'는 바로 새로운 제안의 내용이라 할 수 있다.

알랭 바디우, 현성환 옮김, 《사도 바울》, 새물결, 2008.

제목과는 달리 종교서가 아니다. 바디우의 관심은 기독교에 있는 것이 아니라, 진리 주체의 윤곽에 있다. 사도 바울은 기독교를 유대 민족이라는 작은 울타리에서 벗어나 세계 종교가 되도록 한 장본인이다. 그것은 바울이 정립해낸 보편주의를 통해 가능했다. 바울은 사랑의 보편성을 통하여 유대의 율법과 그리스의 철학을 넘어서면서 기독교를 세계 종교로 만든 것이다. 바디우에게 바울은 주체의 원형적 형상이다. 기독교적 주체는 어떠한 객관성에도 의존하지 않고 오로지 주체적인 확신으로 성립하는 주체로서 어떠한 증거도 필요로 하지 않는다. 이는 바디우가 내세우고 있는 대

◆◆◆

상 없는 주체의 구체적인 형상이라고 말할 수 있다. 이것이야말로 《사도 바울》에서 우리가 찾을 수 있는 바디우 철학의 핵심이다.

알랭 바디우, 조재룡 옮김, 《사랑 예찬》, 길, 2010.
현재까지 번역된 바디우의 책 중에서 가장 읽기 편한 것이 바로 《사랑 예찬》이다. 이 책은 아비뇽 연극 페스티벌의 무대에서 행해진 바디우의 인터뷰를 엮은 것이다. 바디우는 이 인터뷰에서 아주 쉬운 언어로 사랑에 대한 자신의 사유를 풀어낸다. 우연한 만남을 통해 이루어지는 사랑은 확실히 급작스런 감정에서 비롯되지만, 그것을 통해 사랑은 다수로 이루어진 세계로 자신을 열어놓고, 그것을 통해 하나가 되지 않는 사랑의 둘이 벌이는 모험이 시작된다. 사랑은 '둘'을 만들어냄으로써 구축되고, 차이의 진리를 탐색하는 진리절차가 된다는 것이 바디우의 주장이다. 그의 언어는 명확하고 간명하지만 그 안에 담긴 사유는 심오하다. 차이(성차)에 대한 바디우의 사유를 이해하기 위해 꼭 읽어야 하는 책이다.

이 책에 나오는 책

* 글쓴이가 국역본이 있음에도 원서를 참고했을 경우, 원제를 밝히고 국역본은 뒤에 넣었다.

강영안,《타인의 얼굴》, 문학과지성사, 2005.
고트프리트 뷔르거,《허풍선이 남작의 모험Munchhausen》.
기다 겐 외 지음, 이신철 옮김,《현상학 사전》, 도서출판b, 2011.
김상환,《해체론 시대의 철학》, 문학과지성사, 1996.
김서영,《영화로 읽는 정신분석》, 은행나무, 2007.
_____,《프로이트의 환자들》, 프로네시스, 2010.
김재인,《들뢰즈의 비인간주의 존재론》, 서울대학교 대학원 철학과 박사학위 논문, 2013.
김현 편,《미셸 푸코의 문학비평》,문학과지성사, 1989.
뉴턴 가버·이승종,《데리다와 비트겐슈타인》, 동연, 2010.
디디에 에리봉, 박정자 옮김,《미셸 푸코, 1926~1984》, 그린비, 2012.
롤랑 바르트,《현대의 신화》, 이화여자대학교 기호학연구소, 동문선, 1997.
_____, 김웅권 옮김,《글쓰기의 영도》, 동문선, 2007.
_____, 김웅권 옮김,《목소리의 결정》, 동문선, 2005.
_____, 김웅권 옮김,《밝은 방(카메라 루시다)》, 동문선, 2006.
_____, 김웅권 옮김,《S/Z》, 동문선, 2006.
_____, 김주경 옮김,《작은 사건들》, 동문선, 2003.
_____, 김주환·한은경 옮김,《기호의 제국》, 산책자, 2008.
_____, 김진영 옮김,《애도 일기》, 이순, 2012.
_____, 김희영 옮김,《사랑의 단상》, 동문선, 2004.
_____, 김희영 옮김,《텍스트의 즐거움》, 동문선, 1997.
_____, 이상빈 옮김,《롤랑 바르트가 쓴 롤랑 바르트》, 동녘, 2013
_____, 이화여대 기호학연구소 옮김,《모드의 체계》, 동문선, 1998.
루이 알튀세르,《맑스를 위하여Pour Marx》, 1965. (국역본은《맑스를 위하여》, 이종영 옮김, 백의, 1997)
_____,《자본을 읽자Lire le Capital》, 1965. (국역본은《자본론을 읽는다》, 김진엽 옮김, 두레, 1991)
_____, 권은미 옮김,《미래는 오래 지속된다》, 이매진, 2003.
_____, 김동수 옮김,《아미엥에서의 주장》, 솔 출판사, 1995.
_____, 김웅권 옮김,《재생산에 대하여》, 동문선, 2007.
_____, 김웅권 옮김,《휴머니즘 논쟁》, 동문선, 2007.
_____, 백승욱·서관모 옮김,《철학과 맑스주의》, 새길, 1996.
르노 바르바라, 공정아 옮김,《지각》, 동문선, 2003.
마르틴 하이데거, 이기상 옮김,《존재와 시간》, 까치글방, 1998.
메를로 퐁티,《기호들Signes》, Folio, 2001.

_____, 김웅권 옮김, 《행동의 구조》, 동문선, 2008.
_____, 권혁면 옮김, 《의미와 무의미》, 서광사, 1990.
_____, 김정아 옮김, 《눈과 마음》, 마음산책, 2008.
_____, 류의근 옮김, 《지각의 현상학》, 문학과지성사, 2002.
모리스 블랑쇼, 《낮의 광기 La Folie du jour》, Gallimard, 2002.
_____, 《내 죽음의 순간 L'instant de ma mort》, Gallimard, 2002.
_____, 《무한한 대화 L'entretien infini》, Gallimard, 1969.
_____, 《Textes pour Emmanuel Levinas》, Jean-Michel Place, 1980.
_____, 고재정 옮김, 《죽음의 선고》, 그린비, 2011.
_____, 심세광 옮김, 《도래할 책》, 그린비, 2011.
_____, 이달승 옮김, 《문학의 공간》, 그린비, 2010.
미셸 푸코, 박혜영 옮김, 《정신병과 심리학》, 문학동네, 2002.
_____, 심세광 옮김, 《주체의 해석학》, 동문선, 2007.
_____, 오르트망 옮김, 《생명관리정치의 탄생》, 난장, 2012.
_____, 오생근 옮김, 《감시와 처벌》, 나남, 2003.
_____, 오트르망 옮김, 《안전, 영토, 인구》, 난장, 2011.
_____, 이규현 옮김, 《광기의 역사》, 나남출판, 2003.
_____, 이규현 옮김, 《성의 역사 1》, 나남출판, 2010.
_____, 신은영·문경자 옮김, 《성의 역사 2》, 나남출판, 2004.
_____, 이영목 옮김, 《성의 역사 3》, 나남출판, 2004.
_____, 이상길 옮김, 《역사를 어떻게 쓰는가》, 새물결, 2004.
_____, 이정우 옮김, 《담론의 질서》, 중원문화, 2012.
_____, 이정우 옮김, 《지식의 고고학》, 민음사, 2000.
_____, 이희원 옮김, 《자기의 테크놀로지》, 동문선, 1997.
_____, 홍성민 옮김, 《임상의학의 탄생》, 이매진, 2006.
_____, 이규현 옮김, 《말과 사물》, 민음사, 2012.
베네딕투스 스피노자, 강영계 옮김, 《에티카》, 서광사, 1990.
베르나르 앙리 레비, 변광배 옮김, 《사르트르 평전》, 을유문화사, 2009.
벵상 주브, 하태완 옮김, 《롤랑 바르트》, 민음사, 1994.
브루스 핑크, 김서영 옮김, 《에크리 읽기》, 도서출판b, 2007.
서동욱, 《들뢰즈의 철학》, 민음사, 2002.
_____, 《차이와 타자》, 문학과지성사, 2000.
소쉬르, 최승언 옮김, 《일반언어학 강의》, 민음사, 2006.
숀 호머, 김서영 옮김, 《라캉 읽기》, 은행나무, 2006.
슬라보예 지젝, 이수련 옮김, 《이데올로기의 숭고한 대상》, 인간사랑, 2002.
시빌 라캉 Sibylle Lacan, 《아버지 Un pere》, Gallimard, 1997.
알랭 바디우, 《모순의 이론 Théorie de la contradiction》, F. Maspero, 1975.
_____, 《세계의 논리 Logiques des mondes》, Seuil, 2006.
_____, 《존재와 사건 L'être et l'événement》, Seuil, 1988.
_____, 《주체의 이론 Théorie du sujet》, Seuil, 1982.
_____, 서용순 옮김, 《철학을 위한 선언》, 길, 2010.

_____, 이종영 옮김, 《윤리학》, 동문선, 2001.
_____, 이종영 옮김, 《조건들》, 새물결, 2006.
_____, 장태순 옮김, 《비미학》, 이학사, 2010.
_____, 조재룡 옮김, 《사랑 예찬》, 길, 2010.
_____, 현성환 옮김, 《사도 바울》, 새물결, 2008.
알랭 바디우, 《정황들Circonstances 1·2·3…》, Editions Léo Scheer, 2003, 2004, 2005.
애드거 앨런 포Edgar Allan Poe, 〈도둑맞은 편지〉 (국역본은 《도둑맞은 편지》, 김진경 옮김, 문학과지성사, 1997)
에른스트 벨러, 박민수 옮김, 《데리다-니체 니체-데리다》, 책세상, 2003.
엠마뉘엘 레비나스 지음, 양명수 옮김, 《윤리와 무한》, 다산글방, 2000.
_____, 《전체성과 무한Totaliteet infin》, Le Livre de Poche, 1990.
_____, 강영안 옮김, 《시간과 타자》, 문예출판사, 1996.
_____, 김동규 옮김, 《탈출에 관해서》, 지만지, 2012.
_____, 김연숙 옮김, 《존재와 다르게》, 인간사랑, 2010.
_____, 박규현 옮김, 《모리스 블랑쇼에 대하여》, 동문선, 2003.
_____, 서동욱 옮김, 《존재에서 존재자로》, 민음사, 2001.
우노 구니이치, 김동선·이정우 옮김, 《들뢰즈, 유동의 철학》, 그린비, 2008.
이광래, 《미셸 푸코》, 민음사, 1989
이성원 엮음, 《데리다 읽기》, 문학과지성사, 1997.
이진경, 《노마디즘 1》, 휴머니스트, 2002.
자라더Marlene Zarader, 《존재와 중성: 모리스 블랑쇼L'etre et le neutre: a partir de Maurice Blanchot》, Verdier, 2001.
자크 데리다, 《우편엽서La carte postale》, Flammarion, 2004.
_____, 《그라마톨로지에 관하여De lagrammatologie》, 1967. (국역본은 《그라마톨로지에 대하여》, 김웅권 옮김, 동문선, 2004)
_____, 《머무름Demeure》, Galilee, 1996.
_____, 《문자기록과 차이Ecriture et la difference》, 1967. (국역본은 《글쓰기와 차이》, 남수인 옮김, 동문선,2001)
_____, 《우정의 정치Politics of Friendship》, Verso Books, 2005.
_____, 김상록 옮김, 《목소리와 현상》, 인간사랑, 2006.
_____, 김재희·진태원 옮김, 《에코 그라피》, 민음사, 2002.
_____, 박성창 옮김, 《입장들》, 솔, 1992.
_____, 박찬국 옮김, 《정신에 대해서》, 동문선, 2005.
_____, 이경신 옮김, 《불량배들》, 휴머니스트, 2003.
_____, 진태원 옮김, 《마르크스의 유령들》, 그린비, 근간.
_____, 진태원 옮김, 《법의 힘》, 문학과지성사, 2004.
_____, 진태원·한형식 옮김, 《마르크스주의와 해체》, 길, 2009.
자크 데리다·베르나르 스티글러, 《에코그라피》, 민음사, 2002.
자크 라캉, 맹정현·이수련 옮김, 《자크 라캉 세미나 11》, 새물결, 2008.
장 자크 루소, 주경복·고봉만 옮김, 《언어의 기원에 관한 시론》, 책세상, 2002.
장 폴 사르트르, 《닫힌 방Huis clos》, Gallimard, coll.Folio, 1947.

_____, 김희영 옮김, 〈내밀〉, 《벽》, 문학과지성사, 2005.
_____, 김희영 옮김, 〈어느 지도자의 유년 시절〉, 《벽》, 문학과지성사, 2005.
_____, 박정태 옮김, 《실존주의는 휴머니즘이다》, 이학사, 2008.
_____, 박정태 옮김, 《실존주의는 휴머니즘이다》, 이학사, 2008.
_____, 손우성 옮김, 《존재와 무 1·2》, 삼성출판사, 세계사상전집 49~50, 1992.
_____, 정명환 옮김, 《문학이란 무엇인가》, 민음사, 1998.
_____, 박정자·윤정임·변광배·장근상 옮김, 《변증법적 이성비판》, 나남출판, 2009.
정명환 외, 《프랑스 지식인들과 한국전쟁》, 민음사, 2004.
제이슨 포웰, 박현정 옮김, 《데리다 평전》, 인간사랑, 2011.
조르조 아감벤, 박진우 옮김, 《호모 사케르》, 새물결, 2008.
줄리아 크리스테바, 서민원 옮김, 《공포의 권력》, 동문선, 2001.
_____, 서민원 옮김, 《세미오티케》, 동문선, 2005.
_____, 김인환 옮김, 《시적 언어의 혁명》, 동문선, 2000.
지그문트 프로이트, 김명희 옮김, 《늑대 인간》, 열린책들, 2004.
_____, 임홍빈·홍혜경 옮김, 《새로운 정신분석》, 열린책들, 2007.
_____, 정장진 옮김, 《문학, 예술, 정신 분석》, 열린책들, 2006
_____, 홍혜경·임홍빈 옮김, 《정신분석 강의》, 열린책들, 2004.
질 들뢰즈, 박기순 옮김, 《스피노자의 철학》, 민음사, 2001.
_____, 이찬웅 옮김, 《주름》, 문학과지성사, 2004.
_____, 김상환 옮김, 《차이와 반복》, 민음사, 2004.
_____, 김재인 옮김, 《베르그송주의》, 문학과지성사, 1996.
_____, 박정태 엮음 옮김, 《들뢰즈가 만든 철학사》, 이학사, 2007.
_____, 박찬국 옮김, 《들뢰즈의 니체》, 철학과현실사, 2007.
_____, 서동욱 옮김, 《칸트의 비판 철학》, 민음사, 2006.
_____, 서동욱·이충민 옮김, 《프루스트와 기호들》, 민음사, 2004.
_____, 《니체와 철학》, 민음사, 2001. (영문판은 《니체와 철학 Nietzsche And Philosophy》, Columbia University Press(Revised edition), 2006)
_____, 이정우 옮김, 《의미의 논리》, 한길사, 1999.
_____, 이정하 옮김, 《시네마2》, 시각과언어, 2005.
_____, 이찬웅 옮김, 《푸코》, 허경 옮김, 동문선, 2003.
_____, 허경 옮김, 《푸코》, 동문선, 2003.
_____, 허희정·전승화 옮김, 《디알로그》, 동문선, 2005.
질 들뢰즈·펠릭스 과타리, 김재인 옮김, 《안티 오이디푸스》, 민음사, 근간.
_____, 김재인 옮김, 《천 개의 고원》, 새물결, 2001.
_____, 이정임 옮김, 《철학이란 무엇인가》, 현대미학사, 1995. (영문판은 《철학이란 무엇인가? What is Philosophy?》, Columbia University Press, 1996)
_____, 이진경 옮김, 《카프카: 소수 문학을 위해》, 동문선, 2001.
최인훈, 《총독의 소리》, 문학과지성사, 1994.
임마누엘 칸트, 백종현 옮김, 《판단력 비판》, 아카넷, 2009.
칼 마르크스, 《1844년 경제학 철학 초고》, 박종철출판사, 1991.
_____, 김수행 옮김, 《자본론 제 1권》(상), 비봉출판사, 1989.

_____, 김호균 옮김, 《정치경제학 비판 요강 1·2·3》, 그린비, 2007.
_____, 최형익 옮김, 《루이 보나파르트의 브뤼메르 18일》, 비르투출판사, 2012.
칼 마르크스·프리드리히 엥겔스, 박재희 옮김, 《독일 이데올로기1》, 청년사, 2007.
페넬로페 도이처, 변성찬 옮김, 《HOW TO READ 데리다》, 웅진지식하우스, 2007.
페이르 테브나즈, 김동규 옮김, 《현상학이란 무엇인가》, 그린비, 2011.
폴 벤느, 이상길 옮김, 《푸코, 사유와 인간》, 산책자, 2009.
프랜시스 후쿠야마, 이상훈 옮김, 《역사의 종말》, 한마음사, 1997.
프로이트, 박찬부 옮김, 《쾌락원칙을 넘어서》, 열린책들, 1997.
프리드리히 니체, 《인간적인 너무나 인간적인Menschliches, Allzumenschliches》
플라톤, 박종현·김영균 옮김, 《티마이오스》, 서광사, 2000.
_____, 이창우 옮김, 《소피스트》, 이제이북스, 2011.

찾아보기

ㄱ

경험주의 56, 57
계몽주의 251
계보학 253, 254, 256, 260, 262, 263, 266, 267, 273
골드만Goldman, Lucien 342, 347
과타리Guattari, Felix 276, 278
과학주의 73
관념론 21, 47, 70, 221
구조언어학 314
구조주의 212, 247~249, 262
글뤽스만Glucksmannm, André 393
기관 없는 몸corps sans organes 12, 298~302
기록 중심주의 313
기의 186, 321, 328
기표 185~187, 189~191, 194, 196, 197, 199, 201, 230, 313, 314, 321, 328, 355, 363, 362
기호의 자의성 321

ㄴ

낯설게하기 324, 326
놀런Nolan, Chiristopher 216, 219
니체Nietzsche, Friedrich Wihelm 17, 120, 248, 249, 253~255, 257~259, 276, 277, 279, 281, 282, 284, 306, 322, 339, 375, 379,

ㄷ

다중multitude 69, 396
대자존재l'être-pour-soi 20, 21
대타존재l'être-pour-autrui 22
데리다Derrida, Jacques 12, 17, 19, 84, 120, 131, 143~145, 151, 178, 182, 184, 193~196, 204, 205, 239, 240, 246, 247, 307~339
데카르트Descartes, Rene 17, 18, 19, 53~55, 57, 60, 67, 79, 99, 133, 246, 255, 256, 309, 339
독일 철학 13, 17
동일성 100, 104, 107, 108, 110, 214, 216, 220, 223~225, 227, 228, 297, 315, 318, 322, 323, 369
드골De Gaulle, Charles 392
들뢰즈Deleuze, Gilles 12, 17~19, 120, 143, 242, 273, 275~306, 318, 319
디아트킨Diatkine, René 220

ㄹ

라캉Lacan, Jacques 17, 18, 45, 175~208, 213, 214, 220, 228~231, 239, 242, 348, 354~357, 366, 367, 374
라쿠-라바르트Lacoue-Labarthe, Philippe 253
랑그 353
러셀Russell, Bertrand William 64
레비나스Levinas, Emmaneul 11, 18, 45,

407

83~118, 130~132, 143, 306, 388
레비-스트로스Levi-Strauss, Claude 309, 312
렘브란트Harmensz, Rembrandt 78
로고스 중심주의 308, 314, 319, 320, 324
로렌스Lawrence, David Herbert 282
로트레아몽Lautéamont, Comte de 120, 370
리오타르Lyotard, Jean-Francois 379
리쾨르Ricoeur, Paul 17, 18

ㅁ

마르크스Marx, Karl 16, 17, 244, 245, 248~250, 257, 264, 265, 268, 308, 326~334, 336, 337, 347, 379, 390, 391
마오주의 349, 374, 378, 392, 393
마오주의 운동 379, 392, 393
말라르메Mallarme, Stéphane 120, 348
말브랑슈Malebranche, Nicolas De 53
메를로-퐁티Merleau-Ponty, Maurice 10, 17, 18, 26, 45, 49~82, 306
메시아 108, 109, 113, 115, 154, 331, 335, 336
모더니즘 18, 19, 50, 245
모딜리아니Modigliani, Amedeo 77
모성애 110, 113, 115
무의식 9, 13, 112~116, 179, 185~187, 189, 198, 203
무한의 관계 11, 125, 128, 129, 137, 139, 141
문자기록 308, 311~314, 320~322, 326, 328
문제화problématisation 11, 247, 268, 269, 270

ㅂ

바디우Badiou, Alain 12, 239, 373~399
바르트Barthes, Roland 11, 120, 143, 147~174, 244, 347, 349
바타유Bataille, Georges 120, 121, 130, 132, 142, 143, 180, 181
발레리Valéy, Ambroise-Paul-Toussaint-Jules 76
발리바르Balibar, Étienne 11, 232, 237, 239
벤야민Benjamin, Walter 250, 337
변증법 135, 137, 138, 142, 234, 362, 380
보들레르Baudelaire, Charles 120, 183
보로메오 매듭 203, 205
부성애 110, 116
브레히트Brecht, Bertolt 234
블랑쇼Blanchot, Maurice 11, 84, 119~146, 309 359
비덩Christophe Bident 121, 122
비랑Biran, Maine de 53

ㅅ

사르트르Sartre, Jean-Paul 10, 15~48, 50, 51, 62, 64~66, 68, 81, 143, 212, 250, 306
사회효과 221, 223
상대성이론 264, 278
상상계 176, 178, 179, 187, 191~194, 297, 198, 200, 202~204, 206, 355
상징계 176, 178, 179, 186, 187, 190, 192, 193, 196~198, 201~206, 354, 355
상호주관 67

상호주체성 43, 45, 72
상호텍스트성 345
세잔Cezanne, Paul 74~76, 79
소격효과 234
소쉬르Saussure, Ferdinand de 148, 151, 166, 186, 312, 314, 321~323, 328
소크라테스Socrates 127, 184, 185, 254, 257
솔레르스Sollas, Phillipe 348, 349
스피노자Spinoza, Benedict de 103, 240, 277~279, 281, 282, 284, 288, 306, 319
슬로베니아학파 214, 215, 228, 240
실천지praktognosis 61
실천철학 281

ㅇ

아감벤Agamben, Giorgio 346, 372
아브젝시옹 345, 346, 349, 350, 353~354, 357, 359~361, 364, 367, 369, 370
아브젝트 345, 346, 349, 350, 352, 354~372
안티고네 204
알터 에고alter ego 67
알튀세르Althusser, Louis 11, 209~240, 242, 248, 378
언어학(적) 186, 248, 253, 314, 321
에고ego 67
에고이즘 104, 117
에로스 72, 105, 109
에셔Escher, M.C 217, 227
에피스테메 256, 262, 263
역능 76, 77
영미철학 13, 339

오이디푸스콤플렉스 155, 336
욕망의 그래프 197~199, 201, 203
원기록 12, 313~315
유아론 22, 52, 71
융Jung, Carl Gustav 179, 181, 207
음성 중심주의 313, 314, 320, 321, 324, 328, 329
이글턴Eagleton, Terry 215, 218, 221, 224, 228
이원론 137
인식론(적) 210, 256, 262
일자 18, 19, 114, 380, 384, 385, 386, 389

ㅈ

자기의 테그놀로지 252, 270, 271
자라더Zarader, Marlèe 131
자아심리학 179, 180
자유의지 101, 280, 281
자코메티Giacometti, Alberto 77
전통철학 100, 376
정상화normalisation 269
제삼자 116, 117
조이스Joyce, James 204
존재자 86, 90, 91, 93~100, 103, 104, 106~108, 336, 364
종합적인 타협 137~139
주이상스 178, 197, 199, 202, 355, 367
주지주의 56, 57
주체화subjectivation 267, 268, 382
주체효과 223
중성le neutre 11, 121, 124, 129, 130, 132, 136~139, 143
즉자존재l'être-en-soi 20, 22, 25, 38

지젝Zizek, Slavoj 73, 206, 213~215, 218, 219, 221, 224, 236, 303
진리생산 383~390

ㅊ

초자아 347, 356~358, 360, 361, 372

ㅋ

칸트Kant, Immanuel 17, 127, 133, 213, 212, 255, 278, 290, 306, 337, 375
코기토 18, 19, 23, 133, 246
코라 360, 361, 262
크레모니니Cremonini, Leonardo 225, 226, 229, 231
크레비옹-Créillon, Claude Prosper Jolyot de 188
크리스테바Kristeva, Julia 10, 341~372

ㅌ

타나토스 106
타자론 10, 18~20, 23, 29, 31 43~45, 47
탈구축 12, 246, 247, 309, 317, 318, 322, 324
탈코드 160, 165
토도로프Todorov, Tzvetan 161

ㅍ

파놉티콘 34

파스칼Pascal Blaise 218
파시즘 300, 337, 394
팔루스 194, 196, 355
포스트구조주의(후기구조주의) 245, 247, 248
포스트마르크스주의 245, 248, 250
포스트모더니즘 28, 29, 50, 155, 245~247
표상 56, 70, 99, 306, 313, 314
푸코Foucalt, Michel 11, 17, 19, 34, 120, 143, 148, 151, 152, 239, 241~274, 278, 359
푼크툼 153, 169
프로이트Freud, Sigmund 16, 17, 144, 155, 176, 178~183, 185, 186, 189, 194, 205, 207, 239, 244, 280, 322, 326, 346, 347, 371
프루스트Proust, Marcel 152, 164, 370
플라톤Platon 56, 86, 99, 184, 185, 256, 257, 259, 268, 279, 290, 309, 312, 360~362, 379, 388, 389, 399
피카소Picasso, Pablo 76

ㅎ

하버마스Habermas, Jürgen 250, 251
하이데거Heidegger, Martin 16~18, 23, 59, 81, 84, 86~91, 93~96, 100, 107, 108, 111, 118, 131, 132, 257, 309, 310, 322, 336, 339, 375, 379, 388, 390
헤겔Hegel, Georg Willelm Friedrich 17, 18, 23, 47, 102, 103, 107, 108, 131, 133, 135~140, 142, 144, 250, 251, 309, 355, 374, 375
헤세Hesse, Hermann 132

현대 집합론 375, 377, 381
현상학 16, 20, 47, 50, 51, 54, 63, 81, 82, 84, 131, 333
형이상학 13, 19, 73, 85, 86, 93, 94, 111, 117, 310~313, 318, 320, 326, 379, 380
형태심리학 60
호명 11, 211~216, 218, 219, 224, 225, 236
호모 사케르 346, 372
호크니Hochney, David 80
홉스Hobbes, Thomas 104, 105, 116
흄Hume, David 277, 306
희랍철학 279, 289
68혁명 281, 391~395

글쓴이 소개 (게재 순)

장 폴 사르트르

변광배 한국외국어대학교 프랑스어과를 졸업하고 프랑스 몽펠리에 3대학에서 문학박사 학위를 받았다. 한국외국어대학교 대우교수를 역임하고 현재 같은 대학에 출강하는 한편, 한국 사르트르학회 및 세계 사르트르학회 회원으로 활동하면서 프랑스인문학연구모임 '시지프' 대표를 맡고 있다. 저서로 《존재와 무》, 《나눔은 어떻게 인간을 행복하게 하는가》 등 다수가 있고, 옮긴 책으로 《사르트르 평전》, 《변증법적 이성비판》, 《사르트르와 카뮈-우정과 투쟁》 등 20여 권이 있다.

모리스 메를로-퐁티

정지은 연세대학교 생물학과와 홍익대학교 미학과 대학원에서 수학한 뒤 프랑스로 건너가 디종의 부르고뉴대학교에서 철학과 석사학위와 박사학위를 받았다. 〈레비-스트로스의 신화적 사유와 미학적 사유〉로 석사논문을, 《메를로-퐁티에서의 표현과 살의 존재론》으로 박사논문을 썼다. 쾡탱 메이야수의 《유한성 이후》와 야콥 폰 윅스퀼의 《동물들의 세계와 인간의 세계》를 번역했으며, 《기억과 몸》, 《일상 속의 몸》의 편저자로 참여했다. 현재 홍익대학교 초빙교수로 있으며 현상학과 미학, 정신분석학과 관련된 여러 논문들을 발표하고 있다.

엠마뉘엘 레비나스

김상록 서울대학교 외교학과를 졸업하고 동대학원 철학과를 거쳐 프랑스 렌 I 대학교에서 《레비나스와 윤리적 운동》이라는 논문으로 철학 박사학위를 받았다. 현재 충북대학교 철학과 교수로 있다. 데리다의 《목소리와 현상》을 번역했고 같은 저자의 《우편엽서》를 번역 중이다. 종교, 윤리, 정치 등의 문제를 중심으로 서양 사유와 동양 사유를 비교하는 작업을 진행하고 있다.

모리스 블랑쇼

김성하 고려대학교 정치외교학과와 홍익대학교 조소과를 졸업했다. 파리 8대학에서 Master I, Master II(미학 전공)를 마친 후, 모리스 블랑쇼 전문가로 블랑쇼 연구 사이트를 운영하고 있는 크리스토프 비덩Christophe Bident 교수의 지도 아래 파리 7대학에서 박사과정을 수료했다. 현재 《바타유의 비정형과 블랑쇼의 중성을 통해 보는 현대미술》이라는 주제로 박사논문을 쓰고 있다. 또한 여러 대학, 철학아카데미, 미술관 등에서 미학, 바타유, 블랑쇼, 현대미술 등을 주제로 강의를 하고 있다. 발표한 논문으로 〈다니엘 뷔랭: 재현에 관한 연구〉가 있으며, 파리와 인도네시아에서 사진 및 설치 작업 전시 경력이 있다.

롤랑 바르트

김진영 고려대학교 독문학과와 동대학원을 졸업하고 독일 프라이부르크대학교에서 박사과정을 밟았다. 프랑크푸르트학파의 비판 이론과 그중에서도 아도르노와 벤야민의 철학과 미학을 전공으로 공부했으며, 그 바탕 위에서 롤랑 바르트를 위시한 프랑스 후기 구조주의를 함께 공부했다. 특히 소설과 사진, 음악 등 여러 영역의 미적 현상들을 다양한 이론들의 도움을 빌려 읽으면서 자본주의 문화와 삶이 갇혀 있는 신화성을 드러내고 해체하는 일이 오래된 지적 관심이다. 보편적 비판 정신의 부재가 이 시대의 모든 부당한 권력들을 횡횡케 하는 근본적인 원인이라고 믿으며, 다양한 강의 영역에서 비판 정신과 인문학적 교양을 접목하는 데 애쓰고 있다.
홍익대학교, 중앙대학교, 한양대학교, 서울예술대학 등에서 예술과 철학에 관한 강의를 했고 하고 있으며, (사)철학아카데미를 위시한 여러 인문학 기관에서도 철학과 미학을 주제로 하는 강의를 하고 있다. 지금은 (사)철학아카데미에서 상임 위원장으로 일하고 있다.

자크 라캉

김서영 이화여자대학교 과학교육과(생물전공)를 졸업하고 영국 셰필드대학 정신과 심리치료연구센터에서 석사학위와 박사학위를 받았다. 저서에《영화로 읽는 정신분석》,《프로이트의 환자들》이 있고, 역서에《라캉 읽기》,《에크리 읽기》,《시차적 관점》,《전쟁의 틀》(근간),《정신분석의 사회문화사》(근간)가 있다.
이부영 선생님과의 실재적 조우 이후 정신분석학과 분석심리학을 함께 공부하고 있다. 물론 라캉학회에서는 "또 융이냐, 융 좀 그만해라"라는 말을 듣고, 융 학회에서는 가끔씩 "분석심리학으로 개종하냐"는 질문을 받지만 꿋꿋이 고개를 저으며 나만의 정답을 만들어 가기 위해 오늘도 무던히 프로이트 전집과 융 전집을 정독하고 있다.

루이 알튀세르

최 원 연세대학교 금속공학과에 다니다가 1994년에 자퇴하고 미국으로 건너가 보스턴대학 및 스토니 부룩 뉴욕 주립대학교에서 철학을 전공했다. 이후 뉴욕의 뉴 스쿨대학에서 석사를 받았으며, 2005년에 시카고에 있는 로욜라대학으로 옮겨 박사과정을 밟고, 2012년에《이데올로기에 대한 알튀세르와 라캉의 구조주의 논쟁》으로 철학 박사학위를 받았다.
《알튀세르 효과》를 함께 썼고, 알튀세르와 라캉에 관한 글들을 발표하고 있다. 현재 건국대학교 통일인문학연구단 HK 연구교수로 재직 중이며, 한신대학교 철학과에서 강의를 하고 있다.

미셸 푸코

허 경 1965년 출생. 고려대학교 불어불문과 졸업 후, 동대학원 철학과에서〈미셸 푸코의 한 연구 – '윤리의 계보학'을 중심으로〉석사학위를 받았다. 이후 프랑스 스트라스부르대학교에서 필립 라쿠-라바르트의 지도로《미셸 푸코와 근대성》을 제출해 철학 박사학위를 수여받았다. 귀국 후 고려대학교 응용문화연구소 및 철학연구소 연구교수를 역임했다.

질 들뢰즈의 《푸코》 등을 옮겼고, 현재 《푸코 선집》을 번역 중이다. 푸코의 개념들을 사전식으로 정리한 입문서 《미셸 푸코―개념의 고고학》, 푸코의 사유를 중심으로 '근대성'의 문제를 논의한 《푸코와 근대성》 등을 출간할 예정이다. 현재 다중지성의 정원, 대안연구공동체, 푸른역사 아카데미 등에서 강의 중이다.

rendezvous602@korea.ac.kr

질 들뢰즈

김재인 서울대학교 미학과를 졸업하고, 철학과 대학원에서 《들뢰즈의 비인간주의 존재론》으로 박사학위를 받았다. 현재 고등과학원 초학제연구 프로그램 패러다임-독립연구단 상주 연구원 Juniou Fellow으로 재직 중이다. 들뢰즈의 《베르그송주의》를 비롯해, 들뢰즈·과타리의 《천 개의 고원》 및 《안티 오이디푸스》, 존 라이크만의 《들뢰즈 커넥션》 등 다수 철학 저술들을 번역했다. 또한 존재론을 비롯해서 미학, 정치철학, 과학철학에 관한 연구를 이어가고 있다. 들뢰즈와 과타리의 사상과 더불어, 스피노자, 흄, 맑스, 니체, 베르그손, 푸코로 이어지는 유물론적 계보에 대한 개별적인 연구도 병행 중이다.

자크 데리다

진태원 연세대학교 철학과와 같은 과 대학원을 졸업하고, 서울대학교 철학과에서 《스피노자 철학에 대한 관계론적 해석》이라는 논문으로 박사학위를 받았다. 현재 고려대학교 민족문화연구원 HK 연구교수로 재직 중이다. 스피노자를 비롯한 근대철학에 관심을 갖고 있으며, 요즘은 주로 정치철학과 민주주의론에 관해 연구하고 있다.

《알튀세르 효과》, 《라깡의 재탄생》, 《서양근대윤리학》(이상 공저) 등을 썼고, 《헤겔 또는 스피노자》, 《법의 힘》, 《마르크스의 유령들》, 《우리, 유럽의 시민들?》, 《정치체에 대한 권리》 등을 옮겼다.

줄리아 크리스테바

조광제 1955년 출생으로 총신대학교 신학과를 졸업하고 서울대학교 철학과 대학원에서 석박사를 마쳤다. 한국철학사상연구회 논리연구 실장으로서 철학적인 논술 교육을 했었고, 한국 프랑스 철학회 회장직을 맡기도 했다. 2000년 3월에 시민대안학교 '철학아카데미'를 공동 설립하여 지금까지 대중철학 교육에 전념하고 있다. 철학아카데미, 백화점 문화센터와 구립도서관 등에서 서양 현대철학자들 24인에 관한 강의를 하고 있다.

최근에 출간한 《존재와 충만, 간극의 현존1·2》를 비롯해, 《철학 라이더를 위한 개념어 사전》, 《의식의 85가지 얼굴》, 《몸의 세계, 세계의 몸》 등 10여 권의 저서가 있다.

알랭 바디우

서용순 1968년 서울 출생. 성균관대학교 철학과를 졸업한 뒤 프랑스로 건너가, 알랭 바디우의 지도로 철학 박사학위를 받았다. 2005년에 귀국해 바디우의 진리철학을 소개하고 이를 바탕으로 한국사회에 대한 정치철학적 접근을 시도하고 있다. 현재 고려대학교, 성균관대학교 강사로 활동하며, 영남대학교 학술교수로 있다. 〈철학의 조건으로서의 정치〉, 〈바디우 철학에서의 공백의 문제〉, 〈5·18의 주체성과 후사건적 주체의 미래에 대한 소고〉 등 다수의 논문을 집필했고, 바디우의 《철학을 위한 선언》을 번역했다. 현재 바디우 연구서인 《알랭 바디우: 철학의 도전》과 정치/문화 비판서인 《그럼에도, 결코 소유할 수 없는 것》을 집필 중이다.